KB069030

언어를 둘러싼 문제들

언어학 · 일본어론으로의 초대

松本克己 저
박종후 역

박영사

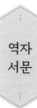

역자
서문

　이 책은 일본의 저명한 언어학자이신 마쓰모토 가쓰미(松本克己) 선생님의
『ことばをめぐる諸問題 : 言語学・日本語論への招待』(三省堂, 2016)를 가감 없
이 그대로 한국어로 옮긴 것이다. 이번이 역자가 출판하는 세 번째 번역서이기
도 한데, 앞선 두 책 모두 마쓰모토 선생님의 책이었다. 그렇다고 역자가 마쓰
모토 선생님과 특별한 인연이 있는 것은 아니다. 대학원에서 사사한 것도 아니
고, 사실은 안타깝게도(?) 선생과는 일면식도 없다. 단지 선생님의 책들을 읽으
면서 재미있고 배우는 것이 많이 있어서 한국에 소개하면 좋을 것 같다는 생각
에 번역을 하게 된 것이다. 코로나 사태의 장기화로 많은 어려움이 있는 가운
데도 언어학과 같이 시장이 크지 않은 분야, 그것도 번역서 출판을 흔쾌히 수
락해 주신 박영사의 안종만 회장님과 안상준 대표님, 일본법인의 나카지마 케
이타 법인장님, 그리고 이 책의 편집을 맡아 주신 전채린 차장님께 이 자리를
빌려 먼저 감사의 인사를 드리고 싶다.

　마쓰모토 선생님은 대학원에서 서양 고전 문헌학을 전공하시고 그동안 역
사비교언어학과 언어유형론을 이론적 기반으로 하여 언어에 대한 다양한 연구
를 해 오셨다. 언어학사에 정통한 것은 물론 인류 언어 보편에 대한 해박한 지
식과 넓은 시야를 가지고 계셔 선생님의 책을 읽을 때마다 감복할 따름이다.
이번 책에 실린 글들은 모두 마쓰모토 선생님이 그동안 여러 곳에 게재하신 것
을 모아 놓은 것이다. 각 장의 글은 1980년대 중반부터 2010년대까지 각기 다
른 시기에 쓰였는데 경우에 따라서는 현재의 상황에 맞지 않은 내용이 포함되

어 있기도 한다. 그럼에도 불구하고 지금까지의 상황 추이 역시 중요한 정보가 될 수 있기 때문에 따로 내용에 수정을 가하지는 않았다. 단, 몇몇 내용에 대해서는 현재 상황에 대한 역자주를 덧붙였다. 그 밖에도 참고문헌 다음에 있는 각 글의 출처 정보를 참고로 각각의 글이 쓰인 시대적 상황을 감안하면서 읽어주기를 바란다.

이 책에 실린 글의 대부분은 전문적인 학술 논문이라기보다 언어와 언어학에 대하여 일반 독자들도 알기 쉽게 쓴 에세이와도 같은 글들이다. 학술 논문이 아니라고는 하지만 쉽게 무시할 만한 내용은 아니기에 일반 독자는 물론 언어학을 전공하는 대학원생들이 읽어도 좋을 것이다. 특히 제4부에서 언어유형지리론과 유전자학을 도입하여 일본어의 계통을 모색한 글은 한국어 계통론에 관심이 있는 사람에게는 매우 흥미로운 논의가 될 것이다. 나무만 봐서는 절대 숲 전체를 볼 수 없듯이 세부 전공에 파묻혀 자잘한 분석에만 치중해서는 절대 얻을 수 없는, 선생님만의 거시적인 안목과 통찰력을 엿볼 수 있을 것이다.

최근 일부에서는 우리나라도 이제 선진국 반열에 올라섰으니 일본에게서 배울 것은 없다고 하기도 한다. 하지만 여전히 순수 학문 분야에서 일본의 저력은 대단하다고 생각한다. 언어학 분야 역시 그렇다. 우리나라는 주요 언어에 대한 연구 외에는 세계 각지의 다양한 언어에 대한 연구 경험도 업적도 많지 않다. 하지만 일본은 (그게 좋은 의미든 나쁜 의미든) 제국(주의)의 경험을 통해 언어의 중요성을 깨닫고 세계 각지의 다양한 언어에 대해 연구하고 업적을 축적해 왔다. 이제 와서 우리가 제국(주의)을 경험할 필요는 없을 테니 필요에 따라 우리는 일본의 연구 성과를 받아들여 자신의 연구에 활용해야 할 것이다. 그런 점에서라도 미약하나마 이번 번역서의 출간이 의의를 가졌으면 좋겠다.

일본으로 건너와 연구와 교육 활동을 한 지도 벌써 10년이 됐다. 그동안 일신상의 여러 가지 변화가 있었지만, 여전히 일본의 대학에서 한국어를 가르치면서 내 자신이 할 수 있는, 그리고 해야 하는 일은 무엇일까에 대한 고민이 머릿속을 떠나지 않는다. 평생 해답을 못 찾을 수도 있겠지만 일본의 훌륭한 연구 업적을 한국에 소개하는 번역 작업이 그 가운데 하나임에는 틀림없다고 생각하기에 부끄러움을 무릅쓰고 다시 한 권의 번역서를 낸다.

마지막으로 항상 든든한 버팀목이 되어 주는 아버지, 어머니, 그리고 아내와 두 딸들에게 고맙다는 말을 전하고 싶다. 나 혼자만을 생각하면 쉽게 포기하고 말 일들도, 신기하게도 가족들을 떠올리면 끝까지 힘을 낼 수 있다. 제법 두툼한 이번 번역서 역시 가족들이 큰 힘이 되었다. 아직 어린 두 딸들이 커서 아빠를 어떻게 생각할지는 모르겠지만 부끄럽게 여기지 않도록 앞으로도 하루하루 최선을 다하고 싶다.

2021년 가을 일본 사이타마에서
박종후

제2부 언어의 유형과 역사 _89

제3장 언어유형론과 역사언어학 _91

제4장 일본어와 인구어   _99

제5장 어순 이야기 _107

제6장 어순의 데이터베이스: 나의 컴퓨터 사용기 _115

x

표 차례

그림 차례

① 이 책은 松本克己의 『ことばをめぐる諸問題 : 言語学・日本語論への招待』(三省堂, 2016)을 첨삭하지 않고 한국어로 옮긴 것이다.

② 역주는 [옮긴이]라고 표시하여 원주와의 혼란을 피했으며, 이를 작성하는 데는 위키피디아 영어판・한국어판・일본어판, 네이버에서 제공하는 두산백과사전, 일본의 산세이도(三省堂)에서 발행한 『言語学大事典』 등을 참고하였다. 단, 역주에 있는 잘못은 전적으로 옮긴이의 책임임을 밝혀 둔다.

③ 외국어를 한국어로 옮겨 적을 때는 가급적 현재의 「외래어 표기법」, 그리고 표준국어대사전 온라인판을 따랐다. 단, 일반적으로 잘 알려져 있지 않는 언어명이나 지명 등의 경우에는 위키피디아 한국어판과, 네이버에서 제공하는 두산백과사전 등을 참고하여 현재 한국에서 통용되는 표기를 따랐다.

④ 일반 독자에게 생소할 것 같은 언어명이나 지명에 대해서는 괄호 안에 로마자 또는 한자를 덧붙였다. 또 마지막 부분에 언어명 색인을 추가하였는데, 이는 모두 옮긴이에 의한 것이다.

언어와 민족

제 1 부

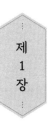

세계의 언어: 현황과 미래

01 머리말

　현재 지구상에는 얼마나 많은 언어가 사용되고 있을까. 종종 이런 질문을 던져 보지만 정확하게 대답하기는 쉽지 않다. 첫째, 언어 간의 차이는 각 나라의 국경선처럼 반드시 명확한 경계가 있는 것이 아니다. 특히 구어의 층위에서는 어디까지가 방언적 차이이고 어디까지가 개별 언어로 갈라지는 것인지 판별하기 쉽지 않다. 둘째, 지구상의 모든 지역의 주민과 그들의 언어에 대하여 아직 정확한 조사가 완벽하게 이루어져 있지 않다. 예를 들면, 뉴기니의 내륙고지부, 중국 서남부의 히말라야 지역, 남미의 아마존 지역 등 언어적으로 미지인 지역이 여전히 상당히 많이 남아 있다.

　이와 같은 곤란함은 현시점에서도 여전히 남아 있다. 그러나 근 10여 년 사이에 우리는 세계 언어에 관하여 예전에 비하면 상상도 할 수 없을 만큼 많은 지식을 가지게 됐다. 냉전의 종결과 함께 국제 정치의 긴장이 완화되면서 세계 각지의 현지 조사가 훨씬 쉬워졌다는 점도 크게 관련이 있을 것이다. 한편, 이와 같은 조사의 진전으로 인해 현재 세계 언어에 지금까지는 아무도 예상하지 못했던 중대한 사태가 일어나고 있다는 점도 하나둘 밝혀지고 있다.

　이 문제는 나중에 다시 다루기로 하고, 현재 세계 언어에 대하여 가장 포괄적이고 신뢰할 수 있는 정보를 제공해 주는 것으로는 미국의 Summer Institute of Linguistics(SIL)가 간행하고 있는 Grimes, B.R.(ed.), *Ethnologue:*

Languages of the World, 1996이 있다. 거의 4년마다 개정판을 내고 있는데, 현재 출간된 것은 제13판이다.[1] 수년 전부터 인터넷에도 공개하고 있고, 부분적인 데이터에 대해서는 수시로 업그레이드하고 있다.

　　SIL의 자료에 따르면, 현재 지구상에 현존하는 언어의 숫자는 전부 6,703개이다.[2] 이 숫자는 1982년에 출간된 제10판에서 제시한 언어의 총수 5,445개와 비교해 보면 상당히 증가한 숫자이다. 이는 지금까지 알려지지 않았던 새로운 언어가 추가된 것 외에도 지금까지 한 언어의 방언으로 간주해 왔던 것들을 개별 언어로 다루게 되었기 때문이기도 하다. 세계의 언어를 가급적이면 빠짐없이 등록해 두기 위하여 그물코를 상당히 좁힌 결과이다.

　　예를 들어 일본 국내에서 사용하고 있는 언어의 숫자를 보면 15개로 되어 있다. 이것을 보고 놀랄 사람이 있을지도 모르겠다. 하지만 그 내역을 찬찬히 살펴보면, ① 아이누어, ② 본토의 일본어, ③ 북방아마미오시마어(北方奄美大島語), ④ 남방아마미오시마어(南方奄美大島語), ⑤ 도쿠노시마어(德之島語), ⑥ 기카이시마어(喜界島語), ⑦ 오키노에라부지마어(沖永良部語), ⑧ 요론어(与論語), ⑨ 구니가미어(国頭語), ⑩ 오키나와중앙어(沖縄中央語), ⑪ 미야코어(宮古語), ⑫ 요나구니어(与那国語), ⑬ 야에야마어(八重山語), ⑭ (재일한국·조선의) 조선어, ⑮ 일본 수화 등으로 구성되어 있다. 이 중 류큐열도(琉球列島)의 11개 언어는 일본에서는 일반적으로 단순히 일본어의 여러 방언 중 하나로 간주할 뿐 개별 언어로 다루지는 않는다. 그렇지만 이는 메이지(明治) 이후 일본 정부가 취해 온 정치적 판단과 국가주의적인 언어 정책(구체적으로는 '방언 박멸 운동'과 연계된 획일적인 국어 교육)에서 유래하는 것이지 단순히 언어학적 견지에서 보면 반드시 타당한 해석인 것은 아니다.

　　이들 언어(내지 방언) 사이의 차이는 예를 들어 노르웨이어와 스웨덴어, 불가리아어와 마케도니아어, 혹은 스페인어와 카탈루냐어 사이의 차이보다 결코 작다고 할 수는 없다. 참고로, 불가리아 정부와 구 유고슬라비아 정권은 장기간에 걸쳐 마케도니아어를 각각 자국어의 방언 중 하나로 취급하였고, 또 스페인의 독재 정권은 카탈루냐어가 독립적 존재임을 용인하지 않았다. 어찌

---

1) [옮긴이] 2021년 11월을 기준으로 현재 최신판은 제24판이다.
2) [옮긴이] 제23판에서 제시하고 있는 세계 언어의 수는 7,139개이다. 자세한 내용은 홈페이지 참고하기 바란다. https://www.ethnologue.com/

됐든 지구상에서 사용하고 있는 인류 언어의 현황을 정확히 파악하기 위해서는 가장 먼저 언어는 바로 '국(가)어'라고 하는 잘못된 사고방식을 던져 버리지 않으면 안 된다.

02 세계 언어의 지역적 분포

그렇다면 다음으로 약 6,700개의 언어들이 지리적으로 어떻게 분포하고 있는지 살펴보자. 일반적으로 5개의 주요 지역으로 나누어 제시하는데, 다음의 표 1.1과 같다.[3]

표 1.1 세계 언어의 언어 수와 지역 분포

지역	언어 총수	백분율
아프리카	2,011	30.00%
유럽	225	3.36%
아시아	2,165	32.30%
오세아니아	1,302	19.42%
아메리카 대륙	1,000	14.92%
전 세계	6,703	100.00%

이 표를 보면 아시아 언어가 가장 많아 전체의 약 32%를 차지하고 있고, 이어서 아프리카가 2,000여 개로 전체의 30%, 그 다음으로 오세아니아(태평양 지역), 남북아메리카 대륙이 이어지고, 마지막으로 유럽의 언어는 전체의 3%를 조금 넘는 정도에 그친다.

이와 같이 숫자상으로는 완전히 소수파에 지나지 않는 유럽이 언어 분야에서도 5대 지역 중의 하나로 다루어지는 것은 과거 수세기에 걸쳐 유럽인들이 세계사의 중심에서 압도적인 지배권과 절대적인 영향력을 행사해 왔기 때문이다. 그러나 이러한 역사적·정치적 요인을 배제한 채 순수히 지리적으로만 바라본다면, 유럽은 유라시아 대륙의 서단에 뾰족 튀어나와 있는 하나의 돌출부에 지나지 않는다. 다시 말해, 결코 아프리카나 아메리카 대륙과 같이 하나

---

3) SIL: *Ethnologue*, 13th ed., 1996에 따른다.

의 독립된 지역을 형성하고 있는 것이 아니다. 물론 언어적으로 유럽과 아시아 사이에 명확한 경계는 존재하지 않는다. 거기에 인위적 경계를 긋는 것 역시 요컨대 유럽의 자기중심적인 우월감과 비유럽에 대한 차별 의식에 뿌리를 두는 사고방식인 것이다. 공명정대한 견지에서 세계 언어를 분류한다면, 유라시아의 전체를 하나의 지역으로 보는 것이 훨씬 자연스러울 것이다. 그렇게 하면 유라시아에 속해 있는 언어가 전체의 약 35%, 이어서 아프리카가 30%, 오세아니아가 19%와 같이 균형 잡힌 분포가 된다. 또한 이는 각 지역에서 오랜 세월에 걸쳐 살아온 주민의 인구 비율과도 어느 정도 일치한다.

그러나 뒤집어 생각해 보면, 세계 언어에서 아주 작은 부분을 차지할 뿐인 유럽의 언어, 그것도 그 중에 극히 일부에 지나지 않은 언어가 과거 백여 년의 대부분을 전 세계 언어 위에 군림해 온 것이 지금의 상황이다. 현재 세계 언어가 직면해 있는 가장 큰 문제의 근원은 여기에 있을지도 모르겠다.

03 세계 언어의 계통적 분포

세계 언어는 단지 지리적으로만 한데 묶을 수 있는 것이 아니다. 인간의 집단이 지역뿐만 아니라 혈연으로도 이어져 있는 것과 같이 언어의 경우도 그렇다. 예를 들면 앞서 언급한 류큐열도(琉球列島)의 다양한 언어(내지 방언)가 원래는 하나의 류큐어(琉球語)에서 분기한 것이고 또 그 류큐어는 본토의 일본어에서 분기하여 발달한 것이라는 역사적 배경을 이야기할 수 있다.

인간의 친족 관계처럼 하나의 뿌리에서 발달한 언어를 '동계어(同系語)'라고 하고, 그 선조에 해당하는 뿌리 언어를 '조어(祖語)', 그리고 동일한 조어를 공유하는 언어 집단 전체를 '어족(語族)'이라고 한다. 혈연상의 선조에 여러 단계가 있는 것과 같이, 조어에도 여러 단계가 있을 수 있다. 예를 들면 현재의 류큐제어(琉球諸語)에 직접적인 뿌리가 되는 것은 '류큐조어(琉球祖語)'이고, 류큐조어와 본토 일본어 사이의 공통 뿌리가 되는 것으로 '일본조어(日本祖語)'를 상정할 수 있다. 더 나아가 이 일본조어와 동계어 관계에 있는 언어가 나타나면, 그 위에 또 하나의 상위 조어를 상정할 수도 있을 것이다.

이와 같이 언어의 동계 관계를 다루는 분야를 역사언어학 안에서도 특히 비교언어학이라고 한다. 비교언어학은 백년 이상의 전통과 연구 업적을 가지고 있는데 그 기반이 되는 것은 '비교방법'이다. 이를 간단히 설명하자면, 비교방법이란 두 개 또는 그 이상의 언어 사이에 보이는 기초 어휘나 문법 형태상의 동이(同異) 관계를 조사하여 거기에 있는 일정한 '규칙적 대응'을 밝힘으로써 언어 간의 동계 관계를 확립하고, 더 나아가 그 동계어들 사이의 조어를 이론적으로 복원하고자 하는 시도이다. 일반적으로 동계 관계에 있는 언어들 사이에는 일반인의 눈으로 봐도 직감적으로 유사한 어휘나 문법 구조를 찾을 수 있는 경우가 많다. 비교방법은 그것들을 '음운 대응의 법칙'이라고 부를 수 있도록 상당히 엄밀한 형태로 증명하는 절차를 가리키는 것이다.

이 비교방법은 19세기 초 인도·유럽제어에 관한 연구 영역에서 처음으로 시도되어 눈부신 성과를 올렸다. 그 후 동일한 수법으로 세계의 다양한 언어들 사이의 계통 관계를 밝히고자 하는 시도가 계속되었고, 현재 일부 지역과 언어군만을 제외하면 동계 관계에 기반한 세계 언어의 계통적 분포는 상당히 명확해졌다. 표 1.2에 세계 언어의 계통 분류를 간략하게 제시한다.

이 표에서 제시하고 있는 '어족'이란, 비교방법으로 확인된 동계 관계의 가장 큰 범위라고 생각하면 된다. 비교언어학적인 의미에서 동계 관계로 확인되지는 않았지만 그것을 넘어선 훨씬 먼 동계 관계 내지 지역적 유연성(類緣性)을 생각할 수 있는 언어 그룹은 편의상 '제어(諸語)'라는 명칭을 부여한다(예를 들면 '캅카스제어'나 '파푸아제어').

이 표에서 보는 바와 같이, 아프리카의 약 2,000개 언어는 최종적으로는 겨우 4개의 어족에 귀속시킬 수 있고, 유라시아의 2,400개가 넘는 언어도 대부분 10여 개의 어족으로 환원할 수 있다. 그러나 똑같이 어족이라고는 하지만 각각의 크기는 다양하다. 예를 들어 니제르·콩고어족이나 동남아시아에서 태평양 지역에 퍼져 있는 오스트로네시아(별칭 말라이·폴리네시아)어족은 소속 언어의 개수만으로 보면 다른 어족들을 압도한다. 한편, 인도·유럽어족과 시노·티베트어족은 사용 화자의 인구수만 가지고 보면 세계 다른 어족들을 훨씬 앞지른다.

참고로, 유라시아의 어족들 중에서 튀르크, 몽골, 퉁구스의 세 어족은 옛날에는 '알타이어족'이라고 하여 하나의 어족으로 묶었지만, 일반적인 의미에서 말하는 동계 관계가 성립하는지는 아직 확정적으로 이야기하지 못하는 실

표 1.2 세계 언어의 계통 분류

지역	어족	언어 수	사용 인구수
아 프 리 카	코이산어족	35	50,000
	니제르·콩고어족	1,436	260,000,000
	나일·사하라어족	194	30,000,000
	아프로·아시아어족	371	230,000,000
유 라 시 아	캅카스제어	39	5,000,000
	인도·유럽어족	425	2,000,000,000
	드라비다어족	78	145,000,000
	우랄어족	34	22,000,000
	튀르크어족	40	80,000,000
	몽골어족	13	6,000,000
	퉁구스어족	12	80,000
	축치·캄차카어족	5	23,000
	환동해·일본해제어	15	190,000,000
	시노·티베트어족	360	1,040,000,000,
	먀오·야오어족	32	7,000,000
	따이까따이어족	68	50,000,000
	오스트로아시아어족	180	60,000,000
대 양 주	오스트로네시아어족	1,236	200,000,000
	파푸아제어	800	3,000,000
	오스트레일리아제어	257	30,000
북 아 메 리 카	에스키모·알류트어족	11	85,000
	나·데네어족	42	202,000
	알곤킨어족	33	91,000
	일로코이어족	9	15,000
	수어족	17	21,000
	와카시어족	5	2,700
	살리시어족	27	6,800
	페누티어족	27	8,000
	호카제어	27	55,000
	유토·아즈텍어족	60	1,100,000
중 미	미헤·소헤어족	16	168,000
	마야어족	68	3,856,000
	오토망게어족	173	3,200,000
남 아 메 리 카	치브차·파에스어족	43	200,000
	안데스어족	18	8,500,000
	마크로·투카노어족	47	35,000
	적도어족	45	3,000,000
	마크로·카리브어족	47	50,000
	마크로·파노어족	49	50,000
	마크로·제어족	21	10,000

정이다. 또 오스트로네시아어족은 표에서는 편의상 오세아니아(대양주) 안에 넣고 있지만, 그 본거지는 타이완(臺灣)을 포함하는 동남아시아로 볼 수 있기 때문에 소속으로는 유라시아에 넣어도 상관없다.

한편, 이 표에서 제시하고 있는 화자 인구는 1980년 초 세계의 총인구가 40억을 넘은 시기의 숫자이다. 따라서 현시점에서 보면 수정할 필요가 있을 것이다(예를 들어 시노·티베트어족은 그 구성원 중에 하나인 중국어 화자만으로 현재는 12억을 넘고 있다). 여기서는 어족간의 상대적 차이를 따져보기 위한 편의상의 척도로만 생각하기를 바란다.

여하튼 이 화자 인구수의 관점에서 보면, 인도·유럽계 언어를 사용하는 인구는 세계 인구의 약 50%를 차지하고, 나머지 인구의 50%는 시노·티베트어족(사실상 그 안에서도 중국어)이 차지하고 있다. 여기에는 언어 세계에서 일부의 대어족 내지 대언어에 의한 과점 상황이 분명히 드러나고 있다.

이 표에서는 확실히 나타나 있지는 않지만, 어족의 분포는 아프리카·유라시아와 오세아니아·아메리카 대륙에서 상당히 다른 양상을 보인다. 즉, 후자의 지역에서는 전자와 같은 대규모 어족이 극히 예외적인 경우를 빼고는 거의 보이지 않는다.

예를 들어 오스트레일리아 선주민어의 경우, 18세기에 처음으로 백인들이 그 땅에 도래했을 때 약 30만 명의 선주민이 600개 전후의 부족으로 나뉘어 300개 가까운 언어를 사용하고 있었다고 한다. 이들 언어를 계통적으로 분류하면 28개 내지 29개의 어족으로 나눌 수 있다. 그 중에서 '파마·늉간 (Pama-Nyungan)'이라고 불리는 어족이 전체의 2/3에 가까운 언어를 포함하며 북서부를 제외한 대륙의 거의 전역에 분포하고 있는데, 다른 어족들은 그 수가 아무리 많다고 해도 한 자릿수, 적은 것은 단 하나의 언어만으로 성립하기도 하며, 그 분포 역시 대륙의 북서부 킴벌리(Kimberley) 고원에서 아넴랜드 (Arnhem Land)[4]에 걸쳐 극히 좁은 지역에 집중해 있다. 또 뉴기니와 그 주변 도서부에 분포하는 파푸아제어는 표에서 보는 것과 같이 현재의 화자 인구 300만에 대하여 언어 수는 800개가 넘는데 이들의 계통 관계도 결코 단순하지 않다. 지금까지의 조사에 따르면, 일반적으로 말하는 어족의 층위에서는 적어

---

4) [옮긴이] 오스트레일리아 노던준주(NorthernTerritory)의 북부 지역을 가리킨다.

도 50 내지 60개 정도의 어족으로 분류할 필요가 있다고 한다.

한편 아메리카 대륙은 콜럼부스의 도착을 전후로 언어 상황이 크게 바뀌었다. 멕시코 이북의 북미에는 백인이 도래하기 전에 적어도 150만 명의 주민이 500개 전후의 언어를 사용하며 살았던 것으로 보인다. 현재 남아 있는 언어는 그것의 절반도 못 미치는데, 계통적 분류도 매우 복잡하다. 표 1.2에는 지금까지 확립된 주요 어족만을 제시한다. 또한 유토·아즈텍어족(Uto-Aztec languages)은 미국과 중앙아메리카의 양 지역에 걸쳐 분포하는데, 소속은 중앙아메리카 언어로 보는 견해도 있다.

북미 언어의 계통적 분류는 이들 언어의 연구자들에게는 오랜 기간 검토해야 할 과제였다. 하지만 아직 최종 결론에는 도달하지 못한 상태인 것 같다. 현재 전문가들 사이의 지배적인 견해에 따르면, 이들 언어는 계통적으로 58개의 어족으로 나뉘고, 그 중 반수는 단 하나의 언어, 즉 계통적으로 고립된 언어라고 한다. 게다가 이와 같은 소어족 혹은 고립 언어는 대부분이 북미의 태평양 연안부, 즉 캐나다의 브리티시컬럼비아 주에서 미국의 워싱턴 주, 오레곤 주를 거쳐 캘리포니아 주에 이르는 록키산맥 서쪽의 가늘고 긴 지역에 밀집해 있다. 예전부터 이러한 고립 언어들을 통틀어 '페누티(Penutian)' 및 '호카(Hokan)'라고 하는 대규모 어족으로 설정하려는 시도들이 있어 왔지만, 전통적인 비교방법을 고집하는 연구자들 사이에서는 그다지 지지를 받지 못하고 있는 상황이다.

중앙아메리카는 5~6천 년 전부터 옥수수나 콩류를 중심으로 곡물 재배를 시작하였으며 아메리카 대륙에서는 가장 빨리 도시 문명을 발달시킨 지역이다. 기원전 5세기경부터 문자를 사용하기 시작하였고, 마야나 아즈텍 등의 왕국이 번성하여 넓은 지역에서 통용되는 고전 마야나 고전 나우아틀어(Nahuatl) (=고대 아즈텍어) 등의 대언어가 출현한 바 있다. 언어들의 계통 관계도 주변부의 일부 언어를 빼면 비교적 명료하다. 주민의 밀도가 높아 백인들이 들어왔을 당시 인구는 최소 500만에서 많게 보면 2,000만 명이었고, 언어의 수도 북미와 동일한 정도였던 것 같다.

마지막으로 남미는 언어 수나 지리적 분포, 그리고 계통적 분기에 관하여 가장 복잡한 양상을 보인다. 백인들이 들어왔을 때 남미의 인구는 적어도 대략 1,500만 명, 언어 수는 약 1,500개 정도였던 것으로 추정된다. 그 중에서 현존하는 언어는 현재 500개 전후인 것 같다. 이 언어들의 계통적 분류에는 아직 많은 문제가 남아 있는데, 최근에 이루어진 세밀한 분류에 따르면 현재 알려진 남미 언어들은 전부 118개의 '계통적 단위'(즉 통상적인 의미의 어족)로 나눌 수 있고, 그 중의 70개는 소속 언어가 단 하나에 불과한 고립언어라고 한다. 표에서 제시한 것은 그 가운데 비교적 큰 대표 어족에 지나지 않는다. 이 중에서도 예를 들어 '적도어족' 등은 어족으로는 상당히 의심스럽다.

이와 같이 오세아니아나 아메리카 대륙의 언어 분포는 계통적으로 고립된 언어나 소규모의 어족이 비교적 좁은 지역에 밀집해 있는 형태를 취하고 있지 아프리카나 유라시아와 같이 광역에 분포하는 수많은 언어가 비교적 소수의 어족으로 묶이는 형태로 되어 있지 않다. 오스트레일리아나 북미의 태평양 연안부에 많이 보이는 계통적으로 고립된 언어의 존재는 아프리카에서는 현재 확인되지 않는다(단, 현재 니제르·콩고어족에 포함되는 서아프리카의 여러 언어들이나, 나일·사하라어족으로 묶을 수 있는 나일강 상류 지역이나 사하라 남부의 언어들 중에는 계통 불명의 언어들이 포함되어 있을 가능성은 충분히 있다).

한편 유라시아에는 이와 같이 계통 불명으로 보이는 언어가 적지 않다. 그것이 특히 집중적으로 나타나는 곳은 일본 열도와 그 주변이다. 즉, 일본어(류큐제어를 포함한다), 한국어, 아이누어(Ainu), 그리고 사할린과 그 대안(對岸)에 있는 아무르강 하류 지역에서 사용되는 길랴크어(Gilyak, 별칭 니브흐어(Nivkh))가 있다. 어족 분류표(본문 표 1.2)에서 '환동해·일본해제어5)'라고 이름 붙인 것이 바로 이 언어들이다(표 1.2에서 환동해·일본해제어의 총수를 15개라고 한 것은 류큐제어를 별개의 언어로 계산했기 때문이다. 이들을 관례에 따라 일본어의 방언으로 간주하면 환동해·일본해제어의 총수는 한국어, 일본어, 아이누어, 길랴크어의 4개가 된다). 그리고 이 환동해·일본해제어의 북쪽으로는 '축치·캄차카(Chukchi-Kamchatka)'라고 불리는 소언어군이 분포하고, 더 나아가 축치반도에서 알래스카 쪽으로 다시 소어족인 에스키모·알류트제어(Eskimo-Aleut)가 이어지며, 이것이 다시 앞서 서술한 아메리카 북서부의 소언어 밀집 지역으로 이어진다.

---

5) [옮긴이] 원서에서는 '環日本海諸語(환일본어제어)'라는 용어를 쓰고 있으나 한국어역에서는 동해와 일본해를 병기하여 '환동해·일본해제어'라는 용어를 사용하기로 한다. 이하 동일.

유라시아의 다른 지역에서 보이는 다른 계통적 고립언어로는 현재 시베리아 북동부의 콜리마강 유역의 유카기르어(Yukaghir), 예니세이강 중류 지역의 케트어(Ket, 이는 '예니세이어족'이라고 불렸던 소어족의 유일한 생존 언어다)라는 시베리아의 두 가지 언어, 그 밖에는 유라시아 중앙부 파키스탄령 카라코람산맥(karakoram Mts.) 중부의 계곡(훈자)에 잔존해 있는 부르샤스키어(Burushaski), 그리고 유럽에서는 유일하게 바스크어(Basque)가 있다.

그러나 역사를 돌이켜보면, 고대 오리엔트와 그 주변부에서 문자 기록을 남긴 오래된 언어 중에는 이러한 계통 불명의 언어가 적지 않다. 가장 대표적인 언어가 수메르어(Sumer)일 텐데, 그 밖에 소아시아 북부에서 히타이트 전의 하티어(Khattic), 메소포타미아강 상류 지역에서 번성했던 미탄니(Mitanni) 왕국의 후르리어(Hurrian), 페르시아어 전의 엘람어(Elamite), 고대 이탈리아의 에트루리아어(Etruscan) 등이 있다.

이들 고립언어들도 포함하여 여러 어족들의 분포도에 대해서는 다음 페이지에 제시하는《세계 언어 분포 약도》를 참조하기 바란다. 참고로 이 지도에서는 아메리카의 어족들을 에스키모·알류트와 나·데네(Na−Dene)로 나누고 그 밖에는 '아메린드(Amerind)'라는 형태로 일괄하였고, 유라시아의 튀르크, 몽골, 퉁구스어족들은 '알타이제어'라는 형태로 한데 묶어 제시한다.

04 언어의 계통과 그 시간적 깊이

현재로는 일본 열도와 그 주변부를 제외하면 이와 같은 계통적 고립언어의 수는 얼마 되지 않는데, 이들이 유라시아 전체의 언어 속에서 차지하는 위치와, 또 광역으로 분포하는 몇몇 대어족과의 관계는 어떠한 것일까?

여기서 언어의 계통이란 무엇인가 하는 문제를 다시 한번 생각해 볼 필요가 있다. 앞서 서술한 바와 같이, 일반적인 의미에서 언어의 동계성이라는 것은 비교언어학적인 절차에 따라 해당 언어들 사이의 동계 관계를 확인할 수 있음을 의미한다. 북미 태평양 연안부에 20개 이상의 고립언어가 성립한다는 것은 정확하게는 전통적인 비교방법을 가지고는 이들 언어 사이의 동계 관계를 확인할 수 없음을 의미하는 것이기도 하다. 학자들 중에는 이들 언어 사이에는 어떠한 계통적 연결점도 존재하지 않는다는 견해를 피력하는 사람들도 있지만, 이는 너무 나아간 것 같다. 지금까지의 역사언어학으로는 두 언어 사이의 동계 관계를 증명할 수는 있지만 반대로 두 언어가 동계가 아니라는 것을 확실히 증명할 수는 없다. 그것은 현재 지구상에서 사용하고 있는 모든 언어가 원래는 하나의 뿌리에서 분기했을 가능성을 전혀 배제할 수 없기 때문이기도 하다.

최근의 유전자 계통학 연구에 따르면 현생 인류는 모두 아프리카에서 이루어진 인류 진화의 최종 단계인 '신인(新人)'(=현대형 인류)에서 나왔을 가능성이 지극히 높다고 한다. 이 신인이 아프리카를 떠나 처음 유라시아에 진출한 것은 지금으로부터 약 5~10만 년 전인 것으로 보인다. 당시 신인이 사용했던 언어는 아마 현재 인류의 언어와 본질적으로 별로 큰 차이가 없었을 것 같다. 그렇다고 한다면, 언어 간의 동계 관계라는 것 역시 결국에는 정도의 문제로 귀착될 것이다. 따라서 여기서 문제가 되는 것은 동계 관계의 시간적 깊이, 다시 말해 각 어족의 '조어'가 소속된 연대(年代)이다. 가령 인류의 언어사가 10만 년의 깊이를 가지고 있다고 한다면 비교언어학에서 확인할 수 있는 언어의 동계성이란 과연 어느 정도의 깊이를 가지게 될까?

유라시아의 주요 어족에 대하여 생각해 보면, 인도·유럽어족과 우랄어족의 경우에 조어(의 최종 단계)의 연대는 지금으로부터 대체로 5~6천 년 정도 전인 것으로 보인다(그 근원지에 대해서는 인도·유럽어족의 경우에는 아마도 볼가강 (Volga R.) 하류 지역을 중심으로 흑해에서 카스피해에 이르는 남부 러시아의 초원지대, 우랄어족의 경우에는 그 북쪽의 볼가강 중류 지역 근처가 유력시된다). 시노·티베트조어나 오스트로네시아조어의 경우에도 이와 거의 동일한 연대가 제시되고 있다.

지금으로부터 5~6천 년 전이라는 것은 유라시아의 각지에서 본격적으로 농경 문화가 확립하기 시작한 시기다. 이 어족들의 형성은 이와 같은 농경 문화의 발달과 그로 인해 유발된 다양한 영향 및 자극과 밀접히 연결되어 있을 것이다. 가축의 사육이나 금속기의 사용을 포함한 이러한 농경 문화의 발달은 이전까지 인류가 경험해 보지 못했던 급격한 인구 증가를 야기했다. 또 그 압력이 다양한 형태의 주민 이동을 야기하고, 새로운 토지의 개척이나 타집단에 대한 침략, 무력에 의한 정복 등등을 일으켰다. 그렇게 하여 일부의 언어 집단은 스스로의 거주지를 확대하고, 결과적으로는 급격한 언어의 분화와 확산이

그림 1.1 세계언어 분포 약도

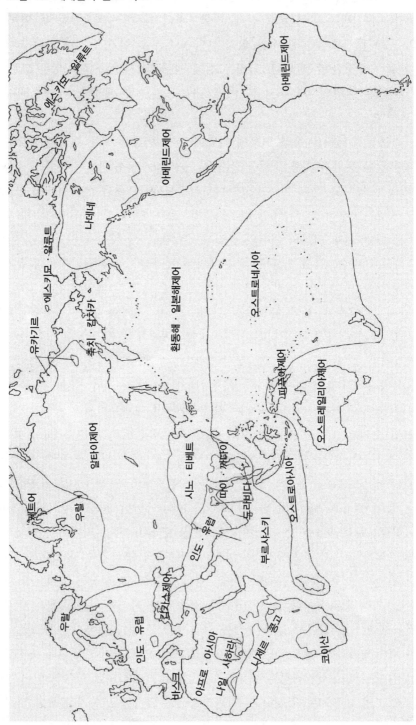

일어나게 된 것이다.

아프리카나 유라시아의 대어족이 이러한 농경문화의 출현과 밀접히 연결되어 있다고 한다면, 반대로 오스트레일리아나 북미에서 그러한 형태의 어족 분포가 보이지 않는 이유도 충분히 설명할 수 있다. 이들 지역에는 인류가 몇만 년에 걸쳐 지속해 온 수렵과 채집에 의존하는 생활 형태가 비교적 최근까지도 계속되었기 때문이다. 농경 이전의 사회에서는 사람들의 집단, 즉 동일한 언어를 사용하는 공동체는 일반적으로 수백 명에서 기껏해야 수천 명 정도이다. 그리고 자연 자원이 풍부한 지역에서는 그러한 소규모 집단이 비교적 좁은 장소에 밀집해 살고 있어 많은 언어가 서로 접촉하고 영향을 주고받으며 장기간에 걸쳐 공존한다. 이 경우 그 언어들 사이의 관계는 단순한 계통수로 나타낼 수 있는 동계 관계로는 보이지 않게 된다.

언어의 동계 관계의 시간적 깊이를 측정하는 또 다른 방법으로는 '언어연대학'이라는 것이 있다. 이것은 20세기 중반 무렵 미국의 언어학자 스와데시(Morris Swadesh, 1909–1967)가 제창한 것인데, (동계 관계에 있는) 두 언어 사이의 기초어휘 공유율을 토대로 그 둘의 분기 연대를 계산해 내고자 했던 것이다. 스와데시에 따르면, 어떤 언어든 가장 기초적인 어휘의 변화는 일정한데, 예를 들어 2백 개 규모의 기초 어휘의 경우 그 생존율은 1,000년에 약 81%라고 한다. 그렇게 하면 동일한 뿌리에서 갈라져 나와 1,000년이 지난 두 언어의 기초어휘 공유율은 81%×81%＝66%, 동일한 계산법으로 2,000년 후에는 43%, 3,000년 후에는 29%가 된다. 이러한 방법은 고고학 등에서 이용하는 방사성탄소14에 의한 연대 측정법(탄소14법)에서 힌트를 얻은 것인데, 기초어휘의 변화율이 과연 모든 언어에서 일정할지 등 약간의 문제가 없는 것은 아니다. 그러나 어찌 됐든 언어연대학으로 측정할 수 있는 언어들 사이의 동계 관계는 약 7~8천 년 정도가 한계라는 점을 분명히 밝혀 냈다는 점에서 의의가 있다. 그 이상을 넘어가면 기초어휘의 공유율은 한없이 제로에 가까워지고 만다. 참고로, 사멸한 유기체의 방사성탄소는 5,730년마다 반감(半減)한다고 하는데 그로 인해 최근의 탄소14법에서는 약 4만 년 가까운 연대까지 측정할 수 있다고 한다.

일본에서 조몬시대(繩文時代)가 시작된 것은 지금으로부터 약 1만 2천 년 정도 전인 것으로 보이는데, 가령 일본어의 발상(發祥)이 조몬시대로 거슬러

올라간다고 한다면 1만 년을 넘어서는 연대폭이 되기 때문에 그 계통 관계는
이미 기초어휘의 공유라는 형태로는 측정할 수 없게 된다. 이와 같이 기초어
휘나 형태소의 유사성을 단서로 하는 전통적인 비교방법에서도 사정은 다르지
않다. 지금까지의 연구 실적으로 볼 때 오래된 문헌 자료가 있거나 혹은 다수
의 동계 언어가 존재하여 비교방법을 사용하는 데에 풍부한 조건이 갖추고 있
는 경우에도 5~6천 년 정도가 비교방법을 통해 접근할 수 있는 한계다. 만약
인류의 언어사가 10만 년 규모로 측정해야만 하는 것이라고 한다면 전통적인
역사언어학은 거의 그 입구 근처만을 살짝 엿본 것에 지나지 않은 것일 테다.

어찌 됐든 아프리카나 유라시아에 보이는 대규모 어족과 그것들의 광역
에 걸친 분포는 인류 언어사상 비교적 새롭게 나타난 현상이지 그것이 반드시
세계 언어에 보이는 일반적인 형태인 것은 아니다. 반면에 일본 열도와 그 주
변부나 그 밖의 유라시아 일부에 남아 있는 계통적 고립언어는 이처럼 새롭게
퍼져 나간 언어층의 이른바 '빈틈'과 같은 존재이다. 다른 곳에서는 사라지고
없어진 오래된 언어층이 우연히 거기에 그 모습을 드러내고 있기 때문이다.

현재 유럽의 대부분을 차지하고 있는 인도·유럽계의 언어가 이 지역에
확산한 것은 지금으로부터 약 4천 년 정도 전의 일이다. 물론 그 시기의 유럽
이 아무도 살지 않는 땅이었던 것은 아니다. 예를 들면 스페인이나 프랑스에
많은 동굴벽화를 남긴 크로마뇽 이래 많은 인구가 이미 유럽의 여기저기에서
살고 있었다. 그러나 거기서 사용되었던 언어는 거의 흔적도 없이 소멸해 버
리고 말았는데, 바스크어는 아마 그러한 유럽의 옛 언어층에서 살아남은 유일
한 언어일지도 모르겠다.

05 언어와 화자 인구

세계 언어의 계통적 분류에 관하여 이야기가 너무 먼 과거로 거슬러 올라
가고 말았는데, 여기서 다시 한 번 세계 언어의 현황으로 눈을 돌려 보자.

현재 세계 언어의 현황과 관련하여 가장 눈에 띄는 현상은 각 언어들의
화자 인구에 보이는 엄청난 불균형이다. 한편으로는 억 단위의 화자를 가진
거대 언어가 있으면서, 다른 한편으로는 기껏해야 수백 명 내지 수천 명 정도

밖에 되지 않는 극소 언어가 존재하기도 한다. 이것은 과거 백여 년 동안 지구 상의 인구가 폭발적으로 증가하고 또한 그것이 일부 지역이나 일부 집단에 편 중되어 발생했기 때문에 생긴 현상이다. 그 결과 많은 화자가 있는 언어는 더 욱더 거대화되어 가는 한편, 거기에 압박을 받은 소규모의 언어는 점점 더 약 소화되고 마는 약육강식의 상황이 나타나게 된 것이다. 물론 여기에는 인구라 고 하는 물리적인 요인뿐만 아니라 그 밖의 다양한 정치, 경제, 문화적인 요인 들이 뒤섞여 있다.

현대의 세계 언어를 덮친 이러한 불균등, 즉 화자 인구의 편중에 따른 언 어 간의 엄청난 격차란 어떠한 것일까. 지금 가령 세계 언어의 수를 6천 개라 고 해보자. 한편, 현시점에서 세계의 총 인구를 약 60억이라고 한다. 이 인구 를 6천 개의 언어로 나누어 평균을 계산하면 100만이라는 숫자가 나온다. 만 약 세계의 언어가 각각 공평하게 화자 인구를 나누어 가진다고 한다면 하나의 언어를 사용하는 평균적인 화자의 수는 대체로 100만 전후가 돼야 한다. 또 가령 언어 간의 격차가 있다고 하더라도 이 평균치를 상회하는 언어의 수와 하회하는 언어의 수 사이에는 별로 큰 차이가 나타나지 않아야 할 것이다. 그 러나 현실은 이와 전혀 다르다.

세계 언어의 화자 인구에 관한 대략적인 계산에 따르면, 100만 이상의 화 자 인구를 가지는 언어의 수는 약 250개인데, 이는 세계 언어 총수의 겨우 4% 에 지나지 않는다. 게다가 이 250개 언어의 화자 수는 그것만으로 세계 총 인 구의 90%를 차지한다. 더욱이 화자 인구 50만 이상에 해당하는 언어를 세어 보면 그 수는 약 300개 정도가 되는데, 이는 세계 언어의 약 5%에 해당한다. 그러나 이들 언어의 화자 인구는 세계 총 인구의 거의 95%를 차지한다. 이를 반대의 측면에서 살펴보면, 세계 언어 전체의 95%를 차지하는 5,700개 정도의 언어가 세계 인구의 겨우 5%, 즉 3억 명 정도의 사람들에 의해 사용되고 있다 는 것이다. 표 1.3을 참조하기 바란다.

만약 언어에 있어서 화자 인구를 그 언어의 부(富)라고 친다면, 이는 언어 의 세계에서 부의 분배가 놀라울 정도도 불평등하다는 것을 나타낸다. 게다가 부유한 언어는 더욱 더 부유해지고, 가난한 언어는 그 궁핍도가 점점 더 심해 지고 있다.

인구 통계학자들의 추정에 따르면 지금부터 2,000년 전의 세계 인구는 약

표 1.3 세계의 여러 언어들과 화자 인구의 비율

화자 인구	언어 수	세계 총 인구 비율
700만 이상	약 100	약 85%
100만 이상	약 250	약 90%
50만 이상	약 300	약 95%
10만 이상	약 600	

3억 명 정도였다고 한다. 그것이 1,000년 전에 3억 1천만 명이 되고, 500년 전에 5억 명에 도달했다고 한다. 그리고 19세기 전반에 10억 명을 넘어 그 이후 세계 인구는 폭발적인 급상승을 이루었다. 현재 세계 언어에 보이는 화자 인구의 엄청난 쏠림 현상은 과거 백여 년 간에 일어난 이러한 인구 급증의 파도에 잘 편승한 소수의 언어가, 남겨진 대다수의 언어를 압박하여 주변부로 쫓아낸 결과라고 해도 될 것이다.

일본에서 조몬시대가 시작된 것은 지구상에 오래 지속되었던 최종 빙하기가 끝나고 지질학상의 현대에 해당하는 홀로세(Holocene Epoch)6)에 들어간 즈음이다. 지구는 현재와 거의 동일하게 온난기를 맞아, 최한기(最寒期) 때에는 100미터 가까이 내려갔던 해수면도 극지의 얼음이 녹아내려 현재와 거의 비슷한 수준까지 상승하였고, 일본 열도도 대륙에서 떨어져 나와 현재와 같은 지형이 되었다. 이것이 지금으로부터 약 1만 2천~1만 년 전의 일이다. 그리고 이즈음에 인류는 유라시아뿐만 아니라 오스트레일리아와 뉴기니아(빙하기에는 육지로 이어진 대륙이었다) 및 그 주변의 섬들, 그리고 남북아메리카 대륙의 거의 전역으로 퍼져 나갔다. 현재 지구상에 보이는 언어 분포의 기본 골격은 이즈음에 이미 완성되었던 것이다.

한편, 이 시기에 지구상의 인구는 많으면 1억 명, 적어도 5천만 명 정도였

---

6) [옮긴이] 1만 년 전에 시작되어 현재에 이르는 지질시대로 현세(Recent), 후빙기(Postglacial), 완신세(完新世)라고도 한다. 라이엘(C. Lyell, 1833)의 플라이스토세(Pleistocene)를 빙하기(Glacial epoch)라고 하였으며, 후빙기로서는 현세(Recent)를 사용하였다. 홀로세(Holocene)란 명칭은 1885년 만국지질학회에서 채택된 것이다. 플라이스토세 말 최종빙기의 최성기 이후 올라가기 시작한 기온은 홀로세에는 더욱 상승하여 6,000년 전경을 중심으로 힙시서멀(hysithermal)이라고 불리는 고온기를 맞이하였으며, 이에 수반하여 해면상승도 현저히 진행되어 세계 각지의 해안 저지에 해진(海進)이 발생하였다. 고고학상으로는 구석기시대가 끝나고 중석기시대에서 신석기대로 들어간 것이다(<자연지리학사전>, 2006. 5. 25., 한국지리정보연구회).

다고 한다. 그리고 중요한 것은 당시 세계 언어의 숫자도 거의 지금과 비슷하거나 조금 상회했으리라는 것이다. 5천만의 인구를 5천으로 나누면 1만이 된다. 1만에서 2만 정도가 아마 당시 언어의 평균적인 화자 수였을 것이다. 또 이 언어들의 내부에는 몇 개인가의 방언이 포함되어 있을 것이다. 물론 언어에 따라서는 화자 수에 상당한 차이가 있었음에 틀림없지만, 평균적인 화자 수를 월등하게 상회하는 대언어는 존재하지 않았을 것이다. 주어진 환경의 자연 자원에 완전히 의존하는 수렵·채집적인 사회에서는 집단의 크기에 본래 한계가 있기 때문이다. 모든 사회, 모든 집단에서 언어는 평등하고, 수많은 언어가 서로 자유로운 접촉을 유지하면서 평화롭게 공존하는 상황이 이어졌던 것이다.

이러한 상황은 농경 문화의 출현과 함께 커다란 변화에 직면한다. 그러나 그 변화는 지구 전체의 규모에서 보면 그다지 급격한 것은 아니었다. 세계의 인구는 대략 1만 년에 걸쳐 1억에서 3억까지 증가하는 데 그쳤기 때문이다. 대어족의 출현도 일부 지역에 한정되었고, 대언어에 소언어가 흡수 또는 합병되어 가는 한편, 방언의 분기라는 형태로 언어의 자기 증식도 이루어졌다. 그렇게 하여 5~6천 규모를 가지는 세계 언어의 다양성은 적어도 1만여 년 동안 그 균형을 유지할 수 있었다.

언어의 화자 인구를 부(富)에 비유하는 것은 온당하지 않을지도 모르겠다. 그러나 언어가 살아남는 것은 오로지 그것을 사용하는 인간의 존재에 달려 있다. 말하는 이를 잃어버리면 언어는 소멸할 뿐이다. 그런 의미에서 화자 수는 언어의 생존 기반이고, 활력의 바로미터이기도 하다. 그러나 지난 1세기 동안 세계 인구의 증가와 함께 출현한 소수의 거대 언어로 인해 지금까지 수천 년 혹은 수만 년 동안 이 지구상에서 사용되어 온 수천 개의 언어가 이상할 정도로 그 생존에 위협을 받는 상황이 돌연히 발생하고 말았다. 이것이 20세기 말엽부터 금세기 초에 걸친 세계 언어의 현황이다.

앞서 소개한 인터넷상의 Ethnologue에는 화자 인구에 의한 상위 약 100개의 언어에 대한 데이터가 게재되어 있다. 참고로, 이를 일본어로 번역하여 일람표를 만들면 다음의 표 1.4와 표 1.5와 같이 된다. 화자 인구가 700만 이상의 언어가 여기에 해당한다. 또 이들 언어의 지역별, 그리고 어족별 분포에 대해서는 그 다음의 표 1.6과 표 1.7을 참조하기 바란다.

언어의 거대함은 물론 화자 인구의 크기만으로 잴 수 있는 것은 아니다. 각각의 언어에는 눈에 보이지 않는 사회적 평가라는 것이 있다. 플러스 평가이면 '위신(威信, prestige)'(원래의 의미는 '환혹(幻惑)'), 마이너스 평가이면 '오명(汚名, stigma)'(원래의 의미는 '낙인(烙印)')이라고 불린다. 그러나 화자 인구가 언어의 크기를 재는 데 가장 빨리 처리할 수 있는 척도임에는 변함이 없다. 그렇다고 한다면, 이 중에서도 특히 상위 10개의 언어는 세계 언어 중의 '초거대언어'로 자리매김할 수 있을 것이다. 다음의 표 1.4에서 볼 수 있듯이, 이 중에는 일본어도 포함되어 있다. 이것을 가지고 자기 자신의 모어가 세계 굴지의 대언어라고 자부심을 느끼는 일본인이 있을지도 모르겠다. 그러나 이 일본어의 거대화로 인해 일본 열도 북쪽에서는 아이누어가 절멸의 위기에 빠져 있고, 남쪽에서는 류큐제어가 숨이 끊길 지경에 이르러 있는 것을 과연 얼마나 많은 일본인들이 자각하고 있을까.

표 1.4 화자 인구에 따른 상위 100개 언어(1)

순위	언어명	어족	본적국	화자 인구
1	중국어(北京官話)	시노·티베트	중국	885,000,000
2	스페인어	인도·유럽	스페인	332,000,000
3	영어	인도·유럽	잉글랜드	322,000,000
4	벵골어	인도·유럽	방글라데시	189,000,000
5	힌디어	인도·유럽	인도	182,000,000
6	포르투갈어	인도·유럽	포르투갈	170,000,000
7	러시아어	인도·유럽	러시아연방	170,000,000
8	일본어	환동해·일본해	일본	125,000,000
9	독일어	인도·유럽	독일	98,000,000
10	중국어(吳語)	시노·티베트	중국	77,175,000
11	자바어	오스트로네시아	인도네시아	75,500,800
12	한국어	환동해·일본해	남북한	75,000,000
13	프랑스어	인도·유럽	프랑스	72,000,000
14	베트남어	오스트로네시아	베트남	67,662,000
15	텔루구어(Telugu)	드라비다	인도	66,350,000
16	중국어(廣東語)	시노·티베트	중국	66,000,000
17	마라티어(Marathi)	인도·유럽	인도	64,783,000
18	타밀어(Tamil)	드라비다	인도	63,075,000
19	터키어	튀르크	터키	59,000,000
20	우르두어(Urdu)	인도·유럽	파키스탄	58,000,000
21	중국어(閩南語)	시노·티베트	중국	49,000,000
22	중국어(晉語)	시노·티베트	중국	45,000,000
23	구자라티어(Gujarati)	인도·유럽	인도	44,000,000

순위	언어명	어족	본적국	화자 인구
24	폴란드어	인도·유럽	폴란드	44,000,000
25	아랍어(이집트)	아프로·아시아	이집트	42,500,000
26	우크라이나어	인도·유럽	우크라이나	41,000,000
27	이탈리아어	인도·유럽	이탈리아	37,000,000
28	중국어(湘語)	시노·티베트	중국	36,015,000
29	말라야람어(Malayaram)	드라비다	인도	34,022,000
30	중국어(客家語)	시노·티베트	중국	34,000,000
31	칸나다어(Kannada)	드라비다	인도	33,663,000
32	오리야어(Oriya)	인도·유럽	인도	31,000,000
33	펀자브어(서부)	인도·유럽	파키스탄	30,000,000
34	순다어(Sunda)	오스트로네시아	인도네시아	27,000,000
35	펀자브어(동부)	인도·유럽	인도	26,013,000
36	루마니아어	인도·유럽	루마니아	26,000,000
37	보즈푸리어(Bhojpuri)	인도·유럽	인도	25,000,000
38	아제르바이잔어(남부)	튀르크	이란	24,364,000
39	페르시아어(서부)	인도·유럽	이란	24,280,000
40	마이틸리어(Maithili)	인도·유럽	인도	24,260,000
41	하우사어(Hausa)	아프로·아시아	나이지리아	24,200,000
42	아랍어(알제리)	아프로·아시아	알제리	22,400,000
43	버마어	시노·티베트	미얀마	22,000,000
44	세르보·크로아티아어	인도·유럽	유고슬라비아	21,000,000
45	중국어(贛語)	시노·티베트	중국	20,580,000
46	아와디어(Awadhi)	인도·유럽	인도	20,540,000
47	태국어	따이·까다이	태국	20,047,000
48	네덜란드어	인도·유럽	네덜란드	20,000,000
49	요루바어(Yoruba)	니제르·콩고	나이지리아	20,000,000
50	신디어(Sindhi)	인도·유럽	파키스탄	19,720,000
51	아랍어(모로코)	아프로·아시아	모로코	19,542,000
52	아랍어(사이드)	아프로·아시아	이집트	18,900,000
53	우즈벡어(북부)	튀르크	우즈베키스탄	18,466,000
54	말레이어	오스트로네시아	말레이시아	17,600,000
55	암하라어(Amharic)	아프로·아시아	에티오피아	17,413,000
56	인도네시아어	오스트로네시아	인도네시아	17,050,000
57	이그보어(Igbo)	니제르·콩고	나이지리아	17,000,000
58	타갈로그어(Tagalog)	오스트로네시아	필리핀	17,000,000
59	네팔어	인도·유럽	네팔	16,056,000
60	아랍어(수단)	아프로·아시아	수단	16,000,000
61	사라이키어(Saraiki)	인도·유럽	파키스탄	15,015,000
62	세부아노어(Cebuano)	오스트로네시아	필리핀	15,000,000
63	아랍어(레바논 북부)	아프로·아시아	시리아	15,000,000
64	태국어(북동방언)	따이·까다이	태국	15,000,000
65	아삼어(Assamese)	인도·유럽	인도	14,634,000
66	헝가리어	우랄	헝가리	14,500,000

순위	언어명	어족	본적국	화자 인구
67	치타고니어(Chittagonian)	인도·유럽	방글라데시	14,000,000
68	아랍어(이라크)	아프로·아시아	이라크	13,900,000
69	마두라어(Madurese)	오스트로네시아	인도네시아	13,694,000
70	싱할라어(Sinhala)	인도·유럽	스리랑카	13,220,000
71	하리안비어(Haryanvi)	인도·유럽	인도	13,000,000
72	마르와리어(Marwari)	인도·유럽	인도	12,104,000
73	체코어	인도·유럽	체코	12,000,000
74	그리스어	인도·유럽	그리스	12,000,000
75	마가히어(Magahi)	인도·유럽	인도	12,000,000
76	차티스가르히어(Chhattisgarhi)	인도·유럽	인도	10,985,000
77	데칸어(Deccan)	인도·유럽	인도	10,709,800
78	중국어(閩北語)	시노·티베트	중국	10,537,000
79	벨라루시어	인도·유럽	벨라루스	10,200,000
80	치앙어(Qiang)	따이·까다이	중국	10,000,000
81	아랍어(사우디)	아프로·아시아	사우디아라비아	9,800,000
82	파슈토어(북부)	인도·유럽	파키스탄	9,685,000
83	소말리아어	아프로·아시아	소말리아	9,472,000
84	말라가시어(Malagasy)	오스트로네시아	마다가스카르	9,398,700
85	아랍어(튀니지)	아프로·아시아	튀니지	9,308,000
86	르완다어	니제르·콩고	르완다	9,306,800
87	줄루어(Zulu)	니제르·콩고	남아프리카공화국	9,142,000
88	불가리아어	인도·유럽	불가리아	9,000,000
89	스웨덴어	인도·유럽	스웨덴	9,000,000
90	롬바르디아어(Lombard)	인도·유럽	이탈리아	8,974,000
91	오로모어(Oromo)	아프로·아시아	에티오피아	8,920,000
92	파슈토어(남부)	인도·유럽	아프가니스탄	8,206,000
93	카자흐어	튀르크	카자흐스탄	8,000,000
94	일로카노어(Ilokano)	오스트로네시아	필리핀	8,000,000
95	타타르어(Tatar)	튀르크	러시아연방	8,000,000
96	풀라어(Fula)	니제르·콩고	나이지리아	7,611,000
97	아랍어(예멘)	아프로·아시아	예멘	7,600,000
98	위구르어(Uighur)	튀르크	중국	7,595,512
99	아이티어(Haiti)	크레올	아이티	7,372,000
100	아제르바이잔어(북부)	튀르크	아제르바이잔	7,059,000
101	나폴리·칼라브리아어	인도·유럽	이탈리아	7,047,000
102	크메르어(중부)	오스트로아시아	캄보디아	7,039,200
103	페르시아어(동부)	인도·유럽	아프가니스탄	7,000,000
104	아칸어(Akan)	니제르·콩고	가나	7,000,000
105	힐리가이논어(Hiligaynon)	오스트로네시아	필리핀	7,000,000
106	쿠르만지어(Kurmanji Kurdish)	튀르크	터키	7,000,000
107	쇼나어(Shona)	니제르·콩고	짐바브웨	7,000,000

표 1.5 상위 약 100개 언어의 지역 분포(식민언어를 제외)

지역	언어수
아시아	68
유럽	21
아프리카	17
남북아메리카	1
오세아니아	0

표 1.6 상위 약 100개 언어의 어족 분포

어족	언어수
인도·유럽어족	45
아프로·아시아어족	14
시노·티베트어족	10
오스트로네시아어족	10
튀르크어족	8
니제르·콩고어족	7
드라비다어족	4
따이·까다이어족	3
오스트로아시아어족	2
환동해·일본해제어	2
우랄어족	1
크레올	1

06 언어와 국가

남극대륙과 일부 국가 간의 분쟁지를 제외하면, 현재 지구상의 모든 지역은 다 어떤 국가의 영토로 정해져 있다. 그것은 현재 세계에서 사용되고 있는 모든 언어가 반드시 어떤 국가에 소속되어 있음을 의미하는 것이기도 하다. 그리고 현재 유엔에 정식으로 가입돼 있는 국가의 수는 191개국에 달한다.[7] 즉, 6,700개의 세계 언어는 불문곡직하고 이 191개의 국가라는 틀 안에서 포함되어 있는 것이다. 물론 거기에는 큰 나라도 있고 작은 나라도 있어 국가 간의 불균형 역시 언어의 불균형만큼이나 심각하다. 한편 각 나라에 속해 있는

---

7) [옮긴이] 2020년 현재의 유엔 가입 회권국의 수는 193개국이다.

언어의 수 역시 한 국가당 하나의 언어뿐인 곳도 있고, 한 국가에 수백 개의 언어인 곳도 있어 정말 천차만별이다.

각 지역의 국가와 그 언어 구성에 대해서는 다음의 표 1.8 및 표 1.9를 참조하기 바란다. 여기서 제시하는 인구는 1996년의 유엔 자료에 따르며, 언어 수는 *Ethnologue*(13th ed.)를 따른다.

표 1.7 세계의 국가별 언어 자료 (1) : 아시아(46개국)

국가명	인구(천 명)	언어수	소멸	공용어
아제르바이잔	7,594	13		아제르바이잔어
아프가니스탄	20,883	35		파슈토어(Pashto), 다리어(Dari)
아랍에미레이트	2,260	8		아랍어
아르메니아	3,638	6		아르메니아어
예멘	15,678	8		아랍어
이스라엘	5,664	32	(1)	헤브라이어
이라크	20,607	23		아랍어
이란	69,975	69	(1)	페르시아어
인도	944,580	418	(11)	힌디어
인도네시아	200,453	716	(5)	인도네시아어
우즈베키스탄	23,209	7		우즈벡어
오만	2,302	13		아랍어
카자흐스탄	16,820	6		카자흐어, 러시아어
카타르	558	3		아랍어
캄보디아	10,273	17		캄보디아어
키르기스	4,469	2		키르기스어, 러시아어
키프로스	756	4		그리스어, 터키어, 영어
쿠웨이트	1,687	3		아랍어
조지아	5,442	10		조지아어
사우디아라비아	18,836	5		아랍어
시리아	14,574	17	(1)	아랍어
싱가포르	3,384	26		말레이어, 영어, 중국어, 타밀어
스리랑카	18,100	8	(1)	싱할라어, 타밀어
태국	58,703	76		태국어
대한민국	45,314	2		한국어
타지키스탄	5,935	10		타지크어
중국(본토)	1,214,221	235	(8)	중국어
중국(타이완)	21,507	29	(7)	중국어
조선인민공화국	22,466	1		한국어
투르메니스탄	4,155	3	(1)	튀르크멘어
터키	61,797	37	(1)	터키어
일본	125,351	15		일본어
네팔	22,021	125	(1)	네팔어
파키스탄	139,973	66		우르두어, 펀자브어, 신드어

국가명	인구(천 명)	언어수	소멸	공용어
바레인	570	3		아랍어
방글라데시	120,073	35		벵골어(Bengali)
필린핀	69,282	171	(3)	필린핀어, 영어
부탄	11,812	15		종카어(Dzongkha), 네팔어
부르네이	300	16		말레이어, 영어, 중국어
베트남	75,181	86	(1)	베트남어
말레이시아	20,581	92		말레이어, 중국어, 타밀어
미얀마	45,922	111	(1)	버마어
몰디브	263	1		디베히어(Dhivehi)
몽골	2,515	12		몽골어
요르단	5,581	8		아랍어
라오스	5,035	92		라오어
레바논	3,084	3		아랍어

표 1.8 세계의 국가별 언어 자료 (2) : 유럽(43개국)

국가명	인구(천 명)	언어수	소멸	공용어
아이슬란드	271	2		아이슬란드어
아일랜드	3,554	4		아일랜드어, 영어
알바니아	3,401	6		알바니아어
안도라(Andorra)	71	3		카탈루냐어
영국	58,144	14	(2)	영어
이탈리아	57,226	33		이탈리아어
에스토니아	1,471	1		에스토니아어, 러시아어
우크라이나	51,6081	4	(1)	우크라이나어
오스트리아	8,106	8		독일어
네덜란드	15,575	6		네덜란드어
그리스	10,490	14	(1)	그리스어
크로아티아	4,501	6	(1)	크로아티아어
산마리노(San Marino)	25	2		이탈리아어
스위스	7,224	10		독일어, 프랑스어, 이탈리아어, 로망슈어
스웨덴	8,819	10		스웨덴어
스페인	39,674	16	(2)	스페인어, 카탈루냐어 등
슬로바키아	5,347	9		슬로바키아어
슬로베니아	1,924	6		슬로베니아어
체코	10,251	8	(1)	체코어
덴마크	5,237	8	(1)	덴마크어
독일	81,922	22	(1)	독일어
노르웨이	4,348	10		노르웨이어
바티칸	0.1	2		라틴어, 이탈리아어 등
헝가리	10,049	9		헝가리어
핀란드	5,126	11	(1)	핀란드어, 스웨덴어
프랑스	58,333	27	(2)	프랑스어

국가명	인구(천 명)	언어수	소멸	공용어
불가리아	8,468	12	(1)	불가리아어
벨라루스	10,348	1		벨라루스어
벨기에	10,159	5		네덜란드어, 프랑스어, 독일어
보스니아·헤르체고비나	3,628	2		세르비아어
폴란드	38,601	10		폴란드어
포르투갈	9,808	6		포르투갈어
마케도니아	2,174	8		마케도니아어
몰타(Malta)	369	3		몰타어, 영어
모나코	32	3		프랑스어
몰도바	4,444	5		몰도바어
유고슬라비아	10,294	10		세르비아어
라트비아	2,504	5		라트비아어, 러시아어
리투아니아	3,728	3		리투아니아어, 러시아어
리히텐슈타인	31	1		독일어
룩셈부르크	412	3		룩셈부르크어, 프랑스어, 독일어
루마니아	22,655	14		루마니아어
러시아연방	148,126	57	(1)	러시아어 외 각 민족어

　　국가가 인간 생활의 여러 측면에 개입하는 현대 사회에서는 어떤 국가에 소속되어 있고 그 국가 안에서 어떤 취급을 받는가에 따라 그 언어의 운명이 좌지우지된다. 특히 이는 세계 언어의 대부분을 차지하는 소수 화자의 언어가 앞으로 살아남을 수 있을지 하는 문제와 크게 관련이 있다. 또 국가의 정책 여하에 따라서는 단순히 화자 인구가 많은 언어이기 때문에 안심해도 된다고 장담할 수는 없을 것이다.

　　언어와 국가 사이의 관계에서 특히 큰 문제를 안고 있는 것은 '다언어국가'이다. 현재의 수치상으로만 보면 한 국가 안에 50개 이상의 언어를 포함하고 있는 다언어국가는 지역별로 다음과 같다(괄호 안은 언어 수).

아시아(46개국 중 12개국)

인도네시아(716), 인도(418), 중국(235), 필리핀(171), 네팔(125), 미얀마(111), 라오스(92), 말레이시아(92), 베트남(86), 태국(76), 이란(69), 파키스탄(66)

아프리카(53개국 중 14개국)

나이제리아(478), 카메룬(283), 자이르(221), 수단(142), 탄자니아(132), 차드(128), 에티오피아(86), 코트디부아르(74), 가나(72), 부르키나파소(71), 중앙아프리카공화국(108), 케냐(61), 콩고(60), 베냉(51)

아메리카(35개국 중 7개국)

멕시코(295), 브라질(236), 미국(213), 페루(108), 콜롬비아(98), 캐나다(79), 과테말라(53)

오세아니아(14개국 중 4개국)

파푸아뉴기니(826), 오스트레일리아(267), 바누아투(110), 솔로몬제도(71)

마지막으로, 유럽에는 한 국가 안에 50개 이상의 언어를 포함하고 있는 다언어국가가 전무하다. 유럽만은 국가에 대한 언어 수의 비율이 아주 낮은데, 그만큼 국가와 언어 간에 알맞은 균형을 유지하고 있다. 마치 유럽에서 보이는 이러한 균형의 여파가 그 이외의 지역에 이상한 불균형을 낳고 있는 것처럼 보이기도 한다.

애당초 근대 세계의 국가라는 것은 19세기 유럽에서 부흥한 내셔널리즘의 산물에 지나지 않는다. 당시까지만 해도 세계의 통치 형태는 민족이라는 단위가 아니라 소수에 집중된 권력이 복수의 민족 내지 부족 위에 넓고 얕게 덧씌여 있는 형태, 이른바 '제국'이라는 형태가 가장 일반적인 것이었다. 페르시아 제국, 로마 제국, 무굴 제국, 대청 제국 등등이 바로 그 전형이다. 유럽에서 이러한 통치 형태는 제정 러시아, 오스만 제국, 그리고 합스부르크 왕조에 남아 있었다. 이와 같은 제국의 지배자들은 많은 경우 자신들이 지배하고 있는 민중의 언어나 문화에는 비교적 관심이 없어 그다지 깊이 간섭하지 않았다. 제국의 기반은 허약하여 일단 한번 무너져 내리면 민중의 언어나 문화는 원래의 상태로 돌아가는 것이 다반사였다.

그러나 19세기 유럽에 불기 시작한 내셔널리즘은 그러한 오래된 통치 형태와는 전혀 다른 이념을 내세웠다. 즉, "언어를 통해 민족을", "민족을 통해 국가를"과 같은 슬로건이 나온 것이다. 여기서 언어는 민족과 국가와 함께 적어도 이념적으로는 삼위일체와 같이 연결되었다. 오스만·튀르크와 합스부르크가의 붕괴 후, 발칸이나 동유럽에 연달아 생겨난 국가들이 목표로 한 것은 무엇보다도 언어에 기반을 둔 이러한 민족 국가였다. 그리고 이것이 민족·국가와 직결된 언어, 즉 '국어'의 성립 기반이 되었다. 국어의 육성과 강화는 서구형 민족 국가에서 가장 중요한 과제였다.

제1차 세계 대전의 개시 직전인 20세기 초의 세계 지도를 바라보면, 앞서 언급한 민족 국가의 형태를 취하고 있던 독립 국가는 10여 개 정도의 유럽 국가를 제외하면 아프리카에 2개국(에티오피아와 리베리아), 그리고 아시아에 2개국(일본과 태국) 정도가 존재할 뿐이었다. 그 수는 현재의 10분의 1도 되지 않는다. 나머지 국가가 성립한 것은 모두 그 후의 일이다.

즉, 먼저 제1차 세계 대전 후 동유럽, 발칸의 국가들, 이어서 제2차 세계 대전 후 영국과 네덜란드의 식민 통치하에 있던 인도와 동남아시아의 국가들, 그리고 1950년대 이후 동서냉전 하에 인도네시아, 중근동, 북부 아프리카의 국가들, 이어서 프랑스, 포르투갈의 식민 통치하에 있던 블랙 아프리카의 국가들, 그리고 마지막으로 1992년 소비에트연방의 붕괴 후 그 지배하에 있던 동유럽부터 중앙아시아에 걸친 많은 나라들이 독립했다. 또 콜럼버스 이후 아메리카 대륙과 오스트레일리아에 출현했던 서양인 지배의 식민 국가는 이러한 민족 국가와는 전혀 다른 성격을 가진다.

이러한 국가들, 특히 제2차 세계대전 후에 등장한 신흥 국가들의 경우 언어와 민족, 그리고 국가의 관계는 서구 내셔널리즘이 주창했던 이상과는 먼 것이었다. 그렇게 된 가장 큰 이유는 이들 국가의 대부분이 19세기 유럽 열강이 만들어 놓은 식민지 통치 형태를 그대로 계승하는 식으로 형성되었기 때문이다. 이와 같은 식민지의 대부분은 토착민의 역사나 전통 문화를 무시하고, 단지 종주국의 이익만을 위해 완전히 자의적으로 분할되었다. 국가의 근간이 되는 언어나 민족의식을 키울 수 있는 토양은 애초부터 결여되어 있었던 것이다.

이러한 사태는 먼저 언어의 측면에서 이들 신생 국가의 '공용어'로 어떤 언어를 채용할지에서부터 문제가 되었다. 지금까지 식민지의 공식 언어는 모두 종주국인 유럽의 언어였기 때문이다. 이 문제는 특히 아프리카의 신흥국에서 아주 심각했다. 현재도 아프리카 국가의 대부분에서 공용어로 주로 사용하는 것은 구 식민지 종주국의 언어이다. 다음의 표 1.9를 참조하기 바란다.

표 1.9 세계의 국가별 언어 자료 (3) : 아프리카(53개국)

국가명	인구(천 명)	언어수	소멸	공용어
알제리	28,784	17		아랍어, 프랑스어
앙골라	11,185	41		포르투갈어
우간다	20,256	47	(1)	영어
이집트	63,271	12	(1)	아랍어
에티오피아	58,243	86	(4)	암하라어(Amharic)
에리트레아(Eritrea)	3,280	12	(1)	아랍어, 티그리냐어(Tigrinya)
가나	17,832	72		영어
카보베르데(Cape Verde)	396	4		포르투갈어
가봉	1,106	40		프랑스어
카메룬	13,560	283	(4)	영어, 프랑스어
감비아(Gambia)	1,141	20		영어, 만딩카어(Mandinka)
기니아	7,518	30		프랑스어
기니아비사우(Guinea-Bissau)	1,091	23		포르투갈어
케냐	37,799	61		영어, 스와힐리어
코트디부아르	14,015	74	(1)	프랑스어
코모로(Comoros, 모로니)	632	4		코모로어, 프랑스어, 영어
콩고	2,668	60		프랑스어
콩고민주공화국[8]	46,812	221		프랑스어, 콩고어, 링갈라어
상투메(São Tomé)	135	2		포르투갈어
잠비아	8,275	41	(2)	영어, 벰바어(Bemba)
시에라리온	4,297	23		영어, 멘데어(Mende)
지부티(Djibouti)	617	4		프랑스어, 아랍어
짐바브웨	11,439	20		영어, 쇼나어, 은데벨레어
수단	27,291	142	(10)	아랍어
스와질란드(Swaziland)	881	4		영어, 스와티어(Swazi)
세이셸(Seychelles)	74	3		영어, 프랑스어, 크레올어
적도기니	410	12		스페인어, 부비어
세네갈	8,532	39		프랑스어, 월로프어
소말리아	9,822	13		소말리아어
탄자니아	30,799	132	(1)	스와힐리어, 영어
차드	6,515	128	(1)	프랑스어, 아랍어
중앙아프리카공화국	3,344	69		산고어, 프랑스어
튀니지아	9,156	9		아랍어, 프랑스어,
토고	4,201	43		프랑스어
나이지리아	115,020	478	(7)	영어
나미비아	1,575	28		영어
니제르	9,465	21		프랑스어, 하우사어
부르키나파소	10,780	71		프랑스어
브룬디(Burundi)	6,221	3		프랑스어, 키룬디어

국가명	인구(천 명)	언어수	소멸	공용어
베냉(Benin)	5,563	51		프랑스어
보츠나와	1,484	30		영어, 츠와나어
마다가스카르	15,353	6		말라가시어, 프랑스어
말라위(Malawi)	9,845	15		영어, 치체와어(Chichewa)
말리	11,134	32		프랑스어, 밤바라어(Bambara)
남아프리카공화국	42,393	31	(3)	영어, 아프리칸스어+아프리카의 9언어
모잠비크	17,796	33		포르투갈어
모리셔스(Mauritius)	1,129	5		영어
모리타니(Mauritania)	2,333	8		아랍어, 프랑스어, 풀라니어, 소닝케어, 월로프어
모로코	27,021	11		아랍어
리비아	5,593	12		아랍어
라이베리아(Liberia)	2,245	34		영어
르완다	5,397	3		프랑스어, 르완다어
레소토(Lesotho)	2,078	4	(1)	영어, 소토어(Sotho)

유럽의 대언어를 대신하여 토착 민족어를 어떻게 육성해 갈지, 이것은 신흥 아프리카 국가들에게 앞으로 중대한 과제가 될 것이다. 물론 이미 그러한 움직임은 차근차근 나타나고 있다.

예를 들면, 1994년 오랜 세월 동안의 백인 지배에서 벗어나 토착민의 자치권을 쟁취한 남아프리카 공화국에서는 새로 헌법을 개정하여 지금까지의 영어와 아프리칸스어(Afrikaans)에 추가로 코사어(Xhosa), 줄루어(Zulu), 소토어(Sotho) 등 9개의 토착어를 국가 공용어로 지정하였다. 또 중부 아프리카의 모리타니(Mauritania)에서도 1991년에 개정한 헌법에서 지금까지 공용어로 사용해 왔던 프랑스어와 아랍어를 아랍어, 풀라니어(Fulani), 소닝케어(Soninke), 월로프어(Wolof)의 4가지 '국어(national languages)'로 대체하였고, 그 중 아랍어를 공용어로 지정했다.

그러나 이들 아프리카 국가들이 종주국의 언어를 대신하여 토착어를 공용어로 채용한다는 것은 동시에 영토 내의 복잡한 부족 구성과 다언어 상황에 대한 대처와 같은 또 다른 큰 문제에 직면해야 함을 의미하기도 한다.

참고로 국가의 공용어로 인정받은 토착어의 수와 지역별 데이터를 표 1.11에 제시한다. 여기서도 유럽과 그 외의 지역 사이에 불균형이 눈에 띈다.

---

8) [옮긴이] 원서에는 '자이르'라는 용어를 사용하고 있지만 현재는 '콩고민주공화국'이라는 이름으로 국명이 바뀌었기에 이를 사용함.

표 1.10 국가 공용어로 인정받은 토착어의 수

지역	국가 수	토착 국가어	언어 총수
아시아	46	35	2,165
유럽	43	40	225
아프리카	53	22	2,011
남북 아메리카	35	2	1,000
오세아니아	14	13	1,302
합계	191	112	6,703

국내의 다언어 상황에 대한 대처는 이미 살펴본 바와 같이 영역 내에 다수의 언어를 가지고 있는 인도, 인도네시아, 중국, 필리핀 등 아시아 국가들에서 한층 더 심각한 문제이기도 하다. 특히 독립 후의 인도에서 공용어 문제를 포함한 언어의 문제는 최대의 정치 과제 중 하나였다. 정부의 기본 방침은 영어를 대신하여 힌디어를 전국 규모의 공용어로 하는 방향으로 진행돼 왔지만, 그 길은 결코 평탄하지만은 않다. 헌법에서는 힌디어(Hindi)와 함께 아삼(Assamese), 벵골(Bengali), 구자라티(Gujarati), 칸나다(Kannada), 카슈미르(Kashimiri), 말라야람(Malayaram), 마라티(Marathi), 오리야(Oriya), 펀자브(Punjabi), 신디(Sindhi), 타밀(Tamil), 텔루구(Telguru), 우르두(Urdu), 그리고 산스크리트(Sanskrit)의 전부 합쳐 15개의 언어를 주(州) 차원에서 공용어로 인정하고 있지만(영어는 독립 후 15년 간의 유예 기간이 지난 후에 공용어에서 빠졌다), 그 중에 문다계(Munda languages)나 티베트·버마계의 언어는 하나도 포함되어 있지 않다. 이들 언어가 앞으로 어떠한 형태로 살아남을지는 앞날이 잘 보이지 않는다.

제2차 세계대전 후 네덜란드로부터 독립한 인도네시아에서 공용어로 채택된 인도네시아어는 원래 말레이반도를 중심으로 발달한 '멜라유(Melayu)'라고 불리는 일종의 교역어, 즉 링구아 프랑카(lingua franca)였다. 이 점에서는 인도네시아라는 초다언어 국가의 공용어로 잘 어울리는 언어였던 것이다. 또 공통어로서의 기본은 이미 식민지 시대에 어느 정도 완성된 상태였다. 여기서 공통어와 다양한 토착 지역어 사이의 공존은 많은 파푸아계 언어를 사용하는 서부 뉴기니아(별칭 서파푸아, 구명칭 이리안자야(Irian Jaya))를 제외하고는 비교적 평온하게 이루어지고 있는 것 같다. 또 인도네시아어의 모어화도 서서히 진행되고 있다.

한편, 독립 후 필리핀에서는 많은 수의 토착어 중 타갈로그어가 공용어로 선정되었다. 이것이 영어를 대신하거나 혹은 영어와 함께 명실상부한 '필리핀어'라는 국어로 성장하기 위해서는 아직 상당한 먼 여정이 기다리고 있는 것 같다.

현재의 중국은 예전에 대청제국이 가졌던 영토를 거의 그대로 물려받았다. 제정 러시아의 유산을 그대로 물려받은 소련이 붕괴한 현재 적어도 그 지배 영역에 관해서는 옛 제국의 형태를 그대로 존속시키고 있는 세계 유일의 국가는 중국뿐일지도 모르겠다. 이 나라에서 일률적으로 '소수 민족'이라고 부르는 민족들 중에는 독립국과 다름없는 민족 집단이 약간 포함되어 있다. 그러나 그 외 문자 그대로의 소수 민족들은 막무가내로 밀고 들어오는 세계 제일의 초거대언어인 중국어 앞에 자신들의 언어를 어떻게 유지해야 할지, 상당히 심각한 문제가 아닐 수 없다.

유엔의 과학·문화 부문을 담당하는 유네스코는 최근 세계의 언어, 특히 소수 민족의 언어 문제에 적극적으로 개입하고 있다. 그러한 활동의 일환으로서 세계 각국의 헌법 안에 있는 언어에 관한 규정을 인터넷에 공개하고 있다. 이 자료를 보면 세계 대부분의 나라에서 어떠한 형태로든 언어에 관한 내용을 헌법 조항에 포함시키고 있다는 것을 알 수 있다. 많은 경우가 자국의 공용어에 관한 규정인데, 비교적 최근에 개정 내지 제정된 헌법에서는 자국 내 소수 민족 및 그 언어의 취급에 대하여 세심하게 배려하고 있는 국가가 점점 늘어나고 있다. 참고로, 일본은 헌법 안에 언어에 관한 어떠한 언급도 하고 있지 않는, 세계에서도 몇 안 되는 소수 국가 중 하나다.

헌법 안에 언어에 관한 조항을 두고 있지 않는 나라는 그 밖에도 여럿 있다. 그 중에서 특히 눈에 띄는 것은 영어권 국가들인데, 영국, 미국, 호주, 뉴질랜드 등은 자국 내 다종다양한 집단과 언어를 포함하고 있으면서도 영어만을 유일한 공용어로 채택하고 있다. 이들 국가가 오랜 세월 유지해 온 '영어 전용(English Only)' 정책이 이러한 부분에서도 명확히 나타나고 있다. 한편, 영어권 중에는 캐나다만이 유일하게 헌법 안에서 언어 문제를 다루고 있다. 단, 거기서 대상이 되고 있는 것은 영어와, 퀘벡 주에서 사용하는 프랑스어뿐이다. 에스키모를 비롯한 수십 개의 선주민 언어들에 대해서는 전혀 거들떠보고 있지 않다.

　마지막으로 공용어 문제와 관련해서는, 아프리카와 그 밖의 지역에서 토착어가 공용어로 잘 채택되지 않고 있는 반면, 하나의 언어가 복수의 국가에서 공용어로 유통되는 '다국적어'로서 적지 않게 존재한다는 점도 주의깊게 살펴봐야 할 것 같다. 그와 같은 다국적어의 상위 10개를 제시하면 표 1.12와 같다. 아랍어와 중국어를 제외하면, 모두 예전의 이른바 유럽 '열강'의 언어이다. 정치적 식민의 시대는 끝났다고 하지만 언어의 세계에서 제국주의는 아직도 결코 끝나지 않은 것이다.

표 1.11 다국적 공용어 상위 10개 언어(괄호 안은 유일한 공용어)

공용어	국가 수	
영어	56	(21)
프랑스어	31	(9)
스페인어	21	(17)
아랍어	21	(15)
포르투갈어	7	(7)
독일어	6	(3)
러시아어	6	(1)
이탈리아어	4	(2)
중국어	4	(1)
네덜란드어	3	(2)

07 위기에 빠진 언어

　1992년 미국에서는 콜럼버스에 의한 신대륙 발견 500주년을 기념하는 행사가 각지에서 열렸다. 그러나 이 사건은 동시에 '신대륙 발견'과 '대항해 시대' 이후 부당한 억압과 비참한 운명을 강요받아 온 아메리카와 그 밖의 선주민들에 대한 세계적인 관심을 불러일으키는 계기가 되기도 했다.

　유엔은 이듬해 1993년을 '세계 선주민 국제의 해'로 정하고, 또 그 이듬해인 1994년부터 10년 간을 '선주민의 국제 10년'으로 정해 그들의 역사·문화·인권 등의 문제를 적극적으로 해결하기 위한 프로그램을 개시했다. 그 중에서도 특히 언어 문제는 당연하게도 긴급 과제로 부상했다. 세계 각지의 수많은 선주민 언어가 소멸의 위기에 처해 있고, 그 속도 또한 매우 빠르게 진행되고 있다는 것이 하나둘씩 분명히 밝혀지고 있기 때문이다. 앞절에서 제시한 《세계 국가별 언어 자료(1~4)》(표 1.9~표 1.12)에서 언어 수의 오른쪽에 괄호로 표시한 숫자는 각 나라 안에서 비교적 최근에 소멸된 것으로 확인된 언어의 숫자이다. 게다가 수면 아래서 그 숫자는 점점 더 늘어가고 있는 것이 확실하다. 그 중에서도 가장 큰 위기에 놓여 있는 것은 남북아메리카 대륙과 오스트레일리아다.

이미 서술한 바와 같이, 멕시코 이북의 아메리카에는 백인들이 도래하기 전에 약 500개의 언어가 사용되었다고 한다. 1960년, 미국 인디언국이 실시한 조사에서는 알래스카를 포함한 미국 내에 약간의 화자라도 남아 있는 선주민 언어는 213개였다. 그로부터 30년 후 1990년에 실시한 조사에서는 그 수가 175개로 감소하였다. 알래스카의 언어학자 크라우스(Kraus, N.)에 따르면 이 중 150개의 언어(전체의 89%)가 '빈사(瀕死, moribund)' 상태에 빠져 있다고 한다.[9]

그 언어를 사용하는 사람이 없어지면 해당 언어는 사멸하고 만다. 언어 사용자가 끊기는 데에는 여러 가지 형태가 있을 수 있는데, 그 중에는 이른바 '제노사이드(대량 학살)'로 인해 언어 집단 그 자체가 절멸하는 형태도 있다. 예를 들어 현재 카리브해 제도(諸島)에 살고 있는 아라와크계의 선주민들은 콜럼버스의 상륙 후 겨우 한 세대만에 전멸하고 말았다. 남미 남단에 거주했던 야간족(yaghan)이나 그 밖의 선주민들도 이와 동일하게 사라져 갔다. 19세기 초 오스트레일리아 남단의 태즈메니이아섬(Tasmania island)의 주민과 언어가 사멸하게 된 것도 이와 같은 제노사이드의 결과이다. 콜럼버스 이후 유럽인들의 식민지 활동의 그늘에 가려져 있던 이러한 끔찍한 사건들을 일일이 들춰내면 한도 끝도 없을 것이다.

현대에는 물론 이러한 형태의 언어 소멸은 이미 거의 대부분 그 자취를 감추었다. 사용자가 없어지는 것은 대개 그 언어 집단 안에서 부모로부터 아이들에게 자연스럽게 전해져야 하는 언어 전승이 이루어지지 않게 되었기 때문이다. 한 집단에 속해 있는 젊은 세대들이 연장자의 언어를 사용하지 않게 되었을 때, 또는 사용할 수 없게 되었을 때 그 언어는 사멸의 위기에 놓이게 된다. 그 언어를 사용하던 연장자의 죽음으로 인해 해당 언어는 사용자를 잃

---

9) Kraus, N. 1992, 'The world's languages in crisis', *Language* 68.

어버리고 말기 때문이다.

미국의 175개 언어 중 150개의 선주민 언어가 빈사 상태에 빠져 있다는 것은 이들 언어의 사용자가 지금은 소수의 고령자로 제한되어 있고, 이미 젊은 세대에 의해서는 계승되고 있지 않음을 의미한다. 크라우스는, 2000년까지는 그 중 45개의 언어, 더 나아가 2025년에는 125개의 언어, 그리고 2050년에는 155개의 언어가 최후의 사용자를 잃어버리고 말 것이라고 예측하고 있다. 또 나머지 20개의 언어도 머지않아 생존을 위한 치열한 투쟁을 할 수밖에 없을 것이라고 한다. 이 얼마나 무서운 예언인가.

그런데 이들 언어를 사용하는 아메리카 선주민들은 지금으로부터 약 1만 년 이상 전에 당시에는 육지로 이어져 있던 베링해협을 건너 아메리카 대륙에 이주해 온 옛 아시아인의 후손들이다. 앞서 서술한 바와 같이, 일본열도와 그 주변 지역은 유라시아 안에서도 계통적으로 고립된 언어가 비교적 밀집해 있는 지역이다. 최근 필자가 진행해 오고 있는 세계 언어의 유형지리론적인 연구에 따르면, 일본열도를 포함한 태평양 연안부에 분포하는 언어들은 아메리카 선주민어 특히 북미 북서해안에서 캘리포니아에 이르는 태평양 연안부의 언어들과 현저한 공통성을 가진다. 이를 통해 태평양을 둘러싼 두 개의 대륙 사이에 넓게 분포하는 '환태평양'이라는 거대한 언어권의 존재가 떠오른다.

아무튼 인류사에서 특히 중요한 것은, 유라시아에서는 이미 대어족의 확산으로 인해 사라져 버린 인류 언어의 오래된 양상들이 이 아메리카 선주민의 언어들 안에는 여전히 충분히 남아 있는 것처럼 보인다는 것이다. 그러한 언어가 약 50년 정도 지나고 나면 완전히 없어져 버릴지도 모른다는 것은 인류 언어사에 되돌리킬 수 없는 엄청난 손실이 아닐 수 없다. 아메리카 선주민어의 존재는 다른 지역의 언어들과는 또 다른 아주 특별한 의의가 있는 것이다.

북미와 동일하거나 어쩌면 그 이상으로 위기 상황에 처해 있는 것은 바로 오스트레일리아 선주민 언어들이다. 18세기에 백인들이 이 땅에 처음 도래했을 무렵에는 250 내지 300개 정도의 선주민 언어가 있었다고 하는데, 그 중 150개 이상이 이미 소멸하였고 나머지 100개 전후의 언어도 그중 70개 이상이 현재 소멸을 눈앞에 두고 있는 상태다.

오스트레일리아에 인류가 처음으로 정착하여 살기 시작한 것은 지금으로부터 약 4~5만 년 전이라고 한다. 약 5~10만 년 전에 아프리카를 출발한 현대 인류가 처음으로 바다를 건너 유라시아 이외의 땅에 발을 디딘 것이다. 지금으로부터 1만여 년 전 해수면의 상승으로 인해 오스트레일리아와 뉴기니는 현재의 상태와 같이 서로 분리되었는데, 그 후 오스트레일리아는 외부의 세계로부터 철저히 차단되었다.

당연히 오스트레일리아 선주민의 언어 안에는 몇 만 년에 걸쳐 거기에 정착하여 살아온 사람들의 역사와 문화가 가득 새겨져 있다. 그것은 인류 언어사의 매우 귀중한 단편들이라고 하지 않을 수 없다. 외부로부터의 간섭을 거의 받지 않은 채 그만큼 긴 세월을 이어져 내려온 인류 집단과 그 언어의 역사는 아마 다른 곳에서는 그 예를 찾아볼 수 없을 것이다. 일본의 조몬시대도 장기간에 걸쳐 비교적 닫힌 세계를 이루어 왔지만, 오스트레일리아에 비교하면 도저히 상대가 되지 않는다. 오스트레일리아 선주민제어는 그와 같은 긴 역사를 살아온 그야말로 산증인인 것이다.

요 근래 들어 지구상의 야생 동식물이 차례차례 멸종되어 사라져 가고 있는데, 그것은 두말할 필요도 없이 인간에 의한 처참한 환경 파괴 때문이다. 현대인들의 끝없는 경제 개발과 끊임없는 소비 욕구의 추구는 지구에 4분의 1에 달하는 산소를 공급하는 아마존의 열대우림을 순식간에 없애 버리고 있고, 동남아시아의 밀림도 차례차례 벌거숭이로 만들고 있다. 대기 중의 오존층은 이산화탄소로 충만하고, 바닷물은 다이옥신으로 오염돼 있다.

최근에는 오염된 자연 환경과 절멸의 위기에 빠져 있는 야생의 동식물들을 보호하고 환경파괴를 막기 위해 힘쓰자는 호소가 점점 커지고 있다. 그러나 이와 동일하게 위기 상황에 처해 있는 세계의 언어에 대해서는 별로 반응을 보이지 않는다. 아니, 오히려 냉담하다고 해도 좋을 정도다. 그와 같은 태도는 언어를 연구하는 전문 언어학자나 인류학자들 사이에서도 만연해 있다. 미국 정부가 과거 백 년 가까이 강경하게 추진해 온 '영어 전용' 정책이 선주민 아이들에게서 모어를 강제로 박탈해 가는 것임을 무슨 이유에서인지 많은 미국의 언어학자들이 묵시하는 것처럼 보인다. 선주민과 그들의 언어는 자신들의 언어 이론을 시험해 보기 위한, 단지 실험장에 지나지 않았던 것일까. 블룸필드학파의 언어학을 특징짓는 인간 부재의 그 냉랭한 '물리주의'는 선주민을 마치 모르모트처럼 취급하는 실험실에서 태어난 것은 아닐까. 마치 촘스키학파의 문법 이론이 언어학의 세계에서 영어전일주의의 첨예한 구현처럼 보이는 것처럼 말이다.

어찌 됐든 생물계에 보이는 종의 급속한 멸종과, 언어의 세계에서도 똑같이 일어나고 있는 소수 언어들의 급속한 소멸은, 사실은 보이지 않는 곳에서 밀접히 연결되어 있는 것인지도 모르겠다. 양쪽 다 대대적인 생태계의 파괴로 인해 야기된 것이기 때문이다. 앞서도 서술한 바와 같이, 지구상의 언어는 적어도 과거 1만 년 동안 거의 5~6천 개를 유지하면서 서로 평등한 관계로 공존해 왔다. 인류 언어의 다양성은 인류가 거주하는 지구라는 자연 환경의 다양성을 그대로 반영하고, 인간과 자연계 사이의 균형 잡힌 조화의 산물이었던 것이다.

지구 환경의 다양성, 즉 그 생태계는 다종다양한 생물의 생존에 필수불가결한 요인이다. 동일하게 인류에게 있어서도 환경과 잘 맞는 문화의 다양성은 그 풍요로움을 지탱해 주는 필수 조건이다. 그리고 언어의 다양성이야말로 인간계에 그러한 생태계가 구현된 것과 다르지 않으며 풍부한 문화를 낳는 토양이 되었던 것이다. 수천을 헤아리는 지구상의 언어는 다양한 환경 속에서 살아남은 각 집단이 오랜 세월 영위해 온 삶의 결정체이고, 그 역사를 비추는 거울인 것이다.

인간은 종종 어떤 것을 잃어버린 후에야 비로소 그것이 세상에 둘도 없이 소중했음을 깨닫고는 한다. 그처럼 현재 언어의 세계에서 우리가 잃어버릴지도 모르는 것들은 인류 전체에게 상상을 초월할 만큼 커다란 손실이 될지도 모를 것이다.

'세계 선주민의 국제 10년'을 맞아 유네스코는 세계 각지의 위기에 빠진 언어들에 대하여 실태 조사를 하고, 다양한 프로그램을 추진하고 있다. 그 프로그램의 일환으로서 전 세계에서 위기에 빠진 언어의 정보 센터를 만들기 위한 후보지를 찾은 끝에 미국, 오스트레일리아, 유럽의 중심에 위치하는 도쿄에 설치하고자 일본 정부에 제의했다.

유네스코의 요청으로 인해 문부성도 간신히 움직이기 시작하여 1994년 4월 '위기 언어의 정보 센터와 데이터뱅크(Clearing House and Data Bank of Endangered Languages)'라고 불리는 시설을 도쿄대학 문학부 안에 설치했다. 또한 이와 병행하여 유네스코와 국제언어학자 상설 위원회의 공동 작업 아래 '소멸의 위기에 빠진 언어의 레드북'의 작성을 진행하여 『소멸 위기에 빠진 언어의 세계 지도』[10]도 간행하였다.

한편, 이와 같은 움직임에 보조를 맞춰 민간 조직이나 기관에서도 위기 언어에 대한 작업을 다양한 형태로 시작하고 있다. 특히 인터넷을 매개로 하여 많은 NGO, NPO, 그리고 활동적인 자원봉사들에 의한 풀뿌리 운동도 활발히 확산해 가고 있다. 그러나 한편으로는, 세계의 기대를 한몸에 받고 발족한 도쿄대학의 '위기 언어 정보 센터'의 활동이 최근에는 약간 쇠퇴해 보이는 것 같아 그 설립에 다소 관여한 사람 중 하나로서 진심으로 유감스러울 따름이다.

08 세계 언어권 선언

제2차 세계대전이 끝나고 얼마 지나지 않은 1948년, '세계 인권 선언'이 유엔 총회에서 채택되었다. 인간의 기본 권리를 전 세계에 드높여 주창한 이 선언은 인류 역사상 하나의 큰 획을 그은 것이었다.

그로부터 약 반 세기가 지난 1996년 6월 법률, 사회학, 언어학 등 다양한 분야의 전문가와, 세계 펜클럽에 속해 있는 많은 작가들, 그리고 각종 단체와 기관 등 세계 약 90개국에서 200명이 넘는 사람들이 스페인 바르셀로나에 모였다. '세계 언어권 선언(Universal Declaration of Linguistic Rights)'를 기초(起草)하고 성문화하기 위한 세계 대회가 열렸던 것이다.

모든 인간에게 기본적인 인권이 인정되듯이 언어에도 기본적인 언어권이 있어야만 한다는 것이다. 지구상에 사는 모든 언어 집단은 그 언어를 사용할 기본 권리를 보장받아야 한다. 어떠한 언어 집단도 다른 집단에 대하여 그들의 언어를 강제로 빼앗으려고 해서는 안 된다. 인간이 기본적으로 모두 평등한 것과 같이 언어 역시 기본적으로 모두 평등해야 한다. 이것이 바로 이 선언의 기본 정신이다.

이 선언 안에서 특히 강조하고 있는 것은 다언어, 다민족 사회에서 복수 언어, 복수 문화의 평화로운 공존이다. 지금까지 많은 국가에서 추진해 온 언

---

10) Wurm, S. A. (ed.) 1996, *Atlas of the world's languages in danger of disappearing*, UNESCO.

어와 문화의 획일화와 그로 인해 발생한 무시무시한 환경 파괴의 위험성을 깨닫게 된 사람들이 그러한 일을 저지하기 위해 비로소 들고 일어선 것이다.

언어권에 관한 바르셀로나 회의는 유엔에 대해서도 그 내부에 '언어 심의회(Council of Languages)'를 설치하고 총회에서 이 선언을 정식으로 채택할 것을 요구하며 활동을 개시하였다. 유네스코에서도 이에 호응하듯 '언어권에 관한 사회 변혁 관리 정보 센터(MOST Clearing House on Linguistic Rights)'라는 부문을 만들어 지속적인 홍보 활동을 하고 있다. 세계 언어를 둘러싼 상황은 '세계 선주민의 국제 10년'이 진행되는 와중에 하나의 전환점을 돌았다고 할 수 있겠다.

이 '세계 언어권 선언'은 다가올 21세기에 세계 언어가 있어야 할 하나의 방향성을 제시하는 것으로서 매우 중요한 의미를 가진다. 그 전문(全文)은 상당히 길기 때문에 여기서는 '전문(前文)'과 본문 중의 '기본 개념' 및 '일반 원칙'의 부분만을 번역·인용하며 이 소론을 마치고자 한다.

****

'세계 언어권 선언'(발췌)

전문(前文)

각 언어를 둘러싼 상황은 지금까지 고찰한 바와 같이 광범위한 여러 요인들의 수렴과 상호작용의 결과이다. 즉, 정치적 및 법률적, 이데올로기적 및 역사적, 인구동태적(人口動態的) 및 지역적, 경제적 및 사회적, 문화적, 언어적 및 사회언어적, 언어간적 및 주관적 요인들이 바로 그것이다.

더 구체적으로, 현시점에서 이러한 요인을 규정하는 것은 아래의 사항들이다. 즉, 문화의 다원성과 언어의 다원성에 상반되는 듯한 태도를 조장하고, 다양성을 축소시키고자 하는, 많은 국가에서 오랜 세월 동안 지속해 온 균일화 정책.

경제의 세계화와 그것에 기인하는 정보, 통신 및 문화 시장의 세계화 경향에 의해 언어 공동체의 내부 결속을 보증하는 상호 관계의 확산과 상호 작용의 형태가 붕괴하고 있다는 점.

다국적 경제 집단이 추진해 온 경제 성장 모델은 규제 완화를 진보로 간주하고, 맹렬한 기세로 경쟁하는 개인주의를 자유와 동일시한 결과, 경제적, 사회적, 문화적, 언어적 불평등을 더욱 더 심각하게 하고 있다는 점.

현재 언어 공동체가 직면하고 있는 위기란, 자치 체제의 결여, 부분적 내지 전체적인 분산에 의한 인구 감소, 빈약한 경제, 규범화되지 않은 언어, 혹은 지배적 모델에 대립하는 문화 모델이다. 따라서 많은 언어에 있어서 그 존속과 발전을 꾀하기 위해서는 아래의 기본 목표를 고려하는 것이 불가결하다. 즉, 정치적 관점에서는, 언어적 다양성을 조직화함으로써 각 언어 공동체가 이번 새로운 성장 모델에 효과적으로 참가할 수 있도록 목표를 설정할 것.

문화적 관점에서는, 모든 민족, 모든 언어 공동체, 모든 개인이 이 발전 과정 속에서 평등하게 참가할 수 있도록 세계 규모의 커뮤니케이션 공간을 구축할 것.

경제적 관점에서는, 만인의 참가와 사회 간의 생태학적 조화 및 모든 언어·문화 간의 평등한 관계에 기반한 지속적 발전을 촉진할 것.

이러한 모든 이유에 의해 이 선언은 국가가 아니라 개개의 언어 공동체를 논의의 출발점으로 삼고, 전 인류에 공평하고 지속적인 발전을 보장할 수 있도록 국제적 제도들을 강화해야 한다는 관점에서 기초되었다. 따라서 이것이 목표로 하는 것은 상호 존중과 조화로운 공존 그리고 상호 이익에 기초한 언어적 다양성을 위한 정치적 틀을 창출해 내고 촉진해 가는 것이다.

$$\boxed{\text{예비편}}$$

기본 개념

제1조

1. 이 선언이 이해하는 언어 공동체란, 인지된 것이든 아니든 상관없이 특정한 지역적 공간에서 역사적으로 확립되어 온 인간 사회이자, 하나의 집단으로서의 자각을 가지고 구성원 상호 간의 자연스러운 전달 수단 및 문화적 결속을 위하여 공통의 언어를 발달시켜 온 사회를 말한다. 즉, 한 지역의 고유한 언어라고 하는 것은 그 공간에서 역사적으로 확립된 공동체의 언어를 가리킨다.

2. 이 선언은, 언어권이란 개인적인 것인 동시에 집단적인 것이기도 하다는 원칙을 출발점으로 삼는다. 언어권을 충분히 정의하기 위하여 여기서 채택하고 있는 규준은, 자신만의 지역적 공간에서의 역사적 언어 공동체이고, 해당 공간이 공동체가 생활하는 단순한 지리적 영역인 것뿐만 아니라 그 언어의 충분한 발전을 위한 필수적인 사회적 및 기능적 공간임을 의미한다. 이러한 기반 아래서 본 조목의 제5항이 지적하는 언어 집단의 제반 권리와 공동체의 본래 거주 지역 이외에 사는 개인들의 권리가 단계적 내지 연속적으로 정의되는 것이 가능해질 것이다.

3. 이 선언의 목적을 위하여 아래와 같은 경우에도 각각 고유의 지역에 거주하고 특정한 언어 공동체에 속하는 집단으로 이해해야 할 것이다. 즉,

   ㄱ. 한 집단이 정치적 내지 행정적 경계에 의하여 그 언어 공동체의 본체에서 분리된 경우

   ㄴ. 한 집단이 다른 언어 공동체의 구성원에 의해 둘러싸인 좁은 지역 안에서 역사적으로 정착한 경우

　　ㄷ. 한 집단이 동일한 역사적 배경을 가진 다른 언어 집단의 구성원과 공
　　　　유하는 공간에 정착한 경우

4. 이 선언은 또한 유목 민족의 역사적 이주 지역 혹은 지리적으로 여러 지역
　　에 산재해 있는 민족들의 정주지와 같은 경우에도 각각 고유한 영역의 언어
　　공동체로 간주한다.

5. 이 선언은 다른 언어 공동체의 지역적 공간 안에 정착하기는 했지만 그 공
　　동체와 동일한 역사적 배경을 가지지 않고 자신들만의 언어를 공유하는 모
　　든 인간 집단들 역시 언어 집단으로 인정한다. 그러한 집단으로는, 예를 들
　　면 이민, 난민, 국외추방자, 디아스포라(Diaspora) 등이 있다.

제2조

1. 이 선언은, 다양한 언어 공동체와 언어 집단이 동일한 지역을 공유하는 경
　　우에 항상 이 선언이 정하고 있는 권리들을 상호 존중하고, 민주주의가 최
　　대한으로 보증하는 방법으로 행사되어야 한다는 것이다.

2. 그와 같은 언어 공동체, 언어 집단 및 거기에 속해 있는 모든 사람들의 각
　　권리 사이에 적절한 균형을 확립하기 위해서는 충분한 사회언어적 균형이
　　요구되고, 해당 지역에서 각각의 역사적 배경이나 민주적으로 표명된 주민
　　의 의지 외에 다양한 요인을 고려해야 한다. 그와 같은 요인 안에는 균형을
　　회복하기 위한 보상적 방책으로서 서로 다른 공동체와 집단의 공존이라는
　　결과를 야기하는 주민의 강제적 성질 및 거기에 동반하는 정치적, 사회경제
　　적 및 문화적 취약성의 정도도 고려하지 않으면 안 된다.

제3조

1. 이 선언은 아래의 사항을 어떠한 상황에서도 행사할 수 있는 불가침의 개
　　인적 권리로서 인정한다. 즉,
　　　　한 언어 공동체의 일원으로서 인정받을 권리,
　　　　사적 및 공적으로 자신의 언어를 사용할 권리
　　　　자신의 이름을 사용할 권리

자신이 본래 속해 있는 언어 공동체의 다른 구성원과 접촉하고 교류할 권리

자신에게 고유의 문화를 유지하고 발전시킬 권리

1966년 12월 16일의 '시민적 및 정치적 권리에 관한 국제 규약' 및 같은 날의 '경제적, 사회적 및 문화적 권리에 관한 국제 규약'에서 인정한 언어에 관한 기타 모든 권리

2. 이 선언은, 언어 집단들의 전체적 권리에는 앞항에서 언어 집단의 구성원에게 인정했던 권리들 외에 다음과 같은 제2조 제2항에서 서술한 조건들과 일치하는 것도 포함된다고 생각한다. 즉,

자신들의 언어와 문화를 가르칠 권리

문화적인 제반 서비스를 이용할 권리

커뮤니케이션 수단 중에 자신들의 언어와 문화가 공평하게 존재할 수 있는 권리,

공적 기관 및 사회경제적 교류의 장에서 자신들의 언어로 대응받을 권리

3. 전술한 개인 및 언어 집단의 제반 권리는 이러한 개인들 내지 집단이 수용하는 측의 언어 공동체와 관계를 가지는, 혹은 그것으로의 통합에 관한 어떠한 방해도 있어서는 안 된다. 또 이와 동시에 받아들이는 입장의 공동체 내지 그 구성원이 그 지역 내의 모든 장에서 해당 공동체에 고유의 언어를 공적으로 충분히 사용할 권리를 제한하는 일도 있어서는 안 된다.

제4조

1. 이 선언은, 다른 공동체의 지역에 이동하거나 정착한 사람들에게는 그 공동체를 향한 통합의 자세를 지지할 권리와 의미가 있다고 생각한다. 여기서 통합의 자세라는 것은 부가적인 사회화의 의미다. 즉, 그들이 본래 가지고 있던 문화적 특성들을 유지하는 한편, 새롭게 정착한 사회의 여러 제도, 가치 규준, 행동 양식을 공유함으로써 받아들이는 측의 공동체 구성원과 그다지 큰 차이가 없을 정도로 사회 기능을 수행할 수 있다는 것이다.

2. 이 선언은, 한편으로는 이른바 동화, 즉 받아들이는 측의 사회에서 언어 변용의 결과로서 본래의 문화적 특성들이 그 사회의 여러 제도, 가치 규준, 행

동 양식 등에 의해 치환된다고 하는 의미의 동화는 어떠한 경우에도 강제하
거나 유도해서는 안 된다고 생각한다. 그와 같은 일이 일어나는 것은 어디
까지나 완전한 자유 선택의 결과로서만 발생해야 한다.

제5조

　　이 선언은 모든 언어 공동체에게 그 권리는 평등하고, 공용어나 지역어
혹은 소수자 언어라고 하는 각각의 법적인 위치와는 상관없어야 한다는 원칙
에 입각한다. 지역어 내지 소수자 언어라는 용어는 이 선언 안에서는 사용하
지 않는다. 왜냐하면 가령 어느 경우에는 지역어 내지 소수자 언어를 인정함
으로써 어떠한 종류의 권리 행사가 촉진되는 경우가 있다고 해도 이러한 용어
또는 이와 비슷한 용어는 종종 언어 공동체의 권리들을 제한하기 위해 사용되
기 때문이다.

제6조

　　이 선언은, 어느 언어가 우연히 해당 국가의 공용어이거나 혹은 그 지역
내에서 행정상이나 어떠한 문화 활동의 목적 때문에 전통적으로 사용돼 왔다
는 이유만으로 그것을 그 지역의 고유 언어라고 간주할 수 없다고 생각한다.

(제1편)

일반원칙

제7조

1. 모든 언어는 각 집단의 독자성과 현실의 인식 및 기술을 위한 고유한 방식
   의 표현이다. 따라서 모든 기능에 있어서 그 발전을 위한 필요한 조건들을
   충족하지 않으면 안 된다.
2. 모든 언어는 집단적인 구성체이고, 각 공동체에서 모든 사람들이 결속력,
   자기 동일성, 커뮤니케이션 그리고 창조적인 표현의 도구로서 사용할 수 있
   도록 되어 있다.

제8조

1. 모든 언어 공동체는 사회적인 모든 기능에서 그 언어 사용을 보장받기 위하여 고유한 재원을 조직화하고 관리할 권리를 가진다.
2. 모든 언어 공동체는 그 언어의 전달과 계승을 보장받기 위하여 필요한 모든 수단을 취할 권리를 가진다.

제9조

　　모든 언어 공동체는 어떠한 유도적 내지 강제적 간섭도 없이 그 언어 체계를 규범화하고, 표준화하며, 유지하고 발전시키며 진흥시킬 권리를 가진다.

제10조

1. 모든 언어 공동체는 평등한 권리를 가진다.
2. 이 선언은, 언어 공동체에 대한 차별을 일체 용인하지 않는다. 가령 그것이 정치적 주권의 정도성, 사회적, 경제적, 기타에 의한 상황 판단, 각각의 언어에 의해 구성된 규범화, 활성화, 근대화의 정도, 그 외의 모든 규준에 기반하는 것들이라고 해도 무관하다.
3. 이 평등의 원칙을 적용하여 그것을 현실적이고 유효하게 만들기 위하여 모든 수단을 강구해야 한다.

제11조

　　모든 언어 공동체는 이 선언이 포함하고 있는 모든 권리들의 행사를 보장하기 위하여 다른 언어로 혹은 다른 언어로부터 번역하는 모든 수단도 강구할 권리를 가진다.

제12조

1. 사람들은 각자 그것이 자신이 거주하는 지역에 고유한 언어인 한 공적인 장면에서 일어나는 모든 활동에 자신의 언어를 행사할 권리를 가진다.

2. 사람들은 각자 개인적 또는 가족적인 장면에서 자신의 언어를 사용할 권리
   를 가진다.

제13조

1. 사람들은 각자 자신이 거주하는 지역에 고유한 언어를 알 권리를 가진다.
2. 사람들은 각자 그 지역에 고유한 언어를 공적으로 사용하기 위하여 이 선
   언 안에서 확립한 보증을 침해 받는 일이 없이 자신의 지위 향상이나 사회
   적 유동성(流動性)을 위하여 가장 유리한 언어를 알거나 행사할 수 있는 다
   언어 사용자가 될 권리를 가진다.

제14조

   이 선언의 각 조항은, 그 고유 지역의 언어 사용에서 보다 바람직한 국내
적 또는 국제적인 언어 상황에서 유래하는 규범이나 관례를 해치는 형태로 해
석되거나 이용되어서는 안 된다.

유럽의 언어와 민족

01 머리말

유럽은 지리적으로 볼 때 유라시아 대륙의 서쪽에 돌출해 있는 육지의 말
단에 지나지 않는다. 동쪽의 아시아 지역과는 육지로 이어져 있기 때문에 그
경계를 명확히 그을 수 없다. 전통적으로는 우랄산맥을 기준으로 그 서쪽 지
역을 유럽이라고 보기도 하지만, 동서로 매우 광대한 지역을 차지하고 있는
현재의 러시아(구소련)가 이미 유럽의 틀을 넘어 존재하고 있어 동방에서 유럽
의 경계를 한층 더 불명료하게 만들고 있다. 근년에 들어와서는 러시아를 독
립된 하나의 지역으로 간주하여 좁은 의미의 유럽에서 제외하는 견해도 있다.
그것은 나름 일리 있는 견해이기는 하지만, 언어적 유럽을 생각할 때 러시아
의 공용어인 러시아어는 물론이고 그 지역 내의 다양한 민족어들을 무시할 수
는 없다. 우리의 주된 관심은 서유럽에 있지만, 여기서는 러시아를 포함하는
넓은 의미의 유럽을 고찰 범위에 넣어 두기로 하자.

유럽은 신석기 시대 이후 대규모 민족 이동의 물결에 몇 번이나 휩쓸린
적이 있어 그동안 민족이나 언어의 분포 상황에 큰 변동이 일어났다. 현재와
같은 상태의 윤곽을 어느 정도 갖추게 된 것은 로마제국을 붕괴의 길로 이끈
게르만 민족의 대이동, 그 뒤에 이어진 타타르족(Tatar)과 마자르족(Magyar)의
침입, 그에 따른 슬라브족의 남서진(南西進), 그리고 최종적으로는 바이킹의 침
략적 이동 등 수 세기에 걸친 커다란 변동의 결과이다.

이러한 일련의 파도가 진정된 것은 대략 11세기 전반의 일이다. 그 후 현재에 이르기까지 거의 천 년 동안 유럽의 정치적 지도는 몇 번이나 바뀌어 왔지만, 민족과 언어의 분포에 관한 기본적인 구도는 그다지 변하지 않았다. 발칸이나 동구권에 대한 오스만 튀르크의 침략이나 그보다 앞선 이슬람의 이베리아와 지중해 지역의 점령 역시, 유일하게 몰타섬을 제외하고는, 언어의 대체는 일어나지 않았다.

02 인도-유럽(인구)어족

현재 유럽에는 크고 작은 언어가 약 60개 정도 있는 것으로 알려져 있다. 그들의 계통 관계는 매우 다양하기는 하지만, 그 중 40개 이상의 언어는 이른바 '인구(별칭 인도-유럽)어족'에 속한다. 또 유럽 전체 인구의 약 95%가 인구어족에 속하는 언어를 사용한다. 따라서 유럽어는 곧 인구어라고 해도 결코 지나친 말은 아닐 것이다.

하지만 인구어라는 명칭이 시사하는 바와 같이, 이것은 유럽만의 언어는 아니다. 이 어족은 유럽의 서단(西端)에서부터 동쪽으로는 인도에 이르기까지 광대한 지역에 퍼져 있고, 사용자 수에 있어서도 세계 최대급의 어족 중 하나이다.

이 어족은 하위군으로 10개 정도의 어파로 분류할 수 있다. 아시아에서는 인도아대륙의 아리아계 언어들을 포함하는데, 고전어인 산스크리트어로 대표되는 '인도어파(Indo-Aryan)', 페르시아어로 대표되는 '이란어파(Iranian)', 구소련령 아르메니아를 본거지로 하여 중동의 여러 지역에 산재해 있는 '아르메니아어(Armenian)'와 지금은 이미 사멸하고 없지만 20세기 초 투르키스탄에서 발견된 5~6세기의 불경 번역 문헌으로 알려진 '토카라어(Tocharian)', 그리고 기원전 2천년 경의 소아시아에서 번영했던 히타이트어를 포함하는 '인구아나톨리아어파(Indoeuropean Anatolian)'가 있다.

유럽에서는 북쪽 그룹으로 '슬라브어파(Slavic)', '발트어파(Baltic)', '게르만어파(Germanic)'가 있고, 남쪽 그룹으로는 '켈트어파(Celtic)', 라틴어로 대표되는 '이탤릭어파(Italic)', 산스크리트어나 히타이트어와 더불어 옛 기록이 남아 있는 '그

리스어파(Hellenic)', 옛 발칸인구어의 잔존으로 보이는 '알바니아어(Albanian)' 등
이 있다.

　이들 언어는 모두 (지금은 사라진) 하나의 공통어 즉 '인구조어(印歐助語)'에
서 분기한 동계어(또는 자매어) 관계에 있다. 인구조어는 그동안 비교언어학의
방법을 통해 이론적으로 어느 정도 재구해 내기는 했지만, 어느 지역에서 언
제까지 사용되었는지는 아직 분명히 밝혀지지 않았다. 최근에 비교적 유력시
되는 가설에 따르면, 아마 지금으로부터 약 5~6천 년 정도 전의 러시아 남부
초원지대 부근이 원주지였을 것이라고 한다. 따라서 유럽의 인구어들도 처음
부터 현재의 장소에서 사용되었던 것이 아니라 선사시대부터 여러 시기에 걸
쳐 다양한 형태로 일어난 이동의 결과로 인해 야기된 것이라고 봐야 할 것이
다. 그렇다면 유럽의 언어사는 바로 유럽이라는 지역에서 발생한 인구어화의
역사라고 봐도 무방할 것이다.

　그렇다고 해도 머나먼 선사시대에 유럽에 도래한 인구어가 그대로 근대
유럽의 언어적 구성으로 바로 이어지는 것은 아니다. 인구어를 사용하는 민족
이 처음 유럽에 도래한 이후 유럽의 언어 지도는 몇 번이나 바뀌어 왔고, 역사
의 무대에서 주역을 맡아 온 언어도 다양하게 교체되어 왔다. 실제로 유럽에
서는 유사 이래 동일한 민족, 동일한 언어가 한 지역에서 계속 정착해 온 경우
가 거의 없어 오히려 매우 희귀할 정도다. 현재 유럽의 많은 언어들은 한 장소
에서 몇 개의 서로 다른 언어가 다양한 형태로 접촉하고 충돌해 온, 복합적이
고 역동적인 상호작용의 결과로 형성된 것이다.

　예를 들어 브리튼제도는 가장 오래전에는 픽트인(Picts)[1]이라고 하는 비인
구어계로 보이는 민족이 거주했던 것으로 추정되는데, 이후 대륙에서 건너간
켈트족들이 정주하게 된다. 기원전후 무렵에는 로마인들에게 정복을 당하고,
게다가 5세기 중엽에는 서게르만어를 사용하는 앵글로색슨족의 대규모 침입
을 받아 언어적 게르만화가 강행되어 선주 켈트인의 언어는 주변부로 밀려나
게 되거나 앵글로색슨어에 흡수되고 만다. 이어 11세기에는 프랑스어를 사용
하는 노르만족에게 정복되어 이후 300년 정도 영국의 지배 계급들 사이에서는

1) [옮긴이] 로마 제국 시기부터 10세기 정도까지 스코틀랜드 북부와 동부에 거주했던 부족이
다. 픽트(Pict)라는 이름은 라틴어 핀게레(Pingere)에서 온 것으로 얼굴에 문신이나 색을 넣
었다는 의미다.

오로지 프랑스어만이 사용되었고, 당대 앵글로색슨어는 하층 민중어의 위치에 놓이게 된다. 이렇듯 근대 영어는 켈트어라는 '기층어 substratum' 위에 쌓인 앵글로색슨어가 노르만－프랑스어라는 '상층어 superstratum'의 영향 아래서 형성된 것이다.

　이와 동일하게, 근대 프랑스어는 갈리아인의 언어인 켈트어를 대체한 라틴어를 모태로 하는데, 갈리아 북부는 3세기 이후 진출한 게르만인의 일파인 프랑크족에게 정복당했다. 그러나 이 정복자들은 자신의 언어를 버리고 문화적으로 우위에 있던 토착 라틴어에 동화된다. 즉, 근대 프랑스어는 언어적으로는 라틴어화된 게르만족 언어인 것이다. 북부 프랑스어가 남플로방스어(별칭 오크어 Occitan)와 현저하게 다른 까닭은 이 때문이다.

　이와 동일하게 불가리아어도 11세기경 이 땅을 정복한 타타르계 불가리아인이 자신들의 언어를 버리고 선주 슬라브어에 흡수 동화된 결과이다. 또 이 땅에서도 슬라브어의 진출 이전에는 발칸인구어의 일파인 트라키아어(Thracian)가 사용되고 있었다. 즉, 불가리아어의 모태는 슬라브어, 기층어는 트라키아어, 상층어는 튀르크계 타타르어가 된다.

　그런데 인구어의 유럽 정착 이전에 거기서 어떤 언어들이 사용되었는지는 오래된 시기의 단편적인 자료밖에 남아 있지 않기 때문에 확실한 판단을 내릴 수는 없다. 단, 현재 프랑스와 스페인의 국경을 이루는 피레네 산맥의 서쪽 부분에서는 두 나라에 걸쳐 약 70만 명의 화자가 바스크어를 사용하고 있는데, 적어도 이 바스크어가 예전에 이베리아 반도에서 사용되었던 인구어 이전의 언어 중에서 유일하게 살아남은 언어일 것이라는 점만은 거의 확실한 것 같다. 즉, 바스크어가 유럽 전역에 걸쳐 현존하는 유일한 전인구어(前印歐語)라는 것인데, 그런 점에서 유럽은 말 그대로 인구어에 의해 완전히 뒤덮였다고 할 수 있다.

03 근대 유럽의 인구제어

　유럽에 정착한 인구어는 처음 기록으로 남겨진 이래 지금까지 약 3천 년 정도의 역사를 가지며 다양한 변화를 겪어 왔다. 그 중 근대에 들어와 특히 주도적인 역할을 맡아 오고 있는 것은 라틴어에서 발달하여 분화한 로망스어, 민족 대이동에 의해 확산한 게르만어, 그리고 중동과 동유럽을 점거하고 있는 슬라브어다. 이 세 언어 모두 근대 유럽을 담당하고 있는 젊고 에너지 넘치는 언어들이다. 아래에서 이들에 대하여 개관해 보자.

(1) 로망스어

원래 중부 이탈리아 테베르강(Tevere) 근처의 작은 마을인 라티움(Latium)에서 발상한 라틴어는 이탤릭어파의 한 방언에 지나지 않았지만, 로마의 지배권과 영토의 확장과 더불어 차츰 주변의 여러 언어들을 흡수 동화하며 결국에는 지중해를 중심으로 하여 남쪽으로는 아프리카 북부 해안, 북쪽으로는 라인강, 그리고 동쪽으로는 발칸반도에서 도나우강에 이르는 광대한 영역으로 퍼져 나갔다. 로마인 병사, 상인, 지방 관료 등이 퍼뜨린 구어적 라틴어가 각 지역의 선주민 언어, 예를 들면 갈리아 지방의 켈트어, 이베리아반도의 전인구어, 발칸반도의 옛 인구어 등의 토양에 이식되어 제국 붕괴 후 수세기에 걸친 혼란과 분열의 시기를 거치며 제각각 독자적인 발전을 이루어 오늘날에 이르게 된 것이 바로 로망스어이다. 이는 하나의 언어가 넓은 지역에 퍼진 결과, 서로 다른 몇몇 언어로 분기하여 발달해 간 전형적인 사례이다.

로망스어라는 명칭은 romaniece(또는 lingua romanica)에서 유래하는데, 중세인들에게는 정규 문어인 라틴어(latine 또는 lingua latina)와 대비하여 '로마령 Romania'에서 민중들의 일상적 속어, 거기서 다시 이러한 속어로 쓰인 통속적인 이야기나 모험담을 의미한다. 일본에서 한문과 대비되는, 가나(仮名)로 쓰인 '오도기조시(お伽草子)2)'나 '가나조시(仮名草子)3)'와 같은 종류라고 할 수 있는데, 프랑스어의 '로망'이나 영어의 '로맨스'와 '로맨틱' 등과 같은 일련의 단어는 모두 여기서 유래한다.

요컨대 라틴어는 역사적으로 볼 때 두 가지 측면을 가지고 있다. 즉, 하나

---

2) [옮긴이] 가마쿠라시대(鎌倉時代) 말기부터 에도시대(江戸時代)에 걸쳐 성립한 읽을거리로, 그림이 들어간 단편 모노가타리(物語). 넓은 의미로는 무로마치시대(室町時代)를 중심으로 한 일본의 중세소설 전반을 가르키기도 하여 무로마치모노가타리(室町物語)라고도 부른다.
3) [옮긴이] 에도시대 초기에 가나(仮名) 또는 가나를 섞어 쓴 근세문학에서 모노가타리(物語)나 산문 작품 전체를 총칭하는 말.

는 문어로서의 라틴어. 이것은 라틴문학의 황금 시대를 이루는 기원전후의 약 이백 년 동안 확립된 것인데, 표준 문어로서 중세에서 근대 유럽으로 이어져 왔다. 다른 하나는 구어로서의 라틴어. 모든 살아 있는 말이 다 그렇듯, 지역과 시대의 추이 속에서 끊임없이 변화해 온 것이다. 로망스어란, 이 살아 있는 라틴어, 이른바 '속라틴어 vulgar Latin'가 생성 후 발달한 모습이다.

현재 로망스어를 사용하는 지역은 루마니어의 경우를 제외하면 남유럽을 중심으로 거의 연속적인 언어권을 이루고 있는데, 단순한 지역 방언의 층위에서는 명확한 언어적 경계가 존재하는 것은 아니다. 통상 이루어지고 있는 로망스어의 구분은 주로 문학 언어를 토대로 하는데, 약 10개의 언어로 분류할 수 있다.

먼저 서쪽에서부터 살펴보면, 이베리아의 로망스어로 포르투갈어, 스페인어, 그리고 카탈루냐어를 들 수 있다. 스페인어는 별칭 카스티야어(Castilian)라고도 하는데, 스페인을 이슬람의 지배에서 탈환하여 15세기 이후 급속하게 세력을 넓힌 카스티야 왕국의 언어이다. 반면, 카탈루냐어는 12세기에서 15세기에 걸쳐 스페인의 북동부 지중해 연안의 바르셀로나를 중심으로 번영한 아라곤 왕조의 언어인데, 현재 스페인 안의 소국인 안도라(Andorra)에서는 이 카탈루냐어를 공용어로 사용하고 있다.

갈리아(현재의 프랑스)의 로망스어로는 12세기 이후 남프랑스에서 활약한 음유시인 집단 트루바두르(Troubadour)의 언어로서 뛰어난 문학어를 발달시킨 플로방스어(또는 오크어), 그리고 북부 프랑스의 일드프랑스(île-de-France)의 방언에 기반한 프랑스어가 있다. 후자는 로마제국의 붕괴 후 유럽에 출현한 최초의 통일국가인 프랑크 왕국의 카페 왕조(Capétiens)에서 공용어가 되었는데, 근세 이후 다른 유럽제어에 앞서 규범적인 표준 문어를 확립시켜 그리스어와 라틴어에 이은 유럽의 '제3의 고전어'로 추앙받기에 이르렀다.

라틴어의 본거지인 이탈리아는 중세 시칠리아를 중심으로 하는 남이탈리아에서 어느 정도 문학어를 발달시키기도 했지만, 현재의 표준 이탈리아어는 이탈리아 르네상스의 문인인 단테(Dante), 페트라르카(Petrarca), 보카치오(Boccaccio) 등이 사용했던 북부 이탈리아의 피렌체 방언을 기반으로 한다. 이탈리아는 근대국가로서의 통일이 상대적으로 늦었기 때문에 국어의 표준화 역시 뒤늦은 감이 없지 않은데, 지역 방언 특히 남부와 북부 사이의 방언차가 크다.

알프스 지방(Raetia)의 로망스어, 즉 레트 로망스어(Rhaeto-Romance)로는 스위스의 남동부 산악 지대에 지금도 잔존해 있으며 근년에 들어 스위스 연방 정부에 의해 독일어, 프랑스어, 이탈리아어에 이은 제4의 공용어로 인정받은 로망슈어(Romansh)가 있다. 사용 화자는 약 5만 정도라고 한다.

그 밖에 이탈리아 반도와 스페인 동부 해안에서 거의 등거리상에 있는 지중해의 큰 섬인 사르데냐(Sardinia)에서 사용하는 사르데냐어가 있는데, 문학어와는 연관이 없지만 그 특이한 지리적 사정 때문에 현대의 로망스어 중 가장 보수적인 양상을 보이며, 언어사적으로도 상당히 흥미로운 언어이다.

이상이 유럽 서쪽의 로망스어이다. 다음으로 동쪽의 로망스어를 살펴보자. 아드리아해(Adriatic Sea)에 접해 있는 발칸 서부의 로망스어는 이미 거의 다 소멸하여 지금 남아 있는 것은 다키아(Dacia)[4]의 로망스어, 즉 루마니아어 뿐이다. 루마니아어는 이른 시기에 슬라브족과 마자르족에게 둘러싸인 결과 서쪽과의 연락이 끊기고 말았다. 또한 19세기 중반까지는 러시아어 등과 동일한 키릴문자를 사용하며 장기간에 거쳐 (그리스정교회를 믿는 슬라브권의 공통 문어인) 교회슬라브어의 영향을 받아 왔기 때문에 예전에는 슬라브어의 일파가 아닌가 하는 오해를 받기도 하였다.

이상이 로망스어의 이른바 정규 멤버이다. 그 밖에도 15세기 말 박해를 피해 스페인에서 오스만 튀르크 지배하의 발칸 지역으로 이주해 간 유태인들의 언어로, 15세기 카스티야어를 모태로 하여 헤브라이어의 요소를 강하게 혼입한 라티노어(라틴어를 의미하는 Latino의 사투리)라고 하는 유태화된 스페인어의 변종이 있다. 이 언어를 사용하는 유태인은 제2차 세계대전까지 주로 이스탄불과 그리스 북부의 테살로니키(Thessaloníki)에 거주했지만, 전후 이스라엘로 이주하여 현재는 사용 화자가 점점 감소해 가는 추세에 있다고 한다.

(2) 게르만어

게르만어의 옛 본거지는 스칸디나비아 남부, 윌란반도(Jylland Halvø), 그리고 북독일에 이르는 지역으로 추정되는데, 기원전 1~2세기 경 남하를 시작

---

4) [옮긴이] 도나우강 하류 만곡부의 북쪽 지역을 가리키는 루마니아 고대의 지명. 트라야누스 황제 때 고대 로마의 속주(屬州)가 되었던 지역이다.

하여 '민족의 대이동기'에 로마제국 안의 드넓은 지역에 확산하였다.

　게르만어는 통상적으로 동, 서, 북의 3파로 구분한다. 이 중 동게르만어를 대표하는 고트어(Gothic)는 게르만어 중에서 가장 먼저 문자로 기록된 언어다. 3세기 이후 흑해 연안의 남러시아에 진출한 고트족의 일파가 그리스도교를 수용하자 4세기 중반 고트족 주교인 울필라스(Ulfilas, 310–383)가 동로마제국의 근경 모이시아(Moesia, 현재의 불가리아 북부)에 거주하는 서고트족을 위하여 그들의 언어로 성서를 번역했다. 이것이 현존하는 고트어의 거의 유일한 자료이다. 고트족이나 반달족(Vandal)을 포함한 동게르만족들은 그 후 핀족에 쫓겨나 서쪽의 이탈리아나 스페인으로 이주하여 그곳에 자신들의 왕국을 세운다. 그렇지만 언어적으로는 토착 라틴어에 흡수되어 현재로서는 아무런 흔적도 남아있지 않다.

　현재 유럽에서 사용하는 게르만어는 북게르만어와 서게르만어이다. 북게르만어는 바이킹의 본거지인 스칸디나비아를 중심으로 하는 노르드인(Norsemen)의 언어이다. 11세기까지 그리스도교가 전파되지 않아 이교적인 옛 게르만의 전통을 오래 유지하고 있었기 때문에 현재 남아 있는 언어 자료도 비교적 풍부하다. 주된 자료로는 룬문자(Runic alphabet, 아마 라틴문자에서 유래하는데 주술적 목적을 위해 심하게 변형한 문자)로 쓰인 금석문과, 아이슬란드에 남은 '사가(saga)'라고 하는 전통시의 방대한 기록 속에 남아 있는 '고(古)노르드어'가 있다.

　9세기 서노르웨이인이 점거한 아이슬란드의 언어, 즉 아이슬란드어는 그 후 장기간 고립된 상황에 놓여 있었기 때문에 현재의 북구어뿐만 아니라 게르만어 전체에서 봐도 가장 고풍스러운 양상을 유지하고 있다.

　북게르만어 중 가장 먼저 국어로 확립된 것은 덴마크어이다. 이것은 현재의 덴마크 본국뿐만 아니라 14세기 이후 덴마크령이었던 노르웨이에서도 공용어로 사용되었다. 현재의 노르웨이어는 덴마크어를 토대로 한 '리크스몰(Riksmál, 왕국어) 또는 보크몰(Bokmal, 서적어)'이라는 전통적 문어와, 19세기 말 지방에 남은 고풍스러운 방언을 기반으로 만들어진 '란스몰(Landsmál)' 또는 '신노르웨이어'라는 두 가지 변종이 있다. 현재 이 두 언어의 대립은 노르웨이에서 심각한 언어 문제로 여겨지고 있다(§2.4.4.3:70쪽 이하 참조).

　스웨덴어는 덴마크어에 이어 이른 시기에 문어를 확립시켰는데, 후자가 중세 한자동맹(Hanseatic League)의 공통어인 저지독일어(Low German)의 일종인 플라이트 도이체(Plattdeutsch)의 영향을 받아 크게 변화한 데 비해, 전자는 북구어의 본래 모습을 비교적 잘 간직하고 있었다. 그러나 종교개혁 이후 고지독일어(High German)의 영향을 받게 된다.

마지막 이 그룹의 언어로는 아이슬란드와 스코틀랜드 사이에 있는 페로제도(Faroe Islands)에 4만 명 정도가 사용하고 있는 페로어(Faroese)가 있다. 이 섬들은 아이슬란드와 동일하게 8~9세기 노르웨이인이 점령을 했지만, 역시 14세기 이후 덴마크령이 되어 덴마크어를 공용어로 사용해 왔다. 하지만 근년 덴마크에 대하여 정치적으로는 물론 언어적으로도 차츰 자치권을 획득해 가고 있다.

마지막으로 서게르만어는 근대 유럽의 대표적인 언어인 독일어나 영어를 포함하는 그룹이다. 이동의 물결이 일단 어느 정도 진정된 7세기 말 무렵의 대륙에서는 서게르만족 중 서쪽의 프리지아족(Frisians)이 연안 지대를 점거하고, 프랑크족은 북프랑스와 네덜란드(하부 프랑코니아 Low Franconian) 및 라인강 중류 지역(상부 프랑코니아)을 점거했다. 또 북부는 색슨(작센, Saxon)족이 점거하고, 남서부에서는 알자스(Alsace), 슈바벤(Swabia) 및 스위스 북부를 알레만족(Alemannic)이 점거했으며, 남동부에서는 바이에른족이 바이에른과 티롤(Tirol) 및 오스트리아 일대를 점거하였다. 이것이 넓은 의미의 독일어권이다. 독일어를 나타내는 Deutsch는 네덜란드어를 가리키는 Dutch와 동일하게 게르만어로 '민족', '민중'을 뜻하는 단어에서 유래하며, 로망스어의 경우와 같이 라틴어에 대한 속어 또는 민중어를 의미하기도 한다.

마지막으로 영어는 앞서도 언급한 바와 같이 5세기 중반 무렵 대륙에서 이주한 앵글로족과 색슨 및 주트족(Jutes)들이 가지고 온 언어인데, 9세기부터 10세기에 걸친 풍부한 문헌 기록을 살펴보면 이 '앵글로색슨어'는 게르만어적인 성격을 가지고 있었던 것이 틀림없다. 그러나 이 언어는 11세기 후반부터 약 300년 이어진 노르만 정복 왕조와 그들의 공용어였던 프랑스어의 지배 하에서 심한 변모를 겪게 된다. 이 새로운 '잉글랜드어'가 14세기 말 프랑스어의 지배에서 벗어나 겨우 국어로서 자리잡기 시작했을 때에는 이미 상층어였던 프랑스어의 압도적인 영향으로 인해 본래 게르만어의 특성을 많이 잃어버려, 언어 구조가 현저히 단순화된 게르만어와 로망스어 사이의 일종의 혼합어와도 같은 양상을 띠게 된다. 서유럽에서 가장 선진적인 언어인 프랑스어와 영어가 한편으로는 로망스어권에서 가장 게르만화된 언어이고 다른 한편으로는 게르만어권에서 가장 로망스화된 언어라는 점은 매우 흥미로운 사실이다.

(3) 슬라브제어

유럽의 인구제어 중에서 가장 동쪽에 위치하는 슬라브족이 역사의 무대에 등장한 것은 게르만족보다도 늦은 6~7세기 이후의 일이다. 그때 직접 접촉을 가진 것은 동로마제국 즉 비잔틴제국이었다. 서로마적·가톨릭적인 서쪽 문화를 담당했던 것이 로마니아와 게르마니아의 여러 민족들이었다고 한다면, 슬라브족은 비잔틴과 그리스정교회로 대표되는 동방 문화의 정통 계승자인 것이다. 제2의 로마라고 불리던 콘스탄티노플이 쇠망한 후 모스크바공국·러시아 제국의 수도인 모스크바가 '제3의 로마'라고 불린 데에는 다 그럴 만한 이유가 있었던 것이다.

9세기경 그리스 북부의 테살로니키 출생의 그리스 수사인 키릴로스(Kyrillos, 827–869)와 메토디우스(Methodios, 826–885)는 모라비아(Moravia)[5]에 사는 슬라브인들에게 그리스도교를 전파하기 위해 당시 그리스 북부에서 사용하던 슬라브어를 가지고 복음서와 그 밖의 경전들을 번역했다. 이것이 슬라브어로 쓰인 가장 오래된 기록인데, 이는 이후 그리스정교를 믿는 슬라브족들의 공통 문어인 '교회슬라브어'의 시발점이 된다. 당시 슬라브어에는 아직 그다지 큰 방언적 차이가 없었던 것으로 보이는데, 이후 각지의 슬라브족들이 놓인 지리적·사회적 조건들의 차이에 따라 상당한 수의 근대제어들이 분기하고 발달해 가게 된다. 그러나 슬라브어권 내부의 언어적 차이는 게르만어나 로망스어에 비하면 훨씬 작다. 분화하기 시작한 시기가 비교적 새롭기 때문일 것이다. 이들 슬라브어들은 일반적으로 동·서·남의 세 그룹으로 분류할 수 있다.

이 중 동슬라브어를 대표하는 것은 바로 러시아어다. 지리적으로 가장 동방에 위치해 있어 서방의 영향을 적게 받았기 때문에 슬라브어 본래의 특징을 잘 보존하고 있다. 따라서 슬라브어 중에서도 가장 보수적인 유형에 속한다. 18세기 이후 교회슬라브어와는 별개로 수도 모스크바의 방언을 기반으로 하

---

5) [옮긴이] 체코 동부에 있던 지방.

는 표준어를 발전시켰는데, 이것이 러시아·소련의 공용어로 동구권 최대이자 가장 유력한 언어가 되었다.

그 밖의 동슬라브어로는 예전에 키에프공국(Kievskaya), 현재의 우크라이나 공화국에서 공용어로 사용하는 우크라이나어(별칭 소러시아어)와, 러시아와 폴란드 사이에 위치하여 양국 사이의 오랜 쟁탈의 대상이었다가 제1차 세계대전 이후 처음으로 독립한 벨라루스 공화국(Republic of Belarus)의 공용어인 벨라루스어(별칭 백러시아어)가 있다. 둘 다 언어적 성격은 러시아에 매우 가깝다.

남슬라브어는 발칸반도에 진출하여 일찍부터 비잔틴제국과 교류해 온 슬라브족의 언어들인데, 15세기 이후 다른 발칸의 여러 민족들과 동일하게 오스만 튀르크의 지배하에 놓여 많든 적든 언어적으로도 그 영향을 받았다.

이 그룹에는 첫 부분에서 다룬 불가리아어, 예전에 유고슬라비아의 공용어였던 세르보·크로아티아어(현재는 세르비아어와 크로아티아어), 이 유고슬라비아의 서부에서 이탈리아와 오스트리아의 국경에 가까워 예전의 오스트리아령에서 사용되었던 슬로베니아어, 불가리아·유고슬라비아·그리스의 세 나라의 경계 지역에 있는 마케도니아 지방에서 사용하는 마케도니아어가 있다. 발칸국가들은 유럽 안에서도 정치적 독립이 가장 늦었기 때문에 언어의 표준화와 국어로서의 확립 역시 늦었다. 그런 까닭에 내부의 언어적 구성이 상당히 복잡한 지역도 적지 않다.

서방에 진출한 슬라브족들은 일찍부터 게르만족과 접촉하여 언어적으로도 그 영향을 많이 받았다. 그 중 가장 서쪽으로 엘베강(Elbe) 유역까지 진출한 슬라브어는 중세 이후 독일어의 압박을 받아 차츰차츰 사라져 현재는 엘베와 오데르(Oder) 두 강의 상류에 끼여 있는 현 독일령 상부 및 하부 루사티아(Lusatia) 지방의 소르브어(Sorbian), 오데르강 하류와 발트해에 접해 있는 현 폴란드령 동포메라니아(Eastern Pomerania) 지방의 카슈브어(Kashubian)만이 남아 있을 뿐이다.

보헤미아와 모라비아에 정주한 슬라브족도 서쪽으로는 독일인의 압박을 받고, 동쪽으로는 마자르족의 압박을 받았는데, 16세기 이후 전자는 합스부르크가의 지배를, 그리고 후자는 헝가리의 지배를 받으며 둘로 갈라졌다. 본래 하나의 언어권을 이루어야 할 곳에 체코어와 슬로바키아어라는 두 개의 언어가 태어난 것은 이처럼 장기간에 걸친 분할 지배의 결과인 것이다. 이와 달리 폴란드어는 중세 말기부터 18세기 중반 무렵까지 중구·동구의 대국으로서 번성했던 폴란드왕국의 공용어로 서슬라브어 중에서는 가장 빨리 표준 문어를 확립시켰다.

이 서슬라브어권은 종교적으로는 로마카톨릭(구교 및 신교)에 속하고 언어적으로는 라틴문어의 지배권에 속하기 때문에 문자도 키릴문자가 아니라 라틴문자를 사용한다. 또 이들 서슬라브제어는 이와 같은 라틴문어의 전통과 함께 독일어의 직접적인 영향을 받음으로써 동슬라브어나 남슬라브어와는 다른, 상당히 서유럽에 가까운 언어적 성격을 띤다.

(4) 그 밖의 인구제어

이상으로 개관한 로망스, 게르만, 슬라브의 3대 어파는 현재 그 사용 인구수에 있어서 유럽 총 인구의 약 92%를 차지하며 근대 유럽에서 가장 압도적인 다수파가 되었다(각 언어 및 어파의 사용자 인구에 대해서는 표 2.1을 참조).

이러한 우세한 어파들에 밀려 유럽의 주변부에 자잘하게 잔존·고립해 있는 인구제어로는 서쪽의 켈트어, 북쪽의 발트어, 남쪽의 알바니아 및 그리스어가 있다.

① 켈트어

켈트어는 옛날에는 브리튼제도뿐만 아니라 이베리아반도의 일부, 갈리아, 스위스, 남독일, 오스트리아에 걸쳐 꽤 넓은 지역에 분포했지만, 라틴어에 이은 게르만어의 압박으로 인해 현재 대륙에서는 지명이나 극히 단편적인 비문에만 그 흔적을 남기고 있을 뿐 완전히 소멸해 버렸다. 브리튼제도에 간신히 존속해 있는 켈트어는 고이델어(Doidelic, 별칭 게일어 Gaelic) 및 브리타니어의 두 파로 분류된다. 전자는 스코틀랜드와 아일랜드의 언어로, 각각 스코틀랜드 게일어(약칭 스코틀랜드어)와 아일랜드 게일어(약칭 아일랜드어)라고 한다. 후자는 브리튼 본섬의 켈트어인데, 그 중에 콘월어(Cornish)가 18세기 말에 소멸해 버려 현재 남아 있는 것은 웨일즈 지방의 웨일즈어와, 그 밖에 5~6세기 앵글로색슨의 침공을 피해 프랑스 서쪽 해안의 브르타뉴(Bretagne, 브리타니아) 지방으로 이주해 간 브르통인의 언어, 즉 브르통어(Brezhoneg)뿐이다.

② 발트어

북유럽의 발트해 연안에 슬라브어와 게르만어 사이에 끼어 오늘날까지 존속해 오고 있는 발트어에는 리투아니아어와 라트비아어가 있다. 둘 다 국어로서 자립한 지 얼마 되지 않아 오래된 문헌 기록은 거의 없다. 그러나 이 중 리투아니아어는 현존하는 유럽의 인구어 중에서 가장 고풍스러운 언어라고 할 수 있는데, 2~3천 년 전의 산스크리트어나 고대 그리스어와도 필적할 만하다. 아이슬란드어나 사르데냐어도 그렇지만, 고립된 언어에 있어서 변화라는 것이 얼마나 적게 일어나는지를 보여 주는 매우 시사적인 예일 것이다.

③ 알바니아어

발칸반도의 서측, 고대 그리스의 에페이로스(Ηπειρος), 현재의 알바니아에서 주로 사용되었던 알바니아어는 예전에는 발칸 서부에 거주했던 일리리아인(Illyrian)들이 사용했던 언어의 후예인 것으로 보인다. 그렇지만 지금은 소멸한 발칸로망스어나 이탈리아어, 슬라브어, 그리스어 등 주변 언어들의 영향을 많이 받아 현재는 예전의 그 모습을 거의 간직하고 있지 않다. 이 언어의 사용 화자는 알바니아뿐만 아니라 그리스를 비롯한 발칸 남부의 여러 나라에 널리 산재해 있다.

④ 그리스어

그리스어는 현재로는 유럽의 한쪽 구석에서 사용하는 언어에 불과하지만, 3천 년에 이르는 긴 역사를 가지고 있어 라틴어와 함께 유럽의 고전어로서 중요한 역할을 맡아 온 특별한 언어이다.

유럽 최초의 문명어였던 고전그리스어가 확립된 것은 기원전 5~4세기 무렵인데, 이것이 나중에 헬레니즘 세계의 공통어(코이네)가 되어 국제어로서의 성격을 가지게 된다. 이 헬레니즘권이 로마령에 병합된 후에도 그리스어의 지위는 변하지 않았다. 서방 세계에서 절대적인 위신을 발휘했던 라틴어도 동방의 그리스어에 대해서는 아무런 영향력도 가지지 못했다. 서로마제국의 붕괴 후에도 그리스어는 동로마제국을 계승하는 비잔틴제국의 공용어로서 존속하였다. 고전기부터 비잔틴 시대 말기까지 약 2천 년 동안 문어로서의 그리스어는 적어도 표면적으로는 거의 바뀌지 않았다.

　그 후 4백 년에 걸친 오스만 튀르크의 지배에서 벗어나 19세기 초 겨우 근대 그리스가 독립했을 때 민중의 일상어와 전통적인 그리스 문어 사이에는 두말할 필요도 없이 엄청난 괴리가 있었다. 새로운 국가가 자신들만의 공용어를 정하는 데에 있어서 어느 것을 선택할지 중대한 기로에 섰을 때 당시 그리스의 위정자들은 전통 문어를 선택했다. 긴 세월 동안 무지와 빈곤 속에 방치되어 많은 터키어적 요소의 영향을 받은 일상어는 독립국의 공용어로는 너무나도 어울리지 않는다고 생각했기 때문이다.

　그로부터 오늘날에 이르기까지 약 1세기 반, 그리스에서 몇 번이나 아주 큰 정치 문제로 번졌던 ‘민중어 Dimotiki’ 대 ‘순정어 Katharevusa’의 심각한 언어 대립 문제(언어 전쟁이라고까지 할 수 있는 문제였다)는 다양한 굴곡을 거친 다음, 1976년 군사정권 붕괴 후 등장한 민주정권의 헌법 개정이라는 대개혁을 통해 민중어가 순정어 대신 국가 공용어로서 정식으로 인정받게 된다. 현대 그리스어의 사례는 너무나 눈부시게 화려했던 과거의 영광과 전통의 무게가 언어의 ‘근대화’를 지연시킨 또 하나의 비극적인 사례일지도 모르겠다.

　⑤ 집시어

　마지막으로 유럽 안에 비집고 들어온 일견 별난 아시아의 인구어인 이른바 ‘집시어’(별칭 롬어 또는 로마니어)라는 무국적의 방랑어에 대해서 살펴보자. 이것은 11세기 무렵 인도 북서부에서 이주하기 시작하여 14~15세기 이후 유럽 각지에 급속히 퍼진 방랑인들의 언어인데, 각자가 이주한 곳에서 다양한 언어의 영향을 받아 수없이 많은 지역적 변종을 가지게 되었지만 계통적으로는 중기 인도-아리아어에서 유래하는 어엿한 인구어의 일원이다.

　(5) 비인구제어

　유럽 안에서 비인구어계 언어의 수는 상당히 많은 편이지만, 사용화자의 인구수로는 전부 합해도 유럽 전체의 약 5%를 넘지 않는다. 그 중 인구어 이전의 유럽에서 사용했던 옛 언어의 잔존으로 보이는 것은 로망스어권 안에 언어적 섬을 이루고 있는 바스크어뿐이고, 그 밖의 것들은 대부분 비교적 새로운 시기에 아시아 또는 그 주변부에서 넘어 온 언어들이다. 계통적으로는 핀

─우그리아(또는 우랄)계, 알타이계, 셈계의 세 유형이 있다.

① 핀-우그리아제어

핀─우그리아족의 원주지는 아마 볼가강 동쪽 지류인 카마강(Kama) 유역일 것으로 추정되는데, 일찍부터 인구어와 접촉을 가져 왔다. 특히 이란어에서 차용한 어휘들이 아주 많다.

이 어족의 최대 언어인 헝가리어는 9세기 말 도나우강 중류 지역으로 이주하여 11세기 이후 그리스도교를 수용하여 통일 국가를 이룬 마자르족의 언어이다. 현재 헝가리는 오스트리아, 체코, 슬로바키아, 우크라이나, 루마니아, 구유고슬라비아와 국경을 접하고 있는데, 예전에는 오스트리아와 함께 이들 지역의 전부 또는 일부를 지배하였다. 그 영역 내의 언어 구성은 유럽에서 가장 복잡한 양상을 보인다. 그 안에서 지배층을 형성해 온 헝가리인들은 중세 이후 공용 문어로 라틴어를 사용하였는데, 그 전통은 19세기 중반까지 이어진다. 그 밖에 독일어의 영향도 상당했기 때문에 근대 헝가리어는 동족의 언어들 중 가장 유럽화된 언어가 되었다.

이 어족의 또 다른 언어로는 발트해에 접해 있는 유럽 북변(北邊)의 에스토니아어, 핀란드어, 그리고 동쪽의 카렐리야어(Karjala), 스칸디나비아 북단 라플란드(Lapland)의 라프어(별칭 사미어)가 있고, 원주지에 가까운 카마강 유역 및 그 주변에 몰도바어(몰도바자치공화국), 체레미스어(Cheremis, 마리자치공화국 Mari El Republic), 지리안어(Zyrian, 코미자치공화국 Komi republic), 보챠크어(Votyak, 우드무르트자치공화국 Udmurtia) 등이 있으며, 또 아르한겔스크(Arkhangelsk)와 타이미르반도(Taymyr Peninsula) 사이의 툰드라지대에서 사용하는 유라크어(Yurak, 별칭 네네츠어 Nenets)는 유럽 지역 유일의 사모예드어(Samoyedic)이다(핀─우그리아어와 사모예드어를 합쳐 우랄어라고 부른다). 이 중 현재 국어로서 확립되어 있는 것은 헝가리어, 핀란드어, 에스토니아어의 셋뿐인데, 모두 다 게르만어나 슬라브어 등의 유력 언어의 영향을 받아 계통은 달라도 구조적으로는 틀림없이 '유럽어'적인 성격을 띠고 있는 언어들이다.

② 알타이계 언어

알타이계 언어로는 볼가강 중류 지역의 추바시어(Chuvash), 타타르어

(Tatar), 바시키르어(Bashkir)가 있는데, 각 언어명과 동일한 자치공화국을 이루고 있다. 모두 다 중앙아시아에서 이주한 튀르크계 언어인데, 그 밖에 유럽 유일의 몽골계 언어인 칼미크어(Kalmyk)가 카스피해 북서 볼가강 중류에서 사용되고 있다.

③ 몰타어

마지막으로 지중해 정중앙에 있는 몰타섬에서 사용하고 있는 몰타어(Maltese)를 살펴보자. 몰타어는 유럽에 이식된 거의 유일한 셈계 언어다. 이 섬은 로마령이 되고 바로 그리스도교를 수용했는데, 9세기부터 13세기 중반까지 약 4백 년 동안 아랍의 지배를 받았다. 그동안 주민들은 그리스도교도로 있으면서 언어만은 지배자의 언어인 아랍어로 바꾸어 사용했다. 유럽에서는 유례를 찾아볼 수 없는 일종의 사건이다. 섬의 공용어로는 오랫동안 이탈리아어가 사용되었는데, 1814년 영국령이 되고부터는 이탈리아어와 더불어 영어도 사용하기 시작했다. 제1차 세계대전 후 몰타어의 국어 운동이 일어나 1934년 이후 이탈리아어 대신에 몰타어가 영어와 함께 공용어로서 인정을 받게 되었다. 이리하여 라틴문자를 이용하며 반은 이탈리아화한 아랍어가 유럽에서 국어의 일원으로 추가된 것이다.

04 유럽에서 근대 국어의 성립

(1) 글말과 입말

지금까지 개관한 유럽 언어들 가운데 많은 수는 현재 제각각 독립국의 공용어로서 다소나마 표준화된 문어 즉 문자언어를 가지고 있다. 오늘날 우리에게는 문자의 사용 즉 읽고 쓰는 일이 매우 일반화되어 있어 대부분의 사람들이 문자 문화를 누릴 수 있게 되었지만, 사실 이것은 비교적 최근의 현상이다. 예전에 문자의 사용은 동서를 불문하고 일정 수준 이상의 문명이 발달한 일부 지역, 그리고 일부 민족, 그것도 비교적 소수의 사람들에게 한정된 것이었다. 따라서 문자언어는 특별한 교육을 받은 소수의 독점물로서 대중의 일상어와는 분리된 채 특별한 세계를 형성하는 경향이 강했다. 일상의 입말은 인류의 어떤 집단이나 어떤 사회에서든지 반드시 존재하지만, 문자언어는 고차원적인 문명의 소산이라는 의미에서 인위적인 하나의 제도이다.

　지금까지 세계사에 나타났던 다양한 문명은 그 모체가 되는 문어 즉 문명어를 가지고 있었다. 더욱이 많은 경우 그러한 문어는 각각의 문명에서 단일했고, 그러한 언어적 단일성이 문명의 통일성을 지탱하는 유력한 기반이 되기도 했다. 예를 들어 한자문화권의 한자(즉, 고전중국어), 이슬람문화권의 아랍 문어, 인도문화권의 고전 산스크리트어, 헬레니즘문화권의 그리스 문어 등이 바로 그러한 것들이다.

　그런데 근대 유럽을 하나의 문화권이라고 본다면, 이들은 분명히 자체적으로 독자의 균질적이고 통일적인 문명을 형성하고 있음에도 불구하고 그 모체가 되는 담당 언어는 단일하기는커녕 표면적으로 보는 한 지극히 다종다양하다. 이는 지금까지 있어 왔던 인류 문명의 일반적인 모습에서 비춰 볼 때 오히려 매우 이례적이라고 할 정도다.

　그러나 이와 같은 유럽의 언어적 다양성은 물론 먼 옛날부터 존재했던 것은 아니다. 고대 로마제국은 그 내부에 많은 민족과 언어를 포함하고 있었지만 제국의 공용어는 동방의 그리스어권을 제외하면 모두 라틴어를 사용하였는데, 그리스어의 영향 아래 확립된 고전 라틴어가 헬레니즘 문화의 분신이자 계승자이기도 한 로마 문화의 유일한 모체 언어였다. 로마제국이 붕괴해도 라틴 문어는 소멸하지 않았다. 이교적인 로마를 정복한 그리스도교가 자신들의 언어로서 라틴어를 선택했기 때문이다.

　제국의 붕괴로부터 8세기 중엽에 이르는 유럽사상 가장 암흑의 시대, 문자 문화의 전통을 지탱하는 독서 계급이 거의 소멸하고 식자율도 거의 제로에 가까웠다고 하는 이 시기에도 라틴어 지식은 아일랜드와 잉글랜드 등 유럽의 주변부나 일부의 수도원 등에서 가늘게나마 그 명맥을 유지했다. 이 혼란의 시기에 입말로서 라틴어는 각 지역에서 큰 변화에 노출되어 훗날 로망스제어의 기반이 만들어졌다. 겨우겨우 전승된 이 시기의 라틴어 저작은 입말에 보이는 변화와 혼란상이 고스란히 반영돼 있는데, 고전 문어의 기준에서 보면 철자법이나 문법에 많은 오류가 있어 라틴어사상 가장 문란한 모습을 보인다. 이 시기는 바로 프랑크족의 메로빙거왕조에 해당하는데, 유럽의 문자 문화가

표 2.1 유럽의 언어들

	언어명	화자 인구	언어명	화자 인구
인구제어	Ⅰ. 로망스제어	174,690	Ⅲ. 슬라브제어	220,450
	포르투갈어	9,500	소르브어*	150
	스페인어	26,000	카슈브어*	200
	카탈루냐어*	7,000	체코어	9,500
	프로방스어*	9,500	슬로바키아어*	4,000
	프랑스어	45,800	폴란드어	33,500
	이탈리아어	55,600	슬로베니아어*	1,800
	로망슈어	50	세르보크로아티아어	15,500
	사르데냐어*	1,000	마케도니아어*	1,300
	루마니아어	20,200	불가리아어	8,500
	라티노어*	40	벨라루스어	8,000
	Ⅱ. 게르만제어	184,936	우크라이나어	39,000
	노르웨이어	3,850	러시아어	99,000
	스웨덴어	8,200		
	덴마크어	4,900	Ⅳ. 발트제어	3,885
	아이슬란드어	210	리투아니아어	2,350
	페로어*	41	라트비아어	1,535
	영어	57,134	Ⅴ. 켈트어	2,710
	프리지아어*	311	스코틀랜드어*	100
	네덜란드어	18,750	아일랜드어	750
	룩셈부르크어	340	웨일즈어*	660
	독일어	90,600	부르통어*	1,200
	이디시어	600		
			Ⅵ. 그 밖	12,900
			알바니아어	3,000
			그리스어	8,700
			집시어*	1,200
비인구제어	Ⅶ. 우랄제어	22,283	Ⅷ. 알타이제어	7,100
	핀란드어	4,900	타타르어*	4,500
	카렐이아어*	146	추바시어	1,400
	에스토니아어	1,055	바시키르어*	100
	라프어*	40	칼미크어*	
	몰도바어*	1,400		
	체레미스어*	520	Ⅸ. 그 밖	1,000
	지리안어*	500	바스크어*	700
	보챠크어*	700	몰타어	300
	헝가리어	13,000		
	유라크어*	22		

*표시가 붙은 언어는 '국어'(국가의 공용어)로서 자립하지 못한 것이다. 표에 제시한 숫자는 천 명 단위의 화자 인구로, G. Décsy 1973 *Die linguistische Struktur Europas*에 따른 것이다.

가장 쇠락했던 시대이다.

　이러한 상황에 종지부를 찍고 서구 세계에 다시 라틴어와 라틴문화를 부활시킨 것은 8세기 말 카를대제의 궁정을 중심으로 이루어진 이른바 '카롤링거왕조 르네상스'다. 유럽 각지에 산재해 있는 학자와 문인들이 모여들어 궁정뿐만 아니라 왕국 내 수도원과 교회에 학교가 설립되었으며 '정확한 라틴어' 교육이 열심히 이루어졌다. 한번 잃어버렸던 라틴문어의 전통이 이렇게 부활되어 중세 라틴어 문어의 기반이 확립되었다. 이후 글말로서 라틴어는 일상어와는 명확히 구별되며 교육을 통해서만 획득할 수 있는 특권적인 교양어의 성격을 띠게 된다. 한편, 문어의 규칙에서 벗어난 일상어는 입말로서 계속 다양한 지역어로 세분화되어 가며 공통의 기반을 잃어버리게 되는데, 이것이 또한 지역을 넘어선 유일한 공통어이자 표준어로서 라틴 문어를 유럽 사회의 필수불가결한 존재로 만든 것이다.

　문어와 일상어의 괴리는 로망스어권보다 게르만어와 그 밖의 비라틴계 언어에서 한층 심각했다. 라틴어는 이들 언어와는 본질적으로 다른 언어였기 때문이다. 중세 서구 세계에서 일상어에서 문자언어가 가장 먼저 나타난 것은 유럽의 중심에서 멀리 떨어져 있어 그만큼 라틴어 문어의 규제력과 침투력이 약했던 아일랜드(8세기 이후의 고아일랜드어), 잉글랜드(동일하게 8세기 이후의 앵글로색슨어), 아이슬란드(9세기 이후의 노르드어)의 세 지역이었는데, 이는 매우 교시적이다.

　이 경우에도 모어로 쓰인 저작은 일반 민중을 대상으로 한 성서의 주해나 설교 혹은 민족적 색채가 강한 옛날이야기나 연대기 등과 같은 부류였는데, 정규 문어로서 라틴어를 대신할 만한 성격은 아니었다. 이와 같은 속어 문학은 유럽 본토 특히 로망스어권에서는 조금 늦게 나타나게 되는데, 남프랑스의 프로방스, 스페인의 카탈루니아, 시칠리아를 중심으로 하는 남이탈리아, 남독일 등에서 배출한 음유시인단(트루바두르 Troubadour나 미네젱거 Minnesänger)에 의해 궁정의 연애시나 영웅들의 무훈담 등 중세 기사 문학의 꽃을 피웠다. 그 전성기는 중세 말엽에 가까운 12~13세기였다.

　이와 같은 형태로 문학 세계에 등장한 민중적 기원의 중세 속어는 본래 자연스러운 입말의 토양 없이는 성장할 수 없는 시가나 구전문학을 위한 언어였는데, 라틴어에 대해서도 어디까지나 보좌하는 역할을 담당하는 데에 지나

지 않았다. 또 이러한 문학을 육성한 중세적 사회 체제나 문화적 전통이 없어
지자 동시에 이들 언어도 바로 급속히 쇠퇴하게 돼 근대 유럽문어의 발달로
이어지지는 않았다.

어찌 됐든 서구 중세의 세계는 종교적으로는 로마 가톨릭, 정치적으로는
고대 로마의 이념적 부흥과도 같은 신성로마제국, 그리고 언어적으로는 중세
라틴문어라고 하는 삼위일체에 의하여 보기 좋게 통일을 유지하고 있었던 것
이다.

(2) 근대 문어의 발달

라틴어를 대신하여 속어에 기반한 문어가 형성되기 위해서는 그때까지
성직자와 일부의 특권층만이 향유해 왔던 문자 문화를 자신들의 것으로 삼겠
다고 하는 욕망을 가진 새로운 시민 계층의 대두가 필요했다. 그 맹아는 중세
말기에 북독일을 중심으로 번성한 한자동맹(Hanseatic League)의 도시들이 저지
독일어(Low German)를 토대로 만들어 사용한 일종의 공통어 '플라트 도이체
(Plattdeutsch)'에서 찾을 수 있다. 그러나 이 공통어는 그것을 지탱하는 정치적
기반을 결여하고 있었기 때문에 16세기 이후 한자동맹의 붕괴와 함께 급속히
쇠퇴하며 근대문어로서는 완성되지 못한 채 끝났다.

① 이탈리아 문어

좀 더 본격적인 속어 운동은 유럽에서 가장 일찍 르네상스를 꽃피운 북부
이탈리아의 자유도시들에서 나타났다. 즉, 이 운동을 거의 혼자의 힘으로 추진
하고 근대 이탈리아어의 아버지라고 숭배받기도 했던 단테(Alighieri Dante,
1265~1321)의 유명한 『속어론 De Vuigari eloquentia』은 유럽 최초의 속어 옹
호론이자 '언문일치 운동'이기도 하다.

라틴어로 쓰인 이 논저 안에서 단테는 일상어의 가치를 고양하고 그것을
기초로 모든 이탈리아인을 위한 표준 문어의 확립을 제창했는데, 이때 가장 큰
문제가 된 것은 일상적인 입말이 언제나 그렇듯 무수의 지역 방언으로 분화되
어 있던 당시 이탈리아어의 복잡한 상황이었다. 이 방언들로부터 극단적인 지
역성을 사상하고 얻어진 공통 특징을 중핵으로 하여 표준어를 형성해야만 한
다는 것이 단테의 이론적 주장이었는데, 실제로 그가 속어를 사용하여 쓴 최초

의 본격 작품인 『신곡』에서 의거한 것은 자신이 속한 피렌체 방언이었다.

이와 동일하게 이 방언을 사용하여 페트라르카(Francesco Petrarca, 1304~74)도 훌륭한 『서정시집』을 집필해 『신곡』의 '장중체'에 대하여 '신감미체 dolce stil nuovo'를 확립하였는데, 이어 보카치오(1312~75)도 『데카메론』을 통해 이탈리아 산문의 모범을 구축하였다.

이와 같이 유럽 근대문어의 선구가 된 이탈리아 문어는 문학자들이 만들어 오로지 문학 작품을 중심으로 하는 것이었는데, 이를 이탈리아 전체에 통용되는 표준어로까지 만들기에는 당시 이탈리아의 정치적 상황이 너무나도 미숙했다. 또 라틴문어의 전통도 특별히 이 땅에서는 매우 확고한 것이었기에 배제하기가 힘들었을 것이다.

② 프랑스 문어의 확립

라틴어를 대신할 새로운 표준 문어를 확립하는 데에 성공한 것은, 발빠르게 봉건제도의 틀에서 벗어나 중앙집권적 근대 국가를 형성한 프랑스, 스페인, 영국 등이었다. 또 15세기 중반 구텐베르크의 인쇄술 발명은 문자 문화의 보급과, 그것을 위해 필요한 속어에 의한 표준 문어의 성립을 촉진하는 데에 매우 중요한 계기가 되었다. 교권의 속박에서 벗어난 세속적 중앙집권국가의 성립과 인쇄술의 발명은 근대문어 성립을 위한 중요한 요건이었던 것이다. 그리고 이러한 속어에 의한 표준 문어의 형성에서 특히 모범적인 역할을 한 것은 프랑스어였다.

프랑크왕국의 분신 카페왕조의 궁정이 있던 북부 프랑스의 파리는 12세기 이후 파리대학의 창설로 인해 학문 특히 신학의 중심이 되었다. 14세기 궁정을 중심으로 한 중앙관리기구가 정비되고 나서는 라틴어를 대신하여 파리 방언(일·드·프랑스 Ile de France 방언)에 기반한 프랑스어를 차츰 공용어로 사용하기 시작했다. 특히 1539년 '빌레·코트레의 칙령 Ordonnance de Villers—Cotterêts'에 의해 법정 및 공·사법상의 계약에서 프랑스 모어(Langue maternel françois)의 사용을 의무화한 것은 서구 근대 문어의 성립사에서 획기적인 사건이 아닐 수 없었다.

한편, 이탈리아 인문주의의 영향을 받아 시가의 혁신운동을 추진했던 플레이야드파(pléiade)의 이론적 지도자 조아생 뒤 벨레(Joachim Du Bellay,

1524~1560)도 『프랑스어의 옹호와 현양(*Deffence et illustration de la langue françoyse de Du Bellay*)』(1549)에서, 모어가 조야하고 빈곤하다는 비난을 물리치고 고상한 시가나 학문 언어로 모어를 향상시킬 필요가 있음을 역설했다. 그리고 시와 산문에 대한 이러한 요청은 롱사르(Pierre de Ronsard, 1524~85), 라블레(François Rabelais, 1494~1553), 몽테뉴(1533~1592) 등에 의해 훌륭하게 실천되었다. 이와 동일하게 16세기 뛰어난 고전학자 겸 출판업자인 앙리 에스티엔(Henri Estienne)의 논저 『프랑스어와 그리스어의 근사성에 대하여(*Traité de la conformité du language françois avec el grec*)』(1579)에서는 라틴어를 대신하여 등장한 이 새로운 언어의 자신감을 나타내고 있다.

이 르네상스 시기의 프랑스어는 같은 시대의 세익스피어 영어와 동일하게 아주 생기발랄한 분방함과 다채롭고 풍요로운 표현력으로 넘쳐나지만 그 성격은 아직 유동적이었다. 표준 문어에 요구되는 어휘·문법의 확립은 17세기 루이 14세 치하의 프랑스 고전주의 시대에 이르러서야 달성된다. 1635년 창설된 아카데미·프랑세즈의 가장 중요한 일 가운데 하나는 사전 편찬이었는데, 이 아카데미의 사전은 '올바른 용법 le bon usage'의 기준이 되어 그 후에도 긴 세월에 걸쳐 프랑스어 세계에 군림하였다.

또 문법의 측면에서는 『포르·루아얄 문법』으로 알려진 아르노(Antoine Arnauld, 1612~94)와 랑슬로(Claude Lancelot, 1615~1695)의 공저인 『일반이성문법(*Grammaire générale et raisonnée*)』(1660)이 언어의 합리성과 논리적 명쾌함을 극한으로 추구한 일종의 보편문법을 추구하여 단순히 프랑스어 문법의 기초를 세운 것뿐만 아니라 유럽 언어들의 규범문법의 성립에 큰 영향을 미쳤다.

이 시대의 '올바른 용법' 기준으로서 추앙받았던 것은, 드 보줄라(C. F. Vaugelas, 1585~1650)가 『프랑스어에 관한 고찰』(1647)에서 분명히 밝히고 있는 것과 같이 당시 가장 위신이 높았던 궁정 언어였다. 이 궁정을 중심으로 활약한 라신(Jean Baptiste Racine, 1639~1699), 코르네유(Pierre Corneille, 1606~1684), 몰리에르(Molière, 1622~1673) 등의 극작가들이나 라 퐁텐(Jean de La Fontaine, 1621~1695), 라 로슈푸코(Duc de La Rochefoucauld, 1613~1680) 등의 뛰어난 산문가들에 의해 프랑스 문어는 고전적인 조탁과 규율을 획득하며 서구 근대 문어의 모범이 되었다.

17세기에서 18세기 초에 걸쳐 프랑스(및 유럽)의 문예사상계를 흥분시킨 고대인과 근대인 사이의 우열을 둘러싼 이른바 '신구논쟁'의 결과는 시가의 측면에서뿐만 아니라 언어의 측면에서도 근대는 고대를 능가한다는 당시 사람들의 자신감과 신념을 표명한 것이었다. 아무튼 프랑스어는 17세기 말까지 문법이나 어휘, 발음과 정서법 등 모든 면에서 규범화가 거의 달성되었다. 고어나 속어는 배제되고 정서법도 매우 인위적이고 현학적인 방법으로 일단 통일되었다.

이성과 계몽의 시대라고 일컬어지는 18세기는 전 세기의 이러한 경향을 계승하였는데, 프랑스어의 명석함과 규율성은 한층 강화되었다. 이렇게 규범화된 언어는 한편으로는 민중적인 일상어와 점점 거리가 벌어지면서 더욱 더 스스로 고정시킨 세계를 만들어 갔다. 한번 확립된 표준 문어는 간단히 바뀌지 않는다. 이 세기의 끝에 프랑스를 뒤흔든 '대혁명'은 규범적 근대 문어를 키워 낸 낡은 사회 체제를 일거에 붕괴시켰지만, 프랑스어 그 자체에는 어떠한 본질적 변화도 불러일으키지 못했다.

③ 독일 문어

한편, 배후에 중앙집권적 국가를 가지지 못했던 독일의 모어 운동은 마르틴 루터(1483–1546)의 종교개혁과 불가분의 관계로 이어져 있다.

로마 그리스도교는 라틴어를 유일한 공용어로 정하고 속어로 라틴어 성경을 번역하는 것을 원칙적으로 인정하지 않았다. 당시 사람들은 신앙의 지침을 성서보다 교회에서 찾으려 했다. 이 상황에 대담하게 도전한 것이 루터에 의한 성서의 독일어 번역이고, 이 독일어 번역은 독일 민중들에게 폭넓고 열광적인 환영을 받았다. 여기에 근대 독일어의 기반이 마련된 것인데, 이 언어는 당초부터 민중적 성격을 강하게 지니고 있어 그만큼 인문주의자들은 약간 경멸의 눈초리를 감추지 않았다.

루터가 성서 번역을 할 때 의거한 것은 그에게 가장 가까운 작센주의 관용어(마이센어)였는데, 이 중부 독일어 방언은 독일어권에서 딱 중간 위치에 있어 표준 독일어의 후보로서도 적절하다고 판단되었던 것이다. 루터의 독일어는 16세기 말에 나타난 최초의 독일어문법 가운데 제일의 표본으로 다루어졌지만, 무엇보다 신앙의 내면성을 중시한 루터에게는 언어의 형식적 세련됨은 그다지 중요한 의미를 가지지 않았기 때문에 문법의 부정확함, 어휘의 비속함,

정서법상의 혼란에 대하여 비난받지 않을 수 없었다. 고전학자나 인문주의자들 사이에서는 여전히 라틴어가 존중되었고, 독일어가 이를 대신하기까지는 아직 많은 세월을 필요로 했다. 독일에서 출판된 출판물 전체 가운데 독일어로 쓰인 저작의 비율은 16세기 전체를 통틀어 겨우 2~3할에 지나지 않았는데, 그것이 절반을 넘게 되는 것은 18세기가 되고 나서의 일이었다.

17세기에 오피츠(Opitz, Martin 1579–1639) 등에 의하여 모어 향상과 육성 운동이 추진되었지만 이 즈음부터 점점 독일 지배층이나 교양 계급 사이에서 큰 영향을 가지기 시작한 프랑스어의 세례에 압도되어 독일 문어는 좀처럼 널리 퍼지지 못했다. 독일 계몽주의를 대표하는 철학자 라이프치히(Leibniz, Gottfried Wilhelm, 1646~1754)는 미발표 원고 안에서는 독일어 옹호론을 주장하기도 했지만 공표된 저작에서는 라틴어와 프랑스어밖에 사용하지 않았다. 또 표준 독일어의 육성에 열심이었던 크리스티안 볼프(Christian Wolff, 1679~1754)도 독일어를 이용한 것은 초기 저작뿐이었다.

독일의 프랑스어 열풍은 18세기 프로이센의 프리드리히 대왕(재위 1740~86)의 궁정에서 정점에 달했다. 이 궁정에 초대받은 볼테르는 고국에 보낸 서간(1750)에서 "여기는 완전히 프랑스입니다. 사람들이 말하는 것은 프랑스어뿐이고, 독일어는 병사와 말을 위해서만 사용합니다"라고 썼다. 그러나 독일어를 유창하게 하지 못했다고 하는 이 왕이 프랑스와의 전쟁에서 승리하고 나서 독일의 민족 의식은 갑자기 높아져 독일어의 지위 향상에도 큰 공헌을 했다.

이렇듯 독일 문어는 독일 고전주의 완성자 괴테와 실러의 시대에 드디어 확실한 지위를 얻게 되는데, 마지막까지 프랑스어에서 파리어, 영어에서 런던어와 같이 기준이 될 만한 중앙어를 가지지 못했기 때문에 정서법이나 발음의 표준화는 19세기 말에 이르러서야 겨우 달성되었다. 즉, 정서법은 1880년에 출판된 두덴(Konrad Alexander Friedrich Duden, 1829~1911)의 『독일 언어의 완전한 정서법 사전(Vollständiges orthographisches Wörterbuch der deutschen Sprache)』, 발음은 1893년에 출판된 『독일어 무대발음』이 그 지침이 되었다.

서유럽의 선진국들 가운데 이탈리아와 독일은 국가적 통일이 늦었기 때문에 표준 문어의 확립에 약간 어려움이 있었지만 근세 초두에 근대 국가 형성에 성공한 국가들에서는 대체로 18세기까지 각 나라의 공용어 비슷한, 라틴어를 대신할 표준 문어 즉 '국어'가 성립되었다. 이렇게 하여 유럽은 문어의 영역에서도 민족어 내지 모어에 기반을 둔 다언어 분립의 시대를 맞게 되었던 것이다.

(3) 동유럽의 경우

동유럽에서 문어의 성립은 서유럽과는 약간 그 결을 달리한다. 서쪽의 라틴어에 대하여 여기서는 그리스어가 비잔틴제국과 그 국교인 그리스정교의 공용어로서 사용되었다.

그러나 로마 그리스도교가 이민족에게 포교할 때 라틴어의 사용을 의무화하고 민족어를 이용한 성경의 번역을 금지하여 언어적으로도 보편주의 입장으로 일관했던 데 비해 그리스인은 적극적으로 민족어를 이용하여 포교하는 방침을 취했다. 이렇게 하여 동로마제국의 주변에서 그리스정교를 받아들인 민족들 사이에서는 그리스도교의 확산이 민족어에 기반하는 문자언어의 성립으로 이어지게 되었다. 즉, 인구계 언어 가운데는 4세기 고트어, 5세기 이후 아르메니아어, 그리고 9세기 이후 슬라브어가 바로 그러했다. 단, 슬라브어의 경우에는 일상어와 교회슬라브어 사이의 거리가 로망스어권에서 속어와 라틴 문어의 거리만큼 그렇게 크지는 않았고, 그 차이에 대한 자각도 그다지 명확하지 않았다. 이것이 동유럽, 특히 그 대표인 러시아에서 고유의 문어 발달이 늦어지는 원인이 되었던 것이다.

러시아어가 교회슬라브어와는 별개의 문어로 겨우 자립하게 된 것은 18세기 중반, 러시아 문어의 아버지라고 불리는 로마노소프(Mikhail Vasilyevich Lomonosov, 1711~1765)의 『러시아어 문법』(1755)에 의해서다. 제정 러시아의 수도로 큰 영향력을 가지기 시작한 모스크바어에 기반한 러시아 문어를 여기서 처음으로 교회슬라브어와 명료하게 구별하기 시작했는데, 후자가 고상한 장르를 위한 문어라고 한다면 러시아 문어는 희극이나 우화 등 약간 저급한 장르에 적합한 언어라는 성격을 부여받았다. 이러한 로마노소프의 태도는 『속어론』에서 단테의 생각과 통하는 면이 있다.

어찌 됐든 이렇게 출발한 러시아 문어는 19세기에 들어와 푸시킨을 비롯한 뛰어난 문학자들의 눈부신 활약으로 인해 일거에 유럽 유수의 문어로서 그 지위를 쌓아올려 교회슬라브어를 대신하게 됐다.

(4) 유럽의 언어 내셔널리즘

근세 이후 유럽에서 근대 문어들의 성립은 중세 봉건제와 교황권의 지배에서 벗어나 민족에 기반을 둔 중앙집권국가의 형성과 거의 그 괘를 같이한다. 즉, 근대 언어들은 당초부터 '민족어' 내지 '국어 national language'의 성격을 가지고 있었는데, 이것이 국적과 국경을 가지지 않던 라틴어를 대신하여 각각 표준 문어를 발달시키며 국가의 공용어로서 이용되어 온 것이다. 언어와 민족, 그리고 국가의 삼자를 가능한 한 일치시키고자 하는 방향이 근대 유럽사를 관통하는 하나의 중요한 지도 원리라고 해도 좋을 것이다. 이 원리에 근거하여 비교적 이른 시기에 국가와 국어를 자립시킨 서유럽에서는 언어·민족·국가의 불일치에서 유래하는 여러 가지 어려운 문제를 안고 있는 지역이 그다지 많지 않다.

① 스위스의 경우

서구의 중앙부, 주변을 독일, 프랑스, 이탈리아, 오스트리아에 둘러싸인 소국 스위스는 로망스어와 게르만어가 복잡하게 얽히고 설킨 경계 영역을 이루고 있는 유럽의 대표적인 다언어국가이다. 스위스는 현재 23개주로 이루어진 연방국가인데, 인구는 약 700만 명으로 독일어, 프랑스어, 이탈리아어, 로망슈어의 네 언어를 공용어로 사용하고 있다.

독일어는 주로 중앙 및 북부의 주들에서 전체 약 70%의 인구가, 프랑스어는 제네바(Genève), 뇌샤테(Neuchâtel), 보(Vaud) 등 서부 주들에서 약 20%의 인구가, 이탈리아어는 남부의 티치노(Ticino)를 중심으로 약 10% 정도의 인구가 사용하고 있다. 그리고 동남부 엥가딘(Engadin) 지방의 일부에서 약 5만 명 정도가 사용하는 로망슈어(이것이 스위스 토착의 유일한 로망스어이다)는 1937년에 겨우 공용어로 인정을 받았다. 각 언어의 사용은 지역 내지 주에 따라 대체로 정해져 있는데, 2개 내지 3개의 언어를 병용하는 지역도 적지 않다. 연방의회, 공문서에서는 통상 독일어, 프랑스어, 이탈리아의 세 언어가 병용된다. 복수 공용어의 병용이 정치적 알력이나 인종 대립으로 이어지는 일 없이 평화롭게 협조·공존하고 있는 드문 케이스가 바로 현대의 스위스이다.

② 벨기에의 경우

동일하게 게르만어권과 로망스어권의 경계에 위치하는 벨기에는 예전에는 벨가이(Belgae)라고 불리는 켈트인들의 거주지였는데 기원전 1세기 갈리아와 함께 로마령이 되었다. 그러나 3~4세기 이후 북부 지방을 살리(Salic) 프랑크족이 점거하면서 그 결과 언어적으로도 하부 프랑코니아 방언에서 유래하여 네덜란드어와 가까운 플람스어(Vlaams)를 사용하는 북서부와, 북부 프랑스 방언의 일종인 왈롱어(Wallon)를 사용하는 남동부로 양분되었다.

이 경계는 현재 수도인 브뤼셀 남쪽을 동서로 가르며 국토 전체를 남북으로 양분하고 있다. 근세 이후 연이은 스페인, 오스트리아, 프랑스의 지배를 받고 마지막에는 네덜란드와 병합했지만(1815~1830), 1830년 프로테스탄트인 네덜란드에서 떨어져 나와 독립했다. 독립 당시에는 프랑스 통치 시대(1975~1815)에 특히 영향력이 컸던 프랑스어가 유일한 공용어로서 관청, 법정, 학교 등에서 사용되었는데, 19세기 중반을 지나면서 북부 지역에서 모어인 플람스어의 옹호 운동이 고조되며 19세기 말 표준 네덜란드어에 아주 가까운 형태의 플람스어가 프랑스어와 함께 공용어로서 정식으로 채택되었다. 그 후 남부를 포함한 벨기에 전역에서 공식적인 자리에 두 언어의 병용이 의무화되었다.

그러나 이 제도적 두 언어 병용은 여러 가지 문제를 발생시켜 1932년 이후 스위스와 같이 두 언어가 실제로 공존하여 사용되는 일부 지역을 제외하고는 지역별 공용어 사용으로 바뀌어 1963년에는 법률로 각각의 언어 구역을 지정하기에 이르렀다. 국제적으로는 압도적으로 우세한 프랑스어가 벨기에 국내에서는 플람스어에 사용 화자 수에서 뒤처지고, 더욱이 이러한 경향은 북부 공업 지대의 인구 증가에 함께 점점 강해지고 있다.

한편, 도시의 지식층이나 상층 계급 사이에서는 국제적으로 위신이 있는 프랑스어 지향이 강하다. 예를 들어 수도인 브뤼셀은 원래 플람스어 지역이었지만 일상 대화는 플람스어, 그리고 공식적인 자리에서는 프랑스어라고 하는 두 언어 병용이 진행되고 있다. 벨기에에서는 이와 같이 프랑스어가 소수파이기는 하지만 특권적 언어이기도 하다는 점에서 어려움이 있는데, 이러한 언어 문제는 종종 심각한 사회 문제로 발전하기도 한다. 그렇기 때문에 두 언어 간의 조정을 담당하는 특별 장관을 두고 있고, 문화부 장관과 교육부 장관에게

도 각 언어 지역에서 두 명씩 선출하는 등 정치적 측면에서도 특별한 배려를
하고 있다.

③ 북유럽 국가

북유럽 국가들 가운데 덴마크와 스웨덴은 비교적 이른 시기에 각자의 국
어를 확립시켰다. 단, 14세기 이후 오랫동안 덴마크의 지배하에 놓여 있다가
1905년에 겨우 독립을 이룬 노르웨이에서는 장기간에 걸쳐 덴마크어가 공용
어로서 사용되었고, 더욱이 단순히 글말로서뿐만 아니라 특히 도시부에서는
입말로도 정착이 되어 있었다. 이것이 '리크스몰(왕국어)'이라고 불리는 노르웨
이의 전통적인 문어 겸 표준어이다. 그러나 19세기 후반 내셔널리즘의 고양은
여기서도 새로운 국어 운동을 불러일으켰는데, 이 운동의 열렬한 추진자들은
지방에서나 사용하고 있던 고풍스러운 방언을 기반으로 새로운 국어를 만들어
냈다.

이것이 '리크스몰'에 대한 '란스몰(토지어)'이다. 훗날 '신노르웨이어
Nynorsk'라고 불리며 독립국 노르웨이의 새로운 공용어로서 채택되었다. 그러
나 이 언어는 국내의 어떠한 특정 지역이나 사회층과도 연결되지 않는 일종의
인공어, 순수하게 언어 정책의 산물로 탄생한 언어에 지나지 않기 때문에 오
랜 세월 '리크스몰'을 익숙하게 사용해 왔던 도시 주민이나 지식층 사이에서는
이 '신국어'에 대한 저항이 강했다. 이로써 정통파와 신국어옹호파 사이에 심
각한 대립이 생겼다.

1939년 노르웨이 국회는 이 대립을 해소하기 위해 두 언어를 통합한 제3
의 새로운 국어 즉 '공통 노르웨이어 Samnorsk'를 만들어 낼 것을 제안하여
그 실현에 약 10년을 소비했지만 '란스몰'보다 훨씬 더 인공적인 이 언어는 양
쪽 진영의 극심한 반대에 부딪쳐 결국 실패로 끝나고 말았다. 그러나 이 실패
는 결과적으로 양쪽 진영의 대립을 완화키는 데에 도움이 됐는데, 이후 두 언
어는 함께 노르웨이의 공용어로 공존하며 병용하게 되었다. 근년 '리크스몰'의
사용 화자는 농촌의 도시화 영향도 있고 해서 오히려 증가하는 경향을 보이고
있는데, 최근 통계에 따르면 전 인구의 75%를 차지한다고 한다.

노르웨이에서 모어에 기반을 둔 '란스몰'이 덴마크어를 대신하는 유일한
국어로서 확립되지 않았던 것은 두 언어가 매우 가까운 관계에 있어 위화감이

적고 또 덴마크 쪽으로부터 따로 특별한 정치적 압력을 받은 적이 없기에 반 덴마크라는 형태의 정치적 내셔널리즘으로 이어지기 어려웠기 때문이다.

④ 켈트어

서유럽에서 압박을 받고 있는 소수 언어들의 대표는 켈트어이다. 켈트어 는 라틴어와 게르만어에 압도되어 대륙에서는 완전히 소멸한 채 브리튼제도에 간신히 잔존해 있는데, 여기서도 정복자의 언어, 더욱이 지금은 세계어로서 압 도적인 우세를 자랑하는 영어의 압박을 받아 쇠퇴의 길을 걷고 있을 따름이다.

잉글랜드 서남부에서 사용되는 콘월어는 이미 사라졌고, 스코틀랜드의 게 일어도 지금의 고지와 헤브리디스제도(Hebrides Is.)의 일부에서 10만 남짓의 사람들(스코틀랜드 전체 인구의 0.5%)이 사용하고 있을 뿐이다. 언어의 유지가 비 교적 잘 이루어진 웨일즈에서는 20세기에 들어와 웨일즈어 신문, 라디오, 텔 레비전 방송 등을 통해 언어 보호에 힘을 쏟아 왔지만 사용 화자의 인구는 역 시 감소하는 추세에 있다(1931년 90만 명, 1951년 71만 5천 명, 그리고 근년에는 70 만 명 선이 무너졌다고 한다. 참고로 웨일즈 지역의 현재 총 인구는 300만 명).

아일랜드는 16세기 말까지는 전 주민이 아일랜드어를 사용하고 있었다. 그러나 17세기 이후 영국인의 지배를 받으면서 아일랜드어는 철저하게 압박 을 받아 서부 과소지의 빈농이나 하층민의 일상어로만 간신히 살아남았을 뿐 이다. 거듭되는 저항 운동과 봉기의 결과 20세기에 들어와 겨우 독립을 이루 어냈을 때 아일랜드 국민의 대부분은 이미 자신들의 모어를 할 줄 몰랐다. 그 러나 애국심에 불타오르던 아일랜드 지도자들은 지방의 빈민어로 몰락해 있던 이 절멸 직전의 언어를 독립 아일랜드의 국어로 부활시키기 위해 이를 국가의 제일 공용어로 정했다. 또 우선적으로 아일랜드어 교원을 양성하는 사범학교 를 창설하여 초등교육을 통하여 연소자들에게 보급하는 것을 꾀했으며, 또 공 무원 채용 시험에 아일랜드어를 의무화하는 등 국어 보호 및 육성에 힘을 들 였다.

그러나 현재 아일랜드 공화국 총 인구 300만 명 중 아일랜드어를 할 수 있는 인구는 약 75만 명, 더욱이 그들 대부분도 영어와의 이중언어 병용자로 아일랜드어만 할 수 있는 사람은 4만 명을 넘지 않는다. 일단 사멸한 언어를 새로운 국어로서 부활시키고자 하는 시도는 제2차 세계대전 후의 이스라엘이 어느 정도 성공하기는 했지만 영어라는 강대한 언어에 둘러싸여 있는 상황에서 아일랜드어의 장래가 어떻게 될지는 결코 낙관할 수 없는 문제다.

(5) 중·동유럽과 발칸의 국가들

언어적 내셔널리즘이 19세기 후반부터 유럽 전토를 석권한 정치적 내셔널리즘과 연결되어 매우 래디컬한 형태를 취했던 것이 합스부르크가나 제정 러시아, 오스만 투르크 등의 구 지배체제 하에서 여러 민족들이 억압받아 온 중·동유럽과 발칸반도이다.

여기서 일어난 민족 운동은 특히 언어의 문제와 밀접하게 이어져 있다. 다양한 민족이 복잡하게 얽히고설킨 이 지역에서 사람들의 민족적 귀속을 정하는 증거는 거주지는 물론 국적도 아니고 종교도 아닌 언어뿐이기 때문이다. '언어를 통해 민족을, 민족을 통해 국가를'이라는 것이 19세기 후반부터 20세기 초에 걸쳐 이들 지역에서 크게 기세를 떨친 정치 운동의 공통 슬로건이었다. 그리고 제1차 세계대전 후 합스부르크가를 비롯한 구 지배 체제가 붕괴하고 출현한 신흥 독립국가들과 그들 사이의 경계선, 즉 베르사이유 체제 하의 유럽 정치 지도는 예전에는 역사상 그 예를 찾아볼 수 없을 정도로 언어적 분포도와 가까운 것이 되었다. 이것은 유럽 언어 내셔널리즘이 도달한 하나의 극점을 나타내는 것이라고 해도 좋을 것이다.

이들 신흥 국가들에서 민족의 통합을 촉진하고 국가의 기반을 만든 것은 언어를 빼고는 이야기할 수 없다. 오스트리아령의 슬로베니아와, 헝가리의 지배를 받았던 크로아티아와, 오스만 투르크의 지배를 받았던 세르비아가 통합하여 단일 국가인 유고슬라비아로 독립한 것은 이들 지역에서 사용되었던 언어의 본질적 동일성에 힘입은 것이다. 슬로베니아 및 크로아티아의 가톨릭 신앙과 라틴문자의 사용, 그에 대하여 세르비아의 그리스정교와 키릴문자의 사용이라는 종교와 그에 수반한 문자언어 전통의 차이도 민족어 내지 민중어 층위의 근본적 동질성을 막을 수는 없었던 것이다.

11세기 이후 헝가리에 병합된 슬로바키아와, 16세기 이후 합스부르크가의 지배를 받았던 체코는 장기간에 걸쳐 분할 지배를 받았기 때문에 두 개의 다른 이름으로 불리는 언어를 발달시켰다. 그러나 그 내부적 차이는 지배자 언어인 독일어나 헝가리어와 대치해 보면 자잘한 것에 지나지 않았기에 예전의 모라비아(Moravia) 왕국의 슬라브어라는 본질적 동일성이 단일 국가 체코슬로바키아의 기반이 되었다.

폴란드와 제정 러시아 사이에서 분쟁이 되풀이되어 온 벨라루스(별칭 백러시아)나 우크라이나가 정치적으로 독립한 것도 폴란드어는 물론 러시아어와도 다른 각각의 언어적 독립성이 그 지지 기반이 되었다.

많은 경우 제1차 세계대전 후 독립을 이루어 낸 국가들에 있어서 긴급한 과제는 문맹에다 가난한 민중이 사용하는 일상어로 방치되거나 소외되어 왔던 민족어를 근대 국가의 공용어에 어울리는 '국어 national language'로 끌어올리는 것이었다. 서구의 선진국들이 수 세기에 걸쳐 달성한 언어의 근대화를 단기간에 달성하지 않으면 안 되었다. 그러나 본받을 만한 모델은 이미 수없이 존재했다. 여러 곳에서 공통으로 취한 방책은 지배자 언어의 영향을 가능한 한 불식시키고 언어의 '순화' 즉 민족성의 부활을 목표로 하는 것이었다.

동구권에서는 비교적 일찍 독립한 루마니아는 독립 전에는 그리스정교권의 예에서 빠지지 않고 문자언어로서도 교회슬라브어를 사용하며 또 일상어 가운데서도 대량의 슬라브어적 요소를 수입하여 외견적으로는 로망스어라기보다 오히려 슬라브어에 가까운 양상을 보였다. 루마니아의 국어 운동의 과제는 반 정도 슬라브어화한 자신들의 민중어를 가능한 한 '순화'시켜 루마니아어 본래의 모습으로 회복시키는 것이었다. 먼저 표기의 측면에서는 키릴문자를 대신하여 라틴문자를 채택하였고, 어휘의 측면에서는 슬라브어적 어휘나 표현이 라틴어적 또는 로망스어적인 표현으로 대체되었다.

이렇게 하여 현대 루마니아어에는 동일한 의미를 나타내는 슬라브계와 라틴계의 서로 다른 어휘가 수없이 공존하는데(예를 들면 veac에 대한 secol '세기', ostrov에 대한 insula '섬', libovnic에 대한 amabil '사랑스럽다' 등), 역설적이게도 이 가운데 후자인 라틴·로망스적 요소가 새로운 시기에 도입된 것이다. 현대 루마니아어가 누가 보다라도 명료한 로망스어적 양상을 띠게 된 것은 이러한 철저한 라틴화 운동의 결과이다.

체코어의 경우, 배제해야 하는 것은 독일어적 요소이고 복원해야만 하는 것은 슬라브어적 특징이었다. 체코어의 슬라브어화는 슬라브어권 안에서도 이례적이라고 할 수 있을 정도로 극단적인 형태로 진행되었는데, 단순히 독일어뿐만 아니라 독일어나 라틴문어를 통해 들어온 수많은 유럽적 공통 어휘까지도 인위적인 슬라브어적 신조어로 대체해 버렸다(예를 들면 그리스어에서 기원하는 teatr '극장'이 다른 슬라브어에서도 전혀 찾아볼 수 없는 divaldo라는 신기한 어휘로 대체되었다). 이로써 체코어는 다른 슬라브어와는 다른 일종의 독특한 양상을 보이게 됐다. 이는 국어의 '순화' 정책이 오히려 언어의 고립화로 이어지는 하나의 전형적인 예이다.

05 유럽 언어들의 공통 특징 : 다양성 속의 통일성

(1) 국어의 분립과 국제화

19세기 후반부터 유럽 전역을 휘몰아친 내셔널리즘의 광풍이 일단 주춤해진 20세기 전반, 유럽에는 크고 작은 30개 정도의 국어가 출현했다. 로망스어권에서는 포르투갈어, 스페인어, 프랑스어, 이탈리아어, 루마니아어의 5개 언어, 게르만어권에서는 아이슬란드어, 노르웨이어, 스웨덴어, 덴마크어, 독일어, 네덜란드어, 영어, 룩셈부르크어의 8개 언어, 슬라브어권에서는 체코어, 폴란드어, 벨로루스어, 우크라이나어, 러시아어, 세르보·크로아티아어, 불가리아어의 7개 언어, 그 밖의 인구어로 리투아니아어, 라트비아어, 아일랜드어, 알바니아어, 그리스어의 5개 언어, 비인구어계 언어로는 핀란드어, 에스토니아어, 헝가리어, 몰타어의 4개 언어가 한 나라의 국어로서 확립되었다.

국가의 수와 언어의 수가 이 정도로 근접한 지역은 지구상의 다른 어떤 곳에서도 그 예를 찾아볼 수 없다. 제2차 세계대전 후 아프리카에 수십 개의 독립국이 출현했지만, 1천 개 가까운 아프리카 토착어 중 국가의 공용어가 된 것은 스와힐리어뿐이다. 남북아메리카 대륙에는 32개의 국가가 있는데, 거기서 공용어의 인정을 받고 있는 것은 영어, 프랑스어, 스페인어, 포르투갈어의 4가지 유럽어뿐, 그들 고유의 민족어는 하나도 없다. 한편, 인도공화국은 하나의 국가 안에서 수백 개의 언어를 사용하고 있고, 공용어의 수만 해도 15개나 된다.

이러한 예를 통해 봐도 '언어를 통해 민족, 민족을 통해 국가'라고 하는 내셔널리즘의 원리가 유럽에서 얼마나 철저하게 추구되었는지를 알 수 있다.

현재 유럽에서 정치적으로 독립하지 못한 채 국어가 되지 못하고 있는 언어는 구소련권 내의 핀-우그리아계 및 알타이계 언어들과 유태계 및 집시의 '유랑어'를 제외하면 발칸반도의 마케도니아어(불가리아어의 한 방언으로 보는 견해도 있다), 게일, 웨일즈, 부르통의 세 가지 겔트어, 스페인의 바스크어 등이 있을 뿐이다.[6]

슬로베니아어, 슬로바키아어, 프로방스어, 카탈루냐어 등이 각각 세르보·크로아티아어, 체코어, 프랑스어, 스페인어와 별개의 언어로 다뤄지는 것은 오히려 역사적인 사정에 따른 것일 뿐 언어적으로는 결코 배타적인 관계에 있는 것은 아니다. 각각을 해당 국어와 동계인 하나의 방언으로 간주하는 것도 가능하기 때문이다.

민족이나 국경을 넘어 사용되던 중세 라틴어나 교회슬라브어를 대신하는 이러한 국어들의 성립은 예전에는 소수의 특권층들만이 독점했던 문자 문화(혹은 오히려 문화 그 자체)에 일반 대중들도 광범위하게 다가가게 하는 데 공헌했다. 내셔널리즘과 민주주의는 언어적인 측면에서도 손을 잡고 있었던 것이다.

그러나 이와 같은 국어들의 성립은 한편으로는 민족이나 국경을 넘어 인간만이 가지는 고도의 문화적 활동, 특히 국제적이고 보편적인 성격을 가지는 학문의 세계에서는 언어의 본래적 기능인 상호 전달의 기능을 현저히 훼손하였다. 중세는 물론 18~19세기까지만 해도 유럽의 학자들은 모두 라틴어라는 공통의 언어를 가지고 있었다. 라틴어는 누구에게나 모어가 아니기 때문에 반드시 제2의 언어로서 습득해야 할 필요가 있었지만, 학문에 종사하기 위해서는 그것을 습득하는 것만으로 충분했다. 모든 학술 서적은 라틴으로 쓰여 있었기 때문이다. 이것은 현대 유럽, 그리고 유럽화된 현대 세계의 상황과는 크게 차이가 난다. 언어는 그것을 사용하는 집단 내에서는 전달 수단으로서 더할 나위 없이 유효한 작용을 하지만, 외부에 대해서는 그와는 반대로 넘어서기 힘든 벽이 되기도 한다.

---

6) [옮긴이] 이 중 마케도니아어는 1991년 구 유고슬라비아 사회주의 연방공화국에서 북마케도니아 공화국(Republic of North Macedonia)이 독립한 이후 공용어로 채택되었다. 단, 북마케도니아 공화국은 1991년 독립 이후 그리스와 국명 문제로 다툼이 계속되자 1993년 유엔 가입 당시에는 'Former Yugoslav Republic of Mecedonia'라는 국명을 쓰기도 했지만 2018년 6월 17일 그리스와 합의가 끝나 2019년 2월 정식으로 '북마케도니아 공화국'이라는 이름으로 변경하였다.

이미 서술한 바와 같이, 유럽 특히 서유럽은 문화적으로는 물론 최근에는 경제나 정치적 차원에서도 점점 통합화의 경향을 강화하고 있다. 미국이나 구소련과 같이 원래는 유럽의 분신이면서 이미 유럽과 유럽적 민족국가의 틀을 뛰어넘은 '초강대국'의 출현에 의해 유럽은 점점 좁아지고 있다. 실제로 제2차 세계대전 이후 발족한 몇몇의 군사동맹이나 경제협력체, 예를 들면 북대서양조약기구(1949)와 그에 기반한 서유럽연합(1954), 베네룩스 3국의 경제공동체에서 발전한 유럽공동체(1967) 등은 군사·경제면에서 유럽을 통합하기 위한 일련의 행동들이었다.

이와 같은 국제화의 일반적인 추세 속에서 현대 유럽의 언어적 상황은 오히려 시류를 거스르는 현상이고, 보통이라면 국제 협력과 상호 이해에 쓸모없는 혼란과 지장만을 부르는 장애물에 불과할 것이다. 그러나 유럽인들은 국어의 분립에 의해 생기는 이러한 장애를 비교적 잘 극복하고 있다. 그 주된 수단은 스위스나 벨기에, 룩셈부르크 등의 소국에서 일상화되어 있고 제도화된 2개 이상의 언어 병용이다. 유럽에서 두 언어 병용은 로마시대 이래 오래된 전통을 가지고 있다. 다소라도 문명화된 유럽의 모든 시대, 그리고 모든 지역을 통틀어 완전한 '단일언어사용 monolingualism'은 오히려 드물었다. 두 개 내지 다언어 병용은 문화의 성숙도를 재는 척도라고 해도 좋을 것이다.

다양한 수준의 언어 병용, 즉 인접한 이언어(異言語), 공용어와 일상어, 문자언어와 구두언어 등등은 그것이 장기간에 걸쳐 발생하다 보면 접촉 언어들 사이에 일방적 혹은 상호적 동화작용이 일어나 일정한 공통 특징을 발달시키는 것이 보통이다. 계통이 같은 언어 무리를 '어족'이라고 부르는 데 대하여 특정 지역에서 장기간의 접촉으로 인해 결과적으로 동일한 특징을 공유하게 된 언어 무리를 언어학의 용어로는 '언어연합 Sprachbund, language union'이라고 칭한다. 유럽의 언어들은 거시적으로 보면 그 전체가 하나의 '언어연합'을 이루고 있다고 해도 과언이 아닐 것이다. 유럽에서 하나의 언어에서 다른 언어로의 전환이 우리가 보기에 놀라울 정도로 간단히 이루어지는 것도 유럽제어의 언어 구조에 있는 본질적 유사성 때문일 것이다.

(2) 유럽 언어들의 문법적 특징

유럽의 언어를 총체적으로 하나의 '언어연합'으로 보는 것은 유럽을 상대화하는 견해이기 때문에 유럽 내부에서는 생겨나기 쉽지 않다. 근대 유럽인들에게 유럽은 곧 세계이고, 유럽의 언어는 바로 세계의 언어를 재는 척도였기 때문이다.

미국의 언어인류학자 벤자민 워프(Benjamin Whorf, 1897‒1941)는 유럽제어와는 상당히 다른 언어구조를 가진 아메리카선주민 언어를 연구하면서 역으로 유럽제어의 특수성을 이해할 수가 있었다고 한다. 그는 이와 같은 유럽적 특성을 갖춘 하나의 언어 유형을 '표준 균일적 유럽어 Standard Average European'라고 불렀는데, 여기에는 확실히 유럽을 상대화하는 견해가 드러나 있다.

언어유형론의 입장에서 보면 분명히 근대 유럽, 적어도 서유럽의 언어들은 외면적으로 차이가 있다고 하더라도 그 근저에 있는 이른바 내면 형식에서는 현저한 공통성을 가지고 있다. 또 그 공통성이란 단순히 인구계의 언어들뿐만 아니라 유럽에서 형성되어 유럽어의 구성원이 된 비인구어, 예를 들면 헝가리어나 핀란드어, 몰타어 등에서도 부분적으로 찾아볼 수 있다. 그렇기 때문에 그 특징들은 인구어만의 오랜 유산이 아니라 유럽이라는 역사적 풍토 속에서 장기간에 걸친 상호 접촉과 동화 작용에 의해 새롭게 발달한 것이라고 보지 않으면 안 된다.

이와 같은 전형적인 유럽어적 성격의 형성에 선도적인 역할을 한 것은 두말할 필요도 없이 유럽의 선진 지대인 로마니아다. 특히 라틴어에서 로망스어로 발달해 가는 과정에서 일어난 언어 구조상의 몇몇 변화는 그러한 점에서 매우 중요한 의미를 가진다.

라틴어는 산스크리트어, 고대그리스어, 히타이트어 등과 동일하게 '굴절어'라고 불리는 옛 인구어의 유형에 속했다. 그러나 라틴어에서 발전해 나간 근대 로망스어에는 그러한 옛 인구어의 특징이 사라져 전혀 새로운 언어 유형이 된 것이다. 예를 들면 라틴어에서는 일본어의 격조사가 담당하는 문법 관계를 격 변화라고 하는 명사의 복잡한 어미 굴절을 가지고 표시했는데, 이 격 변화는 로망스어에서 완전히 사라져버려 동일한 문법 관계를 오로지 전치사와 고정된 어순을 가지고 표시하게 되었다. 또 동사의 활용에서도 라틴어는 '인칭' '시제' '법' 등의 문법 범주를 접미사와 어미가 복잡하게 융합된 '종합적 synthetic' 변화를 가지고 표현했지만, 로망스어에서는 동일한 범주들을 몇몇의 독립된 어휘를 가지고 '분석적 analytic'으로 표현한다.

예를 들어 라틴어에서 amabatur라는 동사형은 그 자체만으로 충분히 '그 (또는 그녀)는 사랑받고 있었다'를 나타낼 수 있다. 하지만 이에 해당하는 프랑 스어에서는 il était aimé(=he was loved)와 같이 세 개의 단어가 필요하다. 라 틴어의 동사는 그 시상 체계에서 상보다 현재, 과거, 미래와 같은 시간적 관계 를 중시한다는 점에서 다른 인구어들과 차이가 나는데, 이러한 경향은 로망스 어에 계승되어 한층 강화되었다. 그러나 그 표현 형식은 라틴어의 '종합적' 굴 절이 아닌 '분석적'인 것으로 바뀌었고, 존재동사(라틴어의 esse, 프랑스어의 être, 영어의 be)나 소유동사(라틴어의 habere, 프랑스어의 avoir, 영어의 have)를 조동사 로 하는 이른바 '복합 시제'를 발달시켰다. 예를 들면 라틴어의 amavit(<그 는> 사랑했다)에 대하여 프랑스어 il a aimê(= he has loved) 등을 참조하기 바 란다.

옛 게르만어의 동사 조직은 매우 단순하여 시제에 관해서는 고트어나 고 영어, 고고지(古高地)독일어 등에 보이는 것과 같이 '과거'와 '현재' 두 가지뿐 이다. 라틴-로망스어에 보이는 '완료'와 '비완료'의 구별도 '미래'도 없었다. 현 재의 영어나 독일어의 동사가 완료형이나 미래형을 갖추게 된 것은 전적으로 라틴-로망스어의 영향을 받은 결과이다. 미래형을 갖춤으로써 유럽 언어들은 동사의 상보다도 시간적 관계를 중시하는 경향을 분명히 했다.

통사법의 측면에서 특히 중요한 것은 문장의 기본 어순과 관련한 변화다. 예를 들어 단순한 타동사문 '아버지가 딸을 사랑한다'에서 주어(S) '아버지가', 목적어(O) '딸을', 동사(V) '사랑한다'의 배열순은 라틴어에서는 비교적 자유로 운 편이었는데 일반적인 형태는 일본어 등과 동일한 pater filiam amat의 S-O-V였다.

그런데 근대 로망스어에서는 그 배열형이 예를 들어 프랑스어에서는 Le père aime la fille와 같이 S-V-O가 되었고, 더욱이 그 어순의 제약이 매우 엄격해졌다. 이와 같은 어순의 변화는 고대 말기부터 중세에 걸쳐 속라틴어에 서 일어난 것으로, 그 변화 추이의 흔적은 실제 라틴어의 자료를 통해 확인할 수 있다.

목적어가 동사 앞에 오는지 뒤에 오는지(즉 O-V형인지 V-O형인지)는 명 사구의 배열형, 예를 들면 명사(N)와 소유격(G), 명사와 그 수식형용사(A), 명사와 접치사(Ad) 등의 배열과도 밀접히 관련되어 있다. 즉, O―V형에서는 G―N(아버지의 책), A―N(재미있는 책), N―Ad(학교에)와 같은 배열이 나타나기 쉽고, V―O형에서는 N―G(le livre de père), N―A(le livre intéressant), Ad―N(à l'école)와 같은 배열이 나타나기 쉽다.

이 점과 관련하여 라틴어는 '자유로운' 혹은 오히려 불안정한 배열형을 가지고 있었다. 그러나 로망스어에서는 앞선 프랑스어의 예를 보면 알 수 있듯이 N―G, N―A, Ad―N의 배열형이 상당히 고정되어 있다. 프랑스어 등을 일본어로 번역하다 보면 어순이 마치 물구나무 선 것처럼 거꾸로 되어 있는 것을 알 수 있는데, 이는 일본어가, 인구어 안에서는 힌디어나 히타이트어 등과 같이 수미일관한 O―V형 언어인 반면, 로망스어는 수미일관한 V―O형 언어이기 때문이다.

로망스어에서 확립된 S―V―O의 배열형은 차츰 주변의 언어들로 퍼져 나갔다. 현재 유럽 언어들의 어순 형태는 동사구와 명사구를 포함하여 여러 가지 변종을 가지고는 있지만, 지역적으로 연속하여 나타나는 추이를 보여 그것이 차례차례 전파되어 이뤄진 발달임을 알 수 있게 해 준다. 그 중에서 타동사문의 S―V―O형 어순은, 원래는 S―O―V형이었던 것이 분명해 보이는 핀―우그리아계의 핀란드어나 에스토니아어, 더 나아가 헝가리아어에까지 영향을 미쳐 지금은 유럽 대륙의 거의 모든 언어를 포괄하는 특징이 되었다.

그러면 S―V―O형과 관련하여 프랑스어나 영어, 독일어 등 유럽을 대표하는 언어들에 일치하여 나타나는 특징으로서, 모든 문장은 반드시 하나의, 그리고 하나뿐인 주어를 요구한다는, 다시 말해 주어가 없는 문장은 문법적으로 허용하지 않는 현상을 살펴보자. 예를 들어 프랑스어의 c'est si bon=영어 it is so good=독일어 es ist so gut(아주 훌륭하다)에서 아무런 의미도 없는 ce, it, es의 출현은 바로 그러한 특징의 전형적인 예인데, 로망스어 중에는 프랑스어에서만 나타난다. 이 특징은 로망스어가 아닌 게르만어에서 유래하는 극히 특이한 유럽적 특징 중 하나인데, 이 밖에 의문문의 V―S―O라는 '도치법'도 게르만어에서 유래한다.

통사법에서 또 다른 중요한 유럽적 특징은 명사의 정(定)·부정(不定)을 나타내는 관사의 사용이다. 현재 유럽제어의 이른바 정관사는 모두 지시대명사에서 발달한 것인데, 라틴어를 비롯한 옛 인구어에서는 고전그리스어를 제외하고는 이러한 관사가 전혀 존재하지 않았다. 따라서 이것은 아마 그리스어에서 강한 영향을 받은 중세 그리스도교 라틴어에서 발달하여 로망스어를 통해 주변 여러 언어들로 퍼져 나간 것이 아닐까 여겨진다.

현재의 유럽 언어들에서 정관사는 슬라브어(단 불가리아어는 제외한다)와 발트어를 제외한 모든 인구어에 출현하는데, 더 나아가 헝가리어에까지 영향을 미치고 있다. 명사에 대한 관사의 위치는 명사의 앞 아니면 뒤의 두 가지 유형이 있을 수 있는데, 중세 라틴어에서는 양쪽 모두가 사용되었다. 현재 후치 관사는 루마니아어를 포함한 발칸제어와 북구어에만 보일 뿐 중앙 유럽제어는 모두 전치 관사를 가지고 있고, 이것이 명사의 정·부정을 구별할 뿐만 아니라 '성(性)', '수(數)', '격(格)'이라는 문법 범주의 표식(본래 인구어는 이것을 어미로 표현했다)으로도 중요한 역할을 하고 있다.

근대 유럽어를 특징짓는 눈에 띄는 특징 중 세 번째는 존재동사에서 유래하는 이른바 '계사 copular'(c'est si bon, it is so good에서 est, is 등)의 의무적 사용과 소유 표현에서 소유동사(프랑스어 avoir, 영어 have, 독일어 haben 등) 사용의 일반화이다.

예를 들어 일본어에서 'あの人(に)は本がたくさんある(저 사람(에게)는 책이 많이 있다)'와 같은 문장은 프랑스어나 영어에서는 il a besucoup de livres, he has many books와 같이 표현해야 한다. 이런 종류의 표현은 라틴어뿐만 아니라 오래전 시기의 인구어에는 거의 보이지 않는다. 또 인구어뿐만 아니라 우랄어나 알타이어에서도 잘 나타나지 않는 특이한 표현이다. 이처럼 소유동사를 사용하는 표현은 존재동사의 '계사'화나 소유동사의 조동사화처럼 라틴 로망스어권에서 발달하기 시작해 게르만어 그리고 일부의 슬라브어에까지 확산된 것이다. 그러나 러시아어나 우랄제어에까지는 미치지 않았다.

유럽의 가장 동쪽에 위치하는 러시아어는 로망스어권을 중심으로 발달해 간 서유럽적 개신(改新)의 물결에서 가장 멀리 있었다. 그렇기 때문에 현대 러시아어는 서방 언어를 대표하는 영어나 프랑스어와 현저한 대조를 이루고, 한편으로는 라틴어나 그 밖의 옛 인구제어와 강한 연대성을 지닌다. 즉, 명사의 격 변화는 라틴이나 산스크리트어와 어깨를 견주고, 동사의 시상 체계에서도 시간적 관계보다 상을 중시한다. 기본 어순은 일단 S−V−O형이 지배적이지만, 이 또한 결코 고정되어 있는 것은 아니다. 관사나 의무적인 '계사', 소유동사에 의한 소유 표현도 없다. 러시아어에 보이는 이러한 모습이 아마 인구어 본래의 모습이었을 것이다.

(3) 고전 문어의 유산

지금까지 서술한 여러 특징들은 일상어 속에 일어난 자연스러운 언어 변화에서 유래하는 것인데, 그 외에도 근대 유럽제어의 성격을 결정하는 것으로 문어 층위에서 발달한 몇몇 중요한 특징들이 있다. 이미 서술한 바와 같이, 유럽의 문어(특히 고도로 기법화된 산문)는 고전 시대의 그리스어에서 처음 확립되어 고전 라틴어로 계승되고, 그 후 중세 라틴어를 거쳐 유럽 문어로 이어진다. 이 고전 문어의 전통은 근대 유럽의 표준 문어의 형성에 있어서 직간접적으로 중요한 역할을 수행하였다.

먼저 구문적인 면에서는 '페리오도스(περιοδος)'라고 불리는 종속적 복합문이 문어적 스타일의 근대 유럽 산문에 아주 빈번히 등장한다. 이는 문장 안에 다른 문장을 여럿 삽입함으로써 다소 복잡해 보이지만 전체적으로는 유기적 구성을 이루게 하는 기법인데, 그리스에서 발달하여 로마로 이어지는 고전 산문의 특징 가운데 하나다. 또 통상 문장의 종속화 수단으로 사용되는 분사구문이나 부정사구문, 문장과 문장을 잇는 여러 가지 접속사의 용법, 그리고 근대 유럽어를 특징짓는 '문법적 일치'나 '이중부정'의 논리적 사용법 등도 근대어 문법이 정비되기 시작한 17~18세기 이후 고전 문어에 의하여 발달한 것이다.

그러나 근대 유럽의 문어에서 고전적 유산 중 가장 중요한 것은 어휘 부문이다. 법률, 행정, 교육, 종교, 과학, 사상, 학술 등 많든 적든 높은 수준의 문화나 지적 활동과 관련된 분야의 어휘 대부분은 라틴어 및 그리스어에서 직간접적으로 차용한 것들이다. 이들 어휘는 선진적인 근대 유럽 문어의 공유 재산이 되어 다양한 분야의 전문 용어를 새롭게 구축하는 데에 필수불가결한 원천이 되었다.

현재는 거의 일상어화된 유럽의 공통 어휘, 예를 들면 영어의 quality나 quantity와 같은 단어는 원래 그리스의 철학 용어로서 전자는 그리스어의 의문사 poios '어떠한', 후자는 posos '얼마나'에서 만들어진 극히 특이한 예의 파생어 poiotēs, posotēs에서 유래한다. 이것이 그대로 라틴어로 직역되어

qualitas(qualis '어떠한'에서), quantitas(quantum '얼마나'에서)가 되었고, 중세 학
자들이 라틴어를 통해 근대어에 들여온 것이다. 영어라면 what-kind-ness
라든가 how-much-ness라고밖에 표현하지 못했을 것이다.

라틴어의 causa '원인'은 일상어로는 프랑스어의 chose '물건'이 되었다.
한편, 법률이나 철학 용어로는 12세기 무렵 라틴어에서 새롭게 차용되어
cause라는 형태로 들어왔다. 이것이 영어에 그대로 차용되었고(13세기), 독일
어에서는 프랑스어의 chose에 해당하는 Sache에 대하여 Ursache라는 형태로
도입되었으며, 더 나아가 독일어에서 덴마크어의 aarsag, 스웨덴어의 ovsak가
출현하였다.

이와 같은 독일어 및 북구어의 간접적 차용을 '번역차용 또는 어의차용
calque'라고 한다. 프랑스어나 영어의 conscience는 라틴어의 conscientia에서
직접 차용한 것인 반면에 독일어의 Gewssen은 번역차용인데, 사실은 라틴어
의 conscientia 역시 그리스어 syneideia의 어의차용이었다.

프랑스어나 영어가 라틴어(또는 그리스어)적인 어휘를 그 모습 그대로 받
아들인 것과 달리 독일어는 많은 경우에 자국어의 표현으로 대체하여 차용하
였다. 예를 들어 라틴어의 respectus(영어 respect)에 대한 Rückscht, 이와 동일
하게 spiritus(영어 spirit)에 대한 Geist, participere(영어 paricipate)에 대한
teilnehmen, 프랑스어 session에 대한 Sitzung, 또 그리스-로마어적인 신조어
television에 대한 Fernsehen, telephone에 대한 Fernspreche 등등이 있다
(tele-는 그리스어로 '멀다'의 뜻).

고전어의 차용은 단순히 개별적인 어휘에 그치지 않고 명사, 형용사, 동
사의 파생접사에도 영향을 미쳤다. 예를 들면 프랑스어, 영어, 독일어에서 각
각 사용하고 있는 -isme, -ism, -ismus, -iste, -ist와 같은 명사 파생접
사는 그리스어에서 라틴어(특히 중세 학자들의 라틴어)를 거쳐 들어온 것이다. 이
와 동일하게 추상명사를 파생하는 접사인 -té, -ty, -tät나 -ion/-tion, 동
사 파생접사인 -izer, -ize, -isieren(예를 들면 nationalizer, nationalize,
nationalisieren 등)도 그리스어를 기원으로 하는 전통적인 유럽 문어의 공유재
로서 현대에도 꽤 생산적인 파생접사로 사용되고 있음은 두말할 필요도 없을
것이다.

　이상으로 개관한 바와 같이, 유럽 특히 서유럽의 언어들은 표면상으로 보이는 음성 형식이나 형태법의 세부적 차이에도 불구하고 구어와 문어 양면에서 많은 공통적 특징을 가지고 있어 서로 대체하거나 치환하는 것이 매우 용이하다. c'est si bon, it is so good, es ist so gut는 분명히 발음은 다르지만 그 표현 형식에 있어서는 완전히 동일하다. 한쪽에서 다른 쪽으로 이행해 가는 데 그다지 큰 어려움이 없다. 유럽에서 다종다양한 국어의 분립(分立)이 반드시 유럽의 통합을 방해하지 않는 것은 바로 이와 같은 '표준 유럽어'라고 할 수도 있는 유럽어 공통의 특징에서 연유하는 것일 테다. 그리고 이와 같은 다양성 속의 통일성이야말로 단순히 유럽의 언어뿐만 아니라 유럽 문화 전반을 성격 짓는 커다란 특징이 될 것이다.

언어의 유형과 역사

제 2 부

제
3
장

언어유형론과 역사언어학

01 고전적 유형론과 그로부터의 탈각(脫却)

근대언어학은 19세기 초 독일을 중심으로 하여 인도유럽제어의 비교방법이라는 형태로 출발하였는데, 그 후 적어도 그 세기의 중반까지 많은 언어학들에게 언어의 유형에 관한 문제는 언어의 계통에 관한 문제에 뒤지지 않을만큼 중요한 연구 과제였으며, 둘 사이는 서로 분리할 수 없을 정도로 밀접하게 이어져 있었다. 슐레겔 형제나 훔볼트, 슐라이허 등은 모두 언어의 유형적분류에 대하여 많은 관심을 기울였는데, '고립어', '교착어', '굴절어'와 같은 형태적 특징을 토대로 하는 고전적 언어유형론의 기반 역시 이 시기에 확립된것이다.

그러나 1870년대 이후 이른바 '소장문법학파'의 대두로 인해 학문의 패러다임은 크게 바뀌었다. '음운 법칙'을 지지하는 엄밀한 비교문법의 확립에 의한 계통 관계의 파악을 중심으로 한 언어사 연구는 비약적 발전을 이루었지만, 확고한 방법론을 가지지 못했던 유형론적 연구는 언어학의 주류에서 완전히 뒤처지게 되었다. 더욱이 언어의 유형적 특징이 언어의 계통 관계와 반드시 연결되어 있는 것은 아니라는 사실이 점점 밝혀지면서 유형론 연구는 역사언어학에서 점점 멀어지게 되었던 것이다.

이와 같은 상황에 변화의 조짐이 나타난 것은 20세기 중반이 지나서다. 1957년 오슬로에서 열린 제8회 국제언어학자대회에서 로만 야콥슨(Roman

Jakobson, 1892-1982)이 '유형론 연구와 그 역사 · 비교언어학에 대한 공헌'이라는 제목의 발표를 하면서 구조주의 세례를 받아 새롭게 진화한 유형론과 전통적인 역사언어학의 재접근을 알리는 획기적인 서막이 열렸던 것이다.[1]

야콥슨이 다룬 것은 오로지 음운적 문제들이었지만, 원래 프라그학파 안에서 발달한 새로운 유형론은 음운 체계의 단순한 분류에 그치지 않고 언어들의 음운 현상 배후에 숨어 있는 일반적 법칙들, 즉 언어 보편성을 광범위한 데이터를 기반으로 밝히는 것에 중점을 두고 있었다. 그 발표는 이러한 보편성과 언어사 재구의 문제에 관련된 것이었는데, '재구된 언어 상태와 유형론에 의해 밝혀진 일반 법칙 사이에 차이가 있는 경우에는 재구 쪽에 문제가 있다'는 말이 나타내는 바와 같이, 역사 · 비교언어학이 이뤄온 지금까지의 성과를 '보편성'에 비추어 다시 한 번 음미하고자 한 것이었다.

여기서 야콥슨이 던진 큰 문제 중 하나로 인구조어의 폐쇄음 체계에 관한 것이 있는데, 이것은 예전에 인구언어학에서 최대의 초점이 되었던 '후두화음설 glottalic theory'의 탄생으로 이어지게 된다.

최근의 유형론에 의해 분명히 밝혀진 바에 따르면, 언어의 보편적 특성은 '모든 언어에는 여차여차한 특성 p가 있다'와 같은 무조건적인 형태가 아니라 '만일 어느 언어에 특성 p가 있다고 한다면 그 언어에는 반드시 특성 q가 있다', 즉 'p라면 q' 혹은 'p는 q를 함의한다'와 같은 조건적인 형태로 표현되는 경우가 많다고 한다. 이는 특히 주목할 만하다.

이른바 '함의적 보편성 implicational universals'이라고 하는 것인데, 언어의 보편성이 이러한 형태로 파악된다는 것은 아마 언어의 구조가 다양한 층위에서 일정하게 엄격한 계층적 원리에 의한 지배를 받고 있다는 사실에 기인할 것이다. 이와 같이 무조건적이라기보다 조건적이고, 절대적이라기보다 상대적인 형태로 파악되는 보편성은 언어들의 최대 공약수적이라는 의미에서 이미 다 알고 있는 보편성, 예를 들면 '모든 언어는 모음과 자음을 가진다' 등과 같은 것보다 훨씬 흥미로운 내용을 포함하며, 종종 인류 언어의 본질에 관한 생

---

1) Jakobson, R. 1958, 'Typological studies and their contribution to the historical and comparative linguistics', in *Proceedings of the VIIIth international congress of linguistists.*

각지도 못한 지혜를 던져 준다.

예를 들면, 음운의 영역에서 인구조어의 폐쇄음은 그 조음 양식과 관련하여 기존에는 무성음·유성음·유성대기음(예를 들면 t:d:dh)의 3항적 대립 체계를 이룬다고 재구해 왔다. 그 세 번째 계열의 유성대기음에 관하여 야콥슨은,

"내가 아는 한 /t/~/d/의 대립에 유성대기음 /dh/만이 추가되고 그에 대응하는 무성(대기음) /th/를 가지지 않는 언어는 존재하지 않는다."

와 같이 서술하며 학설의 재검토를 촉구하였다. 즉, 음소 /dh/의 존재는 /th/의 존재를 함의하며 후자는 이른바 '무표음', 전자는 그에 대한 '유표음'의 관계에 선다. 일반적으로 유표항은 그에 대응하는 무표항의 존재를 함의한다. 무표항 /th/를 결여하고 유표항 /dh/만을 가지는 체계는 이상하다는 것이다.

그런데 인구조어의 폐쇄음에 대한 문제는 유성대기음의 계열에만 그치지 않았다. 사실은 이 체계의 유성음 계열에서 순음(脣音)의 /b/는 조어의 단계에서 그 존재를 보증하는 확실한 대응을 결여하여 거기에 체계상의 '빈틈(gap)'이 있었다. 이 사실은 그림(Grimm)의 연구에 의해 알려진 것인데, 그것이 무엇을 의미하는 것인지에 대해서는 오랜 기간 아무도 눈치채지 못했다. 그 의미를 가르쳐 준 것은 바로 유형론이었다.

무성과 유성의 대립을 가지는 폐쇄음 체계에서 일반적으로 순음의 위치에 무성음 /p/를 결여하고 유성음 /b/만 나타나는 사례는 종종 있지만, 그 반대의 경우는 거의 그 예를 찾아볼 수 없다. 즉, 체계상의 빈틈으로서 (a)의 유형은 있을 수 있지만 (b)는 거의 있을 수 없다는 것이다.

(a) / t k   (b) p t k
     b d g   / d g

예를 들어 일본어를 살펴봐도 오래전 /p/의 음가를 가지고 있던 ハ(ha)행 자음은 어두에서 p > h, 어중에서 p > w(> zero)라는 음운 변화에 의해 일반 어휘에서 소실되어 버렸지만, 유성음 /b/는 존속되었다. 또 인구어에서도 켈트어와 아르메니아어가 이와 동일한 프로세스를 거쳐 /p/를 잃어버렸고, 아

랍어에서도 p > f라는 음운 변화의 결과 (a) 유형에 빈틈이 생겼다. 따라서
재구된 체계가 (b)와 같은 형태를 취한다고 한다면 그 재구 자체는 아주 의심
스러운 것이 아닐 수 없다.

　　인구조어의 폐쇄음 체계가 안고 있는 문제점은 그 밖에도 더 많은 예를
들 수 있지만, 여하튼 그림이나 슐라이허 이래 기본적으로 거의 바뀐 부분이
없는 이 체계는 유형론적 관점에서의 비판에 노출되어 근본부터 흔들리게 되
었다. 조어의 폐쇄음이 가지는 음운적 성격이 어떠한 것이었는지는 예를 들면
'그림의 법칙'으로 잘 알려진 게르만어의 '음운추이 Lautverschiebung'의 존재
방식과도 밀접한 관련을 맺고 있다. 이에 관하여 최근의 새로운 해석으로는 게
르만조어의 자음 체계가 오히려 인구조어의 그것에 가깝고, 반대로 기존에 조
어에 가장 가깝다고 여겨졌던 그리스어나 산스크리트어 쪽에 커다란 자음추이
가 일어났다고 보는 견해가 유력해졌다. '게르만어의 음운추이'라는 것은 언어
학사에서 보기 드문 장대한 허구, 혹은 '환영'이었다고 해야 할지도 모르겠다.[2]

02 일본어 음운사와의 관련성

　　인구어의 경우만큼 극적이지는 않지만, 음운사의 재구와 유형론 사이의
관계는 일본어의 경우에도 없었던 것은 아니다.

　　현대 일본어의 모음 체계는 안정적인 5모음 체계인데, 이것은 헤이안시대
(平安時代)에 완성된 가나문자의 50음도나 '이로하노래(いろは歌)'[3]의 기반이
되기도 한다. 그런데 쇼와(昭和) 초기 하시모토 신키치(橋本進吉) 박사의 이른
바 '上代特殊仮名遣い(상대특수가나표기법)'의 발견(정확하게는 재발견)에 의해 나
라시대(奈良時代)의 일본어는 후대와는 달리 イ(i)열, エ(e)열, オ(o)열에 (박사
의 명명에 따르면) '갑(甲)'·'을(乙)'의 두 가지 다른 부류의 문자를 구분하여 사

---

2) 자세한 것은 松本(2006) 『世界言語への視座(세계언어에의 시좌)』: 第3章「印欧祖語の子音
組織 : 類型論的考察(인구조어의 자음조직: 유형론적 고찰)」참고. (옮긴이: 해당 저서의 한
국어역은 <역사언어학과 언어유형론>(박종후 옮김, 역락, 2016)으로 출판되었다.

3) [옮긴이] 가나문자에서 'ん'을 제외한 모든 문자를 한 번씩만 사용하여 만든 노래이다. 문자
학습용으로도 많이 사용되었다. 현재의 50음도는 메이지 유신 이후에 만들어진 것이고, 이전
에는 처음 가나를 배울 때 이 노래를 통해 배웠다.

용했음이 판명되었다.

당연하겠지만 이러한 구별은 당시의 음운적 구별과 연결된 것으로, 여기서부터 상대일본어는 8모음 체계였을 것이라는 학설이 생겨나 거의 반세기 동안 일본어학의 정설로 여겨져 왔다. ㅣ(i)열, ㅐ(e)열, ㅗ(o)열의 해당 모음은 각각 갑류(甲類)가 'i, e, o', 을류(乙類)가 'ï, ë, ö'라고 표기되어 후자는 일종의 '중설모음(中舌母音)'이라고 해석되었다. 단, 이 모음들이 전체 모음체계 안에서 어떠한 위치를 차지하고 있었는지에 대하여 하시모토 박사를 비롯한 전문가들 사이에서도 억측이 아닌 확실한 정견은 나오지 않았다.

여러 언어들의 풍부한 데이터를 토대로 하는 모음체계의 유형화와 그 일반적인 특성에 관한 연구는 1930년대 트루베츠코이가 선구적인 연구를 선보인 이래, 음운유형론 안에서도 가장 선진적인 분야 중 하나였다. 나라시대의 '8모음'설을 이와 같은 음운론의 입장에서 바라볼 때 과연 문제가 없는 것일까?

지금까지 재구해 온 상대어의 모음체계는 통상 5모음도 안에 세 가지의 을류 모음을 억지로 삽입한 형태의 것인데, 예를 들면

와 같은 모음도가 바로 그것이다.

이와 같은 체계는 표면적으로 봐도 많은 문제를 안고 있다. 예를 들면 /ö/라는 모음은 독일어나 터키어에서 볼 수 있는 것처럼 일반적으로 전설·원순모음일 텐데, 이런 종류의 모음은 세계 언어들 중에서 출현 빈도가 극히 낮으며, 그러한 의미에서 이른바 '유표성'이 높은 모음이라고 할 수 있다. 더욱이 이 모음을 가지는 언어는 거의 대부분은 반드시 /ü/를 가지고 있다. 즉, /ü/가 있고 /ö/가 없는 모음체계는 존재하지만, 반대로 /ö/만 있고 /ü/가 없는 체계는 거의 그 예를 찾아볼 수 없다. 즉, /ö/는 /ü/의 존재를 함의한다고 해도 좋다.

또 혀의 높이(또는 입의 열림) 정도와 그것을 통해 구별되는 모음의 수 사

이에도 일반 법칙이 있는데, 예를 들면 '낮은 단에서 구별되는 모음의 수는 상대적으로 높은 단에서 구별되는 모음의 수와 동등하거나 그보다 적다'와 같은 것이다. 즉, 고설에서 저설로 이동함에 따라 모음의 수가 감소하는 경우는 있어도 늘어나는 경우는 없다(이것이 '모음 삼각형'이라고 불리는 이유다). 그러한 의미에서 위에서 제시한 최상위 단에 3종류, 제2단에 4종류를 구분하는 모음도는 이상한 형태를 취하고 있는 것이다.

상대어 '8모음설'에 포함되는 이러한 의문점은 십 수 년 전에 필자가 처음으로 지적한 것인데, 그 후 기존의 모습 그대로의 안이한 8모음설은 자취를 감춘 채 그 대신에 수정안과 새로운 해석들이 제기되었다. 이러한 설들에서 가장 크고 곤란한 문제는 여전히 オ(o)열의 갑·을을 둘러싼 해석이다. 양자를 각각 음운적으로 /o/, /ö/라고 하여 그 대립을 옛 일본어에 존재한 모음조화의 흔적이라고 간주하는 것이 아리사카 히데요(有坂秀世, 1908 – 1952) 박사 이래 가장 유력시되어 온 견해인데, 현대 음운 유형론의 관점에서 이것을 검증해 보면 이미 파탄된 주장임이 명백하다.

모음 /o/와 /ö/는 세계 언어들의 증언에 비춰볼 필요도 없이 전자가 무표음, 후자가 유표음의 관계에 있고, 일반적으로 무표음은 그에 대응하는 유표음에 비하여 사전은 물론 텍스트에서의 출현 빈도도 높다. 그런데 상대어의 경우는 オ(o)열의 을류 쪽이 갑류보다 압도적으로 빈도가 높은데 オ(o)열 갑류가 나타나는 것은 일부의 음운적 환경에 국한되어 있어 여러 언어들에서 보이는 /o/와 /ö/의 일반적인 존재 방식과는 현저한 차이를 보인다.

또 종래의 학설들에서는 オ(o)열 갑과 을의 합류는 암묵적으로 을류 음이 갑류 음에 흡수되는 방향으로 이루어진다고 봤는데, 실제로 표기의 측면에서 보는 한 합류의 방향은 을류 문자가 갑류 문자를 대신하는 형태로 일어난다. 상대어의 모든 증거는 을류 음이 무표, 갑류 음이 유표의 관계에 있음을 나타낸다. 하시모토 박사의 '갑(甲)'·'을(乙)'이라는 명명은 결과적으로 양자의 관계를 오해하게 만들고 말았다. 상대어의 オ(o)열음의 정체를 파악하기 위해서는 기존과는 전혀 다른 접근 방법이 필요할 것이다.[4]

---

4) 자세한 내용은 松本 1995 『古代日本語母音論(고대일본어 모음론)』, 「万葉仮名のオ列甲・乙について(만요가나의 オ(o)열 갑·을에 대하여)」를 참조.

03 언어유형론과 언어보편성

   최근의 언어유형론은 음운보다는 오히려 통사론을 중심으로 많은 성과를 이루고 있다. 특히 그린버그의 선구적인 연구에 의해 발전해 온 어순 유형론은 개별 현상들 간에 긴밀한 상관관계가 존재함을 분명히 밝혀 내어 많은 보편성을 확립하였다. 또 이미 이러한 보편성들을 응용하여 인구조어의 통사구조를 재구하는 시도도 이루어지고 있다.

   어순과 더불어 '능격'이라고 불리는 언어 현상도 근년의 유형론에서 중요한 연구 대상이 되고 있는데, 이 분야에서 가장 주목할 만한 것은 실버스타인이 밝힌 명사구의 격 표시에 관한 보편성이다. 이것은 보통 '실버스타인의 명사구 계층(또는 유정성 계층)'이라고 부른다.5) 이 계층은 대략

대격표시

인칭대명성 → 인간명사 → 동물명사 → 무정명사
                                           능격표시

와 같은 형태로 나타낼 수 있다. 즉, 대격형의 격 표시는 이 계층의 상층부(좌측)에서부터 나타나고, 반면 능격형의 격 표시는 이 계층의 하층부(우측)에서부터 나타난다는 것인데, 그 역순 혹은 단절은 일어나지 않는다.

   최근 이 '실버스타인의 계층'을 둘러싸고 인구어학자들 사이에서 다양한 논의가 있었다. 그것은 인구조어(내지 그 전단계)의 격 조직이 능격형이었는지 아닌지 하는 문제와 관련되어 있다. 즉, 인구어의 남성·여성(혹은 유정)명사의 단수 주격을 나타내는 격 어미 −s가 옛날에는 능격의 표시였다고 하는 설이 20세기 초반 경부터 등장하여 일부에서는 상당히 유력시되었던 것이다.

   그러나 이 −s를 능격표시라고 보면 인구어의 경우 이 어미가 남성·여성명사에만 나타나고 중성명사에는 나타나지 않기 때문에 격 표시의 존재 방식으로는 실버스타인의 계층을 위반하게 된다. 이 점을 방패로 삼아 인구어의 능격설은 완전히 뒤집혔다고 주장하는 논자도 있다. 그러나 이는 인구어의 단

---

5) Silverstein, M. 1976, 'Ergativity and feature hierarchy', *Grammatical categories in Australian languages*: 117−171.

수 주격어미를 그대로 능격이라고 바꿔 읽으려고 하는 다소 단락적(短絡的)인 생각으로, 본래 '능격'은 사실 속격의 −os/−s와 동일한 것이고 주격의 −s는 이 능격어미의 재해석에 의해 2차로 발생한 것, 즉 본래 주격·대격은 중성명사와 동일하게 격 어미 zero의 '중립격'이었을 가능성이 높다. 그렇다고 한다면 이 능격어미는 속격과 동일하게 무정명사는 물론 유정명사에도 나타날 수 있고, 그 점에 관한 한 격 표시의 일반 법칙에 조금도 저촉되지 않는 것이다.[6]

   이것은 재구된 언어 사실과 유형론에 의해 분명히 밝혀진 보편성이 일견 맞지 않는 것처럼 보이는 경우에도 그 언어 사실 자체를 재음미함으로써 외견상의 모순을 해소할 수 있다는 것을 보여 주는 좋은 예일지도 모르겠다.

---

6) 자세한 것은 松本(2006) 『世界言語への視座(세계언어에의 시좌)』: 第4章 「印欧語における 能格性の問題(인구어에서 능격성의 문제)」 참조. [옮긴이] 해당 저서의 한국어역은 『역사언 어학과 언어유형론』(박종후 옮김, 역락, 2016)으로 출판되었다.

일본어와 인구어

01 머리말

　　일본의 언어학 내지 일본어학에 관한 분야, 특히 일본어와 다른 언어 간의 비교대조론 등을 보면 '인구어'와 대조하는 형태로 일본어의 특징을 언급하는 경우가 많이 있다. 그때 논자들이 염두에 두고 있는 것은 많은 경우가 영어나 독일어 등으로 대표되는 유럽의 근대제어인데, 거기에는 암묵적으로 유럽어＝인구어라는 견해가 일반적으로 수용되고 있는 듯한 인상을 받는다.

　　유럽의 대표적인 언어들은 분명 계통적으로 인구어에 속하고, 또 그것의 발전된 형태 중 하나이지만, 인구어 전체에서 볼 때 극히 한정되고 상당히 특이한 국면에 지나지 않는다. 계통 분류상 '인구어 Indo－European'라는 것은 두말할 필요도 없이 세계 최대의 어족 중 하나로, 유라시아 대륙에서는 동쪽으로 인도에서부터 유럽의 서쪽 끝(더 나아가서는 현재 아메리카대륙과 오세아니아도 포함하여)까지 광대한 지역에 분포하고 있으며, 문헌 기록을 통해 거슬러 올라갈 수 있는 연대 폭 역시 3천 년 이상이 된다. 내부에는 약 12개의 어파(語派), 세세하게 분류하면 수백 개의 언어를 포함하고 있으며, 유형론적으로 볼 때에도 다양한 유형의 언어가 존재하고 있어 결코 '인구어'라는 특정하게 통일된 언어 유형이 있는 것은 아니다.

　　일본에서는 메이지(明治) 이후 유럽의 언어와 일본어를 대비시켜 바라보는 것이 일종의 습관처럼 되어 왔지만, 마치 일본어를 투영하는 거울과도 같

은 역할을 해 온 이 '유럽어'라는 것이 애당초 어떠한 특성을 가진 언어이고,
또 그것이 세계 언어 안에서 어떠한 위치를 차지하는 것인지에 대한 물음은
별로 이루어진 적이 없다. 그렇기 때문에 여기서는 인구어의 한 형태로서 유
럽의 근대제어를 인구어의 발전사 속에서 자리매김하고, 이들 유럽어의 특징
이나 인구어 본래의 성격과 일본어를 대비시켜 가면서 간략하게 고찰해 보도
록 하겠다.

02 유럽의 인구어와 아시아의 인구어

　　인구어에 속하지 않는 언어까지도 포함하여 유럽의 언어 전체를 살펴봤을
때 통사구조의 측면에서 제일 눈에 띠는 것은, 극히 소수의 예외를 제외하고는
대부분 SVO형을 기본 어순으로 가지고 있다는 점이다. 이 어순 유형은 세계
언어의 전체에서 보면 상당히 특징적인 분포를 보이는데, 특히 세 지역에 집중
적으로 나타난다. 즉, 유라시아 대륙의 서쪽에서는 유럽, 동쪽에서는 중국을 포
함하는 동남아시아와 오세아니아의 일부, 그리고 아프리카의 주요부다.

　　SVO형 어순의 가장 전형적인 유형은 아프리카의 반투제어나 인도차이나
반도의 태국어, 크메르어 등에 보인다. 즉, 명사구의 구조에서는 지시대명사,
형용사, 관계절 등 명사의 수식적 성분 및 속격(내지 소유격)은 명사의 뒤에 놓
이고, 다양한 문법 관계를 표시하는 '접치사(接置詞)'는 명사의 앞에, 즉 전치사
로서 나타난다. 그리고 타동사의 두 논항인 '주어'와 '목적어'를 형태적으로 구
분하는 격 표시는 가지지 않는다. 또 동사구의 구조에서는 부사적 성분이 동
사 뒤에 놓이고, 시제나 상, 법 등을 나타내는 조동사적 성분은 동사의 앞에
놓인다. 요컨대, 일본어나 터키어와 같은 전형적인 SOV형 언어와 비교하면 문
장 내 구성성분의 배열이 거의 정반대의 형태를 취하는데, 이것을 '정합적(즉,
수미일관한) SVO형 어순'이라고 한다.

　　한편, 유럽의 여러 언어들을 보면 이와 같은 수미일관한 SVO형 언어로는
로망스어로 대표되는 남유럽의 언어들에서만 나타날 뿐, 중·북부의 게르만제
어나 북·동부의 발트제어, 슬라브제어, 주변부의 우랄제어, 알타이제어 등에
서는 타동사문이 SVO형의 기본 어순을 취하지만 그 밖의 명사구나 동사구의

구조는 다들 제각각으로 수미일관하여 나타나지 않는다.

예를 들어 영어에서는 명사의 수식 성분 중에서 형용사는 명사의 앞, 관계절은 명사의 뒤, 속격 표현도 John's book과 the book of John과 같이 두 가지 어순이 공존한다. 또 노르웨이어나 스웨덴어 등의 북구어는 전치사가 있는 SVO형의 어순이기는 하지만 수식적 형용사나 속격은 명사 앞에 놓인다. 일본어에 전형적으로 보이는 이른바 '피지배항 rectum'을 '지배항 regens'에 선행시키는 '좌향지배'의 어순을 OV형, 반대로 rectum을 regens에 후속시키는 '우향지배'의 어순을 VO형이라고 부른다면, 유럽의 북·동부 언어들에는 이 두 가지 배열형이 다양하게 혼합되어 있다. 즉, 유럽은 유라시아 중심부의 SOV언어권과 아프리카의 SVO권 사이에서 연속적으로 어순 유형이 변해가는 대규모의 과도 지역을 형성하고 있으며, 남유럽에서는 VO적 특징이 강화되어 가는 경향을, 그리고 북·동부 유럽에서는 OV적 특징이 강화되어 가는 경향을 보이고 있다.

그 이유를 생각해 보면, 유럽어는 최근 천 년에서 이천 년 사이에 상당히 커다란 어순 변화를 겪었기 때문일 것이다. 이 변화는 라틴어에서 로망스어로 발달해 가는 과정에서 가장 명확한 형태로 나타났는데, 이때 확립된 SVO형의 어순이 차츰차츰 유럽의 북·동부로까지 퍼져 나간 것이다. 그리고 원래 수미일관한 SOV형이었던 것이 분명한 우랄계(예를 들면 발트해 주변의 핀제어)나 알타이계(예를 들면 발칸의 튀르크계 가가우즈어(Gagauz)) 언어들까지 그 안에 끌어들여 하나의 '언어연합 Sprachbund'적 현상을 만들어 낸 것이다.

한편, 숫자상으로 유럽의 인구제어를 훨씬 뛰어넘는 아시아의 인구어(인도에서 이란, 아르메니아, 더 나아가 고대 아나톨리아를 포함한다)는 고대에서 현대어에 이르기까지 그 내부에 다양한 변종을 포함하고 있기는 하지만 기본적인 어순 형태는 모두 SOV형이다. 따라서 현대 아시아의 인구어를 대표하는 인도－아리아제어 중 예를 들면 힌디어는 어순을 포함한 문법 구조의 전반적인 특징에 있어서 유럽의 대표 언어인 영어나 프랑스어보다 훨씬 더 일본어에 가깝다. 즉, 명사를 수식하는 성분인 속격 표현이나 관계절은 모두 명사의 앞에 놓이고, 격 표시는 일본어의 격조사와 같은 후치사이며, 더욱이 동사의 활용 형태도 이른바 '교착적' 유형이다.

유럽이 SVO형 언어권이라고 한다면, 인도아대륙은 거의 모든 지역이 매

우 수미일관한 SOV형 언어권을 형성하고 있는데, 그 안에는 인도−아리아제
어뿐만 아니라 드라비아어나 오스트로아시아계, 티베트−버마계의 언어들도
포함하고 있어, 여기서도 언어연합적인 현상이 나타나고 있다. 따라서 근대 인
도−아리아제어의 통사적 특징을 인구어 본래의 있는 그대로의 모습이라고
간주할 수는 없을 것이다.

그러나 유럽보다 훨씬 오래된 시기의 자료까지 풍부하게 남아 있는 아시
아의 인구제어, 예를 들면 고대 인도어, 히타이트어, 토카라어 등의 어순형은
모두 라틴어보다 더 수미일관한 SOV형이고, 통사구조 전반의 특징에 대해서
도 근대 유럽의 언어들보다는 오히려 SOV형의 다른 아시아 언어들과 더 가깝
다. 또 최근의 인구어학에서도 이러한 아시아의 옛 인구어에 나타나는 통사구
조가 인구어 본래, 즉 '인구조어'의 그것에 가깝다고 보는 견해가 점점 강해지
고 있다. 따라서 인구어를 유럽 쪽 언어만을 가지고 이해하는 것은 대단히 잘
못된 것이다.

03 표준·평균적 유럽어(SAE)

주지하다시피, 미국의 인류언어학자 B.L. 워프(1897−1941)는 아메리카 선
주민의 언어와의 대비를 통해 유럽어의 특징을 고찰했는데, 그는 이와 같은
유럽적 특징을 가장 전형적으로 갖춘 언어에 대하여 '표준·평균적 유럽어
Standard Average European'(약칭 SAE)라는 이름을 붙였다. 워프는 주로 문법
범주의 측면에서 SAE를 파악했는데, 영어, 프랑스어, 독일어 등과 같은 서유
럽의 주요 언어 외에 러시아어 등도 포함시키고 있어 유형론적으로는 약간 문
제가 있기는 하다. 그렇지만 세계 언어들을 판정하는 절대적인 척도처럼 여겨
온 유럽의 언어를 이러한 형태로 상대화하고자 하는 그의 자세는 배울 점이
많다.

근대의, 특히 서유럽에서 형성된 언어들은, 이미 서술한 바와 같이 인구
어를 기반으로 하면서 본래의 인구어와는 전혀 다른 언어 유형을 만들어 냈
다. 그것은 대체로 라틴어의 발전된 형태인 로망스어 안에 그 골격을 갖추고
거기에 약간의 게르만어적인 특징이 가미된 것이다. 그 중핵을 이루는 언어로

는 로망스어에서는 프랑스어, 게르만어에서는 영어, 그리고 약간 주변적인 언어로 이탈리아어나 스페인어, 독일어 등을 추가할 수 있겠다. 여기서는 워프와는 조금 다른 의미에서 이들 언어를 SAE라고 부르기로 하겠다. 아래서, 특히 통사적 측면에서 나타나는 SAE의 주요 특징을 열거해 본다.

먼저 어순에 대하여 말하자면, SAE는 유럽에서는 가장 엄격한 SVO형에 속한다. 타동사 구문의 주어와 목적어는 전형적인 SVO형 언어와 동일하게 형태적 격 표시가 아니라 어순을 가지고 구분한다. 독일어를 제외하고는 일반적인 의미에서 말하는 격 조직이란 없다. 격 조직의 소실과 SVO형 어순의 문법화는 로망스어가 제일 빨리 확립시켰다. 또 의문문에서 VSO의 도치 어순이나 이른바 WH의문사의 문두 이동의 규칙화, 더 나아가 'A는 B(이다)'와 같은 형태의 명사문에서 "A is B"와 같이 중간에 '계사 copular'를 의무적으로 삽입해야 하는 것 등도 모두 SVO형 어순의 확립과 병행하여 이루어진 발달이다.

또 통사법에서 SVO어순의 압도적 우위 때문에 단순한 타동사뿐만 아니라 능격, 지각, 소유동사 등 2항동사들도 모두 SVO형에 통합되어 버려, 예를 들어 '太郎に英語がわかる(타로에게 영어가 이해된다)', '太郎にお金がある(타로에게 돈이 있다)'와 같은 경험자격을 포함하는 구문이나 소유 표현까지 타동사 구문을 취하게 되었다(예를 들면 I have money). 특히 소유 표현을 존재동사가 아니라 타동적 소유동사(have, avoir 등)로 표현하는 현상은 현대 러시아어나 오래전의 인구제어뿐만 아니라 우랄, 알타이, 캅카스, 셈제어를 포함한 여러 유라시아의 언어들에서는 거의 찾아볼 수 없는 것이다. 요컨대, SAE에서는 모든 2항동사를 SVO라는 단 하나의 형태에 집어넣어버린 것이다.

다음으로 살펴볼 것은 SAE에서 정(定)/부정(不定)관사의 확립이다. 이 역시 라틴어에서 로망스어로 발달해 가는 과정에서 정관사는 라틴어의 승전대명사(承前代名詞)에서 발달한 것이고, 부정관사는 수사 '1'에서 발달한 것이다. 관사라는 것은 유럽 내 주변적 언어, 예를 들면 북유럽어나 켈트어, 그리고 그리스어를 포함하는 약간의 발칸제어, 그리고 비인구어로는 헝가리어에서도 나타나는데, 그 용법은 SAE에서만큼 엄격하지는 않다. SAE에서 관사는 명사의 정/부정을 구별하는 것만이 아니다. 본래의 인구어에서 명사의 어미가 표시했던 '성(性)'과 '수(數)'(또는 독일어에서는 '격(格)') 등과 같은 명사의 문법 범주도 표시하여 반투제어의 분류접두사와도 비슷한 역할을 수행하기 때문에 마치 인구어의 어미 변화를 어두 변화가 대체한 것과 같다는 느낌을 준다. 또 SAE의 관사 사용은 정보의 신(新)ー구(舊)와도 관련되어 있는데, 오래전의 인구어가 오로지 어순만을 가지고 수행했던 주제화를 관사를 가지고 나타내는 것이다. 이러한 관사의 사용 역시 SVO형 어순의 고정화와 결코 무관하지는 않을 것이다.

마지막으로 지적해 두고 싶은 것은 SAE가 철저한 '주어 우위형 Subject Prominent' 언어라는 점이다. 여기서 '주어'라는 것은 어디까지나 통사적 층위의 현상, 즉 다양한 통사적 프로세스의 축이 되는 이른바 '문법적 주어'라는 의미에서다. SAE에서는 이와 같은 주어가 문장의 구성성분으로서 필수적인데, 모든 문장은 반드시 하나의 그리고 단 하나의 주어를 가져야 한다. 일본어를 포함하는 '주제 우위형 Topic Prominet' 언어의 대부분에서 보이는 이른바 이중주어 현상은 SAE에서는 전혀 허용되지 않는다. 한편, SAE에서는 주어가 없는 문장도 허용하지 않기 때문에 "c'est si bon", "It's so good."에서와 같이 ce나 it처럼 의미적으로나 정보적으로 어떠한 기능도 하지 않는 '가주어 dummy subject'를 내세워야 하는 현상도 나타난다. 옛 인구어에 보이는 '비인칭문'이라고 하는 주어 없는 구문은 SAE에서는 완전히 그 자취를 감추고 만 것이다.

이와 같이 통사의 주축이 되는 명사구가 SAE에서는 특권적인 지위를 차지하는데 그 명사구는,

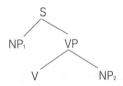

와 같은 이른바 '계층적 configurational'인 형태를 취하여 주어는 'S에 직접 지배를 받는 명사구'로 일관된 정의를 내리게 된다. 모든 언어에 보편적인 '주부 thème'/'술부 rhème'(혹은 주제(topic)와 판언(comment))라는 담화 층위의 이원적 구조가 여기서는 '주어 subject'/'술어 predicate'라는 형태로 문법화되어 엄격한 통사 원리로까지 고도로 발전하게 된 것이다. 이러한 언어를 만약 '계층적' 언어라고 부른다면, 이런 종류의 유형은 언어의 세계에서는 오히려 희귀한 존재라고 해도 좋을 것이다.

04 맺음말

이상으로 살펴본 바와 같이 SAE로 대표되는 근대 유럽의 언어들을 별개로 치면, 인구어는 원래 유라시아의 한 어족으로서 우랄, 알타이, 캅카스, 드라비다 등의 어족들과 함께 유라시아의 SOV형 언어권에 속하고 어순뿐만 아니라 다른 문법적 특징에 관해서도 서로 공통점을 가지고 있었다. 최근의 인구어학자들이 인구조어의 통사법을 재구할 때 종종 전형적인 SOV형 언어인 일본어나 터키어의 지식을 이용하는 것도 다 그런 이유에서인 것이다.

그러나 같은 SOV형이라고 하더라도 그것들을 모두 일률적으로 논할 수 있는 것은 아니다. 아주 오래전 시기의 인구제어나 또 그것에 기반하여 재구된 인구조어는 동일한 SOV형이라고 하더라도 역시 일본어와는 상당한 차이가 있다. 특히 눈에 띄는 것은 아마 동사(구)의 구조일 것이다. 유럽을 포함한 거의 대부분의 인구제어에 공통적으로 보이는 동사의 특징은 이른바 정동사(定動詞)가 반드시 인칭을 표시한다는 것이다. 이 인칭이라는 것은 전형적으로는 인칭어미라는 접미 형식으로 나타나는데, 이를 기반으로 상당히 복잡한 활용 조직을 이루고 있다. 그런데 이 인칭어미가 하는 역할은 단순히 인칭을 표시하는 것뿐만 아니라 그것을 통해 어휘의 끝을 명확히 하고 어휘로서의 동사의 자립성을 확보하기도 한다. 그러므로 일본어와 같은 엄밀한 SOV형 언어와는 달리, 인구어의 동사는 반드시 문말에 묶여 있어야 하는 것은 아니다.

한편, 일본어의 동사는 이와 같은 인칭표시가 없는 대신 시제나 상, 법 등의 동사적 범주뿐만 아니라 문장의 종지(終止)나 접속 관계를 표시하는 역할까지도 가지고 있기 때문에 반드시 문말에 위치하지 않으면 안 된다. 동사는 이른바 문장과 일체가 되어 어휘로서의 자립성을 결여한다. 인구어의 형태법은 접사를 기본으로 하고 있지만, 그것은 일본어의 접사법에 비교하면 훨씬 단순하다. 일본어의 '書かされたでしょうから(쓰게 되었을 테니까: 쓰다－사역－피동－확인－이유)' 등과 같이 제한 없이 접미사(혹은 접미어)가 연접하는 경우는 없다.

이와 같이 정동사가 하나의 어휘로서 자립성을 확립함으로써 문말의 위치에서 해방되자 이를 통해 인구어의 어순 자유도는 일본어와 같은 언어보다 훨씬 더 커지게 된 것이다. 한편, 동사의 인칭표시가 문중의 특정한(즉 주격의)

명사구와 호응함으로써 통사의 주축으로서 주어의 인정이 가능하게 되었다. 동사에서 인칭표시 그 자체는, 물론 인구어에 국한된 특징인 것은 아니다. 유라시아의 언어 중에는 우랄어, 캅카스제어, 또 터키어와 퉁구스어, 더 나아가 아이누어 등에서도 다양한 정도로 나타난다. 단, 인구어의 경우는 성립 시기가 매우 오래되었고, '굴절'이라는 접사법의 '융합 fusion'도 일찍부터 시작되었다. 인구어의 서쪽 그룹에서 대규모로 일어난 통사 구조의 변화도 그 원인은 이 부근에서 찾을 수 있을지도 모르겠다.

어순 이야기

01 머리말

　　인간의 언어는 동물의 울음소리 등과 달리 분절된 음성으로 이루어져 있다. 즉, 여러 가지 언어 단위가 일정한 순서로 배열되어, 그보다 더 큰 단위를 구성하는 형태를 취한다. 예를 들면 어근과 접사가 결합하여 단어를 만들고, 단어를 조합하여 문장을 구성하는 것과 같다. 그런데 이와 같은 문장 내에서 단어의 배열은 언어에 따라 상당히 다른 방법으로 나타난다.

　　예를 들면 일본어에서

　　'私は·友だち·の·家·へ·行か·な·かった(나는－친구－의－집－에－가지－않－았다)'

와 같은 의미의 문장은 영어라면

　　'I did not go to the house of my friend.'

와 같은데, 그 안의 단어 배열은 문두의 이른바 주어를 제외하면 완전히 정반대가 된다.

　　언어에 따른 이와 같은 어순의 차이는 일본인에게는 옛날에는 한문의 훈점(訓點)이나 메이지 이후 영어 등의 외국어 학습을 통해 오히려 익숙했던 것이었다. 실제로 일본인이 보통 외국어로서 학습하는 언어는 영어, 프랑스어, 독일어, 중국어, 러시아어, 스페인어 등 거의 대부분 일본어와는 어순이 다른 것들이다. 물론 이러한 언어들 특히 서양의 근대제어와 일본어 사이에는 단순히 어순뿐만 아니라 문법 구조의 여러 측면들에도 큰 차이가 존재하는데, 거기서 다시 '일본어는 특이한 언어다'라는 견해가 일본의 지식인들 사이에 뿌리 깊게 박히게 된다. 그리고 우연한 기회에 한국어나 터키어 등을 접한 사람은 이들 언어가 어순뿐만 아니라 문법 구조의 다른 면에서도 일본어와 눈에 띄는 공통성을 가지고 있음을 알고 오히려 놀라는 것이다.

02 어순의 유형론

　　어순이라는 통사적 현상은 최근의 언어유형론에서 다루고 있는 중심 테마 중의 하나인데, 여기서 특히 문제가 되는 것은 이른바 타동사 구문에서 주어(S), 목적어(O), 동사(V)의 세 가지 성분이 일반적인 평서문에서 어떠한 어순으로 배열되는가 하는 것이다. 이러한 관점에서 보면 일본어나 터키어는 SOV형, 영어나 중국어는 SVO형, 고전 아랍어나 타히티어는 VSO형으로 분류할 수 있다.

　　이를 '기본 어순'이라고 한다면, 기본 어순은 단지 타동사의 구문뿐만 아니라 명사구나 동사구의 구조를 포함한 다양한 통사적 특징들과 밀접히 관련되어 있다. 예를 들어, SOV형의 언어에서는 '友だちの－家(친구의－집)'과 같이 속격 내지 관형격이 명사 앞에 놓이고, '友だち－の(친구－의)' 혹은 '家－へ(집－에)'와 같이 문법 관계를 나타내는 조사와 같은 부류는 명사의 뒤, 즉 '후치사'로 나타나며, '行か－な－かった(가지－않－았다)'와 같이 동사의 시제나 법, 더 나아가 부정사 등을 포함하는 조동사적 성분은 동사 뒤에 놓인다. 한편, 아랍어와 같이 동사를 문두에 두는 VSO형의 언어에서는 위에서 본 성분의 배열이 모두 일본어와는 반대로 나타나기 때문에 형용사나 관계절 등과 같은 명사 수식 성분도 모두 명사 뒤에 놓인다. 따라서 이러한 언어를 일본어

로 번역할 때는 문장의 끝부분에서부터 시작하여 어순을 반대로 거슬러 올라가야 하기 때문에 완전한 동시통역은 거의 불가능에 가깝다.

　메이지 이후 일본에서 학습되어 온 유럽의 언어들은 기본 어순이 모두 SVO형이었다. 이 유형에는 여러 가지 변종이 포함되어 있는데, 특히 유럽어들의 경우 매우 복합적인 모습으로 나타난다. 전형적인 SVO형 언어(예를 들면 반투어나 베트남어)는 앞서 본 배열법과 관련하여 VSO형과 대체로 일치한다. 유럽에서 이와 가장 가까운 유형의 언어는 프랑스어와 스페인어 등의 로망스 계통 언어들이다. 따라서 예를 들어 프랑스어에서 종속문을 많이 포함하는 긴 문장을 일본어로 직역하기 위해서는 곡예에 가까운 기술이 필요하게 된다. 영어나 독일어는 약간 사정이 다르기는 하지만 이 역시 문중의 어순을 앞으로 거슬러 올라가게 하거나 뒤로 돌리거나 해야 하기 때문에 도리어 이상해지고 만다.

　일본의 어학 교육은 이러한 기술을 연마하기 위하여 많은 시간과 눈물겨운 노력을 투자해 왔다. 일본인들이 이와 같은 고역에 저항감을 느끼지 않은 것은 타고난 근면함 때문이겠지만, 아마 긴 세월 동안의 한문 교육을 통해 외국어 학습을 위한 어순의 변환에 이미 익숙해져 있었기 때문일지도 모르겠다. 단지 유감스러운 것은 이와 같은 노력이 실제로는 어학 능력의 향상에는 거의 도움이 되지 않는다는 것이다. 어찌 됐든 이와 같은 외국어교육의 결과, 일본어를 외국어와는 어순과 문법에서 모두 차이가 나는 일종의 특이한 언어라고 여기는 생각이 일본인들의 머릿속에 박혀 버린 것이다.

　메이지 이래 일본에서는 서양어와의 대조를 통해 일본어를 바라보는 습관을 빼놓을 수 없게 되어 버려, 언어학 관련 연구자들 역시 인도유럽어(즉 인구어)와 일본어를 대비시키는 형태로 논의를 진행하는 것을 자주 볼 수 있다. 이 경우 그 논자가 염두에 두고 있는 것은 대체로 유럽의 근대어일 텐데, 여기에도 **유럽어=인구어**라는 도식이 전제로 깔려 있는 것이다. 그러나 이 역시 큰 오해에 지나지 않는다고 하지 않을 수 없다. 인구어는 본디 그 이름에서 알 수 있듯이 유럽뿐만 아니라 인도아대륙과 이란, 아르메니아를 걸쳐 유럽의 몇 배나 더 넓은 지역의 수많은 언어를 포함하는 용어이다. 게다가 이들 아시아의 인구제어는 모두 그 기본 어순이 일본어와 동일한 SOV형으로, 문법 구조도 서양의 근대어보다 오히려 일본어에 가깝다.

　예전에 동남아시아에서 온 유학생이 일본어 학습에 대한 경험담을 신문 지상에 발표한 기사를 본 적이 있는데, 그 내용 중에 "자신은 이전에 고국에서 산스크리트어를 배운 적이 있기 때문에 그것과 어순이 비슷한 일본어의 학습이 비교적 쉬웠다"라는 취지의 글이 있어 매우 흥미롭게 읽었던 기억이 있다. 태국이나 캄보디아, 인도차이나 등 동남아시아의 언어 대부분은 로망스어 등과 같은 엄격한 SVO형의 언어이다. 따라서 이를 모어로 하는 학생들은 일본어를 습득할 때 일본인이 서양어를 학습하는 것과 똑같이 어순의 전환이라는 곡예를 거쳐야 하기 때문에 일본어 습득이 그렇게 간단하지만은 않다.

　하지만 태국의 국경을 넘어 버마에서 인도로 들어서면 어순의 유형은 일변하는데, 바로 완전한 SOV형 언어권이 펼쳐진다. 힌디어 등 근대 인도-아리아제어뿐만 아니라 고대 인도어 즉 앞서 언급한 산스크리트어나 인도 이외의 옛 아시아의 인구제어도 내부적으로 약간의 차이는 있지만 기본적으로는 모두 SOV형 언어에 속한다. 예를 들어 20세기에 들어와 발견된, 인구어로서는 가장 오래전 시기에 속하는 히타이트어나 중국신장위구르자치구의 타림분지(Tarim Basin), 예전에 실크로드에서 번영하였던 투르판(Turoan)[1]과 그 외의 자료를 통해 알려진 토라카어의 텍스트는 어순을 조금도 바꾸지 않은 채 그대로 일본어로 번역할 수 있다. 이 점에서 터키어나 그 외의 아리안계 언어와 거의 다르지 않다. 또 인구어의 본래 모습, 즉 '인구조어'의 기본 어순도 SOV형이었다는 것이 최근의 인구어학에서는 거의 정설로 굳어져 있다.

　따라서 근대 유럽의 언어들에 나타나는 어순의 형태는 라틴어에서 로망스어로 이행해 가는 단계에서 생겨났음을 확실히 알 수 있는, 비교적 새로운 시기의 발달이다. 더욱이 유형론적으로 볼 때는 오히려 여기서 발달한 통사구조가 더 특이한 유형에 속하는 것이기 때문에 유럽의 언어를 척도로 다른 언어를 판단하는 것에는 큰 위험이 따른다. 일본어의 성격을 정확히 파악하기 위해서는 유럽에서 벗어나 세계 언어로 널리 눈을 돌리지 않으면 안 될 것이다.

---

1)　[옮긴이] 중국 신장자치구위구르자치구 톈산산맥(天山山脈) 동쪽에 있는 도시 또는 이 도시를 중심으로 한 분지 전체를 통틀어 투르판이라고 부른다. 북서쪽은 우루무치, 남서쪽은 캬슈가르, 남동쪽은 간쑤성으로 연결되는 교통의 요지로서 예부터 동서 교역의 핵심 도시로 크게 발전하였다.

03 세계 언어 속의 일본어

이 지구상에 사용하고 있는 언어는 정말 다종다양한데, 그 수는 모두 몇 개나 될까? 이는 무척 어려운 문제로 정확한 답을 내는 것은 거의 불가능하지만, 호쾌하게 대답하자면 "밤하늘에 보이는 별의 숫자만큼"이라고 할 수 있을지도 모르겠다. 맑게 갠 가을의 밤하늘에는 육안으로도 약 4천 개 정도의 별을 구분할 수 있다고 한다. 세계의 언어 수도 이와 비슷하거나 이보다 조금 더 많을 것이다.

또 별에도 크고 작은 것이 있듯이 언어에도 사용 화자수라는 점에서 큰 차이가 있다. 사용자가 억 단위를 넘는 언어가 있는 반면, 수 명의 화자 혹은 이미 사멸에 가까운 언어도 적지 않다. 언어의 세계에 보이는 이러한 불균형은 별의 세계보다 심하여 세계 인구의 9할 정도가 전 세계의 1할이 되지 않는 언어를 사용하고 있고, 나머지 1할 정도의 인구가 4~5천 개에 이르는 세계 언어의 9할 정도를 사용하고 있다.

예를 들어 유럽의 총인구는 약 7억 명 정도[2]라고 하는데, 거기서 사용하고 있는 언어의 수는 기껏해야 60~70개 정도다. 한편, 인구 300만 명 정도의 파푸아뉴기니에서는 700개 전후의 언어를 사용하고 있다고 한다. 그러나 언어학, 특히 인류 언어의 다양성과 보편성의 문제를 추구하는 언어유형론의 입장에서 보면 사용 화자수의 많고 적음은 문제가 되지 않는다. 중요한 것은 각 언어의 구조적 특징과 그것을 낳은 지리적 · 역사적 배경인 것이다.

이야기를 다시 되돌려, 일본어의 어순이나 문법 구조는 세계의 이른바 '거대(major) 언어'들만 가지고 비교해 볼 때는 분명히 특이한 양상을 띠고 있을지도 모르겠다. 단순히 어순의 차이뿐만 아니다. 예를 들어 일본어에는 '관사'도 없고, '문법적 성 gender'도 없으며, '전치사'나 '관계대명사'도 없고, 동사에 '인칭 표시'가 없다. '접속사'가 적고, '주어'라는 것이 분명하지 않은 등 확실히 다른 주요 언어들에 비해 없는 것이 너무 많고 있는 것이라고는 '경어법' 정도다.

그러나 세계 언어를 널리 둘러보면 관사나 문법적 성을 가지고 있는 언어

---

2) [옮긴이] 2020년을 기준으로 하면 유럽의 인구는 현재 8억 4천만 명 정도라고 한다.

는 일부에 지나지 않는다. 또 전치사를 가질지 후치사를 가질지, 혹은 관계대
명사나 접속사가 있는지 없는지 하는 것 또한 각 언어의 어순 유형과 밀접히
관련되어 있다. 일반적으로 동사를 문말에 두는 SOV형의 언어에서는 관계절
이 다른 수식어와 동일하게 명사 앞에 놓이기 때문에 관계대명사와 같은 것은
이용하지 않고 그 대신에 동사에 '관형형'이라는 특별한 형태를 갖추고 있는
것이다. 또 문장의 접속 관계도 문말의 동사(구)의 여러 형태(예를 들면 '연용형')
로 나타내기 때문에 접속사는 특별히 필요하지 않은 것이다.

　　이와 같은 SOV형 언어는 현대의 국제 사회에서 우위를 점하는 주요 언어
들 사이에서는 확실히 소수파에 지나지 않을지도 모르겠다. 예를 들어 사용
화자의 인구수에서 세계 상위 10개 언어 중에서 SOV형은 힌디어와 벵골어,
일본어뿐이고, 나머지는 모두 SVO형에 속한다. 즉, 중국어, 영어, 러시아어,
스페인어, 독일어, 프랑스어, 이탈리아어는 모두 SVO형이다. 범위를 좀 더 넓
혀 사용 화자의 인구수 1천만 이상으로 하면 그 언어 수는 50개를 넘지만
SVO형이 33개, SOV형이 19개, VSO형이 1개로 여기서도 SVO형이 압도적으
로 우세하다. 그렇지만 이 범위를 더 넓혀 보면 SVO형과 SOV형 언어의 비율
은 완전히 역전된다.

　　요근래 수년 간 필자가 수집해 온 언어 데이터에 채록된 언어 수는 현재
1,400여 개 정도인데, 이에 따르면 SOV형이 711(50.6%), SVO형이 515
(36.1%), VSO형이 143(10.2%), 기타가 44(3.1%)이다. 이 데이터는 아직 불완전
한 것이고 또 채록된 언어도 세계의 모든 언어권을 균등하게 포함하고 있는
것은 아니기 때문에 물론 이를 결정적인 수치라고 볼 수 있는 것은 아니다. 그
러나 지금까지 공표된 다른 몇몇의 데이터를 보더라도 세 가지 어순의 상대적
인 순위는 바뀌지 않는다. 요컨대, SOV형은 언어의 세계에서 최대 다수파에
속하는 것이다.

　　세계의 언어들에 관한 실증적·기술적 연구는 최근 10년 정도 사이에 비
약적인 발전을 보여 지금까지 거의 미지의 영역에 속해 있던 뉴기니아나 오스
트레일리아, 혹은 아마존 오지의 언어들의 실태도 차츰 밝혀지고 있다. 예전에
는 기본 어순으로서 그 존재가 의심스러웠던 OVS형이나 OSV형의 언어들이
발견되고 있는 것도 이들 지역이다.

　　이러한 최근의 언어학적 상황을 반영하고 있는 것인지, 최근 다양한 형태

의 언어학 사전과 세계 언어 개설이 해외는 물론 일본에서도 출간되고 있다. 그러나 세계 언어들에 대하여 단지 언어 이름만을 망라하는 것이 아니라 음운이나 문법 구조, 지리적 분포, 계통적 관계, 사용 화자의 인구 등에 이르기까지 최신의, 그리고 신뢰할 수 있는 정보를 제공해 주는 백과전서적인 사전은 아직 나온 적이 없다. 일본에서 지금까지 가장 표준적이라고 여겨 왔던 겐큐샤(研究者)의 『世界言語槪説(세계언어개설)』(상하 2권)도 거기서 다루고 있는 것은 말레이－폴리네시아어 외에는 유럽과 아시아의 언어뿐이다. 마침 최근 크룸헬름(Croom Helm)사에서 출판된 B.Comrie(ed): The World's Major Languages (1987)도 유라시아 이외의 언어로는 오세아니아에서는 오스트로네시아제어, 아프리카에서는 하우사어, 차드제어, 니제르－콩고제어만 다루고 있을 뿐, 뉴기니아나 오스트레일리아, 남북아메리카의 언어는 완전히 빠져 있다.

예전에 700개 정도의 언어의 음운 데이터를 수록한 M. Ruhlen: *A Guide to the World's Languages*(Stanford U.P., 1976)가 전면 개정판으로 드디어 최근에 제1권을 간행하였다. 이 책의 세계 언어 분류편에서 제시하고 있는 언어 수는 약 5천 개다. 제2권 이후에서 음운과 그 밖의 데이터를 다룬다고 하는데, 구판과 비교하여 어느 정도 증보가 이루어질지 기대가 많이 된다. 이와 더불어 Routledge에서도 N. E. Collinge(ed): *Encyclopedia of Language*(1988)의 출판도 예고되어 있는 것을 보면 꽤 성황을 이루고 있는 것 같다.

그러나 이와 같은 해외 출판계의 동향과 상관없이 산세이도(三省堂)에서 가까운 시일 내에 간행을 시작하고자 하는 『言語学大事典(언어학대사전)』은 그 방대한 규모는 물론 폭넓은 내용에 있어서 지금까지 출판된 비슷한 종류의 책들을 훨씬 능가한다. 만약 이것이 완성된다면 언어학사에서 지금까지는 없었던 공전의 대사전이 될 것이다. 특히 기대되는 것은 처음 간행되는 「世界言語編(세계언어편)」인데, 거기서 다루고 있는 언어는 약 3,500, 참조 표제항을 추가하면 5,500에 달한다고 한다.[3] 이 정도로 많은 언어가 최신 자료를 구사한 상세한 기술과 함께 사전의 형식으로 수록된 예는 지금까지 존재한 적이 없다. 더욱이 그것이 일본인 학자의 손으로 만들어진다는 것은 앞선 『世界言語槪説』이

---

3) 그 후 실제로 간행된 것은 『世界言語編(세계언어편)』 4권 및 『補遺·言語名索引編(보충·언어명색인편)』(1988－1993), 『術語編(술어편)』(1996), 별책 『世界文字辞典(세계문자사전)』(2001)의 전7권이 되었다.

나왔던 30년 전에는 상상도 못할 일이었다. 이 사전은 앞으로 전문가는 물론 일반 독서가들이 이용하기에도 다양한 가치가 있을 것일 텐데, 지금 당장은 이것을 가지고 수중에 있는 어순에 관한 언어 데이터를 다시 잘 다듬고, 새롭고 신뢰가 가는 정보를 추가해 갈 일이 무엇보다 기대된다.

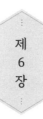

제 6 장

어순의 데이터베이스: 나의 컴퓨터 사용기

01 머리말

세계 언어들의 어순 유형에 관한 연구는 주지하다시피 Greenberg(1963)의 획기적인 논문[1]을 발단으로 근년의 언어유형론과 언어보편성 연구의 중심적인 역할을 해 왔다. 언어의 유형론적 연구에서는 두말할 필요도 없이 세계 여러 언어들의 자료를 폭넓게 모아야 할 필요가 있다. 특히 그 중에서도 인류 언어의 어떠한 보편성을 확립하고자 하는 입장이라면, 이러한 작업은 거의 불가결한 요건이 된다. 어순(더 정확하게는 문장, 절, 구 등의 복합 형식에서 구성 성분의 배열 순서)이라는 것은 언어의 문법 현상 중 눈에 보이는 표면적인 현상이어서 비교적 포착하기가 쉽다. 그런 의미에서 언어 간의 변이 폭과 그에 대한 제약을 밝히고자 하는 유형론적 연구의 변인으로 안성맞춤이기도 하고, 더욱이 언어들이 가지는 통사구조의 성격을 파악하는 데에도 매우 유효한 핵심이 된다는 것이, 이후의 연구에서 한층 더 분명해졌다.

그린버그는 문장 안의 여러 성분들 사이의 배열 순서에는 지금까지 간과해 온 흥미로운 상관관계가 존재함을 밝히고 그것을 몇몇의 보편 법칙으로 확립시켰다. 이에 대한 직접적인 증거로 여겨졌던 것은 세계 언어들 속에서 주

---

1) 'Some universal of grammar with particular reference to the order of meaningful elements', in *Universals of language*: 73‒113.

의 깊게 선발한 샘플 언어 30개의 예증이었다. 그러나 논문의 '보유(補遺)'에는 실제로는 약 142개의 언어 데이터를 검증하였다고 밝히고 있어 이 분야에서 처음으로 이용 가능한 형태로 제시된 어순의 데이터베이스의 선구적 업적이라고도 부를 만할 것이다. 그린버그의 데이터는 그 후 Hawkins(1984)에 의해 확충되어 권말에 336개의 언어로 구성된 '확대 샘플'이 제시되었다.[2] 호킨스는 확대된 데이터를 기초로 그린버그의 단순한 통계적, 확률적 보편성을 수정하여 예외 없는 이른바 절대적 보편성의 확립을 시도하였다.

여러 언어들의 기본 어순 유형을 결정하는 요소로 그린버그가 선택한 것은,

1. 타동사 구문에서 세 가지 성분(S, O, V)의 배열
2. 접치사의 위치(전치사인지 후치사인지)
3. 속격(또는 소유격)의 주요부 명사에 대한 위치
4. 수식형용사의 피수식명사에 대한 위치

와 같은 4개의 배열 특징이다. 전치사를 PR, 후치사를 PO, 속격을 G, 명사를 N으로 표시하면 일본어의 어순 유형은 SOV·PO·GN·AN, 스페인어는 SVO·PR·NG·NA, 고전 아립어는 VSO·PR·NG·NA와 같은 형태로 나타낼 수 있다.

언어들의 어순 유형은 물론 이 네 가지 배열뿐만이 아니다. 명사구의 구조를 가지고 이야기하자면 주요부인 명사에 대한 관계절의 위치, 수사나 대명사의 위치, '산보다 높다'와 같은 비교 구문에서 비교대상어에 대한 형용사의 위치, 본동사에 대한 조동사의 위치 등도 고려 대상이 될 수 있고, 또 이들 성분의 배열 순서는 기본 어순의 유형과 밀접한 관련을 맺고 있다. 단, 이와 같이 고찰 대상을 넓혀 갈 때 폭넓은 언어들에 대한 정확한 정보를 수집하는 일은 그만큼 쉽지 않게 된다. 호킨스의 확대 샘플에서는 위의 네 가지 기본 특징 이외의 배열형도 고려하기도 했는데, 이 점에서도 그린버그보다 더 자세해지

---

2) *Word order universals*, Academic Press.

기는 했지만 제시된 데이터는 결코 충분하지 않았다.

한편, 호킨스의 확대 데이터와는 별도로 좀 더 한정된 어순의 특징에 관해서는 더 많은 언어에서 데이터를 수집한 것이 이미 공표된 바 있다. 그 중의 하나는 Ruhlen(1975)인데, 이것은 원래 그린버그가 지도하는 스탠포드대학 언어보편성 연구 프로젝트의 성과의 일환으로서 공표된 것이다.3) 이 책의 주된 목적은 약 700여 개의 언어의 음운 데이터를 제시하는 것이었는데, 그 부록의 형태로 그 중 406개 언어에 대해서는 위에서 서술한 첫 번째 특징(즉, S, V, O 의 배열), 그리고 387개 언어에 대해서는 네 번째 특징(AN형인지 NA형인지)에 관한 데이터를 제시하였다.

다른 하나는 Tomlin(1979)의 학위 논문인데, 여기서는 첫 번째 배열 특징만을 다루고 있지만 세계 언어들로부터 729개의 언어 데이터를 수집하여 분석하였다. 그 언어의 수는 지금까지 공표된 어순 데이터들 중 가장 큰 규모이다.4) 이 학위 논문은 그 후 Tomlin(1986)으로 출판되었는데, 여기서는 데이터 수가 1,063개로 늘어났다.5)

02 컴퓨터를 이용한 데이터베이스의 구축

해외에서 이루어지고 있는 어순에 관한 연구들을 참고하면서, 또 이들의 연구 성과를 보충한다는 의미에서 필자가 여러 언어의 어순 데이터를 수집하기 시작한 것은 1970년대 말부터 80년대 초에 걸친 시기였다.

당시 이미 일부 연구자들 사이에서는 실제 연구에 퍼스널 컴퓨터를 활용하여 도움을 얻는 경우들이 있었지만, 원래부터 기계나 계산에 익숙하지 않은 필자는 전혀 인연이 없는 물건이라고 생각하고 있었다. 그러던 필자가 그때까지 의지해 온 카드나 공책을 대신하여 자신의 연구에 컴퓨터를 사용하게 되리라고는 꿈에도 생각하지도 못했다. 그런데 그로부터 얼마 지나지 않아 근무처

---

3) *The guide to the languages of the world*, Standard University Press.
4) *An explanation of the distribution of basic constituent orders*, University of Michigan PhD Dissertation.
5) *Basic word order: functional principle*, Croom Helm

를 쓰쿠바대학(筑波大学)으로 옮기게 되었는데, 거기에는 비교적 가까운 곳에
컴퓨터나 워드 프로세서를 이용하는 연구자들이 적지 않았다. 거기에 다소 자
극을 받아 필자도 서투르기는 하지만 먼저 가볍게 워드 프로세서를 배우기 시
작한 후 바로 컴퓨터에도 손을 대게 되었다.

필자가 연구실에 컴퓨터를 도입한 것은 지금으로부터 8년 전, 1985년이
끝나갈 무렵이었는데, 당시 NEC에서 발매된 지 얼마 지나지 않은 PC98VM2
라는 16비트 컴퓨터의 결정판이었다. 컴퓨터를 사려면 바로 지금 사야 한다고
컴퓨터를 잘 아는 동료에게 추천을 받아 사게 됐지만, 사실 추천이라기보다
오히려 꼬드김에 넘어간 것이었다. 이것이 필자와 컴퓨터의 첫 번째 만남이었
는데, 이 VM2는 그 후에 자택에도 설치하여 상당히 친숙해졌다. 컴퓨터라고
해도 처음에는 계산기 같은 것으로 당시에는 '一太郎(이치타로)' 등의 워드 소
프트웨어를 사용하여 고작 문서를 작성하는 것이 다였지만, 곧 당시 릴레이셔
널 데이터베이스의 대명사와도 같았던 dBASE-Ⅲ를 손에 넣어 컴퓨터로 데
이터베이스를 구축하는 일도 시도하게 되었다. 그리고 첫 번째 목표로 삼았던
것이 어순의 데이터베이스였던 것이다.

그 작업을 착수하는 시작 단계에 당시 쓰쿠바의 대학원생이었던 야마모
토 히데키(山本秀樹) 선생(현 히로사키대학(弘前大学) 교수)의 도움을 받아 여러
언어들의 어순 데이터를 일정한 형식에 따라 카드로 기재하여 정리하는 것부
터 시작하였다. 기재 항목으로는 어순의 특징을 위에서 말한 4가지에 한정하
였고, 그 외에는 해당 언어의 명칭, 계통 관계, 사용하는 지역, 정보의 출처(즉
출전) 등을 기록하였다. 어순 이외의 언어 정보에 대해서는 주로 Voegelin &
Voegelin(1977)에 의거했다.[6] 세계 언어의 분류와 관련해서는 당시 이것이 가
장 자세하고 신뢰할 수 있는 것이라고 여겨졌기 때문이다.

이와 같이 하여 수집된 카드는 최종적으로 1,000건을 넘는 방대한 양이
되었는데, 이 데이터를 dBASE-Ⅲ의 파일에 입력하여 데이터베이스를 구축
하는 작업은 오로지 필자 혼자서 수행했다. 이 작업을 할 때 고생한 것은 파일
의 크기를 되도록 간결하게 하는 일이었다. 당시는 아직 대용량의 하드 디스
크를 사용하는 것은 그림의 떡이었기 때문에 모든 작업을 1Mb의 플로피 디스

6) *Classification and index of the world's languages*, Elsevier, New York.

크로 처리해야만 했다.

릴레이셔널 데이터베이스는 레코드 필드의 길이를 조금 많게 설정하면 바로 파일이 방대해져 일반 문서파일의 몇 배나 돼 버린다. 거기에 약간의 인덱스 파일을 추가하면 1장의 플로피에는 도저히 들어가지 않게 된다. 게다가 파일이 커지면 당시 그 자체로 처리 속도로 느린 16비트 컴퓨터로는 그 속도가 더 떨어지게 돼 데이터베이스로서의 실용성이 없어지게 된다. 그러한 까닭에 카드의 각 항목에 해당하는 필드의 길이를 되도록 짧게 하고 컴퓨터 초심자로서 어떻게든 조작 가능한 형태의 극히 심플한 어순 데이터베이스를 만들었다.

컴퓨터를 가지고 처음 시도한 이 데이터베이스의 성과는 1987년 6월의 『月刊言語(월간언어)』의 별책(종합특집 『日本語の古層(일본어의 고층)』)에 발표한 논문 안에 게재한 세계 언어의 어순 분포표와 어순 유형의 출현 빈도표의 형태로 이용되었는데, 그 단계에서 이용한 언어의 수는 약 1,200였다.[7] 이어 이 어순 데이터는 졸고(1987b)에서 좀 더 자세하게 다루기는 했는데, 거기서 제시한 어순의 데이터에 이용한 언어 수는 1,430개에 달했다.[8] 이것은 거기서도 서술한 바와 같이 당시 공표된 어순의 데이터로서 적어도 양적으로는 가장 풍부하다고 자부할 만한 것이었다.

이 어순 데이터베이스는 그 후에도 끊임없이 새로운 정보를 추가하거나 기존의 데이터를 수정하며 유지해 왔다. 그 중에서도 특히 데이터베이스의 구조 전체와 관련하여 가장 크게 바뀐 것은 데이터를 가지고 있는 언어들의 위치를 세계 언어의 전체 속에 정확히 자리매김하는 작업이었다. 이는 지금까지 수집한 어순의 데이터가 세계 언어 안에서 계통적, 지리적, 빈도적으로 어떻게 분포하고 있는지를 한층 더 상세히 개관하기 위한 것이었다. 이 작업을 위하여 데이터를 가지고 있는 언어뿐만 아니라 세계 언어 전체의 언어명, 계통 관계, 지리적 소재, 화자 수 등의 정보를 데이터로 등록하여 구축해 놓은 세계 언어의 데이터베이스 안에 지금까지 만들어 온 어순 데이터를 추가로 집어넣

---

7) 「日本語の類型論的位置づけ＿特に語順の特徴を中心に(일본어의 유형론적 위치 설정 – 특히 어순의 특징을 중심으로)」 (松本 2006:제7장 수록).

8) 「語順のタイプとその地理的分布＿語順の類型論的研究 : その1 (어순의 유형과 그 지리적 분포 – 어순의 유형론적 연구:1」 『文芸言語研究(문예언어연구)』 12:1–114. 筑波大学.

을 필요가 있었다.

이것은 예전부터 생각하고 있던 계획이었는데, 이를 직접 실행에 옮기게 된 직접적인 계기는 Ruhlen(1987)의 간행이었다.[9] 이 책의 마지막 장에는 계통별로 분류한 세계 언어의 완전한 일람표가 제시되어 있었는데, 약 5천 개의 언어를 비교적 보기 쉽게 간결하게 정리한 분류표였다. 이 정도의 데이터라면 혼자서 컴퓨터에 하나하나 입력하는 것도 그다지 곤란한 일은 아니다. dBASE의 APPEND나 REPLACE 기능을 사용하면 계통명은 동계의 언어에 대하여 한꺼번에 입력할 수 있다. 이 점에서 계통별 분류표는 언어명 알파벳순 분류보다 훨씬 입력하는 수고를 아낄 수 있었다.

문제는 계통 관계 이외의 정보 즉 지리적 위치와 화자인구 등인데, 이에 관해서는 예전의 카드 작성 때 참고로 했던 Voegelin & Voegelin(1977) 외에 미국의 SIL(하기 언어연구소 Summer Institute of Linguistics)에서 내놓은 Grimes(ed.)(1984)가 상당한 도움이 되었다.[10]

이것은 세계 언어를 국가 내지 지역별로 배열하고 각 언어의 계통, 지리적 위치, 화자인구, 문식율(文識率), 성서의 번역 유무 및 필요도 등의 정보를 간결하게 제시한 것인데, 국가별로 배열되어 있기 때문에 동일한 언어가 다른 국가나 지역 안에서 반복하여 출현하거나 언어명 검색이 잘 되지 않는 등의 결점도 있었다. 그러나 제10판부터는 처음으로 상세한 Index가 별책으로 간행되었기 때문에 세계 언어의 색인참고서로서 이용 가치가 상당히 높아졌다고 할 수 있다. 참고로, 여기에 등록된 세계에 현존하는 언어의 총수는 5,445개다.

세계 언어를 분류할 때 부딪치는 귀찮은 문제 중 하나는 언어의 명칭이 반드시 일정하지 않아 동일한 언어를 학자에 따라 다른 이름으로 부르기도 하고, 또 완전히 다른 언어가 똑같은 이름으로 불리기도 하여 어처구니없는 혼동을 일어난다는 점이다. Voegelin & Voegelin(1977)이나 Ethnologue에서는 언어의 명칭에 별칭이 있는 경우에는 가능한 한 그것을 병기하는 방침을 취하고 있는데, dBASE에 의한 필자의 데이터베이스에는 언어명 필드에 무작정 큰 공간을 배당할 수 없다는 뼈아픈 사정이 있다. 대부분의 언어명이 반각(半角)

---

9) *A guide to the world's languages, vol.1: classification*, Standford University Press.
10) *Ethnologue: Languages of the World*, 10th edition. Dallas, Texas.

으로 10자에서 20자 이내에 가능하기 때문에 극히 소수의 언어를 위하여 100 자분의 공간을 설정해 두는 것은 너무 큰 낭비다. 또한 덧붙이자면, dBASE는 100자릿수를 넘어가는 필드에서는 인덱스를 만들 수 없다는 치명적인 한계가 있기도 하다.

Ruhlen의 분류표에서는 원칙적으로 언어명을 하나밖에 제시하고 있지 않은데, 데이터의 간결성이라는 점에서는 바람직하지만 다른 자료와 대조할 때 같은 언어를 찾아내기가 불가능한 사례가 종종 나온다. 실제로 계통 관계 이외의 정보를 얻기 위하여 위의 두 책을 대조해 보면 아무리 해도 목표로 하는 언어를 특정할 수 없는 경우가 있어 곤란했던 적이 결코 적지 않았다. 그 밖에도 세계 언어를 분류해 나갈 때 더 근본적이고 도저히 해결할 수 없을 것 같은 여러 가지 곤란함이 없는 것이 아니지만, 그와 같은 문제에는 일단 눈을 감고 Ruhlen의 분류표를 기준으로 하여 일부의 어족이나 어파에 관해서는 별도의 자료를 이용하여 수정을 가하는 형태로 작업을 진행하여 잠정적이나마 세계 언어의 비교적 콤팩트한 데이터베이스를 완성시킨 것이 1989년 3월의 봄 방학 기간이다.

그 다음으로는 이 데이터베이스에 지금까지 만든 어순 데이터를 입력하는 작업을 해야 했는데, 그 성공 여부는 두 개의 데이터베이스 사이에서 언어 및 언어명의 대응이 얼마나 정확한지에 달려 있었다. 그러나 어느 쪽의 데이터도 완벽한 것이 아닌 이상 그 사이에 불일치가 있는 것은 당연한 일인지도 모른다. 예를 들면 한쪽의 데이터베이스에서는 단일 언어로 다루고 있는데 다른 한쪽에서는 복수의 서로 다른 언어로 구분하고 있거나, 혹은 그 반대의 경우도 있었다. 더 사정이 안 좋은 것은 한 자료에서 얻은 어순 데이터가 해당 언어를 세계 언어의 분류표의 어느 위치에도 자리매김할 수 없어 공중에 붕 떠버린 경우도 있었다. 또 같은 언어가 서로 다른 명칭으로 등록되어 있기 때문에 데이터의 중복이 판명되는 사례도 있었다.

그와 같은 이유로 새로운 데이터베이스 안에 최종적으로 어순 데이터를 입력한 언어 수는 기존의 것보다 상당히 감소하게 되었다. 어순 데이터를 입력한 이 세계 언어의 데이터베이스는 『世界言語総覧(세계언어총람)』 Version 1.00(1989/5/15)으로서 계통별, 그리고 언어명별로 배열한 것을 쓰쿠바대학의 일반언어학 연구실용으로서 작성했는데, 일반에는 공개하고 있지 않다.

이 데이터베이스는 일부의 어족 분류나 언어 정보에 관하여 아직 여러 가지 문제가 남아 있어 완성이라고 하기에는 여전히 부족한 점이 많지만, 지금까지의 어순 데이터를 세계 언어의 전체 틀 속에서 입력함으로써 지금까지는 보이지 않았던 여러 가지 것들이 상당히 명확하게 눈에 들어오게 되었다.

먼저 첫 번째로, 지금까지 수집한 어순 데이터의 세계 언어 안에서의 분포, 또는 편향성의 현황이다. 현시점에서 이 데이터에 등록된 세계 언어의 총수는 5,752개, 그 안에서 어순 데이터를 확보하고 있는 언어의 수는 1,566개이다.

이 수는 세계 언어의 총수 중 약 27퍼센트에 해당하는데, 세계 언어 안에 나타나는 분포 양상은 결코 균등하지 않다. 지금까지 언어학자들이 조사하고 연구해 온 지역이나 어족이 한쪽으로 치우친 경향이 있었기 때문에 그것은 당연할지도 모르겠다. 예를 들면 유럽의 언어나 우랄, 알타이, 캅카스 등 아시아의 주요 어족에 대해서는 거의 90퍼센트 이상 데이터를 가지고 있지만 오스트로네시아, 뉴기니아, 오스트레일리아의 언어는 10~20퍼센트 정도에 지나지 않아 그 비율이 상당히 떨어진다. 참고로, 오스트레일리아 선주민 언어의 수는 Wurn & Hattori(eds.)(1981)에 따르면 537개라고 하고, 또 인구 약 3백만 명 정도의 파푸아뉴기니에서는 약 750개의 언어를 사용하고 있다.[11]

다음으로 언어들의 어순 데이터는, 언어지리학에서 말하는 등어선과 동일하게 지리적으로 상당히 연속적이고 통시적으로도 유의미한 분포를 보이는데, 기본 어순의 각 유형은 각각 중심적인 분포역이 있는 동시에 그 주변부나 두 개의 서로 다른 유형의 경계부에 이른바 '과도지역'을 포함하기도 한다.

예를 들어 인도아대륙은 전체적으로는 일본어와 거의 동일한 수미일관한 SOV형의 지역이라고 간주할 수 있기 때문에 그 안에 완전히 돌발적으로 SVO형의 언어가 나타난다고 하는 가능성은 상상할 수 없다. 인도의 언어 수는 필자의 데이터베이스에서는 200여 개, 어순 데이터의 비율도 30퍼센트 이하로 많은 공백이 있지만, 이들 언어의 어순 데이터는 자료가 없더라도 예측할 수 있다. 동일한 상황은 아프리카 중앙부의 반투어권에서도 보인다. 여기서 어순 데이터의 비율은 인도보다 낮지만 이 지역의 언어가 수미일관한 SVO형에 속한다는 것은 백 퍼센트에 가까운 확률로 예측할 수 있다. 따라서 이러한 지역

---

11) *Language atlas of the Pacific area*, The Australian National University.

에서 어순 데이터를 무작정 수집하는 것은 별로 의미가 없다.

어순에 관하여 정확한 데이터가 필요한 곳은 위에서 말한 '과도지역'이다. 예를 들면 SOV형의 파푸아제어와 SVO형의 멜라네시아제어가 접촉하는 뉴기니아의 해안부나 주변 도서부, SOV형의 인도 및 알타이제어와 VSO형의 아랍어 사이의 과도지역을 형성하고 있는 이란어권, SOV와 VSO(내지 VOS)가 복잡하게 섞여 있는 메소아메리카, SOV의 쿠시어(Cush)와 VSO의 셈어가 장기간에 걸쳐 접촉해 온 에티오피아 등등이다. 이러한 곳에는 혼합적인 혹은 불안정하여 변칙적인 어순 유형이 나타나기 때문에 쉽게 예단할 수 없다.

그러나 이와 같은 지역은 세계 언어의 전체에서 볼 때 상당히 국한되어 있다. 따라서 어순의 데이터에 관한 한, 이 이상 언어의 숫자만 늘려간다고 해서 그다지 큰 이점이 있지는 않을 것이다. 그렇기 때문에 요근대 1, 2년 이 데이터베이스 안에서 어순의 데이터는 그다지 늘리지 않고 있다. 오히려 눈앞의 관심사는 이것을 세계 언어의 데이터베이스로서 더 충실하게 만드는 것인데, 이것이 좀처럼 쉽지 않은 난관이다.

참고로, 앞서 언급한 Ethnologue의 제12판이 작년(1993년)에 출판되었다(이 책은 대체로 4년을 주기로 개정판을 내고 있다).[12] 이것을 보면 세계 언어의 총수는 6,528개로 되어 있는데, 필자가 이용한 제10판과 비교해 봤을 때 2할 정도 언어의 수가 늘어났다. 현재 이 책에 수록된 데이터는 전부 컴퓨터로 관리하고 있어 새로운 정보를 가지고 끊임없이 갱신하고 있다고 한다. 현시점에서 세계 언어를 가장 상세하게 망라하고 있는 이 데이터베이스는 아직 공개되어 있지 않지만, 이 자료가 인쇄된 서적이 아니라 전자화된 매체로 제공된다면 매우 고마우리라는 것은 필자 혼자만의 생각은 아닐 것이다.[13]

---

12) [옮긴이] 2019년 2월 현재 Ethnologue는 제22판이 공개되어 있고, 여기서 제시하고 있는 언어의 수는 7,111개이다.

13) 현재(2015년)는 *Ethnologue*의 최신판이 인터넷상에 공개되어 있어 누구나 자유롭게 접근할 수 있게 되었다(http://www.ethnologue.com/).

03 맺음말

그런데 필자가 어순 데이터베이스 작업을 시작하고 7~8년 동안 컴퓨터를 둘러싼 상황은 크게 바뀌었다. 모든 작업을 1Mb의 플로피 디스크로 처리했던 것은 이미 머나먼 옛날이야기가 돼 버렸다. 40Mb의 하드디스크를 처음 부착했을 때 컴퓨터의 세계가 엄청나게 넓어진 것처럼 여겨진 것도 과거의 일이다. 지금은 200Mb, 300Mb가 당연한 것처럼 되었다. 필자가 익숙하게 사용했던 VM2도 3년 전에 32비트 386기의 RA21로 교체되었고, 1년 전에는 CPU만 교체하여 486급으로 스피드업되었다. 데이터베이스의 크기를 조금이라도 줄이려고 이리저리 궁리할 필요가 없어져 데이터 처리나 검색의 수고 때문에 짜증을 낼 일도 거의 없어졌다.

단, 곤란한 것이 이와 같은 하드적인 측면에서의 성능이 비약적으로 향상됨과 함께 그와 경쟁하듯이 시판되는 소프트 역시 쓸데없이 다양한 기능을 포함시켜 어처구니없이 비대해지기 시작했다. dBASE의 일본어판도 최근의 버전 Ⅳ로 바뀌었는데, 프로그램이 너무 커져 버렸기 때문에 상당한 양의 프로텍트 메모리를 필요로 하게 돼 특별한 환경을 만들어 주지 않으면 기동하지 않거나 기동하기까지 시간이 너무 많이 걸린다. 여러 가지 편리한 기능도 늘어났지만 최근 이 dBASE-Ⅳ는 특히 데이터를 가공할 때 이외에는 별로 사용하지 않게 되었다. 일반적인 이용은 이것을 보통의 텍스트 파일로 변환하여 프리 소프트웨어로 돌린 텍스트 처리용의 여러 가지 편리한 도구를 사용하고 있다.

현재의 데이터는 dBASE의 파일이라면 본체만 2Mb 정도가 되는데, 이것을 텍스트 파일로 바꾸면 500~600Kb로 1/4 정도가 된다. GREP계의 고속 검색 도구를 사용하면 거의 일순에 검색할 수 있다. 데이터의 수정이나 첨가도 VZ에디터의 태그점프로 일순에 목적한 레코드로 날아가 준다. 검색한 데이터를 적당한 포맷으로 출력하는 데는 SED나 XTR 등의 텍스트 교정 도구를 사용하면 간단하게 처리되기 때문에 dBASE을 사용할 일은 점점 적어지고 있다. 또 최근 일부에서 인기가 높은 AWK나 PEARL과 같은 다소 고급의 프로그램을 사용하면 필자가 만든 정도의 데이터 처리나 가공에 dBASE 등은 전혀 불필요할 것이라는 생각이 들기는 하지만, 유감스럽게도 아직 거기까지 사용하는 데에는 이르지 못했다.

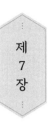

언어사에서 60년이란

　　이것은 편집부에서 필자에게 부탁한 제목인데, 기획 취지를 보면[1] '언어
사에서 60년이란'이라기보다 오히려 '일본어사에서 쇼와 60년이란'이라는 제
목을 붙여 이 분야의 적절한 전문가에게 집필을 맡겨야지 일본어사나 일본어
학과는 별로 인연이 없는 필자가 나설 만한 무대가 아니라는 생각이 들기도
한다.

　　어찌 됐든 주어진 제목의 취지는 그처럼 대상을 특정하지 않고 본디 언어
의 역사에서 60년이라는 세월이 어떠한 의미를 가지는지 좀 더 일반적인 형태
로 논하는 데 있는 것 같다. 그러나 언어학의 입장에서 이러한 질문에 정면으
로 대답하는 것은 결코 용이한 일이 아닐 것이다.

　　조금 돌아가는 길이 되겠지만, 먼저 지금까지 역사언어학에서 일반적으로
언어사 또는 언어의 변화를 시간이나 연대와 관련해서 어떠한 형태로 다뤄 왔
는지 살펴보자.

01 언어사에서 연대의 문제

　　인문학이든 자연과학이든 영역과 상관없이 각각의 역사에는 그 대상에
따라 기준이 되는 대체적인 시간 단위가 있다. 예를 들면 인간의 생애에서 10

---

1) 昭和 60(1985)년을 맞아 실시하는 특별 기획.

년, 민족의 역사에서는 백 년, 인류사나 선사고고학에서는 천 년, 생물의 진화에서는 만 년, 천문학에서는 억 년과 같이 말이다. 언어의 경우, 그것을 행사하여 이른바 언어생활을 운영하는 주체는 개인이지만, 그것은 물론 개인의 소유가 아니라 개인이 소속된 사회집단의 공유물이다. 그리고 같은 언어를 공유하는 그와 같은 사회집단은 많은 경우 '민족'이라는 것과 일치한다. 따라서 언어의 역사는 무엇보다 먼저 민족의 역사와 깊은 관련을 맺고 있는 것이다. 한편, 언어의 사용을 특징으로 삼아 인류를 다른 생물체와 구별한다고 한다면, 언어사에서 문제가 되는 시간 단위는 10년이 아니라 민족사나 인간사의 기준이 되는 백 년이나 천 년을 생각하는 쪽이 더 자연스러울 것이다.

언어사 연구에서 과거의 문헌 기록을 이용하는 것은 거의 필수불가결하다고 해도 좋을 것이다. 하지만 그러한 문헌 자료가 어느 시대나 고르게 남아 있는 것은 아니다. 1차 자료를 가지고 과거에 일어난 언어 변화의 흔적을 백 년 단위의 간격으로 큰 공백 없이 직접 둘러보는 것이 가능하다면, 그건 정말 운이 좋은 경우라고 하지 않을 수 없다. 만일 어느 한 시대의 자료가 시간적으로 자세히 관찰할 수 있을 정도로 풍부하게 남아 있다고 하더라도 많은 경우에 그와 같은 짧은 시간폭의 언어 변화는 문헌상에 나타나지 않는다. 한편, 문헌 자료에 의해 거슬러 올라갈 수 있는 언어사의 연대폭에도 상한선이 있다. 일본어나 또 영어, 독일어 등 서구의 많은 언어는 1,000년에서 1,500년 정도이고, 현존하는 언어 중에서 가장 오래된 역사를 가진 중국어나 인도―아리아어, 그리스어 등도 기껏해야 3천여 년 정도이다.

그 밖에 현재는 소멸하여 문헌만 남아 있는 언어를 포함하면, 메소포타미아에서 인류사상 처음으로 문자를 창시한 수메르인의 언어, 이 문자를 차용한 셈계의 아카드어(Akkadian), 최근에 시리아에서 방대한 점토판 문서가 발견된 동일한 셈계의 에블라어(Eblaite), 이집트 상형문자에 의한 고대 이집트어 등이 가장 오래된 언어들인데, 그들 역시 모두 기원전 3천 년대로 거슬러 올라간다. 따라서 인류 언어를 총체적으로 바라볼 경우, 문헌으로 찾아갈 수 있는 언어사의 최대 연수는 5천 년 정도일 것이다.

언어의 사적(史的) 연구와 관련된 분야는 이러한 문헌언어사에만 국한된 것은 아니다. 예를 들어 19세기 이래 역사언어학의 주류를 이루어 온 비교언어학은 동계 관계에 있는 언어 또는 방언을 비교함으로써 이들의 조어(또는 공

통기어)의 상태를 이론적으로 재구성하는 형태로 문헌이 없는 시대의 언어사를
복원하기 위한 정밀한 방법을 발달시켜 왔다.

그러나 이 비교방법에 의해 재구할 수 있는 혹은 비교방법을 적용할 수
있는 언어사의 범위 역시 한계가 있다. 비교언어학이 인구어의 영역에서 극적
이라고까지 얘기할 수 있을 정도로 성공을 거둔 것도 지금으로부터 3천 내지
2천 년 전의 기록에 나타난 옛 인구제어, 예를 들어 그리스어와 산스크리트어
사이의 언어적 차이와 그것을 낳은 시간적 간격이 비교 연구에 안성맞춤인 것
이었기 때문에 가능했던 것이다. 그 간격은 현대의 로망스제어나 슬라브제어,
혹은 셈제어의 내부에 보이는 것보다는 크고, 현대의 인구제어 예를 들면 프
랑스어, 현대 그리스어, 현대 페르시아어, 힌디어 등의 차이에 비하면 훨씬 작
다. 전자의 경우에는 동계 관계가 너무 빤히 보이고, 후자에서는 어렴풋이 추
측할 수 있기는 하지만 그 비교의 근거가 되는 이른바 대응의 규칙성이 거의
숨겨져 있다.

로망스제어가 분화한 지는 대체로 1,500년, 슬라브어는 1,000여 년, 한편
문제가 되는 인구제어의 공통 시대는 약 5~6천 년 전이라고 추정된다. 그렇다
는 것은 임시로 동계 관계에 있는 언어 간이라고 해도 분기한 지 5천 년 이상
이 지나고 나면 외관상으로는 거의 아무런 관계도 없는 언어처럼 보이게 되는
데, 역으로 천 년 정도라면 일반인들이 봐도 그 유사성을 알 수 있을 정도여서
다른 언어라기보다 동일한 언어의 방언적 변종으로 봐도 지장이 없을 것이다.

나중에 다시 서술하겠지만, 언어 변화의 속도는 모든 언어권에서 동일하
지 않은데, 인구제어의 경우에 비추어 판단할 때 비교언어학이 다룰 수 있는
언어사의 범위는 역시 최대로 잡아도 5~6천 년, 그리고 비교방법이 특히 위력
을 발휘하는 것은 분기 후 2~3천 년 전후의 동계어들일 것이다. 그러나 비교
언어학은 문헌언어사와 달리 직접 자료가 없는 시대의 언어사 재구를 주된 임
무로 하기 때문에 그 방법이 아주 엄밀하다고 하더라도 문헌언어사만큼 연대
적으로 정밀한 연구를 할 수는 없다.

그렇기는커녕 비교방법에 의해 재구된 이른바 '조어형'에는 날짜 같은 것
이 있을 리가 없다. 비교방법이란 동계의 언어들 사이에 보이는 언어적 차이
를 공통의 기원으로 환원함으로써 통시적 설명을 부여하는 방식인데, 그 기원
의 연대적 깊이에 대해서는 전혀 묻지 않고 또 그러한 물음에 대답할 만한 수

단도 가지고 있지 않다. 비교언어학이 그리고 또 비교언어학으로 대표되는 전통적인 언어학이 언어 변화나 언어사를 다루면서도 연대의 문제에 놀라울 정도로 둔감했던 것도 다 이러한 방법론적인 면에 기인한다고 할 수 있다.

이와 같이 연대의 문제에 무관심한 비교언어학에 대하여 이 문제를 최대의 초점으로 다루고자 하는 새로운 언어학의 분야가 나타났다. 즉, 1950년대에서 60년대 초에 걸쳐 미국의 스와데시와 그 밖의 학자들이 제창하여 많은 논의를 불러일으킨, 그 이름도 '언어연대학'이라고 불리는 것이 바로 그것이다.

그의 주장을 간추려 이야기하자면, 각 언어들의 어휘 중 가장 기초적인 부분, 예를 들면 신체 명칭, 친족 명칭, 기본 수사, 대명사, 자연 현상·천체명, 일종의 기본 동사 등은 다른 언어의 영향에 대하여 가장 저항이 강하고 안정도도 높다. 또 그것들이 언어 내부에서 서서히 변화하여 붕괴해 가는 속도는 마치 자연계에서 방사성탄소(C14)의 소실율이 일정한 것과 같이 모든 시대의 모든 언어에서 항상 일정하다는 것이다.

따라서 동계 관계에 있는 두 개의 언어 사이에 이러한 기초 어휘의 공유율이 측정된다면, 그로부터 두 언어가 조어에서 분기해 나간 지 얼마나 되었는지 계산할 수도 있다는 것이다. 마치 고고학자가 지하에 묻혀 있던 식물 등이 가지고 있는 방사성탄소의 잔존율을 계산하여 유적 내지 유물의 연대를 계산해 내는 것과 같은 것이다. 이를 위하여 스와데시는 100개 및 215개의 단어로 구성된 '기초 어휘'의 목록을 구성하였다. 그것을 토대로 다른 학자들이 이미 계통 관계가 어느 정도 판명되어 있는 유럽의 몇몇 언어를 가지고 검증한 결과, 기초 어휘의 생존율은 천 년에 약 81%, 그리고 해당하는 두 언어의 분기 후 연수는 다음과 같은 식으로 계산할 수 있다고 하였다.

$$T = logC \div 2logR$$

[R은 정수인 기초어휘의 생존율, C는 두 언어 간의 공유 생존율, T가 구하고자 하는 연수(천 년 단위)이다.]

그러나 이와 같은 언어연대학의 도전적인 주장은 확증할 수 없는 두 가지 가정을 기반으로 하고 있다. 즉, 모든 시대와 모든 지역의 언어에 보편적으로 적용할 수 있는 '기초어휘'가 존재하고, 그러한 어휘의 소실 내지 생존율이 항상적이라는 것이다. 단순히 기술적인 계산 기준의 문제뿐만 아니라 이 두 가지 기본적인 전제 자체가 사실은 매우 의심스럽다는 것이 이후 다양한 언어 영역의 실제 연구에 의하여 밝혀졌기 때문에 언어연대학은 당초의 기대와는 달리 급속히 쇠퇴하였다.

예를 들어 인구어의 영역에서 언어들의 '기초어휘' 잔존량은 만일 언어연대학의 주장이 타당하다면, 각 언어의 소속 연대의 세월에 비례해야 할 텐데 실제로는 결코 그렇게 나타나지는 않는다. 즉, 인구어 중에서 가장 오래된 히타이트어를 예로 들자면, 이 언어의 '기초어휘' 보유량이 놀라운 것은 그보다 3천 년 가깝게 젊은 언어인 알바니아어나 아일랜드어와 함께 언어들 중에서 가장 낮은 수치를 가리킨다. 즉, 동계 언어들 사이에서 기본적인 어휘의 공유율이 해당 언어들 사이의 근친도를 재는 유력한 지표가 될 수 있다는 것은 분명하지만, 그 근친성의 거리는 항상 일정한 시간으로 환원되는 것은 아니라는 것이다. 언어를 변화시키는 요인에는 결코 시간만 있는 것이 아니다. 이 점에서 '기초어휘'라고 해도 예외는 아닌 것이다.

언어연대학은 이처럼 잘못된 전제 위에서 출발했기 때문에 아무런 결실을 맺지 못한 채 끝나 버렸지만, 어휘의 계량적 연구를 통해 언어 간의 거리나 언어 변화의 연대폭을 측정하고자 하는 기본 발상 자체는 틀렸다고만 할 수는 없다. 하지만 언어연대학의 실패로 인해 어휘통계론 자체에 대한 관심까지 일순간에 사그라진 것은 유감스러운 일이었다. 더욱이 어휘는 예전부터 언어 안에서 가장 변하기 쉽고 가장 비체계적인 부분이라고 여겨져 왔기 때문에 그에 대한 연구도 언어학에서는 약간 서자 취급을 받아 왔다.

확실히 어휘는 '기초적'이라고 하는 부분은 둘째 치고 전체적으로 보면 음운이나 문법 체계와 비교하여 언어의 가장 외면적인 성분, 이른바 신체의 외관을 둘러싸고 있는 의상과도 같은 것이다. 따라서 각각의 언어 그 자체보다는 오히려 언어 집단이 놓인 시대나 사회적 환경의 영향을 가장 직접적으로 받기 쉬운 것이다. 그렇다고 한다면 바로 이와 같은 어휘의 변동을 통해 다양한 시대의 언어 변화의 속도나 정도성 역시 기본적으로는 객관적으로 측정할 수 있을 것이다. 이것은 언어연대학과는 반대로 어휘의 소실율이 언어에 따라 또 시대에 따라 서로 다를 것이라는 우리의 직관과도 잘 맞아떨어진다. 물론 이와 같은 입장의 언어 연구는 지금까지도 부분적이고 개별적인 형태로 이루어져 온 것이기는 하지만, 방법론적으로 잘 구성된 조직적 연구는 앞으로 언어사 연구에서 매우 중요한 과제가 될 것이다.

이 점에서 주목할 만한 것은 최근 소련의 일부 언어학자들이 시도하고 있는 새로운 어휘통계론(혹은 계량어휘론)인데, 예를 들면 어느 언어의 총체적인 어휘의 변화를 시대마다 계량하여, 각 시대의 언어 변화의 정도를 수량적으로 파악하고자 하는 것이다. 거기서는 100년, 50년, 25년 정도의 연대폭에서 이루어지고 있는 변화를 다루고 있다. 이를 통해 어휘의 변화 내지 치환율은 언어에 따라 또 시대에 따라 확연히 서로 다르고, 또 그것이 각 언어의 시대에 따른 변동의 크기를 반영하고 있음을 확실히 포착할 수 있었다.

예를 들어 11세기에서 18세기에 이르는 러시아어에서 어휘의 치환율은 17세기와 18세기에 급격하게 상승하여 그 이전보다 배 혹은 그 이상의 수치를 나타낸다. 이 두 세기는 주지하다시피 당시까지 사용하고 있던 교회슬라브어를 근대 러시아어가 대신하기 시작하며 러시아의 표준적인 공용어·문장어로 형성된 중요한 시기이다. 일본으로 이야기하자면 에도후기에서 메이지시대 정도에 해당할 것이다. 한편, 이와 동일하게 11세기 이후의 영어에 대하여 살펴보면, 여기서 어휘의 치환은 12세기에서 14세기의 3세기에 이상할 정도로 높아졌다가 그 이후에 다시 급속히 저하된다. 예를 들어 13세기를 100이라고 하면 15~16세기는 20, 17~18세기는 5 정도의 치환율이다. 13세기는 말할 필요도 없이 '노르만 정복'으로 인해 영어사에서 가장 극심한 변종이 발생한 시대로, 이 시기의 영어는 어휘뿐만이 아니라 언어 구조 전반에 걸쳐 그 양상이 크게 변했다.

이와 같은 연구는 자료의 취급이나 수학적 처리의 방법에 있어서 아직 어려운 문제가 남아 있는 것 같기는 하지만, 만일 일본어의 경우에도 조직적으로 적용할 수 있다고 한다면 시대별 일본어의 변동 모습을 100년이나 50년 정도의 폭으로 상당히 정확히 포착할 수 있을지도 모르겠다.

이상으로 지금까지 언어학에서 연대의 문제가 어떠한 형태로 다뤄져 왔는지를 둘러봤는데, 결국 당면한 문제인 60년이라는 연대 폭이 언어사적으로 어떠한 의미를 가지는가 하는 물음에 대해서는 좀처럼 기대만큼의 대답을 끌어내기 쉽지 않다. 생각해 보면 이 질문 자체는 올해가 우연히 쇼와(昭和) 60년을 맞이했기 때문에 이것으로 한 시대를 매듭지으려는 것일 뿐, 60이라는 숫자 자체에 그 이상의 의미가 있는 것은 아닐지도 모르겠다.

지금으로부터 20년 정도 전에 메이지(明治) 100년이라는 이야기가 있었는데, "메이지는 이미 먼 이야기가 돼 버렸다"라는 말을 종종 듣고는 했다. 메이지만큼은 아니겠지만 이미 60년이 경과한 쇼와도 그에 상응하는 역사의 두께를 가지고 있고, 더욱이 그것은 좀처럼 볼 수 없는 격동의 시대였다고 할 수도 있을 것이다. 언어가 무엇보다 먼저 사회적 소산이라고 한다면, 이 시대의 사회적 변동은 여러 가지 형태로 우리의 언어에도 반영되어 있을 것이다. 문제는 그것을 어떻게 파악할지에 달려 있을 텐데, 언어학의 전통적인 수법은 현실 사회의 살아 있는 복잡하기 그지없는 일상어의 변화상을 정확히 파악하는 데에는 아직 너무나 미숙하다고 하지 않을 수 없다.

02 언어 변화에서 60년이란

근대 언어학의 확립자라고도 할 수 있는 소쉬르는, 주지하다시피 이 복잡한 언어 현상에 대처하기 위하여 '랑그'와 '파롤'이라는 이분법을 사용하였다. 다양한 장면에서 개개인의 언어 사용, 즉 가장 구체적인 말의 모습은 파롤에 속한다고 하여 언어학의 주된 연구 대상에서 제외해 버렸다(촘스키가 주장한 '언어능력 competence'과 '언어 수행 performance'의 이분법도 이와 거의 동일한 입장이다).

한편 랑그는 동시성의 평면으로 파악하여 포착할 수 있는 '공시태'와, 계기적인 시대의 축으로 포착할 수 있는 '통시태'로 나눌 수 있는데, 이 둘은 그 성격이 전혀 다른 것이기 때문에 이 둘을 연구하는 공시언어학과 통시언어학 역시 전혀 다른 학문 분야라고 하였다. 이와 같은 입장에서 과연 여기서 문제로 삼는 60년 또는 그보다 단기간에서 일어난 언어의 변화상은 어떻게 다룰 수 있을까? 공시태의 문제일까 아니면 통시언어학의 연구 대상일까?

다시 고쳐 생각해 보면, 언어 및 언어의 역사에서 60년이라는 시간은 미묘한 의미를 가지고 있다. 먼저 그것은 언어사용자에게는 생애의 평균적인 길이를 의미할 것이다. 한 개인의 생애에 걸친 언어 경험 전체는 대체로 60년 정도가 될 텐데, 이러한 언어 경험은 통시적 현상일까 아니면 공시적 현상일까? 혹은 언어 형성기를 지난 성인의 언어(랑그)는 변화하는 것일까 그렇지 않은 것일까? 만일 변화한다고 한다면 그것은 어떠한 형태로 이루어지는 것일까? 한편 지금까지의 언어학은 언어 변화를 주로 세대에서 세대로의 전승, 즉 아이의 언어 습득의 과정에서 일어난다고 생각해 왔다.

이 세대라는 관점에서 살펴보자면, 한 세대를 대체로 30년이라고 간주하기 때문에 60년이라면 딱 두 세대 정도의 길이에 해당한다. 즉, 조부모와 손주가 두 세대를 사이에 두기 때문에 통상의 언어 집단은 노년층과 연소자층의 공존이라는 형태로 60년 정도의 연대폭을 항상 그 내부에 포함하게 된다. 그렇다는 것은 한 사회에서 한 시기의 '공시태'를 추출해 내더라도 거기에는 반드시 60년 정도의 시간차가 개재해 있는 것이 될 텐데, 결국 소쉬르가 말한 것과 같은 시간적 관계를 완전히 제거해 버린 '공시태'라는 것은 일종의 '허구 fiction'에 지나지 않을지도 모른다. 언어사에서 60년이라는 문제는 소쉬르적인 언어학에서는 해결할 수 없는 난문이지 않을 수 없다.

지금까지 언어의 역사적 연구에서는 과거의 문헌 기록에 의한 것이든 동계 언어 간의 비교에 의한 것이든 언어 변화는 항상 완료된 것으로 바라봤다. 예를 들어 라틴어의 pater '아버지'와 이탈리아어의 padre를 비교하거나 혹은 고트어의 fadar와 산스크리트어의 pitar−를 비교할 때 거기에 보이는 차이를 통해 과거에 일어난 변화를 추정한다. 요컨대 언어 변화란 서로 다른 두 개의 시점에서 언어 형태 간의 차이라는 모습을 가지고 간접적으로 파악한 것에 불과할지도 모른다. 어느 하나의 언어 형태가 실제로 바뀌어 가는 과정을 직접 관찰하는 것은 불가능하다는 것이 지금까지의 언어학적 상식이었다. 소쉬르가 말한 공시태뿐만 아니라 언어의 통시태 역시 정지한 상태 사이의 정적인 관계로 파악될 뿐인데, 언어 변화를 이처럼 완료된 모습으로 바라보기 위해서는 당연히 시간적으로도 그에 상응하는 거리를 두지 않으면 안 되는 것이다.

03 말의 흔들림: 진행 중인 언어 변화

그러나 지금까지 언어학자들이 생각해 온 것과 같이, 진행 중인 언어 변화를 그대로 관찰하는 것은 정말 불가능한 것일까? 언어학의 연구 대상을 만일 소쉬르가 이야기한 '랑그'에만 국한시킨다면 분명 그것은 불가능할 것이다. 변화는 항상 인간들의 일상적인 언어 사용, 즉 '파롤'적인 측면에서 일어나기 때문이다.

그런데 이러한 언어의 파롤적 측면에 대하여 일본에서는 예전부터 '언어생활'이라고 부르며 현대어 연구의 중요한 분야로 다뤄 왔다. 1960년대 이후 미국을 중심으로 급속히 발달하여 최근 일본에서도 융성한 모습을 보이고 있는 사회언어학의 영역에서는 이처럼 진행 중에 있는 언어 변화, 혹은 더 일반적으로 언어의 "공시적인 변화상"에 대한 본격적인 연구가 이루어지고 있다. 언어사에서 60년이라는 문제도 이 언어학의 새로운 연구 분야에서 적절한 대답을 기대할 수 있을지도 모르겠다.

언어를 그것이 사용되는 사회적 장에서 관찰할 때 역사언어학의 견지에서 특히 흥미로운 것은 '말의 흔들림'이라는 현상이다. 이것은 언어의 여러 가지 국면에서 다양한 형태를 취하며 나타난다. 그 중 어떤 것은 사용자가 전혀 의식하지 못하기도 하고, 또 어떤 것은 집단 내의 일부 구성원들에게서 '말의 문란'이라고 비난을 받는 대상이 되기도 하며, 또 어떤 것은 새로운 유행으로서 혹은 바람직한 언어 사용으로서 모방의 대상이 되기도 한다. 이 '흔들림' 속에 숨겨져 있는 것이야말로 바로 진행 중인 언어의 변화인 것이고, 이 변화는 사회 계층 간에서 때로는 위에서 아래로, 때로는 아래서 위로, 그리고 많은 경우에는 세대의 하강 방향으로 진행되어 간다.

가까운 예로서 음운 변화의 사례를 본다면, 현대의 도쿄어에서 어중의 ガ (ga)행자음이 노년층에서는 비탁음(鼻濁音)인 [ŋ]의 발음이 우세하고 연소층에서는 탁음인 [g]의 발음이 우세한 것을 들 수 있다. 최근의 흥미로운 조사에 따르면 도쿄어 화자의 최연장자층, 대체로 70대 이상의 노령자에서는 [g]의 발음이 거의 제로에 가까웠고, 반면 최연소자층(여기서는 중학생)에서는 거의 100%에 가까웠다. 한편, 중간의 장년층 즉 40대에서는 [ŋ]/[g]의 양쪽이 거의 반반씩 나왔다. 이 조사의 결과는 바로 60년 동안 해당 음운 변화가 도쿄어의 구어 층위에서 진행되었음을 나타내는 것이다.

이 예는 하나의 언어 변화가 비교적 단기간에 순조롭게 진행된 비교적 드문 사례인데, 물론 모두 이와 같이 단순한 형태로 진행되는 것은 아니다. [ŋ]

에서 [g]로의 변화는 이 음의 변별적 기능에는 관계하지 않는 이른바 음성 층위의 현상로, 음운 변화로서도 그다지 중요한 것은 아니기 때문에 화자들은 거의 의식하지 않는다.

이와 동일하게 도쿄어에서 이른바 서민층의 언어에는 다른 지방에서도 많이 보이는 것과 같이 상당히 이른 시기에 'シュ[shu]'와 'シ[si]', 'ジュ[ju]'와 'ジ[ji]'의 구분을 상실하였다. 그러나 이 음운 변화는 현재 도쿄어에서 볼 때 노년층에서는 약 60~70%, 중년층에서는 약 20~30%에서 이 구별이 차츰 복원되고 있어, 일반적인 언어 변화와는 역방향의 형태가 나타나고 있다. 그런데 전후 출생의 젊은 세대들에서는 다시 이 변화가 상승하는 경향을 보이기 시작한다. 이러한 '흔들림' 현상이 앞으로 어떠한 형태로 귀착될지 현재로는 예측하기가 어렵다. 그러나 어찌 됐든 이는 한 차례 발생한 음의 변화가 외부적인 요인(이 경우에는 학교 교육 등에 의한 표준어화)에 의해 일시적으로 교정된 예로서 매우 흥미로운 사례가 아닐 수 없다.

이 변화는 예전에 일본어에 일어난 'ジ'~'ヂ'의 혼동[2] 등과 동일한 이른바 '음소 합류'로, 어휘의 의미 식별에 관계한다(예를 들면 '主シュ'와 '氏シ'의 구별, '塾ジュク'와 '軸ジク'의 구별). 단, 이 음운적 구별은 거의 한자어의 영역에 국한되고, 게다가 サ(sa), ザ(za)행에만 나타난다. 다른 것은 모두 'キュ—'(예를 들면 '旧, 仇'), 'ニュ—'(예를 들면 '入, 乳')와 같은 긴 음절이다. 즉, 이 음운적 대립은 일본어의 음운 조직 안에서 가장 약한 부분에 속한다. 한번 저지된 이 변화가 도쿄어의 젊은 세대에서 다시 나타나기 시작한다는 것은 이른바 여분의 음운적 대립의 해소가 일관되게 일본어의 음운 조직에 뿌리박혀 있음을 의미한다. 이와 유사한 사례로 역시 서민층의 언어에서 일어난, 도쿄어의 이른바 공통어화에 의해 'ヒ[hi]'와 'シ[si]'의 혼동이 저지된 사례가 있다. 그러나 이 경우에는 위와 같은 재발의 조짐은 보이지 않는다.

'말의 흔들림' 현상은 이와 같이 세대 간의 차이라는 형태로 관찰될 뿐만 아니라 현대의 특히 도시형 사회에서는 신분이나 계층, 거주지, 출신지, 성별, 더 나아가 같은 화자에서도 장면의 차이 등등에 따라 다양하게 나타난다. 이

---

2) [옮긴이] ジ는 シ(si)의 유성화음이고 ヂ는 チ(chi)의 유성화음으로, 현대 일본어에서는 동일한 음(zi)으로 취급하고 있다. 아래 11.2절의 내용을 참조하기 바란다.

와 같은 변화상 속에서 무엇이 이미 일어난 변화의 잔존이고 무엇이 지금 일어나고 있는 변화인지, 그리고 무엇이 앞으로 일어날 변화의 전조인지 등을 정확히 분간해 내는 것은 물론 쉬운 일은 아닐 것이다. 언어 현상뿐만 아니라 일반적으로 사물은 움직임이 진정되지 않으면 그 실상을 좀처럼 포착할 수 없기 때문이다.

앞서 본 도쿄어의 어중 ガ(ga)행자음의 변화 역시 현시점에서는 "도쿄어의 구어에서 [ŋ]가 [g]로 바뀌었다"와 같은 과거형으로 이것을 나타낼 수는 없다. 이 변화가 시작된 것은 아마 현재의 노령자들이 어렸을 때인 쇼와 초기라고 생각되는데, 그로부터 60년을 지난 현재 [ŋ]을 [g]로 발음하는 인구는 청년층을 중심으로 전체 사용자의 약 절반에 달하게 된 것뿐이다. 앞으로 이 변화가 외부적인 간섭 없이 순조롭게 진행해 나가 인구 전부 내지 대다수가 [g]라고 발음하게 되는 것은 현재의 최연소자층이 사회의 최연장자층에 도달할 시기, 즉 60년 후의 일이 될 것이다. 당사자들도 거의 의식하지 못하고, 말의 전달 기능에도 전혀 지장을 주지 않기 때문에 자연스러운 흐름에 따라 진행되는 이러한 변화에서조차 그것이 시작하여 완료되기까지 4세대는커녕 4세기 이상 걸리는 것도 결코 희귀한 일은 아니다.

현대 일본어에서 착실히 진행되고 있는 동사의 피동·존경형(「書かれる」, 「出られる」, 「見られる」 등)과 구별되는 가능형(「書ける」, 「出れる」, 「見れる」 등)의 발달, 즉 피동 표현과 가능 표현의 기능·형식상의 분리라고 정의할 수 있는 문법상의 변화는 도쿄어를 중심으로 볼 때는 4단동사에서는 이미 에도시대에 시작되어 메이지 이후, 이것을 표준 어법으로 인정하지 않는 일본 내 국어교육에도 불구하고 다른 동사형으로까지 차츰 퍼져나갔다.

"말의 문란"이라는 이른바 "식자(識者)"들의 비난을 받아 일반 화자들도 '바람직하지 않은' 표현이라고 어느 정도 인식하고 있기는 하지만, 최근의 조사에 따르면 실제로 「着れる」, 「見れる」와 같은 가능형을 사용하는 화자는 도쿄에서 이미 절반에 달하는 것 같다. 에도 후기에서 현재에 이르기까지 약 2세기, 메이지로부터 1세기, 공인된 오래된 문법과 형식·기능의 명확화를 목표로 하는 새로운 문법 사이의 불화는 앞으로도 계속될 것이기 때문에 일본어의 동사 조직 안에서 이러한 문법적 변화가 완료되기까지는 역시 앞으로 1~2세기는 더 걸릴 것이다.

이상으로 최근의 일본어에서 관찰되는 '말의 흔들림'을 통해 우리의 언어가 실제로 어떠한 형태로 변해 가고 있는지를 살펴봤다. 이와 같은 약간의 예를 가지고도 알 수 있듯이 일반적인 언어 변화, 즉 말의 내부에서 발생하는 변화는 이미 서술한 바대로 상당히 완만하여 그 실태를 정확히 포착하기 위해서는 역시 백 년 정도의 간격이 필요하다. 결국 언어사, 즉 말의 역사를 적어도 언어학적으로 논의하는 데 있어서 60년이라는 세월은 아무래도 너무 짧다는, 정말 평범하고 본지의 기획에는 별로 맞지 않는 결론에 이르게 되었다.

단, 말의 역사를 외부에서 파악하여 언어 정책, 언어 교육, 말과 표기, 말과 풍속, 말과 그 매체, 지방어와 중앙어, 모국어와 외국어 등등의 관점에서 바라보면 쇼와의 60년 동안 일본어가 걸어 온 역사에는 수없이 많은 화제와 흥미로운 현상을 찾아볼 수 있을 것이다. 그러나 그것을 논하는 것은 이미 필자의 책무는 아닐 것이다.

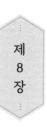

제
8
장

역사언어학 입문

다들 알다시피 근대의 언어학은 19세기 초 인구어를 대상으로 한 '비교방법'이라는 형태로 탄생했다. 말의 근원을 탐구하고 그 역사적 배경과 계통적 관계를 밝히고자 하는 비교방법(또는 비교언어학)은 역사언어학의 중심적인 과제로 다뤄져 왔다. 19세기의 뛰어난 언어이론가 H. 파울(Hermann Paul, 1846–1921)은 '진실로 과학적인 언어의 연구 방법은 사적 연구 외에는 있을 수 없다'라고까지 명언했을 정도인데, 이는 '통시언어학'에 대한 '공시언어학'의 확립을 주장한 소쉬르의 학설이 나타나기 전까지 많은 언어학자들의 공통된 생각이었다.

이와 같이 역사언어학은 근대언어학의 가장 전통적인 분야에 속하는데, 그 기본 원리나 방법은 지금으로부터 백 년 정도 전에 이미 완성되어 몇몇 분야에서 눈부신 성과를 이루어 낸 바 있다. 20세기 중반을 지나면서 역사언어학이 언어학의 주류를 독점하는 일은 없어졌지만, 구조주의나 구조주의 이후의 여러 이론들에 자극을 줘 새로운 연구 방법이 개발되게 하였고, 그에 따라 연구 영역도 점차 확대해 가고 있다. 그러나 여기서는 현대 역사언어학이 직면하고 있는 당대의 여러 문제들을 다루기보다 역사언어학의 고전적인 원리나 방법에 대하여 요점만을 간략히 설명하도록 하겠다.

01 말의 변화상

　　말은 다른 모든 사회적 현상과 동일하게 시간에 따라 변한다. 이러한 말의 변화가 바로 역사언어학의 연구 대상이다. 그러나 말의 조합 원리가 일반 언어 사용자에게 의식되지 않듯이 말의 변화 역시 일반 언어사용자들은 물론 언어를 연구하는 학자들도 직접 관찰하기에는 만만치 않은 일이다. 집단 속에서 전달 수단으로서 사용되는 한, 말은 항상 사람들을 구속하는 규범이 되기 때문에 거기서 일탈하는 것에 대하여 엄격한 규제를 받는다. 말은 사용자의 입장에서 보자면 무턱대고 변화해 버리면 안 되는 물건인 것이다.

　　그러나 말의 변화상은 다양한 형태로 우리들 주변에 나타난다. 예를 들면 지역에 따른 말의 차이는 많은 사람들이 쉽게 경험하는 사실이고, 또 같은 말을 사용하고 있다고 여겨지는 집단의 내부에서도 말하는 사람의 연령이나 성별, 직업이나 계층의 차이가 종종 언어적인 차이로 이어지고, 또 한 사람 안에서도 대화의 상대나 장면에 따라 다른 말을 구분해서 사용하는 것은 그렇게 신기한 일이 아니다. 그러나 언어 변화가 특히 분명한 형태를 취하는 것은 시대에 따른 언어의 차이일 것이다. 한 세대 사이에서는 거의 눈에 띄지 않는 변화도 백 년, 천 년이라는 세월을 사이에 두고 보면 그 차이는 누구나 한눈에 알 수 있을 정도로 확연히 드러난다. 예를 들면 현대의 일본어를 에도시대나 나라시대의 일본어와 비교해 보면 거기에는 틀림없이 다른 점이 나타날 것이다. 물론 이와 같은 말의 시대적 차이를 관찰하기 위해서는 과거의 문헌 기록이 있어야만 한다. 그리고 그와 같은 오래된 문헌 자료를 토대로 말의 변화를 쫓아가는 것이야말로 역사언어학의 첫 번째 임무이다.

　　그런데 언어 변화를 그 내부에서 바라보면, 그 변화는 음운, 문법, 어휘 등 언어구조의 모든 층위에 걸쳐 일어나고, 또 그것들이 서로 복잡하게 관련을 맺고 있음을 알 수 있다. 예를 들어 라틴어의 pater '아버지'라는 단어는 프랑스어에서는 père가 되는데, 여기서 일어난 변화는 먼저 이 단어의 발음, 즉 음형과 관련이 있다. 그러나 이와는 별개로 프랑스어에는 라틴어에 있던 pater '아버지가' ~ patris '아버지의' ~ patri '아버지에게' ~ patrem '아버지를' ~ patre '아버지로부터'와 같은 복잡한 '격 변화'의 형태법이 소실되고 없다. 또 라틴어의 Pater filiam amat(아버지가 딸을 사랑한다)에 해당하는 문장이 프랑스어에서는 Le père aime la fille와 같이 되는 것은 그 배후에 라틴어의 이른바 SOV(주어‒목적어‒동사)의 기본 어순이 프랑스어에서 SOV형으로 변한 것과 함께 라틴어에 없었던 관사의 출현이라는 중요한 통사적 변화가 개재하고 있기 때문인 것이다.

이와 같은 복잡한 언어 변화의 틀은 오늘날의 언어학에서도 아직 완벽히 해명된 것은 아니지만, 적어도 그 일부 특히 말의 표층에 속하는 음운 층위의 변화에 대한 연구는 19세기 이후 오랜 역사를 가지고 있기도 하고, 또 거기서 확립된 몇몇 기본 원리가 현재 역사언어학의 중요한 기반이 되고 있기도 하다. 다음으로, 이러한 음의 변화를 중심으로 언어 변화의 존재 방식을 탐구해 보자.

02 음운 변화와 그 규칙성

음운 변화도 이것을 직접 관찰하는 것은 쉽지 않은 일이지만 과거의 문헌 자료에 있는 표기법이나 지역 간에 보이는 발음의 차이를 통해 드러나기도 한다. 또 오래전 시기의 고정화된 이른바 '역사적 철자법'의 경우에는 실제의 발음과 표기가 서로 어긋나는 형태로 나타나기도 한다. 예를 들어 현대영어의 철자법이 기초로 하고 있는 것은 14~15세기인데, 따라서 이 시기로부터 근대영어로 이행하는 시기에 일어난 '대모음추이'라고 불리는 일련의 모음 변화는 이 정서법에는 반영되어 있지 않다. 현대영어에서 /tejk/가 take, /mijt/가 meet, /wajf/가 waif, /muwn/가 moon 등과 같이 중기영어의 발음 그대로 표기되는 것도 이 때문이다.

그런데 영어의 철자와 발음 사이에 보이는 이러한 차이를 주의 깊게 살펴보면, 결코 단어마다 제각각으로 나타나는 것이 아니다. 예를 들면 take를 /tejk/라고 발음하는 것은 이 단어에만 국한된 것이 아니라 make, sake, lake, safe, sale, same, save 등 다른 많은 단어들에서 공통적이고, wife를 /wajf/라고 발음하는 것도 life, ripe, rice, mice, dice, vice 등에서도 똑같이 나타난다. 즉, 이 현상에는 상당한 규칙성이 보인다.

이와 동일한 것은, 오래전 시기의 문자 표기와 현대의 표기를 비교하면 좀 더 확실한 형태로 관찰할 수 있다. 예를 들면 약 1천 년 전의 고영어(OE)와 현대영어(MdE)의 다음과 같은 일련의 단어들의 표기(및 발음)을 비교해 보자.

(a) OE: āc,   bāt,   fā,   gāt,   hāl,   hām,   stān,   rād, *etc.*
     MdE: oak,   boat,   foe,   goat   whole   home,   stone,   road, *etc.*
(b) OE: brūn,   cū,   hū,   hūs,   lūs,   mūs,   ūt, *etc.*
     MdE: brown, cow,   how,   house,   louse,   mouse,   out, *etc.*

이를 통해 볼 때, 고영어의 stān이 현대영어에서 stone /stown/으로 변한 것은 이 단어에만 국한된 것이 아님을 알 수 있다. 이와 동일하게 고영어의 mūs에서 현대영어의 mosue /maws/로 변한 것도 동일하게 /ū/라는 모음을 가진 고영어의 다른 많은 단어들에서 일어났다. 따라서 음운의 변화는 단어마다 개별적으로 기술할 필요는 없는 것이다. 예를 들면, 여기서 살펴본 변화는 OE stān > MdE stone와 같이 기술하는 대신에 OE /ā/ > MdE /ow/와 같은 형태, 혹은 OE hūs > MdE house 와 같이 기술하는 대신에 OE /ū/ > MdE /aw/로 나타내면 된다.

한 언어의 단어 수는 몇 천, 몇 만을 넘어선다. 만약 음운 변화를 각 단어마다 일일이 기술하고자 한다면 상당히 번잡스러운 일이 될 것이다 한편, 단어를 구성하는 음소의 수는 어떤 언어든 엄격히 제한되어 있어 대체로 두 자릿수, 평균적으로 30개 내외다. 또 이들 음소를 구성하는 '변별자질'의 경우에는 그 수가 훨씬 적다. 이처럼 극히 소수의 음소 또는 자질의 변화를 가지고 음운 변화를 나타냄으로써 고도의 일반화와 간결화를 달성할 수 있었다.

음운 변화의 규칙성이라는 원리는 지금으로부터 약 백 년 전, '소장문법학파(Junggrammatiker)'라고 불리던 독일의 젊은 언어학자들에 의해 확립된 것이다. 1878년에 간행된 『형태론 연구』 제1권의 서문에서 H. 오스토프(Hermann Osthoff, 1847 – 1907)와 K. 부르크만(Karl Brugmann, 1849 – 1919)은 다음과 같이 서술하고 있다.

모든 음운 변화는 그것이 기계적으로 일어나는 한, 예외 없는 법칙에 의해 수행된다. 즉, 음운 변화의 방향은 하나의 언어 집단에 속하는 모든 구성원에게 있어서 방언 분기가 개입하지 않는 한, 항상 동일하고, 또한 변화에 노출된 음이 동일한 환경에 속하는 곳의 모든 단어는 예외 없이 그 변화를 입는다.

예외 없는 '음운 법칙'이라는 말을 둘러싸고 그 후에 많은 논의가 일어났다. 그러나 결과적으로 이 원칙은 그 후의 역사언어학을 진정한 과학으로 발전시키는 데 아주 중요한 역할을 수행하였다. 즉, 역사언어학에서 가장 중요한 비교방법이나 그것을 토대로 한 언어사의 재구가 이로 인해 비로소 확고한 기반을 가지게 되었기 때문이다.

03 비교방법

지금까지 살펴본 바와 같이 일반적으로 언어 변화는 과거의 문헌 기록을 통해 관찰할 수 있지만, 그러한 옛 문헌 기록이 남아 있는 언어는 실제로는 극히 한정돼 있다. 만약 언어사 연구가 과거의 문헌 자료에 의지할 뿐이라고 한다면 그 대상은 매우 협소해지고 학문적인 흥미도 현저히 떨어지게 될 것이다. 그러나 앞에서도 언급한 바와 같이 언어 변화는 다른 형태로도 관찰할 수 있다.

앞서 예로 든 영어의 stone에 해당하는 독일어 Stein /štajn/을 보자. 여기서는 영어의 /ow/가 /aj/로 바뀌어 나타나는데, 이 역시 이 단어에만 국한된 현상은 아니다. 다음의 대응 예를 살펴보자.

영 어:　bone,　　goat,　　holy,　　home,　　oak,　　oath,　　whole, *etc.*
독일어:　Bein,　　Geiss,　　heiling,　Heim,　　Eiche,　　Eid,　　Heil, *etc.*

두 언어에서 첫 번째 음절의 모음이 서로 다르게 나타나는 것은 규칙적이다. 그 이유는 영어와 독일어가 원래 게르만어라는 하나의 언어에서 갈라져 나온 것으로서 브리튼섬과 유럽 대륙이라는 서로 떨어진 지역에서 따로따로 발달해 왔을 뿐, 그것이 음운 변화인 한 각 언어에서 일어난 음운 변화는 '예외 없는 법칙'을 따르기 때문이다. 따라서 이 현상은 '영어의 stone이 독일어의 Stein으로 나타난다'와 같이 개별적인 형태로 표현하기보다 '현대영어의 /ow/는 독일어의 /aj/에 대응한다'와 같이 좀 더 일반적인 형태로 나타내는 것이 합리적일 것이다. 이것이 '음운 대응의 법칙'이라고 하는, 언어 간의 동계 관계를 입증하는 가장 강력한 수단인 것이다.

　어느 한 언어가 넓은 지역으로 확산되어 서로 다른 언어로 분기하는 현상은, 예를 들면 고대 로마제국의 라틴어가 근대 로망스제어로 발달해 가는 모습에 전형적으로 보인다. 이와 같이 동일한 기원을 가진 언어들의 무리를 인간의 친족 관계에 빗대어 '어족'이라고 하고, 각 언어들을 '동계(또는 자매)어', 기원이 되는 공통의 언어를 '조어'라고 한다. 로망스어에 대한 라틴어와 같이 동계 언어들의 조어가 알려져 있는 경우는 극히 드물다. 해당 언어들 간의 동계 관계를 확인하고, 잃어버린 그들의 조어를 이론적으로 추정하는 것이 '비교방법'이다. 잃어버린 언어 상태의 복원을 '재구 reconstruction'라고 한다. 이 재구를 가능하게 하는 것이 동계 언어들 간에 보이는 대응의 규칙성이다. 19세기의 언어학자들이 '음운 법칙'이라는 생각에 도달하게 된 것도 동계 관계가 상정되었던 인구어들 간의 음운 대응이 놀라울 정도로 규칙성을 가졌기 때문이다.

　초기의 비교방법을 집대성한 것은 A. 슐라이허(1821-1869)이다. 그는 인구어들의 관계를 하나의 나무에서 갈라져 나온 줄기에 빗대어 '계통수 Stammbaum'라는 이름을 붙였다. 말의 변화에는 분명히 이와 같은 분기적 발달이라는 측면이 있는데, 앞선 로망스어와 같이 동일한 언어가 지리적인 확산이나 이동으로 인하여 상호간의 접촉을 잃어버리게 돼 서로 독립된 변화를 겪은 결과로 서로 다른 많은 언어가 생겨나는 예는 결코 적지 않다.

　언어의 동계 관계는 이렇게 하여 성립하는 것인데, 이 경우에 동계 언어들 간에 보이는 차이는 분기 후의 독립적 변화에 유래하고, 반면에 서로가 공유하는 특징은 그들의 공통 시대 즉 '조어'에서 이어받은 것이라고 보면 된다. 이것이 언어 발달의 '계통수 모델(또는 계통수설)'이라고 불리는 것인데, 비교방법과 그에 기반하는 조어의 재구는 이 모델에 의존하고 있는 것이다.

04 언어의 수렴적 발달

그러나 언어의 발달은 항상 이처럼 분기적 형태를 취하는 것은 아니다. 분기 후의 언어나 혹은 계통이 서로 다른 언어들 사이에서도 지리적으로 인접하여 장기간에 걸쳐 접촉을 계속해 온 경우에는 한쪽에서 다른 쪽으로의 '전파'에 의한 공통된 특징이 발달하기도 한다. 이와 같은 현상은 인구제어에도 보이는데, 슐라이허의 제자에 해당하는 J. 슈미트(1843 – 1901)는 이 점에 착안하여 이러한 전파에 의한 언어 변화의 확산을 연못의 수면에 던진 돌이 만드는 물결이 차츰차츰 주변으로 퍼져나가는 모습에 빗대었다.

이것이 언어 변화의 '파동설'이라고 하는 것인데, 슐라이허에 의하여 모델화된 분기적 발달과는 다른 언어 변화의 또 다른 측면인 이른바 '수렴적 발달 convergence'에 해당한다.

접촉과 전파에 의한 공통 특징의 발달은 한정된 지역의 방언 간에 보이는 것뿐만 아니라 상당히 넓은 지역의 서로 다른 언어들 사이에서도 나타난다. 동계 관계가 아니지만 이와 같은 공통 특징으로 한데 묶이는 언어의 무리를 N. 트루베츠코이(1890 – 1938)는 '언어연합 Sparchbund'이라고 부르며 '(언)어(가)족 Sprachfamilie'과 구분하였다. 이러한 언어연합적인 현상은 발칸반도나 인도아대륙, 혹은 북부 유라시아 등의 여러 지역에서 나타나 다양한 규모의 '언어권 linguistic area'을 형성하는데, 이 현상에 대해서는 비교방법을 적용할 수는 없다.

언어 특징의 지리적 분포를 통해 말의 변천을 쫓아가는 연구는 기존에 방언 층위에서 언어(내지 방언)지리학이 수행해 왔던 것인데, 계통을 달리하는 언어 간에 퍼져 있는 특징을 대상으로 하는 거시적인 언어지리학은 '지역언어학 areal linguistics' 혹은 '유형지리론'이라고 하며 최근 역사언어학의 중요한 연구 분야가 되고 있다. 또 동계 관계에 있는 언어들 간에도 분기 후의 접촉으로 인해 종종 새로운 공통 특징을 발달시키는 경우도 있는데(예를 들면 로망스제어에서 관사의 발달, 복합시제의 형성, 격 조직의 폐기 등), 그렇기 때문에 모든 경우에 비교방법을 단순히 적용해서는 안 된다. 어찌 됐든 '분기'와 '수렴'은 언어 발달에서 매우 중요한 두 가지 측면인 것이다.

05 내적 재구

마지막으로 비교방법과 함께 역사언어학의 또 다른 고전적인 방법인 '내적 재구 internal reconstruction'에 대하여 살펴보기로 하자. 비교방법이 동계 언어들 사이의 비교에 의해 기록 시대 이전의 언어 변화를 재구해 내는 방법이라고 한다면, 내적 재구는 한 언어의 내부 데이터만을 가지고 잃어버린 언어사를 복원하고자 하는 시도이다.

여기서도 음운 변화의 예를 들면, 일본어의 ハ(ha)행자음이 원래 /p/였다고 추정할 때 본토방언의 /hana/ '꽃'과 류큐방언의 /pana/를 끌어다 비교하는 것은 비교방법이지만, 내적 재구는 현대 일본어 안에 나타나는 단순형식의 /hana/와 복합형식의 /−bana/(예를 들면 '草花 kusa−bana'와 같은 /h/~/b/, 혹은 /ni−hon/ '2자루'와 /ip−pon/ '한 자루'와 같은 /h/~/p/와 같은 음운 교체 현상에 착안한다.

음운 변화에는 어떤 음(소)가 모든 환경에서 일률적으로 일어나는 경우와 특정한 음운 환경에서만 일어나는 경우가 있다. 전통적으로 전자를 '무조건변화', 후자를 '조건변화'라고 부른다. 이와 같은 조건변화는 종종 언어의 형식면에 '음운교체'라고 불리는 규칙적인 현상을 낳는다. 이는 과거에 일어난 언어 변화의 공시태를 반영하는 것인데, 이와 같은 공시면에 나타나는 다양한 형태의 규칙성을 실마리로 삼아 오래전의 언어 상태를 이론적으로 추정해 내는 것이 내적 재구인 것이다.

비교방법에서 다루는 '음운 대응'과 여기서 대상으로 삼는 '음운 교체'는 한쪽은 언어들 사이, 그리고 다른 한쪽은 언어 내부라고 하는, 각기 나타나는 자리가 다르기는 하지만 그것을 낳게 하는 것은 모두 음운 변화이기 때문에 그것이 음운 변화인 한 규칙적이지 않으면 안 된다. 이와 같은 변화의 규칙성을 근거로 잃어버린 언어 상태의 복원을 목표로 하는 점에서 내적 재구 역시 원리적으로는 비교방법과 조금도 다르지 않다. 단, 비교방법이 동계 관계에 있는 복수의 언어를 필요로 하는 데 비하여 내적 재구는 어떠한 시기의 어떠한 언어에도 적용할 수 있다는 큰 이점을 가지고 있다.

06 보충 질문

(1) '음운 법칙' 또는 '음운 대응의 법칙'에 대해서 좀 더 구체적으로
설명해 주십시오.

인구어의 영역에서 가장 먼저 학자들의 주목을 끈 현상은 게르만어와 다른 언어들 사이에 보이는 자음 출현 방식의 눈에 띄는 차이였다. 예를 들면, 라틴어와 영어에서 동일한 의미를 가지는 다음의 단어의 어두자음을 비교해 보라.

| Lat.: | pater, | tres, | cornu, | duo, | genos, | frater, *etc.* |
| Eng.: | father, | three, | horn, | two, | kin, | brother, *etc.* |

이것은 야콥 그림(Jacob Ludwig Carl Grimm, 1785 – 1863)이 '게르만어의 음운추이'라는 이름을 붙여 나중에 '그림의 법칙'이라고 불리게 된 것이다.

그러나 당초 그림이 세운 '법칙'에는 여러 가지 예외가 있어 오랫동안 제대로 설명할 수 없었던 것들이 있었다. 그렇지만 먼저 1860년대에 H.G. 그라스만(1809 – 1877)이 그리스어와 산스크리트어에 일어난 기음(氣音)의 이화현상이라는 조건변화를 밝힘으로써 예외들 중 일부를 설명하였고, 이어 1870년대 K. 베르너(1846 – 1896)가 옛 게르만어의 악센트 위치로 인해 발생하는 어중 마찰음의 유성음화라는 조건변화를 밝혀 남아 있던 예외들을 설명하는 데에 보기 좋게 성공하였다. 각각 '그라스만의 법칙'과 '베르너의 법칙'으로서 알려진 것들인데, 특히 후자는 '음운 법칙에 예외 없음'이라는 깃발을 올린 소장문법학파의 운동에 불을 지피는 방아쇠가 되었다.

(2) '언어연합'의 실례를 좀 들어 주십시오.

일찍이 몇몇의 언어가 동일한 지역에서 장기간에 걸쳐 접촉한 결과, 음운이나 문법 구조의 면에서 여러 가지 공통된 특징을 발달시킨 예로 잘 알려져 있던 것이 발칸의 언어들이다. 이들은 모두 크게 보면 인구어에 속하지만, 그 내부에는 소속을 달리하는 다양한 언어, 즉 그리스어, 알바니아어, 루마니아

어, 아로마니아어, 불가리아어, 마케도니아어 등이 있다.

이 지역은 오랜 기간 오스만 튀르크의 지배를 받아 다른 서구 세계와는 격리된 채 지내 왔고, 또 그 이전에는 천 년 가깝게 그리스정교를 신봉하는 비잔틴제국의 지배하에 놓여 있었기 때문에 독특한 언어권을 형성하였다. 여기서 발달한 이른바 '발칸적 특징'으로는 예를 들어 부정사의 소실(I want to eat 대신에 I want that I eat과 같은 현상), 욕구동사에 의한 미래형의 표현, 정관사의 후치, 특별한 수사 표현 등을 들 수 있다.

또 터키어, 몽고어, 퉁구스제어는 일반적으로 한데 묶어 '알타이어족'이라고 한다. 이들 언어는 '교착어'라고 하는 독특한 문법 구조는 물론 모음조화 등 현저한 공통 특징을 가지고 있다. 그러나 이들의 유사성이라는 것이 과연 공통의 조어에까지 거슬러 올라가는 동계 관계에 기반하는 것인지, 아니면 '언어연합'적인 현상인지에 대해서는 학자들에 따라 의견이 갈린다. 일반적으로 언어연합에서는 문법이나 음운 등의 구조면이나 문화적인 어휘에 관하여 공통된 모습이 보이는 반면, 동계 언어들 사이에서는 형태법의 세목이나 기초어휘의 측면에서 공통성이 나타나며 거기에는 일정한 음운 대응 현상이 동반한다.

(3) '내적 재구'에 대하여 좀 더 설명해 주십시오.

내적 재구가 비교방법과는 별개의 방법으로 확실히 인식되기 시작한 것은 비교적 근년의 일인데, 이 방법 자체는 상당히 일찍부터 인구어의 영역에서도 적용해 왔던 것이다.

예를 들면 앞선 언급한 베르너가 '그림의 법칙'의 예외(다른 언어의 무성폐쇄음에 대응하는 마찰음이 어중에서 때로 무성으로 나타나기도 하고 유성으로 나타나기도 하는 현상, 예를 들면 고트어 broθar~faðar)를 설명하는 데 성공한 것도 옛 게르만어의 강변화동사의 활용 조직 안에 나타나는 자음의 규칙적 교체 현상의 존재를 눈치 챘기 때문이다. 이 자음교체는 지금도 독일어의 zieh−en~gezog−en, schneid−en~ge−schitt−en 등의 h~g, d~tt와 같은 형태로 남아 있는데, 영어의 be동사의 과거형 was~were에 보이는 s~r의 교체도 그것의 흔적이다.

그러나 지금까지의 인구어 연구 분야에서 내적 재구를 가장 훌륭히 적용시킨 예는 젊은 시절의 소쉬르가 인구조어의 모음조직과 그에 관련된, 나중에 '후음 laryngeal'이라고 하는, 잃어버린 어느 미지의 음소를 이론적으로 재구한 것일 테다. 거기서 제시된 소쉬르의 이론은 그후 반 세기가 지난 후에 히타이트어의 자료를 통해 객관적으로 입증되었기 때문에 일약 학계의 주목을 받게 되었는데, 이처럼 어느 이론이 나중에 새로 드러난 사실을 통해 증명되는 것은 인문학계에서는 극히 보기 드문 사건 중 하나일 것이다.

07 역사언어학의 참고서

고전적인 것으로는 H. 파울의 『言語史の原理(언어사의 원리)』(福本喜之助 訳, 講談社学術文庫, 1976), A. 메이예의 『史的言語学のおける比較の方法(사적 언어학에서 비교의 방법)』(泉井久之助 訳, みすず書房´ 1977)를 들 수 있다.

비교적 최근의 개설서로서는 W.P. 레만의 『歷史言語学序説(역사언어학 서설)』(松浪有 訳, 研究社, 1962)(단, 이것의 원서는 1973년에 개정판이 나왔다), U. 와인라이히 외의 『言語史要理(언어사 요리)』(山口秀夫 訳, 大修館書店, 1982), 池上二郎(편)의 『言語の変化(언어의 변화)』(講座言語2)(修館書店, 1980)(이것은 일본인 학자의 손으로 쓰인 이 분야의 거의 유일한 업적이다) 등이 있다. 또 19세기 언어학을 개관한 것으로는 H. 페테르센의 『言語学史(언어학사)』(こびあん書房, 1974)(영어판의 제목은 The Discovery of language: Linguistic science in the 19th century)가 고전적인 명저로 유명하고, 風間喜代三의 『言語学の誕生：比較言語学小史(언어학의 탄생: 비교언어학 소사)』(岩波新書, 1978)도 아주 읽기 쉽고 역사·비교언어학의 훌륭한 입문서라고 할 수 있을 것이다.

인구어의 분야에서는 高津春繁의 『比較言語学(비교언어학)』, 『印欧語比較文法(인구어 비교문법)』(둘 다 岩波全書)이 현재로서는 표준적인 것인데, 유감스럽게도 절판된 상태. 그밖에 W. 로크우드의 『比較言語学入門(비교언어학 입문)』(永野芳郎 訳, 修館書店, 1976)은 매우 이해하기 쉽게 쓰여 있다.

언어의 구조와 인지

제3부

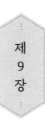

수(數)의 문법화와 그 인지적 기반

01 수 표시의 양상들

수(數) 현상이 언어 형식에 단적으로 반영되어 있는 것은 이른바 '수사(數詞)'일 텐데, 여기서는 문법적으로 다소나마 범주화된 '수'를 다루고자 한다. 예를 들어 영어의 명사 book에 대한 book-s, 일본어의 대명사 '私(나)'에 대한 '私たち(우리)'와 같은 형식에 전형적으로 나타나는 것이다. 이때 무표적 형식을 '단수(單數)'라 하고, -s 또는 'たち(-들)' 등의 접사로 표시되는 형식을 '복수(複數)'라고 한다. 영어에서는 원칙적으로 셀 수 있는 모든 명사에 그것이 단수인지 복수인지를 명시적으로 표시해야만 한다.

그러나 일본어에서는 '私(나)', '君(그대)', '彼(그)' 등의 대명사는 단수와 복수의 구분이 의무적이지만, 보통명사에서는 예를 들어 '男(남자)'에 대하여 '男たち(남자-들)'이라는 복수형을 만드는 것은 가능하기는 하지만 그것이 반드시 의무인 것은 아니다. 또 'たち(-들)'와 같은 복수접사는 원칙적으로 인간명사에 국한되어 사용될 뿐 '本(책)'이나 '机(책상)'과 같은 무정명사에는 사용할 수 없다. 즉, 영어와 일본어 사이에는 수 현상이 문법화되는 방식에 큰 차이가 있는 것이다. 본래 수는 언어로 표시되는 외부 세계의 사물과 사건의 존재양식과 관계한다. 문법에 의한 형식화가 언어에 따라 이처럼 차이가 난다는 것은 각각의 언어사용자마다 외부 세계를 파악하는 방식에 중대한 차이가 있기 때문이 아닐까.

　일본어나 영어에서는 수의 구분이 단수와 복수라는 형식을 취하지만, 수의 범주가 반드시 이 두 가지에 국한된 것은 아니다. 수를 엄격하게 문법화하고 있는 영어, 독일어 등 유럽의 주요 언어는 거의 대부분 단수와 복수의 2항 대립 체계를 가지고 있지만, 유럽 이외의 지역으로 눈을 돌리면 단수와 복수 이외에도 '쌍수(또는 양수, dual)'라는 범주를 가진 언어도 아주 많다.

　예를 들어 아랍어는 그 대표적인 예 중의 하나인데, 그밖에도 호주와 뉴기니아를 포함하는 오세아니아의 여러 언어들이나 에스키모어를 포함한 아메리카선주민제어에도 쌍수를 가진 언어가 상당히 많다. 원래는 인구어(印歐語) 역시 옛날에는 셈어와 동일하게 쌍수를 가지고 있었을 것으로 여겨지는데, 지속적으로 쇠퇴의 길을 걸어 현재 이를 유지하고 있는 언어는 유럽에서 가장 보수적인 리투아니아어와 극히 일부의 슬라브어 방언들뿐이다. 쌍수의 쇠퇴와 소멸은 인구제어의 큰 특징 중 하나일지도 모르겠다.

　쌍수라는 범주의 존재 이유는, 인간을 둘러싼 외부 세계에는 두 개가 쌍을 이루는 것, 즉 '대우(對偶)'가 수없이 존재한다는 사실에서도 찾을 수 있다. 예를 들어 사람의 몸을 봐도 손과 발, 눈, 귀 등이 그러한데, 일본어에서도 이에 대하여 '両手(양손)' '両耳(두 귀)'와 같은 표현 수단을 갖추고 있다.

　쌍수를 아직 유지하고 있던 시기의 옛 그리스어의 용법을 보면, 이처럼 하나의 쌍을 이루는 '대우물(對偶物)'을 나타내는 데 쌍수를 사용하는 경우가 가장 많았다. 또 인구어 중 서(西)토카라어에는 이처럼 본래 하나의 쌍을 이루고 있는 이른바 '대수(對數)'와 우연히 존재하는 두 물체를 나타내는 '양수(兩數)'를 구별하는 보기 드문 현상도 나타난다. 어찌 됐든, 외부 세계의 사물을 수의 관점에서 일률적으로 하나(＝단수)와 그 이상(＝복수)으로 양분하여 나타내는 것만이 적절한 분류 방법인 것은 아닐 것이다. 이미 훔볼트가 지적한 바와 같이[1] 쌍수는 인류 언어에 널리 그리고 뿌리 깊이 박혀 있는 범주인 것이다.

　단수·쌍수·복수라는 3항의 수 체계를 가진 언어는 세계 어디서나 흔히 볼 수 있지만, 쌍수 외에 예를 들어 '3수(trial)'라는 범주를 가진 언어의 실례는 훨씬 적다. 또 이와 같은 체계는 주로 대명사에 나타나는데, 이른바 명사류에 이 범주를 일관되게 의무화하여 적용·사용하는 실례로는, 폴리네시아의 피

---

1) Humboldt, W. von 1827, *Über den Dualis.*

지어 정도가 있을 뿐이다. 즉, 피지어의 1인칭 대명사는 단수 au, 쌍수 edaru, 3수 edatou, 복수 eda(단수 이외의 형태는 '포함형(包含形)'), 3인칭은 단수 zero, 쌍수 erau, 3수 eratou, 복수 era로 되어 있다.2)

흥미로운 것은 여기서 쌍수와 3수는 각각 복수형의 뒤에 수사 2(*aru) 및 3(*tolu)가 붙은 형태에서 유래한다는 점이다. 대명사에 보이는 이러한 4항 체계는 파푸아뉴기니의 일부 언어에서도 찾아볼 수 있다.3) 또 대명사 이외의 일부 명사류에도 동일한 체계가 나타나는 예로는 호주의 망가라이어(Mangarayi)를 들 수 있는데, 친족 명사 중 특별한 혈연 집단을 나타내는 명칭만이 대명사와 동일하게 3수를 가지는 것으로 알려져 있다.4)

이 4항 체계의 변종 중 하나로서 3수 대신에 '소수(少數, paucal)'라는 범주를 가진 언어도 있다. 예를 들어 폴리네시아의 하와이어에는 동일한 복수라고 해도 '조금'이나 '약간'의 의미를 나타내는 소수가 명사의 수 범주로서 존재한다.5) 또 미크로네시아의 모킬어(Mokilese)의 대명사에 나타나는 '가까운 복수'와 '먼 복수(remote plural)'는 발화 현장에 함께 있지 않은 (상당히) 많은 수의 사람을 포함한 복수를 나타낸다고 알려져 있는데, 이것도 복수라는 범주 안에 작은 복수와 큰 복수를 구별하는 4항 체계의 또 다른 변종이라고 볼 수 있을 것이다.6)

그런데 인칭대명사의 복수형(쌍수나 3수도 포함하여)에서 주의해야 할 것은 1인칭이다. 예를 들어 영어의 I에 대한 we는 문법적으로는 보통명사의 boy에 대한 boys와 완전히 동일한 취급을 하지만, 엄밀히 따져 보면 1인칭의 '나'가 동일한 발화 장면에서 동시에 복수로 존재하는 것은 아니다. 일본어에서 '私たち(우리)'라는 것은 한 명의 발화자, 즉 '私(나)'와 발화자가 자기 자신의 동료 내지 관계자로 간주하는 타자를 가리킨다. 문제는 이 타자 안에 청자가 포함되는지 하는 것이다. 일본어의 '私たち(우리)'나 '僕ら(우리)'는 그 점에 관하여

2) 岩佐嘉親 1985『フィジ─語入門(피지어 입문)』: 35f.
3) Foley, W.A. 1986, *The Papuan Language of New Guinea* : 72f.
4) Merlan, F. 1982, *Mangarayi*(Lingua Descriptive Studies 4) : 85f.
5) Elbert, S.H. & M.K.Pukui 1978, *Hawaiian grammar*.
6) Albert, S.Y. 1976, *Mokilese reference grammar* : 89. 또한 Foley, W.A. 1991, *The Yimas language of New Guinea* : 111f에 따르면 파푸아계 이마스어에도 이와 같은 '소수(少數)'가 보인다고 한다.

모호하다고 할 수 있는데, 예를 들어 상인이 손님을 향해 사용하는 '私ども, 手前ども'(저희)라는 형태는 분명히 청자를 포함하지 않는다. 이와 같이 1인칭 복수에는 청자의 포함 여부에 따라 '포함형(inclusice)'과 '배제형(exclusive)'을 구분할 필요가 있다. 인구어, 셈어, 우랄어 등 유라시아 대륙의 중심부에서 사용하는 언어에는 불가사의하게도 현대어뿐만 아니라 가장 오래된 기록 시대 때부터 이러한 구분이 보이지 않지만, 세계 언어 전체를 시야에 두고 살펴보면 1인칭에 이러한 구분을 가진 언어는 그 수가 결코 적지 않다.

한편 명사의 경우 복수라는 범주도 엄밀히 따져 보면 결코 등질의 것은 아니다. 특히 중요한 것은 사물의 복수성을 하나 둘 셋 하고 세는 형태로 개별적으로 다루는가, 혹은 오히려 집합물로서 하나의 전체로 다루는가 하는 차이다. 이와 같은 두 가지 형식을 구별하여 전자를 '배분(내지 개별)적 복수', 후자를 '집합(내지 총체)적 복수'라고 부른다. 일본어의 복수 표시에는 '我ら/ware-ra/(우리)'나 '君ら/kimi-ra/(그대들)'의 'ら/ra/'나 '男たち/otoko-tachi/(남자들)'의 'たち/tachi/', '犬ども/inu-domo/(개들)' 'ガキども/gaki-domo/(꼬맹이들)'의 'ども/domo/'와 같이 접사를 붙이는 방법과 함께, 생산성은 거의 없지만 '山々(산마다)', '家々(집집마다)', '夜々(밤마다)'와 같이 특정한 명사의 어간을 '중첩(reduplication)'하여 복수성을 나타내는 방법이 있다.

중첩으로 복수를 나타내는 것은 세계 언어에 널리 보이는 현상인데, 일본어의 경우 이와 같은 중첩형이 일반적인 의미의 복수라기보다 오히려 배분적 복수를 나타내는 성격이 강하다. 예를 들어 '日々(나날이)'라는 것은 영어의 days가 아니라 day by day이고, '時々(때때로)'는 times라기보다는 sometimes, 'ところどころ(곳곳에)'도 단순히 places의 의미가 아니다. '山々(산마다)'나 '家々(집집마다)'도 하나하나 이어져 있거나 겹쳐 있는 산과 집을 나타내는 것이다. 한편 동료나 집단을 의미하는 명사인 '伴(とも/tomo/)'에서 유래하는 복수접미사 'ども/domo/'에는 어원적으로도 집합적 의미가 있기 때문에 그것이 인간명사에 사용되면 상당히 비칭적(卑稱的)인 의미를 띠게 된다. '私ども'가 배제형으로서 기능하는 것도 이 때문이다.

고대 오리엔트의 수메르어에도 접사(-ene)에 의한 복수와 중복에 의한 복수가 있었는데(예를 들어 lugal '왕'에 대한 lugal-ene와 lugal-lugal), 여기서는 일본어와 달리 중복형이 집합(내지 총칭)복수로 사용되었다. 한편, -ene에 의

한 복수는 인간명사에만 국한하여 나타나고, 무생물 및 동물명사에는 중복에 의한 집합복수밖에 나타나지 않는다.7)

확실히 인간과 관계를 가지는 사물 중에는 예를 들어 가산적이라고 해도 개별물로보다 오히려 집합물로 다뤄지는 것들이 적지 않다. 가축이나 농산물 등이 바로 전형적인 예일 것이다. 일반적으로 단수와 복수 사이에는 단수명사 가 무표이고 복수명사가 유표인데, 이와 같은 경우에는 집합명사 쪽이 무표이 고 개별화된 단수가 유표인 상황이 출현한다. 이와 같이 특별하게 개별화된 단수를 '개별단수(singulative)', 또 그에 대응하는 복수를 '개별복수(plurative)'라 고 부른다.

예를 들어 현대 아랍어의 카이로방언에서는 레몬, 오렌지, 감자 등의 가 장 무표적인 형태는 집합명사를 나타낸다. lamūn '레몬'은 집합명사, 거기에 접사 -a(=고전 아랍어의 여성어미 -at)가 붙은 lamūn-a는 '1개의 레몬'을 의미 하는 개별단수, 그 복수형인 lamūnāt는 '여러 개의 레몬'을 의미하는 개별복수 를 나타낸다. 더욱이 일부의 명사, 예를 들어 šagar '수목'에는 개별복수인 šgarāt와 함께 아랍어 특유의 내부굴절복수 ášgār라는 형태가 있는데, 이것은 '다종다양한 수목'을 의미하여 마치 오스트로네시아제어의 '소복수(少複數)'와 '다복수(多複數)'와 유사한 구분 현상을 보인다.8)

이상으로 수 체계의 다양한 유형에 대하여 개관해 봤다. 이는 모두 수에 대한 인간의 인지가 어떠한 형태로든 언어 형식에 반영된 것이다. 이와 같은 수의 언어화에서 가장 근본적인 모습을 보이는 것은 피진·크레올의 대표적인 언어로 여겨지는 뉴기니아의 토크·피진어 안에서 찾아볼 수 있다. 즉, 토크· 피진어의 다양한 변종 중에는 지금까진 본 여러 유형의 수 체계가 집약적인 형태로 나타날 뿐만 아니라 그 형태법과 의미적 기반 역시 매우 투명하다.

예를 들면, 이 언어에 나타나는 가장 복잡한 대명사의 체계는 다음의 표 와 같은 단수·쌍수·3수·복수의 4항 체계로 나타낼 수 있다.9)

7) Thomsen, M.-L. 1984, *The Sumerian language* : 59ff.
8) Mitchell, T. F. 1962, *Colloquial Arabic* : 42f.
9) Wurm S.A. & P. Mühlhäusler 1985, *Handbook of Tok Pisin* : 343f.

표 9.1 토크·피진어의 인칭대명사

	단수	쌍수	3수	복수
1인칭	mi	mitupela	mitripela	mipela(배제형)
		yumitupela	yumitripela	yumi(포함형)
2인칭	yu	yutupela	yutripela	yupela
3인칭	em	(em)tupela	(em)tripela	(em)ol

참고로, mi, yum em은 각각 영어의 me, you, him에서 유래하고, pela는 fellow에서 유래하며, tu, tri는 two, three에서 유래한다. 물론 이러한 4항 체계 외에도 3수를 결여하는 단수·쌍수·복수의 3항 체계, 더 나아가 쌍수를 결여한 2항 체계도 존재한다. 쌍수, 3수는 형태적으로도 복수보다 유표이고, 복수형을 기반으로 만들어진 것이며, 그 발생원도 수사 2와 3이다.

한편, 명사의 격 표시 체계는 대명사보다 간단한데, 특히 무정명사의 수 표시는 의무적이지 않다. 즉, 명사의 일반적인 격 표시는 단수 man '남자'에 대하여 복수 ol man인데, 이 ol은 영어의 all에서 유래하며 그 의미적 기반은 집합 내지 총체복수에 있다. 한편, 더 개별화된 수 표시는 예를 들어 wanpela man(개별단수), tupela man(개별쌍수), sampela man(개별복수)와 같은 형태로 나타나는데, 이 sam은 물론 영어의 some이다. 또 이 수 표시 체계에는 planti man이라는 표현이 추가되는 경우도 있는데, 가령 이것이 체계 안에 포함된다고 하면 sampela와 planti(<영어 plenty)의 대립은 오스트로네시아제어에 보이는 '소복수(少複數)'와 '다복수(多複數)'라는 범주의 발생과 연결될 것이다.

02 수에 관한 보편성

이상으로 살펴본 바와 같이, 언어 간에 수 표시의 출현 방식은 매우 다양한데 그 다양성의 배후에는 상당히 명확한 일반 원칙들 혹은 '보편성'이라고 할 만한 것들이 존재한다.

수에 관한 이러한 보편성 중에 지금까지 잘 알려진 것은 수 범주 사이에 인정되는 함의 관계이다. 예를 들어 '만일 어느 언어에 3수가 있으면 그 언어

에는 반드시 쌍수가 있고, 이와 동일하게 쌍수가 있으면 반드시 복수가 있다'
와 같은 형태로 서술할 수 있다. 이것은 문법적 범주 사이에 존재하는 계층성
(혹은 유표성의 서열)의 예로 종종 언급되기도 한다.

그러나 인간의 수 인지에 대한 존재 양식과 관련하여 더욱 흥미로운 것은
수가 문법화될 때 명사구의 측면에서 바라본 계층성, 즉 수의 표시에 관한 명
사구의 '접근가능성(accessibility)'이다.

앞서 첫머리에서 서술한 바와 같이, 단수와 복수의 구분이 영어에서는 대
명사를 포함한 모든 명사류에 의무적으로 나타나는 데 반해, 일본어에서는 대
명사를 제외하면 복수표시는 수의적일 뿐만 아니라 원칙적으로는 유정명사에
만 한정된다. 이와 동일하게 중국어에서도 wǒ(나)에 대한 wǒ-men(우리)과
같이 대명사에는 복수접사 -men의 사용이 의무적인 반면, 명사에서는 인간명
사에 국한하여 수의적으로 사용되는 데 그친다. 한편, 드라비다계 타밀어나 칸
나다어에서는 대명사와 인간명사에서 복수 표시가 의무적이고, 그 외의 곳에
는 수의적이다. 또 앞서 예로 든 토크·피진어의 한 변종에서는 3수의 표시는
대명사에 국한되고, 쌍수는 대명사와 인간명사에 한정된다.

이와 같이 수 표시가 나타나는 명사구의 범위는 언어에 따라 다양한데,
거기에는 어떠한 일관된 계층적 서열이 있다. 즉, 여러 언어들에서 수 표시가
나타나는 것은 대략 대명사 → 유정명사 → 무정명사의 순서가 된다. 또 각각
은 대명사라면 1·2인칭대명사 → 3인칭대명사 → 그 외의 지시대명사의 순
서가 되고, 유정명사라면 친족명칭 → 그 외의 인간명사 → 동물명사 등과 같
은 서열을 이룬다.

이 계층성은 예를 들어 "만일 어느 언어가 무정명사로 복수를 의무적으로
표시한다면 반드시 무정명사에도 그것이 의무적이다. 이와 동일하게 어느 언
어가 동물명사에서 복수를 표시한다면 반드시 인간명사에도 그것을 표시한다"
와 같은 '함의적 보편성(implicational universal)'의 형태로 나타낼 수 있다.

사실은 명사구의 계층은 수 표시뿐만 아니라 여러 가지 문법 현상과도 관
련이 있다. 예를 들어 주격과 대격의 격 표시 역시 여러 언어들에서 이와 거의
동일한 방식으로 나타나 지금까지 이를 '유정성의 계층'이라고 부르기도 한다.
그러나 이 계층에는 엄밀히 말하면 유정성뿐만 아니라 그 밖의 의미적 내지
화용론적 요인도 관여하고 있다. 특히 대명사가 일반명사보다 우선한다는 것

은 발화 장면에 대한 관여도 혹은 발화 당사자의 관심도가 관련되어 있을 것이고, 또 명사 안에서 유정명사, 특히 인간명사, 그 중에서도 친족명사가 우위에 놓이는 것은 인지적 현저성이나 친밀도와 같은 요인이 관계하는 것이다. 인간 언어에서 수의 문법화를 지배하는 중심 원리는 아마 이와 같은 화용론적 내지 인지적 전략과 관련이 있을 것이다.

　마지막으로 수의 문법화와 관련하여 지적해 두고 싶은 것은 '수의 표시'와, 명사의 이른바 '유별(類別)'의 관계이다. 명사의 의미 특성에 기반하는 유별에 관하여 여러 언어들의 출현 방식을 보면 명사 쪽에 유별 표시를 하는 언어와, 사물을 셀 때 수사에 그러한 표시를 하는 언어로 크게 두 가지 방식으로 나눌 수 있다. 여기서는 전자를 '명사유별형'이라고 하고 후자를 '수사유별형'이라고 한다. 명사유별형은 유라시아에서는 인구어와 셈어에 나타나고, 아프리카에서는 대부분의 언어, 그리고 그 밖에 호주와 파푸아뉴기니의 언어들 중 일부에 나타난다. 한편, 수사유별형은 일본어, 중국어, 그 외 티베트ㅡ버마제어, 오스트로아시아제어를 포함한 동아시아의 여러 언어들에 특히 현저히 나타난다. 명사유별형은 표시의 종류가 일정한 개수로 한정된 닫힌 체계를 이루고 모든 명사에 의무적으로 적용되며 그 의미적 기반은 불투명하기도 하다. 이와 달리 수사유별형에서 유별사(내지 분류사)는 닫힌 체계를 이루지 않고 그 의미적 기반도 투명하며 자립명사와의 사이에 명확한 경계가 존재하지도 않는다.

　명사의 유별과 관련한 이러한 두 가지 유형은 사실 수 표시의 체계와 엄밀한 관계를 맺고 있어 다음과 같은 함의적 보편성의 형태로 서술할 수 있다. 즉,

　　만일 어느 언어가 명사유별형에 속한다면 반드시 명사에 의무적인 수 표시가 있고, 반대로 만일 어느 언어가 수사유별형에 속한다면 그 언어는 명사의 의무적인 수 표시를 결여한다.

　이 보편성은 여기서 처음으로 제기하는 것인데, 이를 어떻게 설명해 낼지는 앞으로의 과제다. 여기서는 우선 명사유별형 언어의 수 표시는 종종 명사의 부류 표시와 동전의 양면을 이루고, 또한 '문법적 일치'의 형태로 문장의 다

른 구성소와의 의존관계를 명시하는 역할을 담당한다는 점만을 지적해 두자.

　　이 유형의 언어는 명사의 수량을 나타내는 수사나 형용사가 나타나더라도 명사의 수 표시를 생략할 수 없다. 그것은 수가 통사기능도 동시에 담당하고 있기 때문이다. 한편, 수사유별형 언어에서 수의 표시는 본래 지시적 기능에 그칠 뿐이기 때문에 개별적이고 구체적이며, 통사기능과는 연결되어 있지 않다. 명사에서 수 표시의 의무화는 이처럼 수의 '통사화'와 밀접한 관련을 맺고 있는 것일지도 모르겠다.

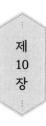

제
10
장

언어 연구와 '의미'

01 머리말

언어의 첫 번째 기능은 전달이다. 전달되는 내용이 의미이고, 그것을 전달하는 매개체가 음성이다. 의미와 음성이라는 전혀 다른 두 개의 세계를 연결하는 방법이 언어인 것이다.

그러나 인간의 언어는 음성이 의미를 직접 담당하는 방식으로 되어 있지 않다. 인간이 산출할 수 있는 음성은 그 종류와 조합이 모두 한정되어 있다. 한편 언어를 가지고 전달해야 하는 의미의 세계는 인간과 그것을 둘러싼 외부 세계와 동일하게 무한대로 펼쳐져 있다. 유한한 음성을 가지고 무한의 의미를 표현하는 방법의 근간은 바로 이른바 언어의 '이중분절' 혹은 '언어 기호의 자의성'이라고 불리는 것이다. 즉, 한편으로는 음소·음절·음절결합 등의 단위로 음의 세계를 분할하고, 다른 한편으로는 형태소·단어·문장 등의 단위로 의미의 세계를 분절한다. 이 둘은 각각 독립적인 구성 원리를 토대로 한다는 뜻에서 '이중구조'를 이루고, 그 할당 방법에 필연성이 없다는 뜻에서 '자의적'이다.

지금까지의 언어 연구를 살펴보면, 의미에 대한 연구는 음성의 측면에 비해 뒤쳐져 있다. 음성학과 음운론은 언어학 안에서도 자신만의 확고한 지위를 확립한 데 반해, 의의학(意義學)이나 의미론은 연구 역사도 짧고 명확한 방법

론도 아직 확립되어 있지 않다. 이것은 결코 언어 연구에서 의미의 연구가 중
요하지 않아서 그런 것은 아니다. 다만 언어의 의미 현상이 너무 복잡하고 다
양하기 때문에 언어학자들이 쉽게 손을 댈 수 없었기 때문일 뿐이다.

한편, 언어음을 구성하는 음절이나 음소, 특히 가장 기본적인 단위로 여
겨지는 음소는 어떤 언어에서든 그 수가 엄격히 제한돼 있어 두 자릿수를 넘
는 경우가 거의 없다. 반면, 의미적 측면에서 기본적인 단위로 여겨지는 단어
에는 이러한 제한이 없기 때문에 그 수는 수천에서 수만에 이르고, 더욱이 그
러한 단어를 조합하여 만든 문장은 그 수를 헤아릴 수 없이 거의 무한에 가까
울 것이다. 언어음과 그것을 가지고 표현하는 의미 사이의 그러한 복잡함의
차이는 말 그대로 차원이 다른 것이다.

근대 언어학의 역사에서 언어음을 대상으로 하는 음성학은 19세기 말
에 이미 충분히 성숙했고, 그 뒤를 이어 전개된 20세기 전반의 구조주의 언
어학의 음운론 역시 엄밀한 방법론과 명확한 이론의 측면에서 모든 언어 연
구의 규범이 되었다. 반면, 의미의 연구에 대하여 언어학자들이 정면으로 도
전하기 시작한 것은 겨우 19세기 말 무렵부터인데, 그것도 20세기 중반 정도
까지는 오로지 단어의 의미 변화 문제에만 관심이 쏠려 있었다. 의미에 대한
이와 같은 역사적·통시적 관점은 헤르만 파울(Hermann Paul, 1846-1921)의『
Prinzipien der Sprachgeschichte(언어사원리)』(초판 1880)이나 의미 연구에 처
음으로 '의미론', 즉 sémantique라는 명칭을 채용한 미쉘 브레아(Michel Jules
Alfred Bréal, 1832-1915)의 『의미론의 시도』[1] 등에 전형적으로 나타나 있다.

02 구조주의와 의미 연구

의미론 분야의 명확한 공시적 관점은 20세기 중반경 유럽의 구조주의 언
어학의 풍토와 그 영향 아래 겨우 확립되기 시작하여 울만(Stephen Ullmann,
1914-1976)의 『의미론의 원리』[2]나 라이지(Ernst Leisi, 1918-2001)의 『의미와
구조』[3] 등의 주목할 만한 저작을 낳았다. 그렇지만 그러한 연구는 아직 대상

---

1) Bréal, M. 1897, *Essai de sémantique: science des significations*, Paris.
2) Ullmann, S. 1951, *The principles of semantics*, Glasgow.

을 모색하는 단계에 머물렀을 뿐 언어학 안에서 주요한 역할을 맡기에는 한참
모자랐다.

의미 연구가 이렇게 부진했던 원인 중 하나로 놓쳐서는 안 되는 것은 당
시 차츰차츰 세력을 키워 갔던 미국의 이른바 '블룸필드학파'의 영향이다. 이
학파는 당시 미국에서 융성했던 행동주의를 이론적 바탕으로 하여 언어 분석
에 주관이나 직관의 개입을 극구 피하고자 이른바 '기계주의 내지 물리주의
physicalism'라고 하는 입장을 취했다. 결국 그러한 입장의 필연적인 행선지로
예부터 인간의 '마음'을 반영한 것이라고 여겨 왔던 언어의 의미 현상을 언어
학의 연구 대상에서 배제해 버리는 방향으로 나아간 것이다.

언어에서 심적인 측면을 제거하면 언어의 의미로서 남겨지는 것은 발화
자가 놓인 상황과 그 발화에 의해 생긴 청자의 반응, 즉 발화 사건을 둘러싼
외부 세계의 총체와 같은 것이 된다. 그것은 다시 말해 사물의 세계, 즉 삼라
만상 그 자체이고, 그렇기 때문에 이미 언어학자의 연구 대상이 될 수 없는 것
이다. '물'이라는 단어의 정확한 의미, 즉 H_2O와 같은 정의는 화학자에게 맡
겨야 할 것이고, '사랑'이나 '증오'의 단어 뜻은 심리학자가 부여해야 하는 것
이다.

소쉬르에게 언어기호는 '언어표현(시니피앙)'과 '기호내용(시니피에)'의 연합
으로, 기호내용 즉 의미는 언어기호가 본래적으로 갖추고 있는 불가결한 성분
이다. 그러나 블룸필드는, 형태소, 단어, 문장 등에 해당하는 '언어 형식'은 그
자체로는 의미를 가지지 않고, 언어 형식에 의해 표시되는 의미는 오로지 언
어 밖의 세계와 연결됨으로써 성립한다고 봤다. 언어의 의미를 '심적 표상'이
나 '개념'과 연결시키는 사고방식은, 블룸필드에 따르면 과학 이전의 미신에
지나지 않았던 것이다.

이와 같이 의미를 발화 상황 내지 외부 세계의 지시물과 동일시하는 견해
는 의미의 이른바 '외재설 extensionalism'이라고 부르는 것인데, 물론 이것은
이 학파에서 시작된 것은 아니다. 문제는 기계주의, 물리주의를 표방한 이 학
파의 완고한 객관주의가 이와 같은 외재설을 극단적인 형태로 밀어붙임으로써
언어 연구에서 의미를 추방하려고 했던 점에 있다.

---

3) Leisi, E. 1953, *Der Wortinhal: seine Struktur im Deutschen und Englischen*, Heidelberg.

의미를 배제한 언어분석이 어떠한 형태를 취하는지는 블룸필드보다 오히려 그 계승자들, 예를 들어 B. 블로흐(Bernard Bloch, 1907-1965)나 Z. 해리스(Zellig Harris, 1909-1992) 등의 연구에서 전형적으로 나타난다. 거기서 언어 분석의 중심적 과제는 음 레벨의 기본 단위가 되는 음소의 추출에서 시작하여 음소의 연속체로서 표시되는 형태소, 그 밖의 형식적 레벨의 여러 단위들의 인정과 그 분류였는데, 그때 유일한 근거가 되는 것은 해당 형식들의 '분포distribution'였다. 이때 의미에 의지하여 분석하는 것은 터부시되었다. 언어의 세계에서 의미는 마치 불가해한 '오물' 같은 것이었다.

후기 블룸필드학파의 이른바 맹목적인 분포지상주의는 언어 연구를 불모의 형식주의에 처박았는데, 그 폐해는 1950년을 전후로 하여 차츰 드러나게 되었다. 이 점에서 특히 주목해야 할 것은 마침 당시 미시건대학교(University of Michigan)의 교환교수로서 미국에 머물렀던 핫토리 시로(服部四郎, 1908-1995)가 1952년에 일본에 귀국한 후 바로 「意味に関する一考察(의미에 관한 일고찰)」4)이라는 제목의 논고를 통해 언어학에서 의미 연구의 필요성을 강조한 점이다. 핫토리는 그 후 의미의 문제를 다룬 일련의 논문을 작성하여 독자적인 '의의소(意義素)'론을 확립하였고, 이후 일본의 의미 연구의 기반을 닦았다. 핫토리의 의의소론은 그 후 구니히로 데쓰야(国広哲弥, 1929-)의 '구조적 의미론'으로 계승되는데, 일본에서 이 노선을 따르는 의미 연구는 1960년대부터 70년대 전반에 걸쳐 가장 활발하게 이루어졌다.

핫토리에 따르면, 의미 현상은 크게 발화의 '의미'와 문장의 '의의(意義)' 두 가지로 구분할 수 있다. 발화는 1회마다 다른 '우연한 사건'이지만, 문장은 발화 안의 사회습관적으로 정해진 형태로서 추출된 언어 형식이다. 발화의 의미는 발화시 발화자의 직접 경험 중 해당 발화를 가지고 발화자가 표출하고자 하는 부분을 가리킨다. 한편, 의의는 사회습관적인 특징으로서 언어 형식에 갖춰져 있는 내용적 측면이다. 문장의 의의에 대하여 이와 동일하게 언어적 형식으로서 단어의 내용면이 의의소이다. 따라서 문장의 의의는 문장을 구성하는 각 단어의 의의소와 그것들의 구조형에 의해 결정된다. 의의소는 음소의 변별자질과 같이 궁극적인 의미성분으로 보이는 의의의 특징으로 구성되고,

---

4) 『言語研究』 22/23, 1953 수록.

더 나아가 그것들은 어의적 특징, 문법적 특징, 문체적 특징 등으로 분류된다.

의미에 대한 핫토리의 접근 방식은 블룸필드학파와 크게 두 가지 점에서 다르다. 하나는 발화의 의미를 장면이라는 외부 상황이 아니라 발화자의 표현 의도라는 심적 현상으로 파악하는, 이른바 유심론자(mentalist)의 입장을 명확히 주창하고 있다는 점이다. 다른 하나는 언어 형식을 소쉬르의 언어기호와 동일하게 표현과 내용이라는 양면으로 이루어져 있다고 하며 의미를 언어가 가지는 불가분의 측면으로 다루고 있다는 점이다.

이것은 기호체계로서 언어를 표현면(expression plane)과 내용면(content plane)으로 나누고, 이 둘을 완전히 평행적으로 다루고자 하는 옐름슬레우 (Louis Hjelmslev, 1899-1965)의 입장에 아주 가깝다. 옐름슬레우는 표현면의 기본 단위(즉 음소)를 ceneme, 내용면의 기본 단위를 plereme이라고 칭했는데, 핫토리의 의의소 개념은 이 plereme에 가깝다고 할 수 있다. 옐름슬레우에 따르면, 표현면의 실질(즉 음성)을 다루는 것은 음성학, 표현면의 형식을 다루는 것은 cemenatics(통상적인 용어로 음소론)이고, 전자는 협의의 언어학에는 속하지 않는다고 하였다. 동일한 논법을 내용면에 적용해 보면, 내용면의 실질(즉 핫토리가 말한 발화의 의미)을 다루는 것이 '의미학 semantics', 내용면의 형식을 다루는 것은 plerematics(핫토리의 용어로는 의의소론)가 되어, 의미학은 음성학과 동일하게 언어학의 대상이 아니게 된다.

핫토리에 의한 발화와 문장, 그것에 대응하는 의미와 의의의 구분은 옐름슬레우에 의한 실질과 형식의 변별과 동일하게 결국 소쉬르의 파롤과 랑그의 구분과 상통하는 것으로, 금세기 구조주의 언어학을 성격 짓는 하나의 중요한 특징이다. 이와 같은 구분을 설정함으로써 비로소 언어 및 언어학은 그 자율성을 확보할 수 있게 된 것이다. 여기서 자율성이란 언어학 이외의 과학에 의존하지 않는다는 뜻이다. 핫토리의 의의소론은 공시적·기술적인 틀 속에서 이와 같은 자율성을 가진 의미 연구를 언어학의 중요한 분야로 확립하고자 한 선구적인 시도였다.

핫토리의 의의소론을 포함하여 "구조적 의미론"이라고 불렸던 이 시기의 의미 연구의 공통된 특징은 의미 현상의 분석에 음운론의 개념이나 방법을 적용하고, 음운론을 모델로 한 의미론의 구축을 목표로 하였다는 점이다. 적어도 20세기 중반 경까지는 크게 볼 때 음운론이 언어학 안에서 가장 높은 수준에

도달했던 분야였다. 언어의 구조와 체계성은 음운적 측면에서 가장 전형적으로 파악되었다. 언어가 기호의 체계라고 한다면 당연히 동일한 체계성이 언어의 의미적 측면, 좀 더 구체적으로는 어휘의 영역에서도 파악되어야 하는 것이고, 그리하여 '의미의 구조'와 '어휘의 체계성'은 당시 의미론자의 키워드이자 슬로건이 되었던 것이다.

　　의미 현상에 대한 이러한 구조적 접근 방식을 구체화하는 방식으로는 두 가지가 유력시되었다. 하나는 독일의 언어학자 요스트 트리어(Jost Trier, 1894-1970)[5]의 흐름을 이어 받은 '의미분야(意味分野)'(내지 '의미장(意味場)' <semantic field, Wortfeld>)에 기반하는 어휘의 구조적 파악에 대한 시도인데, 라이온스(John Lyons, 1932-)[6]의 『구조적 의미론』이 가장 전형적인 예이다. 트리어(Trier, J.)에 따르면, 어휘는 각각의 의미분야에서 긴밀한 네트워크를 이루고, 단어의 의미는 동일한 분야 안의 다른 단어와의 관계에 의해서만 결정된다. 이것은 바로 언어기호의 가치는 체계 내의 다른 기호와의 대립 관계에 의해 정해진다고 하는 소쉬르의 테제 그 자체라고 해도 좋을 것이다.

　　의미분야 모델은 지금까지 구조적 분석에서 가장 곤란하게 여겨 왔던 어휘의 영역을 다양한 의미분야로 세분함으로써 의미의 체계성과 더 나아가 의미변화의 구조적 요인을 분명히 하고자 했다. 단, 이 접근 방식이 가지는 최대의 난점은 어휘의 모든 분야가 반드시 이처럼 정연한 의미분야로 분할되지 않는다는 것이었다. 또 만약 그와 같은 분야가 확립된다고 하더라도 거기에 보이는 '어휘의 체계'란 결코 음소와 같은 닫힌 체계를 이루고 있지는 않을 것이라는 점이다. 어휘는 전체로는 물론 그 부분에 있어서도 '열린 집합'이고, 그 주변부는 항상 흐릿하며 경계가 명확하지 않기 때문이다.

　　의미에 대한 또 다른 구조적 접근 방식은 의미의 '성분 분석 componential analysis'이라고 하는 것이다. 이것은 앞선 핫토리의 의의소론에도 보이는 것인데, 바로 음소가 언어음의 궁극적 성분인 변별자질로 분할되어 그것들의 다발로 표시되는 것과 같이, 단어의 의미도 그 궁극적인 성분인 '의미자질 semantic feature'(핫토리의 의의특징)로 분해되기 때문에 의미 내지 의의소의

---

5) Trier, J. 1931, *Der deutsche Wortschatz im Sinnbezirk des Verstandes: Die Geschichte enines sprachlichen Feldes*, Heidelberg.

6) Lyons, J. 1963, *Structural semantics*, Oxford.

정확한 정의는 그러한 자질의 다발 내지 행렬(matrix)로 표시할 수 있다고 전제하는 것이다.

이러한 성분 분석은 처음에는 인류학자들이 친족명칭을 기술하기 위해 시도했던 것인데, 나중에 일반적인 어휘 분야의 기술에도 적용하게 되었다. 특히 1960년대 미국 언어학에서 발달하였다. 참고로 나중에 서술할 생성문법의 이른바 "표준이론"에서 채용한 의미론[7]도 단어의 뜻을 표시하는 데 오로지 이 방식을 채용하였는데, 거기에도 의미론과 음운론 사이의 평행적 관계를 드러내고자 하는 자세가 확실히 드러난다.

그렇지만 음소의 성분으로서 변별자질과 의미의 성분으로서 의미자질 사이에는 그 실태에 큰 차이가 있다. 먼저 변별자질은 학설에 따라 세부적인 차이는 있지만 엄밀하게 음향·조음적 관점에서 정의되어 있고, 더욱이 보편음운론적인 의미에서 그 종류와 수가 일정하게 정해져 있으며, 개별 언어의 모든 음소는 이러한 변별자질을 가지고 일관되게 표시할 수 있다.

그러나 의미자질은 적어도 지금까지의 연구에 한정해 볼 때, 그것을 인정하기 위한 엄밀하고 객관적인 기준이 결여하고, 또 그 종류나 수에 관해서도 전혀 제한이 없어 분석자의 자의적 해석에 좌우될 위험성이 크다. 더욱이 결과적으로 더 좋지 않은 것은 일상어로 쓰이는 어휘 중 중심적 혹은 기본적인 부분, 즉 인간에게 가까운 외부세계의 사태를 나타내는 어휘들 대부분이, 예를 들면 산, 강, 하늘, 구름, 손, 발, 눈, 귀, 빨강, 파랑, 오른쪽, 왼쪽 등이 그러한 성분 분석을 전혀 받아들이지 않는 것처럼 보인다는 것이다.

성분 분석은 의미분야설과 동일하게 의미 영역이 비교적 국한되어 있는 일부의 어휘에 적용되거나, 아니면 한정된 유의어 사이에 문제가 되는 지시차(指示差)를 표시할 때 편리한 수단으로서 나름대로 유효성을 발휘할 수는 있지만, 어휘 전반에 걸쳐 동일한 원리를 적용하는 데에는 결국 무리가 있다. 이는 최종적으로 고전적인 음운론을 모델로 한 "구조적 의미론"의 접근 방식 그 자체의 한계를 나타낸다고 하지 않을 수 없다.

1960년대까지 언어학의 틀 안에서 진행되어 온 의미론 연구는 다양한 입

---

7) 예를 들면 Katz, J. & J. Fodor 1963, 'The structure of semantic theory', *Language* 39.

장을 넘어 모두 단어 내지 어휘 층위를 중심으로 한 것들이었다. 즉, 의미론은
어휘론과 인접해 있어 둘 사이의 명확한 경계가 존재하지 않았다. 둘의 차이
는 의미론이 언어학의 연구 분야로서 비교적 새롭게 등장한 데 비해 어휘론
(lexicology)은 사전학(lexicography)과 함께 오래전부터 언어 연구 안에 독자적
인 위치를 점해 왔고 이론적이라기보다 오히려 사전 편찬이라는 실용적인 목
적에 도움을 줘 왔다는 점에 있다. 의미론은 이와 같은 전통적이고 실전적인
의미의 기술을 위한 수법으로서의 어휘론이나 사전학에 대하여 그 이론적인
기반과 명확한 방법론을 제공해야 하는 임무를 담당했던 것이다.

참고로 의미론과 어휘론의 이러한 긴밀한 관계는 의미론을 둘러싼 현대
언어학의 너무나 다양하고 혼돈스러운 상황에서 보면 태평성대의 '요순시대'로
밖에 보이지 않는데, 불가사의한 것은 일본어학의 세계에서는 그 무사안일의
평온한 상태가 지금까지도 계속되고 있는 것처럼 보인다. 예를 들면『國語學
(국어학)』8)의 최근호(175, 1993)의「特集一意味論の硏究(특집-의미론의 연구)」를
참조하기 바란다.

03 통사론과 의미론

1960년대 이후 의미론은 '변형생성문법'이라고 불리는 언어학의 새로운
패러다임 속에서 지금까지와는 전혀 다른 전개를 보인다. 후기 블룸필드학파
를 대표하는 해리스의 제자로 출발한 촘스키가 당초 구상한 문법이론9)은, 의
미를 배제함으로써 언어의 형식 및 언어 연구의 자율성을 확보한다는 미국 구
조언어학의 전통을 계승한 것이었다. 따라서 당연히 그의 통사론(=문법)에 의
미론이 들어갈 곳은 없었다. 문장의 생성과 '적격성 well-formedness' 판단에
의미에 대한 언급은 전혀 필요하지 않다고 여겼던 것이다. 의미와는 독립적인
문법의 자율성은 그 후 현재에 이르기까지 촘스키의 일관된 테제이기는 하지

---

8) [옮긴이] 일본의 일본어학회(구 국어학회)에서 발행하는『日本語の硏究(일본어의 연구)』의
   옛 명칭. 1948년 10월 제1호를 발행한 이래 2004년 학회명 변경과 함께 통권 219호까지『国
   語学』이라는 이름으로 발행한 후, 2005년 1월 잡지명을『日本語の硏究』로 개명하여 발행하
   고 있다.

9) Chomsky, N. 1957, *Syntactic structures*, The Hague.

만, 그 중에서 가장 강력한 형태로 제시된 주장은 1957년의 저서 속에서

Colorless green ideas sleep furiously.

라는 유명한 예문으로 나타낸 역설처럼 보이기도 하는 그의 해석에 있다. 즉,
이 문장은 의미론적으로는 완전히 무의미하지만, 문법적으로는 완전히 적격하
다는 것이다. 따라서 통사론을 의미와 독립적으로 성립할 수 있다고 보는 것
이다.

　　그러나 이러한 상황은 1965년의 『Aspects of the Theory of Syntax』에서
제시한 이른바 "표준이론" 속에서 변화를 보인다. 여기에 제시된 문법의 틀은
주지하다시피 변형규칙을 매개로 심층구조와 표층구조가 대치하는 형태의 통
사부문을 중심으로 그에 대한 해석부문인 의미론과 음운론을 부속시킨다. 즉,
심층구조는 의미 해석으로서 입력(input)되어 문장의 '독해'를 부여할 수 있는
반면, 표층구조는 음운부문에 입력되어 음운 규칙을 매개로 음성 표시를 부여
하는 것이다. 문장의 의미 정보는 모두 심층구조에 갖춰져 있는 것이고, 변형
은 의미를 바꾸지 않는다. 이러한 의미론은 음운론과 함께 문법 안에 새겨져
있어 거기에 마땅한 위치를 부여받게 되었지만, 그 역할은 어디까지나 보조적
인 것에 그칠 뿐 그 중심에 있는 통사론의 자율성과 우위성은 조금도 떨어지
지 않았다.

　　그러나 겉으로 볼 때 너무나도 정연하게 잘 정리된 이 이론도 여러 가지
곤란함을 포함하고 있었다. 특히 의미를 둘러싸고 문제가 드러났다. 첫째, 문
장의 의미가 모두 심층구조에 의해 결정된다고 한다면 심층구조 대신에 오히
려 의미표시 그 자체를 변형의 시발점으로 취해야 하지 않을까? 통사론이 의
미로부터 출발하여 변형 조작에 의해 표층구조에 도달하는 형태를 취한다면,
통사론의 자율적 층위로서 심층구조는 불필요하게 된다는 주장이 바로 그것이
다. 이것은 바로 표층구조에서 음운 규칙에 의해 음성표시가 얻어진다고 한다
면 자율적 음소 층위는 불필요하다는 주장과도 일맥상통하는 것이다. 둘째, 문
장의 의미는 반드시 심층구조로만 결정된다고 할 수 없다는 점이다. 예를 들
면, 초점이나 전제와 같은 문장의 정보적 의미에는 강세나 돋들림(prominence)
과 같은 음운 형상이 관여하고 있고, 부정이나 수량사의 작용역은 표층구조의

어순에 의해 좌우되기도 한다. 그렇다고 한다면 변형은 의미를 바꾸지 않는다고 하는 테제는 성립할 수 없게 된다.

주지하다시피, 첫 번째 입장을 앞세운 것은 '생성의미론자'들이었다. 그들이 구상한 틀 속에서 통사론은 오히려 의미론에 종속되어 버리기 때문에 자율성을 잃게 된다. 의미구조와 거기에 부가되는 변형(즉 통사규칙)에 의해 문장이 생성된다고 보기 때문이다. 의미를 기반으로 하는 통사론을 구축하고자 한 생성의미론자의 야심찬 기획은 그 당시 형식적으로는 완전히 실패한 것처럼 보였다. 하지만 그 원인은 생성의미론의 기본적인 접근 방식과 이론적 전제 그 자체에 있었다기보다 오히려 그 당시의 의미론이 문장의 의미를 명시적으로 표시하는 데 너무나 미숙했다는 점에 있을 것이다.

두 번째 입장은 그 후에 촘스키 자신이 채택한 것으로, 여기서부터 "확대표준이론"이라고 불리는 수정이 이루어지게 된다. 즉, 문장 의미의 어느 한 부분은 심층구조에서, 다른 한 부분은 표층구조에서 결정된다고 하는 것이 그 취지다. 그러나 심층구조에서 부여할 수 있는 의미와 표층구조에서 규정할 수 있는 의미가 서로 어떻게 다르고, 또 그 둘이 어떠한 관계에 있는가 하는 점은 여전히 해결하지 못한 채 문법에서 의미론의 지위만 오히려 더 불투명하게 되었다.

의미론을 문법이론 안에 넣음으로써 블룸필드학파의 편협한 기계주의를 타파했던 것은 촘스키의 공적이기는 하지만, 의미론은 촘스키의 이론에 있어서 이른바 판도라의 상자였던 것이다.

1960년대 중반은 의미론이 겨우 어휘 층위에서 형태를 갖추기 시작했던 시기였고, 통사론에 대응하는 의미론이 어떠한 것이어야 하는지에 대해서는 아직 전혀 전망이 보이지 않던 때였다. 따라서 이처럼 미숙아와도 같은 의미론을 통사론의 해석부문이라는 형태로 종속시켜 두더라도 특별히 큰 문제는 생기지 않았다. 역으로 보자면, 통사론은 의미론을 자기 마음대로 이용해도 자기 자신의 우위성과 자율성을 전혀 위협받을 일은 전혀 없었던 것이다. 그러나 의미의 문제는 지금까지 많은 언어학자가 다들 인정해 온 바와 같이, 평범한 수단으로 다룰 수 있는 것은 아니었다. 통사론의 한켠에 있는 작은 우리 속에 계속 가둬 둘 수 있는 녀석이 아니었던 것이다.

1970년대 이후 생성의미론이나 기능주의라고 불리는 학파의 의미 현상에 대한 적극적인 연구, 더욱이 인지심리학, 인공지능, 논리학, 철학 등 관련 영역의 연구가 자극이 되어 의미론의 지평은 단박에 넓어졌다. 60년대 어휘를 중심으로 한 구조적 의미론이나, 그것을 통사론에 적용한 해석의미론의 영역을 훨씬 뛰어넘어 버렸다. 판도라 상자의 뚜껑을 열고 보니 생각지도 않았던 이상한 형태의 생물들이 차례차례 얼굴을 들이밀었다고 보면 될 것이다.

먼저 의미 연구를 가장 크게 확장시킨 것은 '화용론 pragmatics'라고 불리는 새로운 분야의 출현이다. 지금까지 언어의 이른바 주변 영역으로서 정통 언어학자들에게는 다소 의심스러운 눈총을 받았던 언어의 실제적 측면이 언어 연구의 중요한 테마로 부상했던 것이다.

예전에 소쉬르가 '파롤'이라고 부르고 옐름슬레우가 '의미의 실질'이라고 명명했으며 핫토리가 '발화의 의미', 촘스키가 '언어 수행'이라고 이름 붙여 언어학 본래의 연구 대상에서 도외시해 왔던 영역, 즉 언어를 사용하는 인간의 전달 내지 발화행위가 구체적인 모습 그대로 언어학 연구의 대상이 되었던 것이다. 언어 수행과 장면의 문제는 그 복잡다단함 때문에 언어학자에게는 접근 조차 힘든 것처럼 여겨져 왔다. 또 주지하다시피, 이 영역의 연구에 선두를 달렸던 것도 언어학자가 아니라 옥스퍼드의 '일상언어학파'라고 불리는 철학자들이었다.

현재 화용론을 둘러싼 상황은 현기증이 날 정도로 유동적인데, 그 귀착점이 어디로 갈지는 전혀 예측하기가 힘들다. 애당초 화용론과 의미론 사이의 경계가 어디에 있고, 또 이 둘 사이가 어떠한 관계인지에 대해서도 아직 확실한 답이 없다. 그렇지만 앞으로 화용론이 의미 현상을 해명하는 데 중요한 열쇠를 쥐고 있다는 점만은 분명히 말할 수 있다.

예를 들면, '신정보(新情報)'와 '기지정보(旣知情報)', '초점'과 '전제', '주제'와 '평언' 등으로 불리는 문장의 정보 구조는 화자의 표현 의도와 담화상의 맥락을 고려하지 않으면 설명할 수 없고, 또 발화자의 표현 의도의 전달이라는 것도 발화 당사자 간의 이해 방식, '담화 내지 대화의 전략'이 존재하지 않으면 성립할 수 없다. 지금은 의미론이 어휘 층위를 벗어나 문장의 층위에까지 도달하였지만, 앞으로는 담화나 텍스트까지도 시야에 두지 않으면 안 되는 상황이 도래할 것이다.

최근 의미론의 전제에서 또 다른 중요한 국면은 언어와 인지의 관련성,

문법을 포함한 언어의 의미 현상이 가지는 인지적 기반, 즉 언어의 배후에 숨어 있는 인간의 '마음의 작용' 그 자체의 해명을 목표로 하는 대담한 접근 방식이다. 즉, '인지언어학', '인지문법', '인지의미론' 등의 이름으로 불리고 있는 언어 연구의 이른바 '새로운 물결'이다.

이 움직임의 추진력이 된 것은 예전에 생성의미론의 기획을 통해 촘스키에 반기를 들었던 연구자들이다. 문법의 의미론적 기반 세우기는 일단 좌절한 것처럼 보였지만, 이번에는 "은유", "원형", "이미지와 스키마", "프레임", "도식(figure)과 단상(ground)" 등등의 새로운 도구를 가지고 언어학의 무대에 다시 모습을 드러냈다.

또 이와 관련하여 '정신공간(mental space)', '관련성(relevance)'의 이론, 그리고 우리에게 가까운 곳에서도 '정보의 구역'이나 '담화 관리'이론 등 의미 현상에 대한 다양한 기획들이 주목을 받고 있다.

지금까지 블랙박스처럼 보였던 언어의 인지적 측면에 빛을 비추고자 하는 이러한 시도들에는 물론 다양한 입장과 학맥이 관계하고 있다. 그러나 이들 모두에게 공통적으로 보이는 것은 생성문법이 근거로 내세워 왔던 통사론의 자율성과 과도한 형식주의에 대한 강한 의문과 거절의 자세이다.

일단 문법이론 안에 초대 받아 들어온 의미론은 1980년대 이후 한편으로는 화용론, 다른 한편으로는 인지과학과 손잡으면서 마치 우리를 벗어난 호랑이처럼 기세 좋게 생성문법의 기반을 위협하고 있다. "표준이론", "확대표준이론", "수정확대이론"으로 옷을 갈아입으면서 방대한 의미론의 문제에 대처해 온 촘스키도 최근의 이른바 "GB이론"에서는 예전의 심층구조도, 또 거기에 대응하는 의미론도 그 모습을 감춰 버렸다. 거기서 다루는 의미 현상은 이른바 논리형식(LF)의 범위 안의 부정과 수량사의 작용역, 대명사의 동일지시나 조응관계와 같이 단순한 통사론과 연결된 현상뿐, 의미 현상의 전반에서 보면 지극히 주변적인 부분에 지나지 않는다.

촘스키가 볼 때 의미론은 어찌 됐든 문법과는 별개의 학문 영역, 예를 들면 인지과학에 속하여 문법가는 직접 관여하지 않아야 하는 부문인 것 같다. 의미론에 대해 최근에 촘스키가 보이는 이러한 자세는 예전에 의미를 배제하며 문법의 자율성을 주장했던 1957년 자기 자신의 출발점으로 다시 돌아간 것처럼 보인다. 촘스키에게 통사론의 자율성을 잃어버리는 것은 지금까지 구축한 이론적 틀이 모두 붕괴해 버리고 마는 것을 의미할지도 모르겠다. 급속히 성장한 의미론이라는 이른바 호랑이 자식을 자신의 "보편문법"에서 추방한 것도 어쩔 수 없는 흐름에 따른 것일지도 모르겠다.

그러나 현대 언어학은 이미 학문으로서 자신만의 자율성이나 자기만의 독점적인 연구 영역의 확립에 고심하는 단계에 있지 않다. 오히려 다양한 관련 영역을 적극적으로 도입하고 여러 인접 과학과 손잡으며 인간 자체와 동일한 정도로 복잡다양한 언어 현상을 이른바 통째로 그 사정거리 안에 두어도 충분할 만큼 성숙해 있다. 최근 20년이 채 되지 않는 기간 동안 급속히 확대·다양화해 온 의미론은 바로 이와 같은 현대 언어학의 성숙도를 재는 데 딱 맞는 바로미터가 될지도 모르겠다.

제
11
장

언어현상에서 중심과 주변

01 언어의 구조와 불균형성

고전적인 구조언어학에서 최대의 과제는 전체적이든 부분적이든 언어를 하나의 구조로서 파악하는 것이었다. 구조란 간단히 이야기하자면, 일정한 수의 요소와 그들 사이의 관계로 성립한다. 구조 내의 요소는 일정한 규칙에 의해 서로 명확히 구별되고, 그러한 의미에서 '이산적 discrete'인 것이며, 그 수가 일정하다는 의미에서 닫힌 체계를 이룬다.

이러한 언어의 구조는 특히 언어의 음운적 측면에서 현저한 모습으로 드러난다. 예를 들어 터키어는 8개의 모음(i ı u ü e a o ö)을 가지고 있는데, 조음의 관점에서 이들은 구개도(口開度)의 '넓음(廣)과 좁음(狹)', 혀 위치의 '앞(前)과 뒤(後)', 입술 모양의 '둥긂(圓脣)과 둥글지 않음(非圓脣)'의 세 가지 변별자질에 의해 명확히 구분되어 다음의 표와 같이 전체가 균형 잡힌 상관관계로 이어진다.

	입술 모양의 둥긂		입술 모양의 둥긂	
전설	i	e	ü	ö
후설	ı	a	u	o
	좁음 / 넓음 / 좁음 / 넓음	좁음 / 넓음 / 좁음 / 넓음	좁음 / 넓음 / 좁음 / 넓음	좁음 / 넓음 / 좁음 / 넓음

175

이 구조는 종종 세 가지 특징이 각각 서로 대립하는 평면의 3차원 입방체로 표현하기도 하는데, 거기서 이 모음들 중 어느 하나가 빠지든지 아니면 이동해 나가 버리면 전체 균형이 무너져 내리는 만다. 즉, 말 그대로 하나의 구조체로서 파악되는 것이다.

그러나 언어음의 분석가들이 일찍부터 눈치 채고 있었던 것과 같이, 모든 언어의 음운이 항상 이처럼 긴밀하고 균형 잡힌 구조를 이루고 있는 것은 아니다. 모든 음소가 동등한 자격으로 구조 안에 들어가 있다고 볼 수는 없고, 또 상관관계를 이루는 네트워크 안에 마땅히 있어야 할 자리에 음소가 없는 체계도 적지 않다. 더욱 다루기 힘든 것은 음운 구조를 지탱하는 기둥이라고도 할 수 있는 음소의 인정 그 자체가 곤란하여 확정되지 않는 경우도 있다.

예를 들면, 일본어의 자음 중 폐쇄음은 /p t k/ /b d g/와 같이 조음 위치와 성(聲)의 유무라는 두 가지 식별 특징에 의해 비교적 긴밀한 상관관계를 이루고 있는데, ハ(ha)행자음은 이 상관관계의 범위 밖에 고립되어 있다. 음성적으로도 후속 모음의 차이에 따라 /ç/ /ɸ/ /h/ /x/ 등의 다양한 변인을 보인다. 한편, 콧소리자음은 폐쇄자음 /b d g/에 대응하여 음절 CV의 C의 위치에서 [m] [n] [ŋ]의 세 종류가 나타나 외견상으로는 균형 잡힌 상관관계를 이루고 있는 것처럼 보인다. 하지만 세 번째의 [ŋ]은 [g]와 거의 상보적 분포를 보여 자립적인 변별 기능을 맡지 않는다.

또 タ(ta)행자음의 'チ(chi)'와 'ツ(chu)'의 위치에는 다른 위치의 [t]와 음성적으로 확실히 다른 파찰음 [ʧ] [ʦ]가 나타난다. 이를 [t]와는 개별적인 음소, 예를 들면 /c/로 인정할지 말지에 대해서도 학자들 사이에 의견이 갈린다. 또 이를 독립적인 하나의 음소로 인정한다고 하더라도 체계 내에서 어떤 위치에 자리매김해야 할지 매우 불안정하여 구조의 균형성과는 아무래도 멀어지게 된다.

이런 것들을 보면 앞서 서술한 터키어의 모음체계의 기하학적인 균형성은 언어적 사실이라기보다 오히려 언어학자들이 강요한 가상의 구조물이 아닐까 하는 의구심이 드는 것도 어쩔 수 없다.

언어의 음 조직 안에 보이는 이러한 구조적인 왜곡, 불균형성, 단위의 불확정성과 같은 성격은 음운보다 훨씬 더 그 구성이 복잡한 문법이나 의미의 층위에서는 더욱더 두드러진 형태로 나타난다. 예를 들어 단어나 문장의 의미가 가지는 모호성, 문법 규칙을 둘러싼 예외 현상, 문법적 범주와 논리적 범주의 불일치, 동음이의어나 동의어의 존재 등등이 바로 그것이다.

이러한 종류의 모호성이나 불규칙성은 그리스·로마시대의 '규칙론자 analogist'와 '변칙론자 anomalist' 사이의 논쟁 이래 문법가나 철학자들뿐만 아니라 일반적인 언어사용자들 사이에서도 끊임없이 이루어져 왔다. 철학자나 논리학자의 눈에는 이러한 것들이 종종 자연언어의 피할 수 없는 결함처럼 보이기도 하였는지 인간 지성의 도구로 가장 적절한 인공어, 단 한 점의 모호성도 허용하지 않는 '보편언어 lingua universalis'의 구축이 시도되기도 했다.

이처럼 언어 현상에는 구조주의자의 주장을 따르지 않더라도 한편으로는 분명히 규칙성과 구조의존성이 보이기도 하지만, 위에서 지적한 바와 같이 모호하고 불균형적인 측면도 결코 무시할 수는 없다. 1920년대 이후 유럽 구조주의의 거점이 되었던 프라그학파의 학자들은 이러한 언어의 양면성을 정확히 꿰뚫어보고 일찍부터 언어 현상에 대한 다면적이고 유난한 접근 방식을 시도해 왔다. 한 마디로 말해, 언어의 모호성이라는 측면은 학자들에 의해 다양한 명칭으로 다뤄졌는데(예를 들면 '언어의 잠재성', '언어기호의 비균형적 이면성', '잉여성' 등), 특히 중요한 키워드가 되었던 것은 언어 체계의 '중심 center'과 '주변 periphery'이라는 개념이다.

제2차 세계대전 후 다시 활동을 개시한 이 학파의 기관지 *Travaux de Linguistique de Prague*의 제2호(1966년 간행) 「언어 체계의 중심과 주변의 문제 Les problèmes du center et de la periphérie du système de la langue」가 바로 이 테마를 다룬 특집이었던 것은 특기해 둘 가치가 있을 것이다.

여기에 투고한 논자들의 공통된 입장은, 언어 현상에 보이는 모호성, 불확정성, 불균형성을 언어가 가지는 구조적 결함이라고 보고 부정적으로 취급하는 것이 아니라 오히려 언어 체계가 본래적으로 갖추고 있는 특성, 언어가 그 다면적인 기능을 원활히 수행하기 위해 가지고 있어야 하는 불가결한 구조적 특성으로 간주해야 한다는 점이다.

그 논점을 요약하면, 언어의 체계는 전체적으로는 물론 부분적으로도 결코 닫힌 체계가 아니고, 또 체계 내의 여러 요소는 항상 명확하게 획정할 수 있는 것이 아니라는 것이다. 체계에는 '중심'과 '주변'이 있어 그 중심에서는 요소의 획정과 그것들이 만드는 관계, 즉 구조화의 원리가 비교적 명확하지만, 주변에서는 그러한 관계가 흐릿하여 불확정성이 증대한다. 중심의 여러 요소들은 긴밀하게 구조화되어 있고 범주적 식별이 이른바 전형화 내지 자동화되어 있기 때문에 안정성이 높다. 반면에 주변에서는 여러 요소들의 구조화가 느슨하기 때문에 맥락의존성이 높고, 따라서 불안정하다.

이와 같은 언어의 중심과 주변이라는 구분은 언어의 체계적이고 계열적인 영역뿐만 아니라 종합적이고 통합적인 차원에서도 물론 문제가 된다. 즉, 발화의 연쇄에서 단위의 분할이 그것이다. 예를 들면, 음 연쇄에서 음소의 분할이나 음절의 경계 문제, 문법 층위에서 단어, 접사, 자립어, 부속어, 복합어, 파생어 등을 구분하는 문제다 이러한 종류의 작업에 동반하는 어려움은, 예를 들면 일본어와 같이 띄어쓰기를 하지 않는 언어에서 단어를 어떻게 분할할지와 같은 가까운 사례를 생각해 봐도 바로 알 수 있다.

실제로 '단어 word', '접어 clitic', '접사 affix'라는 형태상의 중요한 구분은 항상 명확하게 이루어진다고 할 수는 없고, 어느 쪽에도 속하지 않은 경계선 위에 있는 사례는 일본어뿐만 아니라 어떤 언어에든 존재한다. 이와 같이 이른바 '흐릿한'(최신 유행어를 사용하면 '퍼지(fuzzy)'한) 경계 영역이 언어 현상의 주변인 것이다. 이른바 언어의 '구조'는 엄격하게 구획되어 있고 한정된 요소로 이루어져 고정돼 있어 전혀 동요하지 않는 완벽히 균형 잡힌 상태의 것이 아니라 그 중심부에서는 비교적 엄밀한 구조화를 유지하면서도 주변부에서는 불확정적인 요인을 많이 가지고 있는 것이다. 이와 같은 양면성으로 인해 언어는 모든 언어사용자의 온갖 사용 목적에 적응할 수 있도록 유연성, 이른바 신축자재한 탄력을 확보하는 것이다.

02 공시태와 통시태

프라그학파의 언어학자들이 제창한 언어 체계의 중심과 주변 이론은 그 후 바로 이 나라를 덮친 불행한 정치적 상황 때문에 충분한 성과를 전개하지 못했다. 그러나 이 견해가 복잡한 언어 현상을 해명하는 데 중요한 열쇠를 쥐고 있다는 것은 최근 언어학의 흐름 속에서 점점 분명해지고 있다.

　제일 먼저 이 이론은 언어 체계와 그 변화, 혹은 언어의 공시태와 통시태의 관계라는 소쉬르 이래의 난문에 대한 유력한 해답을 부여해 준다.

　『일반언어학강의』에서 제시된 소쉬르의 학설에 따르면, 순수하게 공시적인 사항 간의 관계로 성립하는 공시태는 개별 사항 간의 통시적 관계, 즉 언어의 변화와는 전혀 관계가 없다. 그렇다고 한다면 언어의 변화는 도대체 공시태의 어디에서 발생하고, 또 어떻게 하여 다른 공시태 안에 편입되는 것일까? 혹은 애당초 언어는 왜 변하는 것일까? 소쉬르의 학설에서 최대의 난문이라고도 할 수 있는 것은 이러한 공시태와 통시태의 이율배반뿐이 아니다. 이와 동일하게 곤란한 것이 '랑그'와 '파롤'의 구분이라는 문제인데, 이 역시 결국에는 언어 체계를 완전한 균형과 자립성을 가지고 있는 정지된 구조로 파악한 탓에 생기는 일면적인 접근 방식의 필연적 귀결인 것이다.

　통시적 현상으로 여겨지는 언어의 변화는 사실 '공시적 흔들림'이라는 형태로 언어의 공시태 안에 항상 내재하고 있다. 이는 최근의 사회언어학적 연구에 의해 점점 분명히 밝혀지고 있는 사실인데, 이러한 공시적 흔들림이 바로 언어의 주변적 현상 중 하나인 것이다. 언어 변화의 프로세스는 주변부에서 이러한 흔들림, 즉 잠재적인 변화상이 주변에서부터 중심부로 이행하거나 혹은 그와는 반대로 중심 현상이 주변 현상으로 전화해 가는 형태로 이루어지는 것이다.

　언어 현상에서 중심과 주변의 차이에 중요한 결정자 중 하나는 앞서 언급한 맥락의존도이다. 주변 현상은 맥락에 대한 의존도가 높고, 중심 현상은 그것이 낮다.

　예를 들면 언어음의 영역에서 음운 변화는 많은 경우 자립적 음소 그 자체라기보다 제한된 환경에서 어떤 한 음소의 이른바 sub-phonemic한 형태로 나타나고, 이것이 곧 음소의 체계적·구조적 사실로 편입되는 형태를 취하는 것이다. 앞서 살펴본 일본어의 ガ(ga)행자음에서 [g]와 [ŋ] 사이의 동요는 거의 대부분 맥락에 의존한 sub-phonemic한 현상에 그치고, タ(ta)행에서의 파찰음 [ʦ]의 출현은 맥락에 의존한 sub-phonemic한 현상과 자립적 음소 현상의 경계선에 있다.

　또 ハ(ha)행자음인 'フ(hu)'의 위치에 나타나는 [ɸ]은 일본어의 일반적인 어휘 안에서는 순수하게 음운 환경에 의존하지만, 'フィルム(film)', 'フィリピン(Philippine)', 'ファン(fan)' 등의 외래어에서는 그 조건이 점점 바뀌고 있다. 그러나 현재 일본어의 음 체계 전체에서 볼 때 외래어라는 맥락에 의존하는 주변적 현상임에는 변함이 없다. 한편, 이른바 '4개의 가나', 즉 ダ(da)행음의 'ヂ(zi)', 'ヅ(zu)'와 ザ(za)행음의 'ジ(zi)' 'ズ(zu)'의 합류라는 일본어에서 광범위하게 일어난 음운 변화는, 본래 자립적인 음운 대립을 이루고 있던 현상이, 예를 들면 [dz]/[dẑ]는 어두(語頭), [z]/[ẑ]는 어중(語中)과 같이 단순히 맥락 의존적인 현상으로 전이해 간, 즉 중심에서 주변으로의 이행이라는 형태로 일어난 것이다.

이와 동일한 예는 그밖에도 얼마든지 제시할 수 있다. 어찌 됐든 언어의 변화가 이처럼 체계의 주변부에서 공시적 흔들림 현상을 통해 실현된다고 한다면 공시태와 통시태의 이율배반이라는 고전적 구조언어학의 난문은 거의 해소된다고 할 수 있다. 즉, 언어 체계의 주변 영역이 공시태와 통시태의 이른바 인터페이스 역할을 수행하고, 이를 매개로 공시태는 다이내믹한 탄력성을 확보하며, 통시태는 언어 체계의 구조적 측면과 불가분의 관계로 이어지는 것이라고 볼 수 있게 되기 때문이다.

03 언어의 다양성과 보편성

언어 체계의 중심과 주변이라는 견해는 언어 간의 다양한 변주(variation)와 거기에 부여된 제약, 바꿔 말하자면 언어의 다양성과 보편성의 해명을 목표로 하는 언어유형론의 분야에서도 중요한 역할을 맡고 있다.

예전에 구조언어학들의 주장에 따르면, 언어 체계는 각 언어에 고유한 것으로 언어 외의 현실을 어떻게 분할하여 구조화하는지는 언어에 따라 결코 동일하지 않다고 했다. 언어의 구조화 원리는 어떠한 의미에서는 자의적인 것이어서 그 구조적 특징이 언어들 사이에서 어떠한 차이를 보이는지는 전혀 예측할 수 없다. 예를 들어 어느 한 언어에 어떠한 모음이 얼마나 나타나는지, 또 일반적으로 모음의 체계가 언어들 사이에서 어느 정도 변이를 가질 수 있는지에 대해서는 어느 누구도 예측할 수 없다는 것이다.

그러나 언어의 중심과 주변이라는 입장에서 보면, 일반적으로 중심 영역에 속하는 요소는 한 언어의 내부뿐만 아니라 언어들 사이에서도 그 출현 빈도가 높고 기능부담량도 많은 반면, 주변적 요소는 출현 빈도도 기능부담량도 적은 경향이 있다. 이와 동일하게 한 언어의 공시태 속에서 중심적 요소는 안정도가 높지만 주변적 요소는 불안정하여 흔들림이 크다. 이를 언어들 사이에 놓고 보면 주변적 요소일수록 중심과 비교하여 변주의 폭이 커지는 경향을 보인다고 할 수 있겠다.

이와 같이 한 언어의 체계 내에서 파악할 수 있는 중심과 주변이라는 현상을 유형론의 시점에서 바라보면, 언어의 구조적 특징 또는 범주 간의 계층적 서열, 구조화 선택의 우선순위라는 형태를 취하며 나타나는 것이다.

예를 들어 앞서 살펴본 터키어의 모음체계 안에서 그것을 구성하는 8개의 모음이 각각 완전히 대등한 자격으로 배치되어 있는지 아니면 어떠한 서열에 따라 배치되어 있는지는 터키어만을 봐서는 판별할 수 없다. 그러나 세계여러 언어들의 다종다양한 모음 체계를 폭넓게 비교·검토해 보면 거기에 나타나는 모음의 수와 종류가 언어에 따라 완벽하게 자의적으로 선택되는 것이 아님을 일목요연하게 알 수 있다. 즉, 여러 언어들에서 가장 많이 나타나는 것은 5모음 체계인데, 이 5모음을 정점으로 그 수가 증대하는 방향 또는 감소하는 방향으로 나타난다. 이때 전자에서는 완만한 경사를 이루고 후자에서는 급격한 경사로 하강한다.

어찌 됐든 모음의 최소 체계는 /a i u/의 3모음이고, 이 3모음은 모든 언어의 모음 체계 안에 보편적으로 출현한다. 5모음 체계는 일반적으로 이 3모음에 /e o/가 추가됨으로써 구성되는데, 터키어에 보이는 전설(前舌)·원순(圓脣)의 /ü ö/ 혹은 후설(後舌)·비원순(非圓脣)(내지 중설(中舌)의) /ï/ 등은 5모음보다 개수가 많은 체계에서야 비로소 출현하게 된다. /e, o/에서 넓음(廣)·좁음(狹)(또는 당김·풀림)의 구분도 동일하다. 더욱이 이러한 종류의 모음은 그것을 가지고 있는 많은 언어에서 맥락의존도가 높고, 출현하는 환경도 한정된다. '모음조화'라고 불리는 현상은 그러한 맥락의존의 전형적인 사례라고 볼 수 있다. 요컨대, 여러 언어들의 모음 체계 안에 나타나는 모음에는 일정한 계층성이 있고, 그 핵심을 차지하는 것과 주변에 부가되는 것 사이에는 여러 언어들을 통해 불변하는 서열이 존재하는 것이다.

　　문법 영역에서도 이와 동일한 것을 이야기할 수 있다. 동사의 의미역을 명사 쪽에 표시하는 형태적 수단인 격 체계는, 예를 들면 아랍어에서는 3격, 핀란드어에서는 15격과 같이 다양하게 나타난다. 하지만 이러한 격들 안에도 계층적 서열이 있어 체계의 핵을 구성하는 것과 그렇지 않은 것 사이에는 상당히 명확한 차이가 보인다. 이는 격 체계에 대한 언어들 사이의 변주나 그것들의 통시적 변화를 잘 살펴보면 저절로 밝혀진다.

　　예를 들어 인구제어를 보면, 산스크리트어에서와 같이 많은 언어들에서 7 내지 8격의 오래된 체계가 쇠퇴하여 격 체계 자체가 점차 축소해 가는 변화가 일어났는데, 그러한 변화의 과정에서 사라져 가는 격에는 일정한 순서가 있지 결코 무작위로 사라지거나 하는 것은 아니었다. 즉, 가장 빨리 없어진 것은 동사의 '결합가 valency'에서 볼 때 주변적인 역할을 담당하는 도구격, 처격, 탈격과 같은 격들이었다. 반면, 동사의 결합가와 가장 직접적으로 결합되어 있는 주격이나 대격, 그리고 이들의 역할을 명사와의 관계로 변환해 주는 '관형격'(또는 속격)의 세 가지는 격 체계 안에서도 마지막까지 남는 격이다. 따라서 적어도 대격형 언어의 격 체계 안에서는 이 세 가지 격이 모음 체계 내의 /a i u/와 같이 그 체계의 가장 중심에 위치해 있다고 간주할 수 있다.

　　언어 구조의 다양한 층위에서 파악되는 이러한 계층성은 주지하다시피 최근 언어유형론과 보편성의 연구에서 중요한 연구 과제가 되고 있어 이미 많은 영역에서 풍부한 성과를 내고 있다.

04 언어와 인지

　　마지막으로 언어 체계의 중심과 주변의 이론은 근년 인지심리학이나 기능문법의 연구자들 사이에서도 강한 지지를 받고 있다. 특히 최근의 인지심리학의 증언에 따르면, 인간이 외부세계를 파악하는 방법, 즉 본래 연속적인 현실 세계를 분할하고 개념화하며 범주화하는 인지 작용은 결코 고전적인 논리학에서 말하는 것과 같이 엄격한 범주로 필요충분조건에 따라 이것 이니면 저것으로 명확하게 구별하여 제3의 가능성을 배제해 버리는 원리(이른바 '배중률 exclusion medii tertii')를 따르지 않는다고 한다.

오히려 일상적인 층위의 범주에서는 중심 구성원에는 그 특징이 뚜렷이 나타나지만 주변부에서는 그 구분이 차츰 모호해지고 다른 범주의 주변부와 연속적인 경계를 이루고 있어 그것이 각 범주의 이른바 완충지대가 된다. 이러한 범주에는 모든 구성원이 동일한 자격으로 속해 있는 것이 아니다. 일부는 그 범주의 성격을 결정하는 모든 특징을 갖추고 있어 다른 범주와 뚜렷한 대조를 이루지만, 또 다른 것들은 그러한 특징을 일부밖에 가지지 않고 다른 범주의 특징도 동시에 가지고 있기도 한다.

어느 한 범주의 특징을 완전히 갖춘 구성원을 일반적으로 그 범주의 '원형(prototype)'이라고 하는데, 인간의 범주화는 어찌 됐든 이러한 원형적 사고방식에 의해 이루어지는 것이지 아리스토텔레스 논리학에서 말하는 '범주'와는 그 성격을 달리하는 것 같다. 즉, 범주에 대한 소속은 이것 아니면 저것이라는 양자택일이라기보다 어느 정도인지 하는 정도성의 문제인 것이다.

예를 들어 우리가 일상적으로 경험하는 세계에서 '새'라고 하는 생물 부류는 깃털로 뒤덮여 있고 날개가 있으며 다리는 2개이고 하늘을 날 수 있다는 특징을 가지고 정의할 수 있다. 실제로 우리 곁에 있는 많은 새, 예를 들면 제비나 까마귀는 이러한 특징을 모두 갖추고 있다. 한편, 펭귄은 하늘을 난다는 특징을 결여할 뿐만 아니라 물속을 헤엄칠 수 있다는 어류의 특징을 가지고 있기도 하다. 제비에게는 새의 특징이 100퍼센트 갖춰져 있지만, 펭귄은 기껏해야 60퍼센트, 즉 새 안에서는 비전형적이고 주변적인 구성원이 되는 것이다.

인간의 인지 작용이 이처럼 이른바 임기응변의 처리를 포함하는 유연한 전략에 기반한다고 한다면, 당연히 언어에도 그러한 특성이 반영되어 있다고 보는 것이 상식적일 것이다. 언어 현상에 대한 이러한 원형적 접근 방식은 최근의 언어유형론이나 기능주의라고 불리는 언어 연구 안에서 차츰 주목을 받고 있어 문법의 다양한 영역, 예를 들면 품사의 분류나 타동사 구문, 태(voice) 현상, 격 표시 등에 관해서도 흥미로운 성과를 올리고 있다. 이러한 구체적인 주제들은 본지[10]에 수록된 여러 논문들에서도 다루고 있지만, 언어현상에 대한 이러한 접근 방식은 프라그학파가 주창한 언어의 중심과 주변 이론이 적용된 하나의 새로운 그리고 풍부한 결실이라고 할 수 있을 것이다.

---

10) 『国文学解釈と鑑賞(국문학 해석과 감상)』 58-1, 1993.

능격성에 관한 약간의 보편적 특징
: 심포지엄 「능격성을 둘러싸고」를 끝맺으며

01 머리말

　사회를 맡은 필자가 고이즈미(小泉) 편집위원장한테서 부여받은 테마는 심포지엄 전체를 정리하는 것이었는데, 각 전문 영역에서 다뤄진 능격 현상의 복잡한 국면과 각 보고자들의 여러 방면에 걸친 논점, 또 심포지엄 후반 관객과의 토론 내용을, 한정된 지면 안에 빠짐없이 정리하는 것은 결코 쉬운 일이 아닐 것이다.1) 또 능격성과 관련된 여러 문제들의 총괄적인 논의는 시바타니(紫谷) 선생의 보고에 자세히 소개되어 있기 때문에, 여기서는 심포지엄에 앞서 준비했지만 시간 사정상 이야기하지 못한 필자의 '요약 synopsis'을 토대로, 특히 거기서 제안한 능격성에 관한 '잠정적 보편성(tentative universals)' 비슷한 것을 중심으로 약간의 고찰을 추가하여 사회자로서의 책무를 다하고자 한다.

　본고의 집필에 있어서 필자가 참고한 것은 심포지엄에서 배포된 각 보고서의 핸드아웃과 심포지엄의 녹음이지, 본지(『言語硏究』 90, 1986)에 기고된 논문이 아니라는 점을 노파심에 덧붙여 둔다.

---

1) 제92회 국어학회 학술대회(1986년, 쓰쿠바대학(筑波大學))에서 열린 공개 심포지엄 「能格性をめぐって(능격성을 둘러싸고)」. 이 심포지엄의 보고자는 아래의 4명이었다 : 시바타니 마사요시(柴谷方良) 「能格性をめぐる諸問題(능격성을 둘러싼 문제들)」, 미야오카 오사히토(宮岡伯人) 「エスキモ─語の能格性(에스키모어의 능격성)」, 나가노 야스히코(長野泰彦) 「チベット・ビルマ諸語における能格現象をめぐって(티베트─버마제어에서의 능격 현상을 둘러싸고)」, 쓰노다 다사쿠(角田太作) 「能格言語と対格言語のトピック性(능격언어와 대격언어의 토픽성)」

02 능격성의 정의

기존에 능격이라고 불리는 현상은 무엇보다 먼저 명사의 격 표시 방식으로서 취급되어 왔다. 즉, 타동사의 두 가지 논항인 '동작주 A(gent)'와 '피동자 P(atient)' 중 어느 쪽이, 일반적으로 자동사의 무표항으로 나타나는 '주어 S(ubject)'와 동일한 취급을 받는지 하는 문제이다. A를 S와 동일하게 취급하고 P를 별개의 유표항(대격)으로 표시하는 방식을 '대격형', 반면에 P를 S와 동일하게 취급하고 A를 별개의 유표형(능격)으로 표시하는 방식을 '능격형'이라고 한다. 따라서 이 두 가지는 일반적으로는 다음과 같은 형태로 나타낼 수 있다.

대격형 : $S = A \neq P$
능격형 : $S = P \neq A$

그러나 타동사의 두 가지 논항을 취급하는 데 보이는 이러한 차이는 단순히 명사(구)의 격 표시에 그치는 것이 아니라 다른 여러 가지 문법 현상에도 나타나, 여러 언어들의 전반적인 구조를 특징 짓는다. 심포지엄의 제목으로서 '능격'이 아니라 '능격성'을 선택한 까닭 역시 여기에 있다고 본다. 위의 정의에서도 분명히 알 수 있듯이, 능격성과 대격성은 서로 대립하는 대칭적 개념이다. 한쪽은 다른 한쪽을 함의하고, 한쪽의 문제는 뒤집어 말하면 다른 쪽의 문제이기도 하다.

한편 격 표시의 측면만을 염두에 두고 보면, 문제가 되는 세 가지 논항의 취급 방식으로는 그 밖에도

$S = A = P$: 중립형
$S \neq A \neq P$: 3항형
$S \neq A = P$: 역2항형

와 같은 세 가지 형태가 가능하다. 그러나 이와 같은 종류의 형태는 형태론의 표층에 속하는 국부적인 현상으로 나타나기는 하지만 이를 문법의 구성 원리로서 조직적으로 이용하는 언어는 현재 필자가 검토한 바로는 존재하지 않는다.

그런데 능격성의 논의에서 종종 타동사/자동사의 구분이나 '자동사의 주어' S라는 개념을 자명한 것처럼 다루고 있는데, 여기에 문제가 없는 것은 아니다. 예를 들어 S는 의미(론)적으로 결코 등질의 논항이라고는 할 수 없기 때문이다. 능격적이라고 불리는 언어를 포함하여 일부의 언어들에서 자동사의 주어 S의 일부는 P와, (비교적 소수의) 다른 일부에서는 A와 동일하게 취급되는 현상이 보인다. 즉,

$$S_1 = P \neq A : 피동격(무표)$$
$$S_2 = A \neq P : 능동격(유표)$$

와 같은 형태로 나타나는 방식이다.

예를 들면 '皿が割れる(접시가 깨지다)'라는 문장의 '皿が(접시가)'와, '男が泳ぐ(남자가 헤엄치다)'라는 문장의 '男が(남자가)'와 같은 두 개의 명사구는 일본어에서는 모두 S(=주격)으로 취급하지만, 이 둘은 엄연히 동사에 대한 의미역(semantic role)이 전혀 다르다. 전자는 동작을 받는 이로서 타동사의 P에 해당하지만, 후자는 의지를 가진 행위자로서 타동사의 A와 동일하다. 자타의 구분보다 어느 동작에 의도적 행위자가 개재하는지 아니면 그렇지 않은지 하는 단순히 의미적인 관점에서 동사를 (예를 들면 '행위동사'와 '상태동사'로) 구분하는 언어가 존재한다고 하더라도 결코 불가사의한 일은 아닐 것이다.

이러한 종류의 현상은 '자동사의 분열 split intransitivity'이라고도 하는데,[2] 이른바 '동격(또는 활격)형 active type'이라고 하는 언어가 이러한 현상을 드러내는 언어다. 당연하겠지만, 문법적 관계로서 '주어'라는 개념은 이러한 유형의 언어에는 적용할 수 없다. 이 현상이 능격성/대격성과 어떻게 관계를 맺고, 또 이를 언어 유형으로서 어떻게 자리매김할 수 있는지는 어려운 문제이기 때문에 여기서는 깊이 들어가지 않겠다. 어찌 됐든 '자동사', '타동사' 혹은 S, A, P와 같은 개념이 어느 정도 편의적인 분류 개념임을 잊어서는 안 된다.

---

2) cf. Merlan 1985.

03 능격성의 실현

이미 서술한 바와 같이, 능격성은 여러 언어의 다양한 영역에서 다양한 형태로 나타나는데, 대략 형태론, 통사론, 담화구조의 세 가지 층위로 구분하여 살펴볼 수 있다.

형태론적 현상으로는 제일 먼저 명사의 격 표시를 들 수 있다. 또 그 외에 동사 쪽의 인칭 표시, 이른바 '일치 agreement'의 형식으로 나타나는 경우도 있다. 즉, 자동사에서 S의 표시가 타동사에서 A와 P 중 어느 쪽의 표시 형식과 동일하냐는 것이다. S의 표시가 A의 표시와 동일하다면(S=A) 대격형, P 표시와 동일하다면(S=P) 능격형이다. 많은 경우에 격 표시와 인칭 표시가 같이 나타나고는 하지만, 능격성을 격 표시만으로 나타내고 인칭 표시는 결여하는 경우나(많은 수의 오스트레일리아제어, 폴리네시아제어), 혹은 그와는 반대로 인칭표시로만 표시하고 격 표시를 결여하는 경우(마야제어)도 있는데, 그러한 사정은 대격성에 관해서도 거의 똑같다. 명사와 동사 쪽의 격 표시가 복잡하기는 하지만 정연한 호응 관계를 보이는 것은 유픽 · 에스키모어에 관한 미야오카(宮岡) 선생의 보고 안에 잘 정리되어 있다.

통사현상으로서의 능격성/대격성이란 무엇인가. 이론의 여지가 많은 곤란한 문제이다. 원리적으로는 다양한 통사적 프로세스(동일 명사구 삭제, 재귀화, 관계절화 등등)를 제어하는 중추적인 역할, 이른바 문법적 주어 내지 '통사적 축(synyactic pivot)'의 배정(자동사 구문에서는 통상적으로 S)과 관련하여 S=A방식을 취하거나 아니면 S=P방식을 취하는 형태로 이해할 수 있다. 전자라면 대격통사법, 후자라면 능격통사법인 것이다. 통사법에서 일관된 S=P≠A방식은 Dixon(1972)에서 상세하게 제시된 호주의 디르발어의 예에 처음으로 명확한 형태로 나타난다. 그 후 이 문제는 능격 연구의 중요한 논점 중 하나가 되었는데, 이는 또한 우리가 이번 심포지엄에서 다룬 문제점 중의 하나이기도 하다. 단, 이 분야는 아직 해결되지 않은 부분이 너무 많이 남아 있다.

담화 층위에서 능격성은 한층 더 이론의 여지가 있는 문제라고 할 수 있을 텐데, 만일 그러한 전제가 성립할 수 있다고 한다면, 담화 구조를 지배하는 '주제(topic)'의 선택에 관하여 A보다 P가 우선한다는, 즉

$$T \rightarrow S = P \neq A$$

와 같은 형태로 이를 이해하면 될 것이다.

'주제'의 정의에 대한 문제는 '주어'의 정의와 같이 매우 복잡한 문제인데, 일단 그에 대한 논의는 제쳐 두고, 능격과 주제성의 문제를 정면으로 다룬 쓰노다(角田) 선생의 보고는 이에 대한 하나의 분명한 견해를 제시한 것으로서 주목해야 할 것이다.

04 능격성과 대격성의 공존

이상과 같이 능격성의 실현 방법은 다양한데, 언어 구조의 모든 층위에서 능격성의 원리를 일관되게 구현하고 있는 언어는 아마 존재하지 않을 것이다. 능격성과 대격성은 정도의 차이는 있어도 어떠한 언어에나 혼재해 있다고 보지 않으면 안 된다. 이 혼재 내지 공존 현상은 지금까지 주로 능격언어의 측면에서 '능격성의 분열 split ergativity'이라는 형태로 취급되어 왔는데, 이미 이 분열의 존재 방식에 관해서는 몇 개의 규칙성이 밝혀진 바 있다. 이는 최근의 능격성 연구에서 주목할 만한 성과이다. 아래서 이 현상을 통해 거기에 어떠한 보편적 원칙이 개재하고 있는지를 조망해 보자.

(1) 명사의 격 표시와 동사의 일치(인칭 표시)

먼저 형태론의 영역에서 격 표시의 존재 방식부터 살펴보면, 능격/대격의 분열은 명사에서는 능격적 표시가, 그리고 동사 쪽에서는 대격적 일치의 형태로 나타나는 것이 있다. 예를 들면, 파푸아뉴기니의 엥가어(Enga), 호주의 피리어, 칼카퉁구어(Kalkatungu) 등3)이 있다. 그런데 이들과는 반대로, 동사 쪽에 능격적 일치를 나타내면서 명사의 격 표시가 대격적인 사례는 전혀 찾아볼 수 없다. 즉, 격 표시와 일치의 존재 방식에 대하여 여러 언어들에 보이는 실현 방식은 다음과 같다.

---

3) cf. Li & Lang 1979, Blake 1976, 1979.

표 12.1 명사의 격 표시와 동사의 일치

격 표시	일치	예증
능격형	능격형	+
능격형	대격형	+
대격형	능격형	/
대격형	대격형	+

[단, 능격형, 대격형을 불문하고 형태론적으로 명사 쪽에 격 표시를 결여하는 언어, 동사 족에 인칭표시를 결여하는 언어, 양쪽에 표시를 결여하는 언어(즉 능격/대격형과 중립형이 공존하는 언어)는 많이 찾아볼 수 있다.]

이상의 사실에서 다음과 같은 '함의적 보편성 implicational universal'을 도출할 수 있다.

보편성 1 : 만일 어느 한 언어가 동사 쪽에서 능격적 일치를 나타내면 그 명사의 격 표시(그것이 존재하는 경우)는 반드시 능격적이다. 또 반대로, 만일 어느 한 언어가 명사 쪽에서 대격형 격 표시를 나타내면 그 동사의 일치(그것이 존재하는 경우)는 반드시 대격적이다.

이 보편성은 능격성에 관해서는 명사의 격 표시가 동사에서의 일치에 우선하고, 반대로 대격성에 관해서는 동사에서의 일치가 명사의 격 표시에 우선한다는 것을 나타낸다. 바꿔 말하자면, 능격성은 상대적으로 명사 쪽에서 무표가 되고 동사 쪽에서는 유표가 되는 방식으로 나타나고, 대격성은 그 반대가 된다는 것이다.

(2) 능격성과 동사의 시제(tense)와 상(aspect)

능격성의 분열이 동사의 시제와 상 혹은 법(mood)에 의해 야기되는 것은 일찍부터 조지아어 등의 캅카스제어나 인도－이란제어 등에서 알려져 있었다. 이는 일반적으로 다음과 같은 형태로 나타낼 수 있다.

표 12.2 능격성과 시제·상

	tense	aspect	mood	
능격구문	과거	완료/결과상	현실상	(1)
대격구문	비과거	미완료/진행상	비현실상	(2)

동사에서 (1)의 특성들을 임시로 '완료행위 action completed', (2)의 특성들을 '미완료행위 action not completed'라고 총칭하면, 이 현상은 다음과 같은 보편성으로서 나타낼 수 있다.

보편성 2 : 만일 어느 한 언어가 '미완료 행위'의 동사 형태로 능격구문을 나타내면 '완료 행위'의 동사 형태 역시 반드시 능격구문을 취한다. 또 반대로, 어느 한 언어가 '완료행위'의 동사 형태로 대격구문을 나타내면 '미완료 행위'의 동사 형태 역시 반드시 대격구문을 취한다.

이 보편성은 동사의 존재 방식에 관하여 '미완료행위'에서는 대격성이 무표이고, 반대로 '완료행위'에서는 능격성이 무표가 되는 것을 나타낸다. 참고로, 여기서 능격을 '피동형', 대격을 '능동형'으로 치환한다고 하더라도 이 보편성은 거의 타당하다. 예를 들면 "만일 어느 한 언어가 미완료 행위의 동사 형태에서 피동형(예를 들면 피동분사)을 가진다면 완료 행위의 동사 형태에도 반드시 피동형을 가진다. 또 반대로, 어느 한 언어가 완료 행위의 동사 형태에서 능동형을 가진다면 미완료 행위의 동사 형태에서도 반드시 능동형을 가진다"와 같이 이야기할 수 있다. 즉, 피동성(및 능격성)은 상대적으로 완료 행위와 연결되면 무표, 미완료 행위와 연결되면 유표가 되는 것이다. 이것은 능격/대격성과 피동/능동성 사이의 주목할 만한 대응 중 하나라고 할 수 있다.

(3) 격 표시와 명사의 의미 계층

능격의 분열로 잘 알려진 또 다른 사례는 명사(구)의 의미로 인해 일어나는 것으로, 특히 호주 선주민제어에 그 예가 많이 보인다. 그 의미자질은 아마 '유정성 animacy' 내지 '동작주성 agentivity'로 정의내릴 수 있다. 또 이 자질은 화용론적으로는 '화자에게 있어서 관심의 정도 empathy' 혹은 '인지적 돈

들림 cognitive salience'과 연결되어 있다. 명사(구)에서의 이러한 의미적 계층
과 능격/대격 표시의 상관성은 Silverstein(1976)에서 보기 좋게 제시되었다.
'실버스타인의 계층성 Silverstein's heirarchy'이라고 불리는 이 명사구 계층은
대략,

       인칭대명사 → 인간명사 → 동물명사 → 무정명사

와 같은 형태를 취한다. 그리고 이 계층성에 관한 능격/대격의 실현 방식은 다
음과 같은 보편성으로서 나타낼 수 있다.

보편성 3 : 만일 어느 한 언어가 유정성 계층이 높은 명사구에 능격 표시를 가
            지면 그보다 낮은 명사구에는 반드시 능격을 표시한다. 또 반대로,
            어느 한 언어가 유정성 계층이 낮은 명사구에 대격 표시를 가지면,
            그것보다 높은 명사구에는 반드시 대격을 표시한다.

     이 보편성은 계층이 높은 위치에서는 상대적으로 대격형이 무표이고 낮
은 위치에서는 능격형이 무표인 것을 나타낸다. 또 이 계층성은 담화 층위에
서 명사구의 주제성의 높이와도 밀접히 연결되어 있다. 따라서 위의 보편성은
대격 표시를 '주제화 topicaliztion'와 치환해도 충분히 타당할 것임을 예상할
수 있다.

  (4) 격 표시와 동사의 의미
     또 능격/대격 표시는 동사의 의미와 연결되어 일정한 변이를 나타내는 경
우가 있다. 이것은 심포지움에서 티베트제어에 관한 나가노(長野) 선생의 보고
안에서도 다뤄진 것이다. 이 경우 동사의 의미자질은 '타동성 transitiviy'(내지
'의지성 volitionality')으로 파악될 것이다.
     때로 이 현상도 능격의 분열과 연결시킬 수 있을 텐데, 능격과 대격의 대
립이라는 형태로 나타나는 분열과는 조금 성격이 다르다. 이것은 오히려 여러
언어들에서 능격/대격성이 드러나는 타동사 구문의 실현 방식에 관한 언어 간
의 변이 현상으로 봐야 할 것이다. 예를 들면, 지각동사나 정서동사가 어떠한

구문을 취하는지는 언어에 따라 다른데, 그 차이는 유형론적으로 아주 중요하다. Hopper-Thompson(1980)이나 Tsunoda(1985) 등에서 제안한 타동성에 관한 동사 계층에 대하여 여기서 관련된 보편성을 수립해 보면 다음과 같다.

보편성 4 : 만일 어느 언어가 동사 계층이 상대적으로 낮은 위치에서 타동사 구문을 나타내면 그것보다 높은 위치의 동사도 반드시 타동사 구문을 취한다.

　　말할 필요도 없이, 이 타동사 구문에서 능격형 언어는 능격－절대격의 격 표시를 취하고 대격형 언어는 (만일 명사에 형태적 격이 있다면) 주격－대격의 격 표시를 제시한다. 타동사 구문의 범위가 어디까지 미치는가는 언어에 따라 다르다. 일반적으로 통사법에서 대격성 원리가 강한 언어일수록 이 범위는 넓다고 한다.

　　참고로, 이 보편성은 예를 들어 일본어의 '太郎に英語がわかる(타로에게 영어가 이해된다)' 혹은 '私にお金がある(나에게 돈이 있다)'와 같은 구문을 타동사 구문이라고 보거나 혹은 또 능격구문이라고 보는 해석을 똑같이 배제하는 것이다. 많은 대격형 언어에서 '경험주' '지각주' '정서주' 등에는 주격을 부여하고, '경험물' '지각물' '정서의 대상'에는 대격을 부여하는 것은 대격 통사법의 유추적 확장의 결과인 것이다.

　　'타동성'보다 오히려 '의지성 volitionality'(혹은 '동작주성 agentivity')의 의미 자질에 의한 동사의 계층성도 물론 가능하다. 이미 살펴본 '동격형'(혹은 '자동사의 분열')이라고 불리는 현상은 아마 이 의미자질의 우위성에 의해 발생한다고 볼 수 있다. 이 경우 '타동성'은 명확한 문법기능과 반드시 이어지는 것은 아니다.

05 형태론과 통사론의 관계

　　능격적 형태법을 가지는 언어들이 통사법을 어떻게 조직화하고 있는지는 매우 흥미로운 문제가 아닐 수 없다. 대격형(적어도 형태론적으로 대격 표시를 가지는) 언어에서는 형태적으로 동일한 격 표시를 받는 S와 A, 즉 '주격'이 유표의 대격(=P)에 대하여 항상 '주어' 내지 '통사적 축 syntactic pivot'의 역할을 한다. 여기서는 형태법과 통사법 사이의 명확한 대응을 파악할 수 있다. 이와 같이 형태론의 원리가 통사론에도 반영된다고 한다면, 능격형 언어에서도 당연히 유표인 능격(=A)에 대하여 무표의 절대격으로 나타나는 S와 P가 마땅히 '주어' 내지 '통사적 축'의 역할을 맡아야 할 것이다. 이것이 단순한 이론적 가설에 그치지 않는다는 것은 이미 서술한 디르발어 등의 예를 통해서도 분명히 입증된다.

그러나 지금까지 종종 언급되어 온 바와 같이, 통사법까지 수미일관하게 능격성(S=P≠A)의 원리에 지배를 받고 있는 디르발어는 지극히 희귀한 편에 속한다. 한편, 바스크어는 형태론의 측면에서 보면 놀라울 정도로 일관된 능격성을 나타내지만, 통사법은 거의 대격형에 가깝다고 할 수 있다. 또 과거시제에만 능격구문이 나타나는 힌디어 등의 인도-아리아제어에서 해당 구문이 피동이 아니라 능격구문으로 해석되는 것은 그것이 바로 통사적 증거를 결여하기 때문이기도 하다. 거기서는 형태법과 통사법의 괴리가 능격성의 존립 조건이 되는 것 같다.

예전에 (또 때로는 지금도) 능격을 불가사의한 현상처럼 받아들였던 것도 형태법과 통사법 사이에 보이는 이와 같은 기묘한 차이에 기인하는 것이 테다. 확실히 통사론 쪽에서 바라볼 때 능격성은 대격성과 비교하여 현저히 불균형적인 양상을 드러낸다.

(1) 능격성과 통사법

처음에도 서술한 바와 같이, 능격성은 무엇보다 먼저 명사의 격 표시라는 형태로 나타나고, 그런 의미에서 형태론적 현상인 것이다. 형태론을 빼고 능격성을 논할 수는 없다. 한편, 대격성은 어떨까?

형태적 격 표시를 가지지 않아도 대격적인 통사법이 충분히 성립할 수 있다는 것은 반투제어나 로망스어 혹은 중국어와 같은 예를 봐도 알 수 있다. 더욱이 형태적 격 조직을 가진 대격형 언어의 경우에도 전면적이거나 부분적으로 주격과 대격의 구분을 결여하는 언어도 결코 적지 않다. 일본어에서도 격조사 중에서 가장 생략되기 쉬운 것은 'ガ(이/가)'와 'ヲ(을/를)'이다. 요컨대, 능

격성은 통사법을 결여하더라도 존재하고, 역으로 대격성은 형태법을 결여하더라도 존재한다. 지금 형태법과 통사법에 관하여 여러 언어들에서의 능격/대격성의 실현 방식을 제시해 보면 다음과 같은 형태를 취할 것이다.

표 12.3 능격성과 통사법

형태법	통사법	예증
능격형	능격형	+ (디르발어, 마야제어 등)
능격형	대격형	+ (바스크어, 대부분의 '능격언어')
대격형	능격형	/
대격형	대격형	+ (거의 모든 '대격언어')

여기서 다음과 같은 보편성이 도출된다.

보편성 5: 만일 어느 한 언어가 능격적 통사법을 가지면 그 형태법은 반드시 능격적이다. 반대로, 만일 어느 한 언어가 대격적 형태법을 가지면, 그 통사법은 반드시 대격적이다.

즉, 능격적 형태법 없이 능격적 통사법은 존재하지 않고, 반대로 대격적 통사법 없이 대격적 형태법은 존재하지 않는다. 능격성은 형태론에 의존하고, 대격성은 통사론에 의존한다. 능격성을 단순한 형태면의 표층적 현상으로 밖에 보지 않는 일부 언어학자들[4]의 해석은 능격성의 이러한 통사적 기반의 박약함을 과장하여 파악한 것이다.

통사적 능격성이 가장 현저한 형태로 나타나는 것은 예를 들면 '男が女を殴った, そして逃げた(남자가 여자를 때렸다. 그리고 도망쳤다)'와 같은 형태의 등위구문으로, 두 번째 자동사문에서 생략된 '주어' S가 앞선 타동사문의 A(=男)가 아니라 P(=女)로 동정(同定)되는(즉 S=P≠A) 통사 규칙(Equi–NP deletion), 혹은 '男が女を自分の家で殴った(남자가 여자를 자신의 집에서 때렸다)'와 같은

---

4) 예를 들면 Anderson 1977.

형태의 문장에서 '自分(자신)'이 '男'(=A)가 아니라 '女'(=P)로 해석되는 것과
같은 재귀화 규칙(reflexivization) 등의 경우일 것이다.

　이와 같은 통사법을 가진 대표적인 언어가 바로 앞서 언급한 디르발어인
데, 지금까지 알려진 바에 따르면 이런 종류의 언어는 극히 드물다. 그러나 통
사법에서 능격성은 그 밖에도 예를 들면 관계절화, 의문문화, 초점화 등과 같
은 다양한 통사적 프로세스에도 나타날 수 있다. 이 방면의 연구는 아직 충분
하지 않지만, 예를 들어 많은 마야제어는 등위구문이나 재귀화에 관하여 비능
격적이지만 관계절화나 의문문화(wh-question) 등의 패턴은 능격적인 것 같
다.5) Keenan-Comrie(1977)에 의해 확립된 관계절화되는 명사구의 계층성
(Noun-phrase accessibility)에서 주어→목적어라는 일반적인 순위에 예외를 만
드는 것이 바로 이러한 유형의 언어인 것 같다. 예를 들면 문제의 마야제어에
서 관계절화되는 것은 절대격뿐이다.

　통사법에서의 능격성은 일반적으로는 구문적으로 느슨한 구조(예를 들면
문장의 등위접속)보다도 내포문과 같이 엄격한 구조 쪽에 나타나기 쉬운 경향을
가지고 있다. 이는 또한 담화 층위에 가까운지 먼지의 차이이기도 하다. 예를
들면 위에 제시한 등위구문에서 생략된 S의 동정이 통사규칙에 의하지 않고
어떤 것이 주제인지 하는 순수히 화용론적인 요인에 의해 결정되는 언어도 물
론 존재한다. 여하튼 통사법에서 능격성의 정도에 관해서는 일단 다음과 같은
보편성을 세울 수 있다.

보편성 6 : 만일 어느 언어가 등위구문의 통사 규칙에서 능격적이라면 내포문
　　　　　의 규칙에 관해서도 능격적이다.

(2) 능격성과 "anti-passive"

　능격적이라고 불리는 언어에 종종 보이는 이른바 "anti-passive"
(Silverstein 1976의 명명)에 대해서는 심포지엄에서도 미야오카(宮岡), 쓰노다(角
田) 두 분의 발표에서도 다룬 바 있다. 이 구문은 언어에 따라 다양하지만, 그

---

5) cf. Larsen & Norman 1979.

중심적 기능은 '절대격 P'의 격을 내리거나, 혹은 '능격 A'를 절대격으로 인상하는 데 있다고 보인다. 격의 순위에 관한 한, 일반적인 능격언어에서는 무표의 절대격이 제1 자리를 차지한다는 것을 미야오카(宮岡) 선생의 에스키모어 데이터를 통해서도 확실히 알 수 있었다.

그리고 흥미로운 것으로는, 통사법에서 능격적으로 보이는 언어는 거의 대부분 이 구문을 가지고 있다는 점이다. 특히, 등위구문에서 S＝P≠A 방식을 취하는 언어에서 anti－passive는 '통사적 축'을 새롭게 하기 위한 필수적 통사 장치의 역할을 하는 것 같다. 많은 대격형 언어에서 피동구문이 '주어' 내지 '주제'를 새롭게 하는 장치로 작용하는 것과 동일하다.

이러한 언어에서 기본적인 능격문과 anti－passive문의 관계는 대격언어의 능동문과 파생문인 피동문의 관계와 거울 이미지와도 같은 것이다. Kuryłowicz(1946)에 의해 이른바 이념적으로 상정된 '능격구문과 대격구문의 완전한 평행성'은 이런 종류의 언어에서 어느 정도 구현되는 것처럼 보이기도 한다. 그러나 이것은 능격 현상의 전체적인 존재 방식에서 볼 때 오히려 이례적인 현상이라고 하지 않을 수 없다.

능격언어에서 보이는 anti－passive의 현상에 대해서는 능격성과 '태 voice'(또는 diathesis)의 문제와 관련하여 앞으로 더 자세히 연구할 필요가 있을 텐데, 여기서는 우선 능격적 통사법과 anti－passive의 관계를 다음과 같은 형태로 일반화해 보겠다.

보편성 7 : 만일 어느 언어가 문장 층위에서 능격적 통사법을 나타낸다면 그 언어는 반드시 능격 A를 '통사적 축'으로 새롭게 바꾸기 위한 통사 장치(diathesis)로서 anti－passive를 갖추고 있다.

(3) 능격성과 담화 구조

문장을 넘어 담화 층위에서도 능격성은 나타날 수 있을까. 바꿔 말하자면, 담화 구조에서 가장 중요한 '주제 topic'의 선택과 관련하여 일반적으로 타동사문의 A보다 P가 우선시되는 것과 같은 화용론적 관점은 가능할까? 이것은 앞서도 살펴본 바와 같이, 상당히 어려운 문제다. 심포지엄에서 이 문제를 다

룬 쓰노다(角田) 선생의 발표에서는 이와 관련하여 독자적인 담화분석의 데이
터를 토대로 확실히 부정적인 견해를 피력한 바 있다.

'주제'의 정의나 데이터의 해석에 대한 약간의 문제는 남는다고 하더라도
그 결론은 아마 크게 보아 타당하리라 생각한다. 타동사문의 일반적인 존재
방식으로서 행위자(Agent) 명사구는 앞서도 서술한 유정성에 관한 '명사구 계
층'에서 상대적으로 높은 위치에 속하고, 한편 피동자(Patient) 명사구는 이 계
층에서 낮은 위치에 속한다(예를 들면 男が皿を割った(남자가 접시를 깼다)) – 언어
에 따라서는 원칙적으로 타동사문의 A의 위치에 무정명사를 허용하지 않는
것도 있다. 그리고 이 명사구 계층의 높은 위치에 속하는 명사구는 앞서 서술
한 바와 같이 관심의 정도(empathy)나 인지적 돋들림(cognitive salience)이라는
관점에서 당연히 '주제성'도 높을 것으로 생각되기 때문이다.

그럼에도 불구하고 통사법의 층위에까지 능격성(혹은 더 일반적으로 피동자
지향성 patient orientedness)의 원리가 미치는 언어에서는 이 원리가 더 나아가
담화 구조에까지 확대될 가능성이 전혀 없지는 않을 것이다. 이는 이미 서술
한 관계절화나 나중에 다룰 어순의 문제와도 관련이 있다. 따라서 담화 층위
의 능격성에 관해서는 여기서 먼저 다음과 같은 일반적 경향을 상정해 두기로
하자.

보편성 8 : 거의 대부분의 언어는 '주제화' 전략에 관한 한 대격적(혹은 동작주
　　　　　지향적)이다.

이러한 전제는 대격적 언어와 능격적 언어의 차이를 말할이의 사물을 보
는 견해 혹은 언어집단의 세계관 차이에 귀결시키고자 하는 일부의 오래된 견
해들과는 서로 맞지 않을 것이다.

　(4) 능격성과 단어 구성

지금까지 문장이나 담화 층위에서의 능격성을 살펴봤는데, 이번에는 문장
내지 절(clause) 이하의 구성에 눈을 돌려 보자. 여기서 문제가 되는 것은 문장
의 명사화(nominalization) 및 단어 구성이다. 'ブルータスがシーザーを殺害し
た(부르투스가 시저를 살해했다)'라는 타동사문을 명사화하면 'ブルータスによる

シ一ザ一の殺害(부르투스에 의한 시저의 살해)'와 같은 명사구가 된다. 여기서 한걸음 더 나아가면 'シ一ザ一殺害(시저 살해)'나 혹은 더 일반적인 예로 '人殺し(살인자)' 또는 '親殺し(자기 부모를 죽인 자)'와 같은 복합어를 만들 수 있기도 할 것이다.

이와 같은 명사화나 단어 구성에서 동사의 '논항 argument'의 출현 방식에 대해서는 심포지엄에서 시바타니(紫谷) 선생도 일본어나 영어의 몇몇 흥미로운 예를 들면서 설명한 바 있다.

이 층위의 구성에 보이는 특징을 간단히 이야기하자면, 여기에는 어느 대상에 대하여 무엇인가를 서술하는 형태의 진술을 포함하고 있지는 않다는 것이다. 여기서 동사의 논항은 순수하게 의미기능으로만 (명사화된) 동사와 연계하고, 정보의 신구(新舊)나 화자의 시점과 같은 담화 층위의 요인은 완전히 사상돼 버린다. 이와 같이 오로지 의미적 요인에 의해 지배되는 명사화나 단어 구성과 관련하여 가장 주목해야 할 것은 타동사의 두 가지 논항인 A와 P의 취급이 일본어나 영어뿐만 아니라 세계 여러 언어들에서도 거의 일관되게 능격적, 즉 S＝P≠A의 방식을 따르고 있다는 점이다. 예를 들면 라틴어에서도 mors Caesaris '시저의 죽음'의 Caesaris는 S로 보고, occisio Caesaris '시저의 살해'의 Caesaris는 P로 보지, 이것을 A로 보는 해석은 일반적으로 허용되지 않는다.

다시 말해, 자동사에 붙는 속격은 '주어 속격 genitivus subjectivus', 타동사에 붙는 하나의 속격은 '목적어 속격 genitivus objectivus'이 되는 것이 원칙이다. 이는 문장 이하의 (즉 진술을 포함하지 않는) 층위에서 타동사의 논항 중 무표항으로서 순서상 제1의 위치에 오는 것이 P이지 A가 아님을 나타내는 것이다. 바꿔 말하자면, 타동사에서 의미적으로 불가결한 논항은 P이지 A가 아니라는 것이다. A가 불가결한 요소가 되는 것은 진술의 층위에 있어서다. 여기서부터 다음과 같은 보편성을 확립할 수 있다. 이것은 능격성과 관련하여 아마 가장 확실한 보편성이라고 해도 좋을 것이다.

보편성 9 : 모든 언어는 문장 이하의 구성, 즉 명사화와 단어 구성의 방식에서 능격적이다.

명사화에 나타나는 능격성은 지금까지 많은 언어에서 종종 지적되어 왔지만, 이 사실이 능격 현상 전체에서 어떠한 의미를 가지는지는 기존의 능격성에 관한 논의에서 거의 주목을 받지 못했던 것 같다.

(5) 능격성/대격성의 발생 기반

이상의 고찰을 통해 모든 언어의 문법구조를 다양한 형태로 특징짓는 능격성/대격성이라는 두 가지의 서로 대립하는 원리가 각각 어떠한 기반을 가지고 있는지에 대하여 어느 정도 추정할 수 있었다. 이 둘의 차이는 아마 단순한 격 표시의 방식이나 혹은 들을이의 시점에서 보이는 차이와 같은 것에 기반하는 것은 아닐 것이다. 능격/대격성의 실현이 만일 그러한 공통의 요인에 의해 조건지어질 수 있다고 한다면, 이 현상은 여러 언어들에서 거의 평행적인 형태를 취하며 나타나야만 할 것이다. 그러나 이미 살펴본 바와 같이, 이 둘의 실현 방식은 언어구조의 층위에 따라 현저한 편향성을 보이고 있다. 이것은 능격/대격성을 드러내는 기반이 각각 개별적인 것이라고 생각하지 않으면 설명할 수 없는 것이다.

일반적으로 말할 수 있는 것은, 언어사상(言語事象)이 담화 내지 전달의 층위에 다가가면 다가갈수록 대격성의 원리가 강해지고, 반대로 거기서 멀어져 의미 내지 어휘 층위에 다가갈수록 능격성의 원리가 강해진다는 것이다. 이 사실은 다음과 같이 설명할 수 있다. 즉, 대격성은 우리들의 전달 행위에 관계하는 화용론적인 요인에 의해 조건 지어지는 한편, 능격성은 어휘 층위에 직결하는 의미역(semantic role)에 의해 조건 지워진다는, 두 가지 서로 다른 언어구조화의 원리인 것이다. 타동사구문에서 화용론적 관점이란 말할 필요도 없이 theme-rheme(내지 topic-comment)의 관점이 되고, 의미적 관점이란 동작주-피동작주의 관점을 말한다.

'男が皿を割った(남자가 접시를 깼다)'라는 타동사문과 '皿が割れた(접시가 깨졌다)'라는 자동사문에서 '皿(접시)'를 동일한 하나의 범주로 한데 묶는 것은 의미론적 관점이다(둘 다 동작을 받는 쪽이라는 의미에서). 한편, '男(남자)'와 자동사의 논항인 '皿(접시)'를 의미기능의 차이에도 불구하고 동일한 범주로 한데 묶는 것은 화용론적 관점이다(둘 다 잠재적인 주제물이라는 관점에서). 요컨대, 능격성과 대격성은 인간의 언어 근저를 이루는 본질적이고 보편적인 두 개의 작

용, 즉 의미기능과 전달기능에 각각 그 기반을 두고 있다. 따라서 능격성의 통사론적 기반이라는 것은 대격성의 형태론적 기반과 동일하게 근거가 없는 가상에 지나지 않다고 해도 좋을 것이다.

그러나 한편 주어(S＝A)나 목적어(P)라는 문법 관계를 가장 기본적이고 보편적인 개념으로 봐 능격 현상을 취하는 데 부족한 단순한 표층현상이라고 하는 관점 역시 언어의 실태를 무시한 너무나도 자민족 중심적인(ethno‒centric, 혹은 오히려 앵글로‒중심적인(Anglo‒centric)) 언어 이론이라고 하지 않을 수 없다. 심층과 표층이라는 구분을 고집한다면, 담화 층위에 직접 연결되어 있다는 점에서 대격성 쪽이 오히려 표층적이고, 능격성은 의미기능에 직결된다는 점에서 더 심층적이라고 할 수 있다.

지금까지의 논의를 정리하기 위하여 언어 구조의 모든 영역들 안에서 능격성과 대격성이 나타나는 서열을 제시하면, 다음과 같은 형태가 될 것이다.

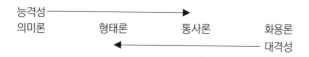

요약하자면, 능격성은 의미 층위에서 술어의 논항의 의미기능에 기반을 가지고 먼저 단어형성 및 형태 층위에서의 격 표시로서 실현되며, 더 나아가 통사 층위에까지 미치는 경우도 있지만 담화 층위에까지 도달하는 경우는 거의 없다. 한편, 대격성은 담화 층위의 정보 구조(주술관계)에 기반을 가지고, 형태 층위의 격 표시에까지 미치는 경우가 있지만, 결코 의미 층위에까지 도달하는 경우는 없다. 이른바 '능격언어'와 '대격언어'의 차이는 여러 언어들에서 위의 두 가지 화살표의 접점의 차이로 귀결될 것이며, 결국 이 둘은 정도의 차이에 지나지 않는다.

06 능격성과 어순의 유형

마지막으로 심포지엄에서 다루지 않았지만, 통사유형론의 또 다른 중요한 주제인 언어들의 어순 유형과 능격성/대격성의 관계에 대하여 조금 살펴보자. 이 문제는 지금까지의 능격성에 관한 논의에서 거의 언급되지 않았다.

(1) 능격형 어순이란?

일반적으로 격의 표시 형식은 명사의 어미 혹은 전/후치사에 의한 것이 보통인데, 이를 어순에 의해 표시하는 것도 가능하다.

예를 들면 영어나 반투제어는 S−V−O(본고에서의 표시법으로는 A−V−P) 의 어순으로 주어−목적어를 구별하는 대격형 언어라고 할 수 있다. 즉, 어순 에서 S=A≠P라는 방식이 나타나고 있기 때문이다. 이미 서술한 바와 같이 형 태론적인 격 표시가 없는 대격형 언어는 거의 이 유형에 속한다. 이처럼 대격 성이 어순의 형태로 나타난다고 하면 능격성에도 이와 동일하게 능격적 어순 (즉, 어순에서 S=P≠A 방식)이 존재할 수도 있을 것이다. 이론적으로는 다음의 두 가지 형태를 상정할 수 있다(괄호 안은 통상적인 표시법).

    a) 타동사문 : A−V−P   (= S−V−O)

       자동사문 :   V−S

    b) 타동사문 : P−V−A   (=O−V−S)

       자동사문 : S−V

그렇지만 나중에 살펴보겠지만, A−V−P(=SVO)를 기본 어순으로 하는 언어는 수없이 많이 존재하지만, 지금까지 조사된 바로는 a)와 같은 형태의 어순에 의해 능격적이라고 간주되는 언어는 전무하다. 또 b)와 같은 형태에 관해서는 최근 아마존 오지에서 발견된 히슈카랴나어(Hixkaryana)의 예가 전해 지지 전까지는[6] 애초에 타동사문의 기본어순 중에 OVS형은 존재하지 않는다 고 생각되어 왔다.

---

6) cf. Derbyshire 1979.

또 이 히슈카랴나어가 속하는 카리브제어(Cariban languages)는 능격적으로 보이는 언어이기는 하지만, 그 능격성이라는 것은 일반적인 능격언어처럼 명사에 격 표시를 하거나 동사에 인칭 표시를 하는 것이지 어순에 의한 것은 아니다. 참고로, 이 그룹의 많은 언어들은 SOV형을 가지는데 히슈카랴나어의 자동사문 어순은 V−S형인 것 같다.[7] 따라서 어순에 관한 한 이 언어는 S=A≠P 방식이라고 해야 할 것이다.

이상의 관찰에서 다음과 같은 보편성을 도출할 수 있다.

보편성 10 : 어떠한 언어든 어순만으로 능격성을 나타내는 일은 없다.

(2) 능격성과 주어·목적어의 어순

유명한 Greenberg의 어순에 관한 보편성에서 첫 번째로 제시된 것은 다음과 같다.

'In declarative sentence with nominal subject and object, the dominant order is almost always one in which the subject precedes the object.' 주어와 목적어의 명사구를 가진 평서문에서 지배적인 어순은 거의 항상 주어가 목적어에 선행하는 형태다.

— Greenberg(1966: 61)

여기서 주어라고 하는 것은 자동사문의 S 및 타동사문의 A이고, 목적어는 말할 필요도 없이 P이다. 이렇게 하여 Greenberg는 이론적으로 가능한 타동사문의 유형 : VSO, SVO, SOV, VOS, OVS, OSV 가운데 S(=A)가 O에 선행하는 처음의 세 개 어순만을 기본 유형으로 설정했다. 그러나 이후 히슈카랴나어의 예에서도 알 수 있듯이, 이러한 '일반 법칙'에 반하는 사례는 여기저기서 발견되고 있다.[8] 그 가운데 숫자상 가장 많은 것은 VOS형인데, 마야제어

---

7) cf. Derbyshire 1981.

8) cf. Pullum 1981.

나 오스트레일리아의 선주민언어에 상당히 많이 보인다. 또 이미 앞서 서술한 호주의 디르발어의 기본 어순도 OSV형인 것으로 보인다.

그리고 주목해야 할 것으로 Greenberg의 법칙을 위반하는 것처럼 보이는 언어들이 모두 다 그렇다고는 할 수 없지만 대부분 능격형에 속하는 것으로 보인다는 점이다. 또 그 가운데 디르발어나 마야제어는 능격적인 통사법을 가지는 몇 안 되는 소수 언어의 대표격이다. 이미 서술한 바와 같이, 능격적 통사법이란 '통사적 축 syntactic pivot'으로서 S＝P를 선택하는 방식이다. 따라서 통사 관계를 통솔하는 것은 P, 즉 '목적어'가 된다. 이와 같은 점을 고려한다면, 능격적인 언어 중에 '목적어'가 '주어'에 선행하는 어순을 가지는 유형이 있다고 해도 결코 불가사의한 일은 아닐 테다. 여기서는 '목적어'가 실질적인 '주어'의 역할을 하고 있기 때문이다. 이로부터 보편성을 도출하면 다음과 같다.

보편성 11: 통사적 능격성을 나타내는 언어는 피동자 P를 동작주 A에 선행시키는 경향이 있다.

지금까지의 고찰에서 알 수 있듯이, '주어'와 '목적어'라는 개념은 대격형 언어를 토대로 고안된 것이다. 따라서 이 틀을 그대로 능격형(그리고 '동격형') 언어에 적용하는 것은 불가능하다. Greenberg의 제1법칙은 위에서 살펴본 바와 같이 예외적인 언어가 많이 있어 타당성을 의심받기도 하지만, 그것은 이 법칙 자체 때문이라기보다 '주어'와 '목적어'의 정의가 부적확하기 때문에 생기는 것이다. '주어'와 '목적어'는 유형론에서 반드시 유효한 개념이라고는 할 수 없다. 따라서 이를 더 적절한 개념으로 바꾸면 이 보편 법칙 역시 결코 무효가 되지는 않을 것이다.

그렇다면 Greenberg가 정형화한 '주어'와 '목적어'의 순서에 관한 언어보편적인 경향은 일반적인 정보 구조(혹은 communicative dynamism)의 관점에서 설명할 수 있을 것이다. 즉, '주어'는 일반적으로 주제(topic)가 되고 주제는 구정보에 속하며, 정보는 오래된 것에서 새로운 것으로 흘러가는 것이 정상적인 모습인 것이다.

이러한 설명 방식을 그대로 채택하면 통사적 축으로서 P(＝'목적어')를 선택하고, 이를 A(＝'주어')에 선행시키는 능격형 언어에서는 A보다 P 쪽이 주제성이 높을 가능성도 나오게 될 것이다[9]. 능격형 언어에서 주제성의 문제는 이와 같이 매우 어려운 측면을 포함하고 있다. 단, VOS형 언어의 경우 O−S(＝P−A)의 순서는 V와 O(＝P)의 강한 의미적 관련성에 의존하고 있다고 생각되기도 한다[10].

(3) 능격성과 SVO형 어순

다음으로 어순과 관련하여 세계 언어들에서 능격형 언어의 분포를 보면, 여기에도 현저한 편향성이 보인다. 즉, 지금까지 알려진 능격형 언어의 거의 대부분은 Greenberg의 세 가지 어순형으로 이야기하면 SOV 및 VSO형(혹은 오히려 동사말미형 및 동사문두형)에 속하는데, 일반적으로 SVO형, 적어도 본래적 혹은 "엄격한" SVO형이라고 보이는 언어들 중에서 능격형 언어의 예는 지금까지 전혀 알려지지 않았다.

현재 세계 언어 중에서 SVO의 어순이 가장 우세한 지역은 아프리카와 유럽이다. 그리고 바스크어라는 유일한 예외를 제외하면, 이 두 지역만이 지구상에서 능격형 언어의 존재가 전혀 알려지지 않고 있는 언어권이다. 또 이 바스크어는 주변의 일부 우랄계 언어를 제외하면 유럽에서 거의 유일한 SOV형 언어이다. 이와 같은 사실로부터 능격형 언어의 출현 방식을 제한하는 다음과 같은 보편성을 도출할 수 있다.

보편성 12: 만일 어느 언어의 기본 어순이 SVO형, 적어도 "엄격한" SVO형이라면 그 언어는 비능격형에 속한다.

여기서 "엄격한"이라고 한 것은 V의 앞과 뒤라는 양극적 위치에 의해 주어와 목적어의 문법 관계를 표시하는 유형인데, 영어나 로망스제어, 중국어, 반투제어 등이 전형적인 예이다.

이들 언어는 어순 외에 그 관계를 표시하는 수단을 가지고 있지 않다. 즉, 이 어순은 형태론적인 의미의 격 체계를 가지지 않는 언어에 나타나는 것이

---

9) cf. Sasse 1978.
10) cf. Ochs 1982.

가장 일반적이다. 따라서 '보편성12'는 앞선 '보편성10'과 밀접한 관계를 맺고 있다. SVO의 배열이 어순만으로 문법 관계를 나타내는 거의 유일한 수단이다. 한편, 능격성이라는 것이 어순만으로는 결코 구현할 수 없고 거의 항상 형태적인 격 표시와 관련하여 실현되는 것이라고 한다면, SVO형 언어에 능격 현상이 나타나지 않는 것은 어쩌면 당연한 귀결인 것이다. 이미 서술한 바와 같이, 능격성은 명사(구)의 의미기능과 깊이 관련되어 있고, 또 이것은 어순에 의해 표시되는 추상적인 관계와는 이질적인 것이기 때문이다.

그런데 능격형 언어는 세계 언어들 중에서 소수파에 속하고, 세계의 압도적 다수의 언어는 대격형이라는 의견이 종종 귀에 들린다. 과연 정말 그러한 것일까? 능격형 언어가 비교적 소수라는 인상을 주는 것은, 지금 서술한 바와 같이 SVO형 언어 중에는 일반적인 의미의 능격 현상이 나타나지 않는 것과 깊이 관계하고 있다.

어순 유형으로 세계 언어들을 분류하여 그 출현 빈도를 살펴보면, 대략 SOV:5, SVO:4, VSO(또는 VOS):1과 같은 비율이다. 여기서 SVO형 어순이 능격 현상과 인연이 없다고 해서 세계 언어의 약 4할이 능격언어일 가능성을 처음부터 배제하는 것은 이상하다. 세계 언어를 능격적인지 대격적인지 하는 기준으로 분류할 경우, 이 SVO형의 언어는 제외하고 생각하는 쪽이 오히려 적절할 것이다. 명사의 형태적인 격 표시가 중요한 역할을 하는 SOV형 혹은 소수이기는 하지만 VSO/VOS형인 언어와, 형태적인 격 표시를 가지지 않는 SVO형 언어 사이에는 문법 조직의 면에서 상당한 차이를 보이기 때문이다. SVO형은 대격형 언어 중에서도 독자적인 유형으로서 별도로 취급하는 것도 경우에 따라서는 필요하다고 본다(예를 들면 이른바 '주어중시형 subject-prominent' 언어는 대체로 이 유형에 속한다).

거기서 SVO형 언어를 제외하고 세계 언어를 둘러보면, 능격형 언어는 결코 소수파라고는 할 수 없다. 아메리카 대륙의 여러 언어들에서 어순 유형의 출현 방식은 아직 확실히 밝혀지지 않았기 때문에 정확히 이야기할 수는 없지만, 대체적인 인상은 능격형 언어 쪽이 숫자상 오히려 많지 않나 싶다.

Greenberg의 어순에 관한 보편성 중에 'SOV형 언어는 거의 항상 격 조직을 가진다'(Univ. 41)는 것이 있다. 여기서 '격 조직'이라고 하는 것은 형태론적인 의미의 것일 텐데, 이미 살펴본 바와 같이 능격성/대격성은 무엇보다 먼저 이러한 격 조직의 존재 방식으로서 문제가 되는 것이다. 그리고 형태론의 층위에서 바라볼 때 능격형 표시는 대격형 표시에 비교하여 부자연스럽다거나 특이한 것이라고는 결코 말할 수 없다. 그보다 격 표시의 존재 방식으로서는, 명사의 의미기능에 더 충실하다는 의미에서 대격형보다 능격형이 오히려 자연스럽다고 해야 할 것이다.

앞서도 서술한 바와 같아, 대격형 언어에서는 주격에 대하여 유표적인 대격을 다른 도구격이나 처격과 같이 수미일관하게 표시하는 언어는 드물다. 다른 격에 비교하여 주격−대격은 극히 추상적인 이른바 문법화된 격이고, 따라서 어순이나 그 밖의 문법적 수단으로도 충분히 나타낼 수 있다. 반면, 능격은 그 의미기능이 더 구체적이기 때문에 이것을 가진 언어에서는 다른 구체적인 격과 동일하게 일관된 격 표시를 하는 것이 보통이다.

게다가 능격은 이러한 구체적인 격들, 예를 들면 도구격이나 처격, 소유격 등과 동일한 형태로 나타나는 경우가 많다. 의미기능이라는 점에서 이러한 격들과 공통점을 가지고 있기 때문이다. 이와 같이 격 표시에 있어서 능격성이 더 자연스러운 존재 방식이라고 한다면, 격 조직을 가진 언어, 즉 일반적으로는 동사말미형 또는 동사문두형의 언어에서 능격형이 우위를 점한다고 하더라도 특별히 이상할 것은 없을 것이다. 능격 언어를 먼 세계에서 온 기이한 현상이라고 보는 것은 SVO형 중심의 언어관에서 생겨난 편견이기 때문이다.

******

이상 능격 현상을 둘러싸고 몇 개쯤 되는 '보편성'을 가정해 봤는데, 심포지엄 석상에서도 언급한 바와 같이 이들은 모두 어디까지나 잠정적인 것에 지나지 않는다. 앞으로 연구가 얼마나 더 진전될지는 모르겠으나, 이를 더 수정하거나 확대해 가기를 바란다. 지금까지의 고찰을 진행해 가면서 많은 시사점과 유익한 견해를 전해 준 네 명의 발표자와 심포지엄의 토론에 참가한 여러분들에게 진심으로 감사의 뜻을 전하고 싶다.

• 인용문헌 •

Anderson, S.R. 1977, 'On mechanisms by which languages become ergative', *Mechanisms of syntactic change* (Li, C.N. ed.): 317−363.

Blake, B.J. 1976, 'On ergativity and the notion of subject', *Lingua* 39: 281−300.

_____ 1979, 'Degree of ergativity in Australia', Ergativity (Plank, F. ed.): 291−305.

Derbyshire, D.C. 1979, *Hixkaryana* (Lingua Descriptive Studies 1).

_____ 1981, 'A diachronic explanation for the origin of OVS in some Carib languages', *Journal of Linguistics* 17: 209−220.

Dixon, R.M.W. 1972, *The Dyirbal language of North Queensland*, Cambridge.

Greenberg, J.H. 1966, 'Some universals of grammar with particular reference to the order of meaningful elements', *Universals of language:* 73−113.

Hopper, P.J. & S.A. Thompson 1980, 'Transitivity in grammar and discourse', Language 56: 251−299.

Keenan, E.L. & B. Comrie 1977, 'Noun phrase accessibility and universal grammar', Linguistic Inquiry 8: 63−99.

Kuryłowicz, J. 1946, 'La construction ergative et le développement "stadial" du langage', *Esquisses linguistiques* 1: 95−108.

Larsen, T.W. & W.M. Norman 1979, 'Correlates of ergativity in Mayan grammar', *Ergativity* (Plank, F. ed.) : 346−370.

Li, C.N. & R. Lang 1979, 'The syntactic irrelevance of an ergative case in Enga and other Papuan languages', *Ergativity:* 307−324.

Merlan, F. 1985, 'Split intransitivity: functional oppositions in intransitive inflexion', *Grammar inside and outside the clause* (Nichols, J. & A.C.

Woodbury, eds.): 324 – 362.

Ochs, E. 1982, 'Ergativity and word order in Samoan child language', *Language* 58: 646 – 671.

Pullum, G.K. 1981, 'Languages with object before subject: a comment and a catalogue', *Linguistics* 19:147 – 157.

Sasse, H. −J. 1978, 'Subjekt und Ergativ: zur pragmatischen Grundlage primärer grammatischer Relationen', *Folia Linguistica* 12: 219 – 252.

Silverstein, M. 1976, 'Hierarchy of features and ergativity', *Grammatical categories in Australian languages* (Dixon, R.M.W. ed.): 112 – 171.

Tsunoda, T. 1985, 'Remarks on transitivity', *Journal of Linguistics* 21: 385 – 396.

일본어와 일본인의
뿌리를 찾아서

제4부

제
13
장

'벼 · 쌀' 어원에 대한 고찰

01 인도의 벼 · 쌀

아시아에서 재배되어 식용으로 사용되고 있는 벼 · 쌀은 크게 '인디카'와 '자포니카' 두 가지 품종으로 구분할 수 있다. 최근의 학설에 따르면, 이 두 가지 재배종은 서로 기원을 달리하는데, 인디카종은 인도의 중부 내지 남부 지역에서 지금으로부터 약 4~5천 년 정도 전에 발상한 것으로 본다.

벼농사를 처음 시작한 것은 인구어계 아리아인이 도래하기 전부터 그 지역에 거주하며 살고 있던 드라비다계 집단으로 보이는데, 산스크리트어로 벼 · 쌀을 의미하는 vrīhi라는 단어는 드라비다어의 차용인 듯하다.

현재 드라비다어의 대표적인 언어로 여겨지는 남인도의 타밀어에서 재배종의 벼 · 쌀은 vari, varici(또는 ari, arici)라고 부른다. vari/ari는 '벼'를 의미하고 -ci가 붙은 형태가 '쌀'을 의미한다. 기원전 2천 년대 중엽, 이 땅에 도래한 아리안인들은 드라비다인들에게서 벼농사와 함께 벼를 나타내는 말을 받아들인 것으로 보인다. 참고로 이 vrīhi라는 단어는 이미 인도의 성전 『아타르바베다(Atharvaveda)』(기원전 1,200~1,000년 경) 안에 나타난다.

인도에서 처음 재배하기 시작한 인디카종의 벼 · 쌀은 그 후 중근동, 중앙아시아, 지중해 세계로 널리 퍼져나가게 되는데, 그것은 벼의 재배라기보다 식용으로 제공되는 쌀의 수용이라는 형태로 이루어졌으며, 그것을 나타내는 말

은 거의 모두 산스크리트어의 vrīhi에서 유래한다. 즉, 이 vrīhi가 먼저 동쪽의
이란어에서 uriʒe, 서쪽의 페르시아어에서 gurinʒ/birinʒ와 같은 형태로 도입
된다. 여기서 먼저 동이란어계의 형태를 통해 그리스어와 라틴어에서 oryza,
이탈리아어에서 riso, 프랑스어에서 riz, 독일어에서 Reis, 영어에서 rice, 러시
아어에서 ris 등의 형태가 되어 유럽 각지로 확산된 것이다. 한편, 같은 단어가
고대 오리엔트의 아카드어에서는 kurangu, 중앙아시아의 튀르크계 우즈벡어
에서는 gurunch, 아나톨리아의 터키어에서는 pirinch, 캅카스 남부의 조지아
어에서는 brindʒi, 체첸의 아바르어에서는 pirinci 등의 형태를 취하는데, 이는
아마도 서이란계 페르시아어의 형태에서 유래한 것으로 보인다. 단, 유럽제어
중 스페인어와 포르투갈어의 벼는 arroz라는 형태이다. 이것은 아랍어의 aruz
에서 유래하는데, 이 아랍어는 타밀어의 arici에서 직접 차용한 것인 것 같다.

　이와 같이 인도에서 발상하여 거기서부터 서쪽 세계로 확산해 간 인디카
계의 벼·쌀은 언어적 측면에서 바라볼 때 궁극적으로는 모두 인도의 옛 거주
민인 드라비다인과 그들의 언어로 거슬러 올라가고, 거기서부터 주변 지역으
로 퍼져 나간 경로 역시 상당히 정확하게 그 뒤를 쫓을 수 있다.

02 동아시아의 벼·쌀 : '자포니카'종

　인디카종에 대하여 '자포니카'종이라고 불리는 재배 벼의 발상지는 중국
대륙을 남북으로 가르는 양쯔강의 중·하류 지역, 그리고 그 연대는 지금으로
부터 약 7~8천 년 전이라고 하는 것이 최근의 전문가들 사이에 거의 일치된
견해이다. 인디카종보다 훨씬 오래되었다.

　양쯔강 유역에서 발상한 벼농사는 그 후 동아시아의 각지로 퍼져 나가 최
종적으로는 중국부터 동남아시아의 대륙부, 필리핀, 인도네시아를 포함한 도
서부의 거의 전역, 더 나아가 북방으로는 한반도에서 일본 열도에 이르기까지
유라시아 대륙의 태평양 연안부에 광대한 벼농사권을 형성하였다. 동아시아에
서 일어난 이러한 벼농사의 확산은 이들 지역에서 벼·쌀을 나타내는 말에 어
떠한 형태로 반영되었을까.

03 동남아시아의 벼·쌀

양쯔강 유역에서 발상한 벼농사는 먼저 남방 세계로 퍼져 나간 것으로 보인다. 이 확산을 담당한 것은 언어 계통적으로는 오스트로네시아, 오스트로아시아 그리고 따이·까다이의 세 어족이다. 시기적으로는 오스트로네시아, 오스트로아시아계 사람들의 이주가 가장 이른 시기에 이루어졌는데 지금으로부터 약 4~5천 년 전의 일이다. 전자는 본거지인 타이완에서 필리핀, 인도네시아의 도서부를 향했고 후자는 중국 대륙 남서부를 남하하여 인도차이나 반도에서 인도의 동부에까지 퍼져 나갔다.

한편, 따이·까다이계 사람들의 동남아시아 지역 진출은 벼농사민의 남방 확산을 최종적으로 일단락 짓는 것이었는데, 시기적으로는 몽골 군단이 유라시아 전역을 석권한 12~13세기경인 것으로 보인다. 이들 집단의 남방 이동과 거기에 동반된 벼농사의 확산은 현재 이들 지역에서 사용하고 있는 언어의 벼·쌀을 나타내는 단어를 통해 확실히 알 수 있다.

(1) 오스트로네시아제어

먼저 오스트로네시아제어부터 살펴보면, 현재 인도네시아에서 널리 사용하고 있는 말레이어에서 벼는 padi, 쌀은 beras라는 형태를 취한다. 이 단어들은 오스트로네시아어권에서 벼농사를 하고 있는 거의 전역에서 표면상의 발음은 다르더라도 동원(同源)인 것이 거의 확실해 보이는 형태로서 공유되고 있다.

예를 들면 벼를 나타내는 말레이어 padi는 자바어에서 pari, 필리핀의 타갈로그어에서 palay, 타이완의 파이완어에서 paday, 아타야르어에서 pagai라는 형태로 나타나는데, 조어형으로 *paɣaj와 같은 형태를 상정할 수 있다. 한편, 쌀을 의미하는 beras는 타갈로그어에서 bigas, 일로카노어에서 bagas, 타이완의 아미어에서 vərats 등으로 나타나 *bəɣaʒ와 같은 조어형을 추정할 수 있다. 어두음절의 pa−와 bə는 접두사인 것으로 보이고, 어간부의 ɣaj와 ɣaʒ는 원래는 동일한 어근의 파생형일 것이다.

(2) 따이·까다이제어

타이완에서 오세아니아로 확산한 오스트로네시아어족과 계통적으로 가장 가까운 것이 따이·까다이어족이다. 따이·까다이라고 불리는 집단은 옛날에 중국 남부의 태평양 연안부에 거주했던, 중국의 사서에서 '百越'이라고 불렸던 사람들의 후손인 것으로 보인다. 이들 집단은 현재 중국 남부의 광시성(広西省) 장족 자치구, 광둥(広東), 꾸이저우(貴州), 윈난성(雲南省)에서 동남아시아의 대륙부, 더 나아가 인도 동부의 아삼지방에까지 퍼져 있다. 이들의 확산 시기는 비교적 최근이기 때문에 언어들 사이의 근친도가 매우 높다. 이 점은 벼농사 어휘에도 그대로 반영되어 있다.

이들 언어에서 벼·쌀을 나타내는 말은 기본적으로 한 가지다. 예를 들면, 동남아시아의 타이어, 라오어, 샨어(Chinese Shan) 등에서는 xau, 윈난에 분포하는 타이·루(Tai Lue), 타이·누아어(Tai Nuea)에서는 xau, 광시성의 쫭어(壯語, Zhuang)에서는 həu, 꾸이저우의 부이어(Bouyei, 布依語)에서는 ɣau와 같은 형태로 나타나 조어형으로서 *xau/*ɣau와 같은 형태를 상정할 수 있다. 따이·까다이제어에서 흥미로운 것은 벼·쌀을 나타내는 이 말이, 조리된 쌀, 즉 '밥'의 의미도 함께 가지고 있다는 것인데, 이쪽이 본래 의미인 것 같다.

예를 들어 현재 타이어에서는, 필요에 따라 벼는 xau plwək, 쌀은 xau saan과 같이 구별하는데, 밥의 의미로는 단순히 xau만을 사용한다. 참고로 plwək은 '도수(稻穂), 왕겨(籾殻)', saan은 '내용물, 본체'라는 의미다.

(3) 오스트로아시아제어

따이·까다이제어와 비교할 때 오스트로아시아제어에서는 언어들 사이에 벼·쌀을 나타내는 말의 출현 방식이 상당히 복잡하다. 여기서 요점만을 간략히 서술하자면, 이들 언어에서 벼·쌀을 나타내는 기본 어간은 조어형으로 *gauk 또는 *kauk이라는 형태를 상정할 수 있다. 단, 이 어간은 독립적으로 쓰이기보다는 거기에 접두사를 붙여 벼·쌀을 구별한다.

예를 들면 윈난성에서 사용하고 있는 팔라웅어(Palaung)에서 벼·쌀은 각각 rəkau와 hŋau, 이와 동일하게 크무어(Khmu)에서 rŋko?와 hŋo?, 크메르 문어에서 raŋko와 srū, 고전 몬어에서 sŋu와 sro? 등이다. 언어들 사이에 이들 접두사의 출현 방식이 모두 다 한결같지는 않지만, 이러한 대응 예들을 보면 어간 *gauk/*kauk에 각각 접두사 *rə[n]−와 *sə[n]−가 붙은 형태인 것 같다.

오스트로아시아제어에서 벼·쌀을 나타내는 말로는 이 밖에 ba−/ma−와 같이 어두에 입술소리를 가지는 형태가 있는데, 특히 베트남 남부에서 말레이 반도에 분포하는 바나르(Bahnar), 아슬리어군(Aslian languages)이나 인도 동부의 문다어군(Munda languages)에 많이 나타난다. 그 구현형은 언어에 따라 maw/baw, may/bay, 또 bā, bābā와 같이 다양한 형태를 취한다.

이와 동일하게 어두에 입술소리 ma-를 가지는 어형은 종종 오스트로네시아제어 안에도 나타난다. 여기서도 어찌 됐든 접두사를 동반하는데, 예를 들어 타이완의 푸유마어(Puyuma)에서는 rumay, 필리핀의 힐리가이논어(Hiligaynon)에서는 humay, 마노보어(Manobo)에서는 ʔomay 등으로 나타나 조어형으로 *xu-may와 같은 형태를 상정할 수 있다. 그러나 이 어휘가 벼의 의미로 쓰이는 것은 일부 언어에 국한되는데, 벼에 대하여 paɣaʒ계의 어휘를 가지는 언어에서는 *xu-may가 오로지 밥의 의미를 담당한다.

어두에 ba-/ma-를 가지는 이 말들은 어쩐지 일본어의 'ママ(mama, 엄마)' 혹은 'マンマ(manma, 맘마)'와 같이 밥을 가리키는 유아어에서 유래하는 것 같다. 예를 들면 문다어의 baba에는 현재도 이와 같은 유아어적 뉘앙스가 함께 있다고 한다. 참고로 아이누어에서 벼·쌀을 나타내는 말도 aman/amama라는 형태인데, 이 역시 유아어적 기원을 시사한다.

그런데 오스트로네시아어에서 벼·쌀을 나타내는 어간부의 *ɣaj/*ɣaʒ, 따이·까다이제어의 *xau/*ɣau, 오스트로아시아제어의 *gauk/*kauk는 모두 다 그 어두에 연구개음을 가지고, 전체적인 어형도 상당히 비슷하다. 따라서 양쯔강 유역에서 벼농사가 시작되었던 7~8천 년 전의 먼 과거로 거슬러 올라가면, 모두 다 동일한 조어형으로 수렴될 가능성도 충분히 있다. 현재 이들 언어는 지리적으로 양쯔강 유역과는 멀리 떨어진 장소에서 사용되고는 있지만, 이는 지금으로부터 약 2천 년 정도 전부터 시작된 한어권(漢語圈)의 확대와 팽창의 결과일 뿐 본래의 모습을 비추고 있는 것은 아니다.

04 한어(漢語)의 벼·쌀

한어를 사용하는 이른바 '한족'은 원래 약 4천 년 전에 황하 중류 지역에 출현한 '하(夏)'나라에서 시작됐다고 한다. 언어의 계통은 티베트·버마어족으

로 이어진다. 황하 중류 지역을 본거지로 하여 하, 은, 주로 이어지는 한어와
한족의 영역에서 주식으로 이용되었던 농작물은 보리, 조, 수수 등이었다. 벼
를 수용한 것은 그다지 오래되지 않는다.

주지하다시피, 표준적인 한어에서 벼를 나타내는 말은 '稻 dào'이다. 이
단어는 갑골문에는 보이지 않고 주나라 시대의 금석문에 처음으로 등장한다.
당시에 이 '稻'는 지금의 찹쌀과 같이 점성이 강한 품종으로 일반적인 식용보
다 오히려 술의 재료 등 특수한 용도로 제공되었다고 한다.

그런데 벼·쌀을 나타내는 말은 한어권의 전체를 둘러보면 사실 '稻'만 있
는 것이 아니다. 手許의 『漢語方言詞彙』(1995) 등을 보면, 현재 한어권에서 벼
에 대하여 '稻'을 사용하는 것은 이른바 북경관화(北京官話)로 대표되는 북방한
어를 중심으로 하여 그 밖에 양쯔강 하류 지역의 장쑤성(江蘇省)과 저장성(浙江
省), 즉 우어(吳語)를 사용하는 지역, 거기서 남쪽으로 더 나아가 푸젠성(福建
省)의 민어(閩語) 방언권에 한정된다고 한다.

그 밖의 한어권에서는 벼를 나타내는 어휘로 두 가지를 사용하는데, 하나
는 한자의 '禾'이고 다른 하나는 '穀'에 해당한다. 이 중에서 '禾'를 벼의 의미로
사용하는 것은 현재의 장시(江西), 후난(湖南)에서 광둥성에 이르는 지역이고,
방언적으로는 샹어(湘語), 간어(贛語), 웨어(粵語) 등의 분포권이다. 한편, '穀'을
사용하는 것은 후베이(湖北), 쓰촨(四川), 꾸이저우, 윈난성을 포함하는 지역인
데, 현재는 서남관화(西南官話)라고 불리는 한어 방언을 사용하고 있다.

이 중에서 '禾'라는 한자의 중고음(中古音)은 ɦua 또는 ɣua라고 한다. 그
음형을 볼 때 앞서 살펴본 따이·까다이어의 *xau/*ɣau와의 유사성은 의심할
여지가 없는데, 이는 벼를 나타내는 한어가 이들 언어에서 차용한 것임을 분
명히 이야기해 주는 것이다.

다음으로 '穀'은 중고음으로 kuk, 상고음(上古音)으로 kauk과 같은 음가를
가졌다. 그렇다면 이 어휘는 앞서 살펴본 오스트로아시아어의 *kauk/*gauk에
서 차용했다고 봐도 틀리지 않을 것이다. 오스트로아시아어를 사용하는 집단
은 예전에 중국의 서남 지역에 거주하던 '백복(白濮)'이라고 하는 옛 원주민의
후예인데, 원래의 고향은 파촉(巴蜀)으로 번성했던 양쯔강 중·상류 지역 부근
이었던 것 같다. 참고로 양쯔강의 옛 명칭은 단순히 '江'인데, 이 하천명이 오
스트로아시아어에서 강을 의미하는 *klong에서 유래한다는 것은 이미 널리

알려진 사실이다.

마지막으로 '稻'의 어원은 무엇일까. 이 한자는 중고음에서 dau, 상고음에서 du/dua와 같은 음이다. 지금까지 살펴본 오스트로네시아, 따이·까다이, 오스트로아시아제어의 벼·쌀 어휘 중에 이것과 직접 연결되는 듯한 형태를 보이는 것은 없다. 그러나 양쯔강 유역의 벼농사에 관여한 옛 주민으로서 현재 꾸이저우성에서 윈난성 부근의 산간 벽지에 거주하는 '먀오·야오'라고 불리는 집단을 간과해서는 안 된다.

먀오·야오족은 예전에 양쯔강과 화이허강(淮河), 더 나아가 황하 하류 지역에 걸쳐 거주하던 '삼묘(三苗)'라고 불리던 태고의 동이(東夷)계 집단의 후예를 가리킨다. 이들의 언어에서 벼를 나타내는 어휘는 현재의 꾸이저우 동부 방언에서 na, 후난(湖南) 서부 방언에서 nu의 형태로 나타나는데, 그 조어형으로 *nu/*nua를 상정할 수 있다. 이와 유사하게 어두에 n-을 가지는 어형로는 『설문해자(說文解字)』등의 증언에 따르면 전국시대에 번성했던 오(吳)나 초(楚)의 토착어가 있다.[1]

그런데 한어권 중에서도 특히 북방 지역에서는 어두의 n-가 종종 d-로 바뀌기도 한다. 일본의 한자음을 봐도 예를 들어 '努', '男'은 오음(吳音)에서 'nu', 'nan', 한음(漢音)에서 'do', 'dan'이 된다. 그렇다면 한어의 '稻'는 양쯔강 하류 지역에서 사용했던 nu/nua라는 단어가 북방 지역에서 du/dua로 차용되었다고 보는 것이 맞을 것 같다.

또 먀오·야오어에서 찹쌀은 nu/nua에서 파생한 nju/njua와 같은 형태를 취한다. 한어에서 동일한 의미를 나타내는 어휘는 '糯'인데, 이 한자의 상고음도 nu 또는 nju이다. 여기서는 어찌 됐든 n-형이 그대로 차용되었다. '稻'와 '糯'는 원래 먀오·야오어에서 동원의 어휘였던 것으로 간주해도 될 것이다. 또 먀오·야오어의 nu/nua는 '먹다'를 의미하는 동사 nuŋ/noŋ과 연결되어 원래 '밥'을 의미했던 것 같다.

참고로, 황하(黃河)는 옛날에 '河水'고 불렸는데, 이 '河'도 원래는 전술한 '江'과 같이 고유명으로 먀오·야오어의 川·水를 의미하는 *ɣua라는 형태에서 유래하는 것 같다.

---

1) 『說文解字』: 「沛國謂稻曰秏(nua)」, 『春秋稻粱傳』: 「吳謂善伊, 謂稻緩」

이상 개략한 바와 같이, 양쯔강 유역에서 시작된 벼농사와 그 확산에는, 인도의 드라비다인과 같은 단일한 집단이 아니라 오스트로네시아계, 따이·까다이계, 오스트로아시아계 그리고 먀오·야오계의 적어도 네 집단이 관여했던 것 같다. 이들은 언어적으로도 각각 독립적인 어족으로 여겨지는데, 벼·쌀을 나타내는 어휘만 보더라도 이 점을 확실히 알 수 있다.

또 중국 대륙에서 동남아시아 세계로 이어지는 벼농사권에서 특히 주목해야 하는 것은 벼농사의 확산이 단순한 작물로서 벼·쌀의 전파가 아니라 벼농사와 함께 그와 관련된 독자적 언어 집단의 이주라는 형태로 이루어졌다는 점이다. 이 점은 인디카계의 벼·쌀이 서쪽 세계로 퍼져 나갔던 것과는 전혀 다른 모습이다.

그러나 이러한 형태로 일어난 벼농사의 확산은 동아시아에 출현한 벼농사권의 전역에서 벌어진 것은 아니다. 양쯔강 유역에서 시작된 벼농사민의 확산은 오로지 남쪽을 향해 나아갔고, 일본 열도를 포함한 북방 지역은 이들 벼농사민들의 시야에는 들어오지 않았던 것 같다. 그러면 과연 어떠한 형태로 일본 열도와 한반도로 벼농사가 전래되었던 것일까.

05 일본어의 벼·쌀

일본어에서 벼를 나타내는 말은 'ine'이다. 이것은 상대(上代) 문헌부터 전해져 오는 유서 깊은 어휘인데, 원래는 'yone'와 짝을 이루며 각각 '稻'와 '米'라는 한자에 대응시켜 구분하여 사용하였다. 이 ine와는 별도로 'ina'라는 형태도 있는데, 이쪽이 본래의 어간이다. ine는 이 어간에 「-i」라는 접미사가 붙은 inai-i라는 형태에서 유래한다. yone는 상대 문헌에는 용례가 적기 때문에 yona라는 형태가 예증되지 않지만, 원래는 yona라는 형태를 가졌던 것으로 봐도 될 것이다. 'yonago', 'yonamine' 등의 지명이나 인명에서는 yona가 나타난다.

일본어의 ina·yona는 필자가 아는 한 동아시아의 벼농사권의 어떠한 언어에도 이것과 직접 연결된 형태는 보이지 않는다. 논자 중에는 그 어간에 포함되는 'na'에 주목하여 중국 고문헌에 나타나는 고대 오어에 보이는 nuan(즉 야오·야오어의 nu/nua)과 연결시켜 해석하는 경향을 보이기도 한다. 그러나 이 해석으로는 ina, yona의 어두에 오는 i, yo를 전혀 설명할 수 없다.

사견이지만, 이 어휘는 원래 i-na, yo-na와 같은 복합어로 그 na는 waka-na(若菜)의 na, saka-na(酒菜·肴)의 na와 통하는 데가 있는 것 같다. 이 na는 상대어에서는 주로 부식물(副食物)을 가리켰지만 본래는 산과 들에서 채집한 음식이라는 의미로, 대부분의 음식을 채집에 의존했을 옛날의 조몬인들에게 먹을거리 일반을 의미하는 어휘였을 것이다. 그렇다고 하면 yo-na의 yo는 'yo-i(良い/좋다)'의 yo로서, 요컨대 '좋은 먹을거리'라는 의미가 된다. ina는 yona의 변이형으로서 생겨났을 것이다.

이 중 '米'의 의미로서 yone는 그 후에 'kome'라는 새로운 어휘로 치환된다. 'kome'는 상대 문헌에서는 니혼쇼키(日本書紀)에 나타나지만, 고지키(古事記)나 만요슈(萬葉集)에는 용례가 나오지 않는다. 이 말이 널리 쓰이게 된 것은 헤이안(平安) 시대 이후인 것 같다.

상대어의 kome의 표기는 정확하게는 ko₂ me₂로 ko나 me 모두 상대가나 표기법(上代仮名遣い)에서는 이른바 '을류모음(乙類母音)'이다. 일반적으로 상대어에서 어말에 나타나는 을류(乙流) e는 기원적으로 a-i에서 유래하고, 따라서 a의 교체형을 가지는 것이 보통인데, kome에는 대응하는 koma라는 형태는 존재하지 않는다. 또 kome와 같이 동일 어간 안에서 을류 o와 을류 e가 공존한다는 것도 일본어의 어형으로서는 이례적인 것이다. 따라서 이러한 점에서 이 단어는 분명히 외래어적인 양상을 보인다.

가령 이를 외래어에서 온 것이라고 보면, 이 kome라는 어형에 딱 맞는 것은 이미 살펴본 오스트로네시아어에서 밥 또는 벼를 의미하는 *xumay밖에 없다. 그러나 이 오스트로네시아어가 일본어에 차용되었다고 하더라도, 그것이 언제 어떠한 경로에 의한 것인지를 논하는 것은 피하도록 하겠다.

일본어 안에 들어온 벼·쌀과 관련한 다른 오스트로네시아어로는 찹쌀과 찰벼에 대하여 보통의 쌀과 벼를 의미하는 'uru, uruchi, urushine'이다. 이것은 예전에 동남아시아에서 번영했던 '참파왕국(The Kingdom of Champa)'과의 교류에 의해 일본어에 도입되었을 가능성이 높다.

참파(한어로 占城)라는 왕국은 기원후 4~5세기 정도에 현재의 베트남 남부에 진출한 인도네시아계 집단이 세운 왕국이다. 여기서 사용되었던 참파어는 인도네시아어에 가까운 언어인데, 동남아시아의 대륙부 토착 언어의 영향을 받아 원래는 오스트로네시아어의 특징인 2음절어의 단음절화가 나타나기도 한다. 예를 들면 말레이어에서 쌀을 의미하는 beras는 제1음절의 모음이 약화되어 bras/brush와 같은 단음절어에 가까운 형태가 되었다. 또 참파를 비롯하여 동남아시아의 이 지역은 일찍이 인도 문화의 강한 영향권 아래에 있었기 때문에 일찍부터 인디카계 품종의 벼도 도입되었던 것 같다. 이 인디카계 쌀은 점성이 없는 이른바 퍼석퍼석한 품종인데, 이처럼 점성이 전혀 없는 쌀이 참파어의 bras/brush라는 명칭과 함께 일본에 도입되었으리라는 것이 현재 필자의 추정이다. 한편, 오래전부터 일본어의 uru·uruchi를 산스크리트어의 vrīhi와 연결시키려는 견해가 있어 왔는데, 이는 전혀 근거 없는 속설이다.

06　한국어의 벼·쌀

　　마지막으로 한반도에서 벼·쌀을 나타내는 어휘는 과연 어떻게 나타날까. 총체적으로 벼농사와 관계가 있는 어휘를 살펴볼 때 일본어와 한국어 사이에 일치하는 어휘는 거의 보이지 않는다. 벼·쌀에 관해서도 동일하다. 한국어 'pyə'라는 어휘는 일본어와는 조금도 닮은 데가 없다.

　　단, 한국어에는 이 '벼' 외에도 narak이라는 어휘가 있다. 오구라 신페이 (小倉進平)의 『朝鮮語方言の研究』(1944)에 따르면 narak이라는 어휘는 충청도, 경상도, 전라도 등 한반도의 남부 지방에서 사용된다고 한다. 이 narak의 na-와 일본어의 ina를 연결시키려는 논자가 없는 것도 아닌데, 이 단어의 한자 표기를 보면 '羅洛', '羅錄'로 되어 있다. 그렇다고 하면 어두의 음절은 원래 ra이고, 어두에 r계통의 음을 허용하지 않는 한국어의 음운적 제약 때문에 na-로 바뀐 것일지도 모른다. 따라서 이 어휘는 한국어에서 외래어 기원일 가능성이 매우 높다. 그러나 현재 그 배경은 어둠에 싸여 있다.

　　다음으로 현대 한국어에서 쌀을 나타내는 어휘는 ssar이라는 형태를 취한다. 이것은 원래 psar, 더 거슬러 올라가면 pɔsar와 같은 형태로 '菩薩'이라는 단어에서 유래한다고 한다. 일본어의 속어에서 쌀을 '舎利(syari)'라고 하는 것과 일맥상통하는 것이다. 그렇다고 하면 한국어에서 이 어휘가 생긴 것은 시기적으로 상당히 새롭다고 보지 않을 수 없다.

남은 것은 한국어의 '벼'이다. 이것도 어원이 정확하지는 않은데, 어찌 됐든 이것은 일본어의 'hie'(옛 발음은 piye)에서 차용되었을 가능성을 생각할 수 있다. 재배종의 피(稗)는 일본에서는 조몬시대 중기부터 이미 존재했고, 일설에 따르면 피의 재배는 다른 곳이 아니라 바로 일본 열도에서 발상했다고도 한다. 이 어휘는 아이누어에서도 piapa라는 형태를 취하여 나타난다. 이렇게 보면 피의 재배종은 도호쿠(東北)와 홋카이도(北海道)뿐만 아니라 한반도에도 전해졌다고 봐도 좋을 것이다. 일본에서는 그 후 새롭게 도입된 벼에 대하여 피 대신에 'yona·ina'라는 명칭이 주어졌지만, 벼농사의 도입과 정착이 늦었던 한반도 북부 지역에서는 피의 오래된 명칭이 벼를 포함한 곡물의 총칭으로서 그대로 존속했을지도 모르겠다.

****

이상 개략한 바와 같이, 언어의 측면에서 바라볼 때 동아시아 북방 지역에서 벼의 전래는 남방에서 일어난 것과 같은 벼농사민의 이주와 확산의 형태가 아니라 작물로서의 벼만이 어떠한 유통 경로를 통해 전해지고, 그것을 열도의 조몬인이나 한반도의 주민이 자주적으로 수용한 결과로 봐야 할 것이다. 그것은 양쯔강 유역에서 발상한 다양한 벼·쌀의 어휘가 후대에 유입된 것으로 보이는 외래어를 제외하고 옛 일본어나 한국어 안에서는 전혀 찾을 수 없기 때문이다. 야요이시대의 개막기에 새로운 벼농사 집단의 도래를 상정하는 일부 고대사 연구자들의 억설은 이즈음에서 근본적으로 다시 검토할 필요가 있을 것이다.

벼·쌀의 비교언어학

<강연 요지>

아시아에서의 벼농사의 기원과 전파 문제는 일본 민족이나 일본 문화의 뿌리와도 관련된 것으로, 오랜 세월 동안 다양한 입장에서 논의되어 왔다. 이 문제를 둘러싼 지금까지의 연구를 되돌아보면, 거기에는 두 개의 커다란 전환점이 있었다. 하나는, 전후 얼마 되지 않은 시기에 민속학자인 야나기타 구니오(柳田国男) 선생과 농학자(農學者)인 안도 히로타로(安藤広太郎, 1871－1958)[1]를 중심으로 한 '도작사연구회(稲作史研究會)'에서 연구 보고인 『稲の日本史(벼의 일본사)』Ⅰ－Ⅴ(1955－63, 재판 1969)을 간행한 것이고, 이어 1980년대 교토대학(京都大学)의 와타베 다다요(渡部忠世, 1924－)[2] 선생과 민족학박물관의 사사키 고메이(佐々木高明, 1929－2013)[3] 선생 등이 공동 연구로 『稲のアジア史(벼의 아시아사)』3권(1987, 재판 2001)을 간행한 것이다.

----

1) [옮긴이] 일본의 메이지 시대에서 쇼와 시대에 걸쳐 활동했던 농학자, 농업 정책가, 농학 박사. 가토 시게모토(加藤茂苞, 1868－1949)와 공동으로 세계 최초로 벼의 인공 교배를 통한 신종 개발에 성공한 것으로 유명하다.

2) [옮긴이] 일본 가나가와현(神奈川県) 출신. 교토대학 농학부 졸업. 현재 교토대학 명예 교수. 아시아에서의 쌀과 벼농사를 주로 조사하고 연구했다.

3) [옮긴이] 일본 오사카부(大阪府) 출신의 민속학자. 국립민족학박물관 명예교수, 전 관장. 일본에서의 조엽수림문화론(照葉樹林文化論)의 주요 제창자 중 한 사람이다.

이러한 연구에서 중심적인 역할을 해 온 것은 당연히 농학자들이나 민속학자들이다. 언어학 쪽에서 이 문제에 관여한 것은, 필자가 아는 한 '벼와 언어'라는 주제로 도작사연구회가 개최한 최초의 공동 토의(1952년 9월)와 거기서 마쓰모토 노부히로(松本信広, 1897–1981)[4] 선생과 마부치 도이치(馬淵東一, 1909–1988)[5] 선생이 공동으로 발표한 '稲作語彙の分布図と説明(벼농사 어휘의 분포도와 설명)' 정도를 들 수 있을 뿐인데, 지금에 와서 볼 때는 매우 희소가치가 있는 노작이다. 그 후 반세기가 지나도록 언어의 측면에서 이 문제에 대하여 접근한 연구는 보이지 않아 적어도 일본에서는 그 명맥이 끊긴 것처럼 보인다.

그동안 벼농사의 기원을 둘러싼 학설에도 커다란 변동이 있었다. 20세기 중반 무렵까지 서구학자들이 주장해 왔던 '히말라야 남록설(南麓說)', 70년대 이후 특히 일본의 학계에서 유력시되었던 '아삼·윈난 기원설' 등이 있었고, 현재는 이를 대신하여 양쯔강의 중·하류 유역, 그리고 연대는 지금으로부터 7~8천 년 전이라고 하는 견해가 최근의 고고학적 증거와 유전자 연구에 의해 거의 부동의 사실로 여겨지고 있다. 또 중국 대륙을 중심으로 하는 동아시아 언어들의 현지 조사나 그 계통 관계에 관한 이후의 연구 성과의 진전도 빠질 수 없을 것이다.

양쯔강 유역에서 시작된 벼농사는 언제 어떠한 경로를 통해 주변 지역으로 퍼져 나갔고, 또 그것을 담당했던 것은 과연 어떠한 집단이었을까. 더 나아가 일본 열도나 한반도에서 벼(농사)의 전파는 어떠한 형태로 이루어진 것일까. 이러한 문제에 대하여 오로지 언어의 측면에서 이를 밝혀 보고자 하는(혹은 오히려 그것을 위한 기초 데이터를 제공하고 싶은) 것이 본 강연의 취지이다.

---

4) [옮긴이] 일본 도쿄도(東京都) 출신의 동양학자, 민속학자, 신화학자. 다이쇼(大正)에서 쇼와(昭和)에 걸쳐 활동하며 오키나와(沖縄)와 동남아시아(東南アジア) 연구의 선구자로서도 알려져 있다.

5) [옮긴이] 일본 치바현(千葉県) 출신의 민속학자. 1931년 타이베이제국대학(台北帝国大学) 사학과를 졸업하고 모교의 교편을 잡으면서 주로 타이완 선주민들에 대하여 연구했다. 전후 남태평양과 오키나와(沖縄) 문화에 대해서도 연구하였다.

01 머리말

벼농사의 기원과 전파라는 문제는 지금까지는 오로지 농학이나 고고학·민속학의 연구 대상으로만 다뤄져 왔다. 모두(冒頭)의 <강연 요지>에서도 언급한 바와 같이, 언어학적 측면에서 이 문제를 파고든 것은 제2차 세계대전이 끝나고 얼마 지나지 않았을 때에 '도작사연구회'의 멤버들이 '벼농사와 언어'라는 주제로 다뤘던 것이 거의 유일한 사례다. 그 이후 이러한 시도는 거의 없었던 것 같다. 그 이유 중 하나는 아시아 벼농사권 내부의 민족과 언어의 구성이 매우 복잡하고, 더욱이 그 역사적 배경이나 계통 관계가 거의 밝혀진 바 없다는 점을 들 수 있겠다. 언어의 측면에서 이 문제에 접근해 보려고 해도 어디서부터 손을 대야 할지 짐작조차 할 수 없었던 것이 지금까지의 현실이었다.

그래서 필자는 먼저 동아시아의 벼농사 발상지로 거의 확실시되어 있는 중국 대륙의 양쯔강 유역에서 과연 어떤 집단이 벼농사에 관여했던 것인가 하는 물음에서부터 출발하고자 한다.

02 지금으로부터 5천 년 전 동아시아에서 사용되었으리라 추정되는 언어의 분포

먼저 그림 14.1을 보라. 이것은 나중에 벼농사가 확산하게 된 아시아 지역에서 지금으로부터 약 5천 년 전(즉 벼농사의 전파와 확산이 시작되기 바로 전의 시대, 일본 열도에서는 조몬시대 중기, 산나이마루야마(三內丸山) 유적에 보이는 조몬 문화의 최전성기에 해당한다)의 언어 분포가 어떠했는지에 대하여 필자가 추정하는 바를 매우 단순하게 도식화한 것이다.

여기에는 A, B, C, D, E의 5개 주요 언어군(내지 언어권)을 제시했는데, 오늘 이야기의 초점이 되는 것은 이 중에서도 B군, 즉 '태평양 연안 남방군'이라고 이름 붙인 언어 집단이다. 이는 거시적으로는 하나의 계통적 단위로 볼 수도 있겠지만, 여기서는 B1에서 B4까지의 부호를 붙인 4개의 어족으로 나누어 살펴보기로 한다. 이것이 양쯔강 유역에서 발상한 벼농사와 그 벼농사의 전파와 확산에 직접 관여한 집단의 유력 후보이다.

그림 14.1 지금으로부터 5천 년 전의 아시아(후의 벼농사권)의 언어 분포 추정도

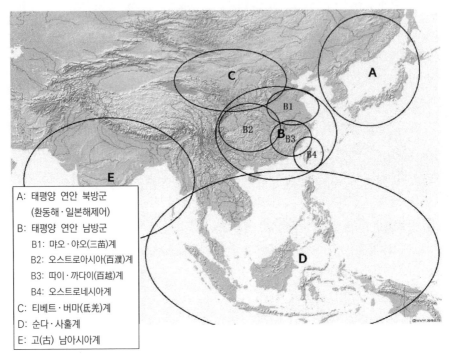

A: 태평양 연안 북방군
(환동해·일본해제어)
B: 태평양 연안 남방군
B1: 먀오·야오(三苗)계
B2: 오스트로아시아(百濮)계
B3: 따이·까다이(百越)계
B4: 오스트로네시아계
C: 티베트·버마(氐羌)계
D: 순다·사훌계
E: 고(古) 남아시아계

현재의 어족 명칭으로 이야기하자면, B1은 '먀오·야오어족', B2는 '오스트로
아시아어족', B3는 '따이·까다이어족', 그리고 B4는 '오스트로네시아어족'이다. 그림
에 표시한 각각의 분포 영역은 이들 어족의 원향지(原鄕地)로 추정되는 지역이
라는 것이 현재 필자의 견해이자 연구 가설이다.

그 밖에 중국 대륙이 원향지인 것으로 보이는 또 다른 중요한 어족으로는
'**티베트·버마어족**'을 들 수 있다(그림의 C). 이 그림에서 제시한 바와 같이, 분포
역은 황하 상류 지역과 그 배후지(즉 현재의 '청장고원(淸藏高原)')에 걸쳐 있는
부근이라고 추정된다.

그런데 그림 14.1에 제시한 언어 분포도 안에서 현재의 중국어(필자는 여
기서 '**한어(漢語)**'라고 부르지만)는 존재하지 않는다. 통상 한어는 '시노·티베트어
족'이라는 명칭으로 티베트·버마어족(C)과 더불어 또 다른 하나의 지파로 여
겨지기도 하지만, 필자는 한어를 티베트·버마계의 언어와 태평양 연안계(즉 B
군) 언어가 황하 중류 지역 부근에서 접촉함으로써 생겨난 일종의 혼합언어(이
른바 크레올)로 보고, 계통적으로는 티베트·버마어의 한 가지 파생 형태로 자

리매김해야 한다고 생각한다. 그 발상 연대는 중국의 전설에서 '하왕조(夏王朝)'가 출현했다고 여겨지는 지금으로부터 약 4천 년 정도 전으로 볼 수 있는데, 따라서 한어 및 '한족(漢族)'은 벼농사의 발상과 그 확산의 초기 단계에는 전혀 관여하지 않았다는 것이 필자의 해석이다.

한편 이 그림에서 D: '순다·사훌계'는 정확하게는 '순다계'와 '사훌계'로 따로 구분해야 할 것이다. 전자는 동남아시아 대륙부와 도서부가 육지로 연결되어 있던 시기에 '순다랜드(Sunda land)'라고 하는 아대륙 및 그 주변 지역에 살았던 원주민들이다. 현재는 주로 오스트로네시아계 및 일부의 오스트로아시아계 집단들의 '기층민'으로서 자리매김할 수 있다. 한편 '사훌계'는 현재 오스트레일리아 선주민 및 뉴기니아의 '파푸아 내륙 고지대어군'(필자의 명명)이라는 언어들을 사용하는 두 개의 집단을 포함한다. 오스트레일리아와 뉴기니아도 예전에는 육지로 연결되어 있어 '사훌(Sahul)'이라는 이름으로 불리는 대륙을 이루고 있었다.

그리고 E: '고 남아시아계'는 언어적으로는 드라비다어족 및 부르샤스키어와 그 밖의 인도의 계통적 고립언어를 사용하는 아리아 이전의 선주민 집단들을 가리킨다. 인도 역시 양쯔강 유역과 함께 아시아 벼농사의 또 다른 하나의 발상지로 알려져 있는데, 이 집단은 아마도 안다만제도(Andaman Islands)를 매개로 하여 '순다계' 집단과 언어적·유전자적으로 상당히 가까운 관계에 있는 것 같다.

마지막으로 이 어족들의 현재 지리적 분포의 개략과 각각의 추정 이동 시기에 대해서는 그림 14.2를 참고하기 바란다. 여기서는 오세아니아 세계에 진출한 오스트로네시아어족의 분포도를 생략하고, 그 대신에 다른 3어족의 이동과 확산에 밀접한 관련이 있는 티베트·버마제어의 분포도를 추가해 둔다. 각 어족의 분포는 동일한 지역에서 복잡하게 뒤섞이고 겹쳐 있기도 하고, 예전의 원향지는 '한어'라는 신흥 언어가 거의 뒤덮어 버렸다. 또 이 그림에서 제시하고 있는 언어군의 성격이나 그 계통 관계에 대하여 상세한 내용은 졸저 2007과 2010을 참고하기 바라며,[6) 여기서는 이 이상 자세한 설명은 생략하기로 하고 바로 본론으로 들어간다.

---

6) 松本 2007 『世界言語のなかの日本語：日本語系統論の新たな地平』(한국어: 박종후 옮김 2014 『언어유형지리론과 환태평양 언어권 - 유형지리론으로 탐구하는 언어의 친족 관계』 도서출판 역락)' 松本 2010 『世界言語の人称代名詞とその系譜：人類言語史5万年の足跡』

그림 14.2 선사 중국 대륙부의 4어족(B1, B2, B3, C)의 현재의 분포도

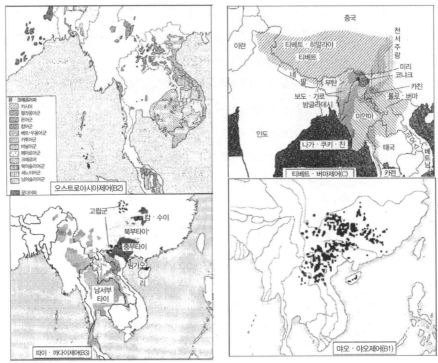

각 어족이 동남아시아로 이동한 추정 시기: B2=BC2500-BC500?, C=BC1000?-AD1000, B3=AD700?-14000, (B1=AD1800-)

03 오스트로네시아제어의 벼·쌀 어휘와 그 분포

먼저 오스트로네시아제어의 벼·쌀 어휘를 살펴보자. 어휘 데이터로는 다음 페이지의 표 14.1과 표 14.2를 참조하기 바란다. 그 표에서 언어명 뒤에 * 표가 붙어 있는 것은 이미 소멸한 언어, 또 표 14.2의 라데어(Rade language)와 참어*(Cham language)는 예전에 참파왕국이 번영했던 인도차이나 반도의 동남부 언어이다.

이 오스트로네시아계 집단은 지금으로부터 4~5천 년 전에 그 본거지로 여겨지는 타이완을 벗어나 필리핀, 인도네시아를 포함한 동남아시아의 도서부, 거기서 더 나아가 멜라네시아, 미크로네시아, 폴리네시아로 퍼져 나간 것

으로 보인다. 그러나 이들 이주 집단이 전파한 벼농사는 오스트로네시아어권
의 전체가 아니라 소순다 열도(Lesser Sunda Islands)[7] 말루쿠 제도(Maluku
Islands)[8] 부근까지가 그 한계였고, 그보다 멀리 있는 오세아니아의 여러 섬으
로는 확산되지 않았던 것 같다.

참고로 지금으로부터 3,500년 전 경에 비스마르크제도를 중심으로 발상
한 '라피타(Lapita)[9]'라고 불리는 특이한 문화 안에서 그들은 동아시아의 '벼농
사민'에서 오세아니아의 '해양민'으로 변신한 것 같다. 오스트로네시아계 집단
은 유전자적 측면에서 볼 때에도 현재의 발리섬에서 플로레스 제도(Flores
Islands)를 잇는 지역을 경계로 서쪽과 동쪽 사이에 특히 남성계 유전자의 구성
이 크게 차이가 난다.[10]

표 14.1 오스트로네시아제어의 벼·쌀 관련 어휘1 : 타이완·필리핀

	언어명	벼	쌀	밥
타이완제어	아타얄어(Atayal)	pagai/paqiʔ	ßuax	mamiʔ
	세에디크어(Seediq)	payai	buˈəh	ʔidau
	초우어(Tsou)	payi	fuəsə/firsɨ	naveu/navru
	루카이어(Rukai)	pagai	vəasə	bro/vaʔoro
	파이완어(Paiwan)	paday	vaat	tjinalək/papa
	푸유마어(Puyuma)	rumay	vəras	maðeriʔ
	아미어(Amis)	panay	vərats	hannay/hulu
	카발란어(Kavalan)	paːnay	vokas	maːy
필리핀제어 (루손)	일로카노어(Ilocano)	pagay	bagas/bigas	inapoj
	삼발어(Sambal)	pali	buyas	kanun
	팡가시난어(Pangasinan)	pagɨy	bɨlas	baːw
	타갈로그어(Tagalog)	palay	bigas	kanin
	본톡어(Bontoc)	pagɨy	binayo	makan

7) [옮긴이] 말레이 제도 중 남쪽 중간 지대에 위치한 섬 지역으로 자바 섬 동쪽에서 티모르 섬
   까지를 이른다.
8) [옮긴이] 인도네시아의 군도(群島)로 말레이 제도(諸島)의 일부이다. 술라웨시 섬(Sulawesi)
   의 동쪽, 파푸아 섬의 서쪽, 티모르 섬의 북쪽에 자리한다.
9) [옮긴이] 1952년 뉴칼레도니아에서 발견된 토기를 '라피타토기'라고 부른 데서 유래하는 것
   으로, 폴리네시아문화의 원류라고 여겨진다. 원래 '라피타'라는 말 자체는 폴리네시아 현지어
   인 하베케어(Haveke language)로 '구멍을 파는 것' 또는 '구멍을 판 장소'를 의미하는
   'xapeta'a'를 '발굴한 유물'이라는 것으로 오해하여 붙여진 것이라고 한다. 원래 무슨 이름으
   로 불렸는지는 알 수 없다.
10) 본서의 제15장 5절 참조.

	언어명	벼	쌀	밥
	이푸가오어(Ifugao)	page	bogah	hinamal
	이바나그어(Ibanag)	ʔəmmay	bəgga?	ʔinafi
	말라웨그어(Malaweg)	pagay	bəggat	ʔinapuy
	이타위스어(Itawis)	ʔəmmay	bəggat	hinuntuwan
	요가드어(Yogad)	pagay	bəggat	mabaw
	비콜어(Bikol)	humay	bugas	kanun
필리핀제어 (그 밖의 섬들)	이라야어(Iraya)	parey	bɨgas	kanin
	부히드어(Buhid)	fayay	binugas	fafa
	타그반와어(Tagbanwa)	paray	bəgas	ʔumay
	바탁어(Batak)	paray	bəgas	ʔomay
	아클라논어(Aklanon)	paɬay	bugas	humay
	힐리가이논어(Hiligaynon)	humay	bugas	kan?un
	세부아노어(Cebuano)	palay	bugas	kan?on
	비사야어(Visayan)	humay	bugas	kan?on
	스바넨어(Subanen)	palay	bɨgaas	gɨmay
	마노보어(Ilianen)	parɨy	bahas	ʔimɨy
	마노보어(Sarangani)	ʔomay	bʌgas	ka?nʌn
	마만와어(Mamanwa)	homay	bɨgas	bɨgas
	만사카어(Mansaka)	tiparay	bɨgas	bɨgas
	비누키드어(Binukid)	humay	bugas	kan?on
	빌라안어(Bilaan)	fali	msɨ[h]/amsə	kan?on
	산기르어(Sangirese)	ɨme	bogasi?	kaɨn
	사마어(Parangigi)	paay	buas	k-in-akan

표 14.2 오스트로네시아제어의 벼·쌀 관련 어휘2 : 인도네시아

	언어명	벼	쌀	밥
보르네오	바자우어(Bajaw)	parai	buas	buas datei
	가다잔어(Kadazan)	parai	wagas	takano?
	켈라비트어(Kelabit)	pade/fade	berah/bəree	lubah/ubah/bui
	카얀어(Kayan)	paray/parei	bahah/baha	karen
	카푸아스어(Kapuas)	parei	behas	bari?
	바리트어(Barito)	parei	ßeyah	nahi?
	이반어(Iban)	padi/padɨ	brau	asi?
	케레호어(kereho)	pari	luang pari	okun/taru
	말라가시어(Malagasy)	vari akutri	vari futsi	vari masaka
	라데어(Rade)	mdie	braih	ese
	참어(Cham)*	padei(?)	brah	
수마트라 · 자바	아체어(Acehnese)	pade	brɯəh	bu/bue
	토바어(Toba Batak)	eme	bɔras	indahan
	말레이어(Malay)	padi	bəras	nasi

언어명	벼	쌀	밥
레장어(Rejang)	pay	bre	mie
람풍어(Lampungic)	pari	bias	mey
자바어(Javanese)	pari	bəras	sago
마두라어(Madurese)	padi	bəraspʰərrəs	naseʔ

	언어명	벼	쌀	밥
술라웨시	시아우어(Siau)	eme	bogasa	tagasa
	린두어(Lindu)	pae	ose/pae ose	kondia
	바레에어(Bare'e)	pae	wea	kinas/kinaʔa
	마카사르어(Makassarese)	pare/lessoro	berasa	kado/kanre
	랄라키어(Lalaki)	pae	woha	kina/kinaa
	월리오어(Wolio)	bae	bae	kinande
소순다 열도	발리어(Balinese)	padi	baras/baʔas	nasi/rayunan
	캄베라어(Kambera)	pari	uhu	karohu
	롬복어(Lombok)	pae	bəras	nasiq
	테툼어(Tetum)	hare	fos	etu
	나우에티어(Naueti)	hare	hare-behe	khaana
	로티어(Roti)	hade/are	hade/are	kakau/a'au
말루쿠 제도	탈리아보어(Taliabo)	bira	bira	bira
	암벨라우어(Ambelau)	fala	fala	fala
	히투어(Hitu)	ala	ala	ala
	카마리아어(Kamarian)	hala	hala	hala
	사파루아어(Saparua)	halal	halal	halal
오스트로네시아조어	*pa-ɣay / *xə-may	*bə-ɣaʒ	*ka-nən-n ⟨*ka-n 'eat'⟩ / *xə-may

한편, 아프리카 연안의 마다가스카르 섬에 이주해 온 것은 기원후 1,000년 후반 무렵의 일로 추정되는데, 아마도 보르네오 남부의 주민들이었던 것으로 보인다. 벼농사는 이 땅에서 확실하게 뿌리를 내린 것 같은데 이때 이들 이주민이 가지고 온 언어가 표 14.2의 말라가시어(Malagasy)[11]다.

오스트로네시아어권에서 벼농사의 전파는 언어의 확산과 밀접히 연관되어 있다. 이에 대한 언어 데이터를 상세히 살펴보고자 하면 상당한 분량이 되겠지만, 여기서는 표 14.1과 표 14.2에서 지역별로 간략히 제시한다. 표에 제시된 지역들은 동시에 이들 집단의 이동 순서를 반영하고 있다고 봐도 될 것이다.

11) [옮긴이] 아프리카 동부 해안의 마다가스카르에서 사용하는 공용어다. 아프리카에서 유일하게 오스트로네시아어족에 속하는 언어다. 인도네시아어나 말레이시아어와 사촌 관계에 있다.

　　이 표에서는 벼·쌀과 함께 '밥'이라는 항목도 추가했는데, 여기서 밥이라는 것은 '주식으로서 먹는 음식'이라는 뜻이다. 언어에 따라 밥을 나타내는 어휘는 벼·쌀 어휘와 상당히 밀접한 관계에 있기 때문에 여기서 같이 다룬다.

　　이 표에서 볼 수 있듯이, 대부분의 오스트로네시아제어에서 벼와 쌀을 나타내는 말은 확실하게 구분이 된다. 언어들 사이에서 각각의 어형들이 나타나는 방식을 보면 표면적인 음형은 상당히 다르더라도 거기에는 일정한 대응 관계가 있음은 분명하다. 개별적인 구현형에 대한 자세한 설명은 생략하고 조어형에 대한 필자 나름의 추정만을 제시한다(표 14.2의 가장 아래 칸에 있는 오스트로네시아조어형). 벼에 대해서는 *pa−ɣay, 쌀에 대해서는 *bə−ɣaʒ(혹은 *bəɣats)와 같은 형태를 세울 수 있다. pa−와 bə−는 아마 접두사일 것이고, 어간부의 ɣay와 ɣaʒ는 원래 동일한 기간(基幹)에서 분화한 형태로 봐도 좋을 것이다.

　　오스트로네시아어권에서는 그 밖에 일부의 언어(표 14.1에서 푸유마어의 rumay, 비콜어, 힐리가이논어에서 humay, 마노보어에서 ʔomay 등)에서 조어형으로서 *xə−may로 보이는 말이 '벼'의 의미로 사용되고 있다(표 안에서 이탤릭체로 표시한 언어). 이것은 아마도 may가 어근이 될 텐데, 본래 '밥'을 의미했던 것이다. 이에 대해서는 나중에 다시 살펴보도록 한다. 이들을 제외하면 대부분의 오스트로네시아제어에서 '밥'을 나타내는 일반적인 어휘는 '먹다'를 의미하는 동사 *ka−n의 파생어인 것 같다.

　　마지막으로 오스트로네시아어권의 벼·쌀 어휘에 대하여 주목해야 할 것은 각 언어의 구현형이 타이완과 필리핀제도(그 중에서도 특히 루손섬)에서 가장 원형(조어형)에 가깝고 거기서 멀리 떨어진 주변부로 갈수록 그 형태가 점점 변형되어 간다는 점이다. 특히 오스트로네시아 벼농사권의 말단에 위치하는 말루쿠제도(또 일부의 소순다열도)에서는 벼·쌀이 *paɣay계(fala/hala 등) 또는 *bəɣaʒ계(bira)의 한 형태로 통합되어 있고, 더욱이 벼와 쌀뿐만 아니라 '밥'의 의미도 겸하는 매우 포괄적인 명칭으로 전환되어 있다. 이러한 현상은 이들 지역에서 벼농사(내지 쌀 문화) 자체의 쇠약과 후퇴를 반영하는 것 같다.

04 오스트로아시아제어의 벼 · 쌀 어휘

그러면 다음으로 오스트로아시아제어의 벼 · 쌀 어휘에 대하여 살펴보자.
다음의 표 14.3과 표 14.4를 참조하기 바란다.

표 14.3 오스트로아시아제어의 벼 · 쌀 관련 어휘1

		언어명	벼	쌀	밥
몬 · 크 메 르 북 서 군		카시어(Khasi)	kba	khaw	ya
	팔 라 웅 군	팔라웅어(Palaung)	hŋau/hŋɔ	rəkau/rko	ɣp/hap/su
		도안어(Doan)	ŋo	akaau	pɔɔm/bɔm
		와어(Wa)	ŋɔʔ	gɔʔ/kauʔ	
		라와어(Lawa)	ŋɔʔ/hoʔ	ləko/ɣoʔ	ʔaup
		루아어(Lua)	hɔk	kɔk/ku	sum
		삼타오어(Samtao)	hŋoʔ	gkuʔ	ʔɯp
	크 무 군	크무어(Khmu)	hŋɔʔ	rŋkoʔ	mah
		캉어(Khang)	ŋua	kɔ	ma
		하트어(Hat)	ŋaaw	ŋkəw	pa
		푸오쯔어(Puoc)	ŋɔ	həko	pa
		파이어(Phai)	sa ŋkhuuʔ	sa ŋkhɔɔʔ	sa
	카 투 군	카투어(Katu)	arɔ	aməəy	deep
		브루어(Bru)	thrɔ/sarɔ	asʌʔ/rakaw	dɔɔy
		소우에이어(Souei)	sro	haŋkaw	dooy
		카탕어(Katang)	cro	soʔ	duuy
		파코(Pacoh)	tro	asVʔ	dooy
		타오이어(Ta'Oi)	ceh	rko	pəəy
	몬 군	고몬어(Old Mon)	sroʔ	sŋu	puŋ/āp
		몬어(Mon)	sɔʔ	haoʔ	pəŋ
		냐 · 쿠르어(Nyah Kur)	chrooʔ	ŋko	pooŋ
	페 아 르 군	고크메르어(Old Khmer)	srū	raŋko	pāy
		크메르어(Khmer)	srəw/snoov	ŋkɔ/əŋkɔ	baay/hoop
		페아르어(Pear)	haal	rəkau	klaŋ/klɔɔŋ
		사므레어(Samre)	haal	rəkho/rəkhaw	lɔŋ
	베 트 무 옹 어	사붕어(Thavung)	aalɔ	ako	caaw
		파카탄어(Pakatan)	caaw alɔ	ŋkɔ	caaw
		아렘어(Arem)	əla	ŋkɔʔ	kəən/caaw
		무옹어(Muong)	lɔ	kaw/ɣuə	kuum/ɣuəm
		베트남어	lua/lo	gao/cao	hup/com
북서몬 · 크메르조어			*sə[n]-ɣauk	*rə[n]-kauk	*bəŋ/*baː[y]

표 14.4 오스트로아시아제어의 벼·쌀 관련 어휘2

		언어명	벼	쌀	밥
몬·크메르 남동군	바나르군	라벤어(Laven)	cɛh	phɛ	ʔʌʌp
		사푸안어(Sapuan)	cɛh	phɛ	pual/puar
		냐헨어(Nyaheun)	cɛh	phɛ	puan
		렝가오어(Rengao)	ʔmaw	phi	pɔɔr
		제어(Jeh)	maw	phey	pɔɔl
		세당어(Sedang)	mbaw/baw	phaay	hmɛ
		라맘어(Ramam)	may	phɔɔy	apa
		바나르어(Bahnar)	ɓa	phɛ	pɔɔr
		스티엥어(Xtiêng)	ɓa	phɛ	piaŋ
		츠라우어(Chrau)	ɓa	phɛ	piəŋ
		므농어(Mnong)	ɓa	phey	piəŋ
	아슬리군	세마이어(Semai)	baaʔ	cnrɔɔy	cannaaʔ
		사카이어(Sakai)	baaʔ	[ʒaroi/charoi]	cɛnnɛn
		마·메리어(Mah Meri)	baʔ	beʔ	[nasi]
		세멜라이어(Semelai)	babaah	rmoʔ	buc/grophop
문다어군	북부군	코르쿠어(Korku)	baba	baba(cauli)	ʒɔm
		문다리어(Mundari)	bābā	cauli	ʒɔm
		호어(Ho)	baba	cauli	ʒɔn
		코르와어(Korwa)	huṛu	huṛu	ʒɔm
		비르호르어(Birhor)	huṛu	huṛu	
		산탈어(Santali)	huṛu	caule	ʒɔmaʔ
	남부군	카리아어(Kharia)	baʔ	rumkub	piʔ
		주앙어(Juang)	bua	rumkub	bhato
		레모어(Remo)	keroŋ	ruŋku/ŋkuk	kiyag
		구툽어(Gutob)	keroŋ	rukuʔ/rukug	lai
		소라어(Sora)	sərɔk	roŋko	baa/baba
		고룸어(Gorum)	unɖem(-ar)	rũŋk(-ajang)	taŋku
남동오스트로아시아조어			*sə-ɣauk	*rə[n]-kauk	*b[j]əŋ
			*ma[y/w]~*ba[y/w]		

　　오스트로아시아계 집단 역시 오스트로네시아어족과 거의 동일한 시기에 원향지에서 벗어나 중국 대륙의 남서부로 남하하여 동남아시아 대륙부의 거의 전역, 그리고 더 나아가 인도 동부에까지 퍼져 나간 것으로 보인다.

　　이들의 이주와 확산에는 시기적으로 두 개의 물결이 있었던 것 같다. 첫 번째 단계의 이주 집단으로 보이는 것은 현재 인도 동부에 잔존해 있는 문다계 집단과 동남아시아의 '몬·크메르 남동군'이다. 말레이 반도의 아슬리어군과 베트남·캄보디아의 국경 지대 산간부에 분포하는 바날어군이 여기에 속한다.

그 뒤를 이은 제2차 이주 집단은 필자의 명명으로 '몬·크메르 북서군'이라고
하는 언어를 사용하는 집단인데, 인도차이나 반도에 청동기 문화를 전파한 것
도 아마 이 집단이었던 것 같다.[12]

현재 오스트로아시아제어의 지리적 분포는 그림 14.2에서 제시한 분포도
(B2)에서 보듯이 인도차이나 반도에서 인도 동부에 이른다. 그 분포권에는 중
심부인 버마에서 태국에 걸쳐 티베트·버마계와 태국계의 언어가 크게 비집고
들어와 있기 때문에 오스트로아시아제어는 곳곳에 분단된 채 문자 그대로 '주
변 잔존 분포'의 양상을 띠고 있다. 이는 티베트·버마계와 따이·까다이계 집
단이 그 후 계속적으로 이들 지역으로 이주해 와 오래된 언어층 위에 덧씌워
진 결과인 것 같다. 그렇기 때문에 오스트로아시아제어는 어족으로서의 통합
성을 잃어버리고, 벼·쌀 어휘에 관해서도 현재의 언어들 사이의 대응이 단편
화된 채 복잡한 양상을 나타내게 됐으며, 조어형의 재구 역시 쉽지 않다.

표 14.3과 표 14.4의 가장 아래 칸에 각각의 조어형으로 제시한 형태도
잠정적인 것에 지나지 않는다. 일단 벼에 대해서는 *sə−ɣauk, 그리고 쌀에
대해서는 *rə[n]−kauk와 같은 형태일 것으로 추정되는데, 앞서 살펴본 오스
트로네시아어의 경우와 같이 *sə−, *rə[n]는 접두사이고 그 기간부는 *kauk
이라는 동일 형태를 취한다. 나중에 다시 살펴보겠지만, 이 기간은 다른 언어
로의 차용어를 통하여 좀 더 분명한 형태로 확인할 수 있다.

한편, 문다제어의 일부(문다리어, 산탈어 등)에서 쌀을 의미하는 cauli/caule
등은 인도·아리아어 cāvala에서 차용한 형태이다.[13]

오스트로아시아제어에는 이 밖에 어두에 입술소리 ma−/ba−를 가지는
형태가 있다. 특히 바날, 아슬리어군과 문다어군에서 may/bay, maw/baw 혹
은 bābā의 형태로 나타나는데, 이는 앞서 서술한 제1차 집단의 언어들을 특징
짓는 중요한 표식으로 볼 수도 있다. 이 어형은 앞서 살펴본 오스트로네시아
어의 *xə−may와도 통하는 것으로, 아마 일본어의 'mama(엄마)/manma(맘
마)'나 아이누어의 amam/amma 등과 같이 '밥'을 의미하는 유아어에서 유래한

---

12) 몬·크메르제어 전체를 '북서군'과 '남동군'의 두 집단으로 구분하는 분류법과 그 근거에 대한
   자세한 설명은 松本(2007:230ff) 및 松本(2010:366ff)를 참조하기 바란다.
13) 표 14.15 참조.

다고 봐도 될 것이다. 현재의 문다제어, 예를 들어 코르쿠어(Korku)의 bābā에
는 지금도 그와 같은 유아어적 뉘앙스가 있다고 하다. 또 아이누어에서
amam/amama는 밥 이외에도 벼·쌀 혹은 오히려 조나 피를 포함하는 곡물 일
반의 명칭을 가리키기도 한다.

05 따이·까다이제어의 벼·쌀 어휘

다음으로 따이·까다이제어의 벼·쌀 어휘를 살펴보자. 다음의 표 14.5를
보기 바란다.

'따이·까다이'라고 불리는 언어군은 계통적으로 오스트로네시아어족과 매
우 가깝다고 여겨지는데, 이들 언어를 사용하는 집단이 동남아시아 지역으로
진출하기 시작한 것은 아마 시기적으로 상당히 최근인 7~8세기 무렵이고, 가
장 정점을 이뤘던 것은 쿠빌라이칸이 이끄는 몽고군이 이 지역들을 석권하였
던 13세기 무렵인 것으로 보인다. 이 시기는 양쯔강 유역 벼농사민들이 남쪽
으로 확산해 간 최종 단계에 속한다고 봐도 될 것이다(이 표의 상단에 제시한 '주
변 고립제어' 중 겔라오어(Gelao)에서 라키아어(Lakkia)의 그룹은 꾸이저우 남서부에서
베트남 북부에 산재해 있는데, 중국에서는 '苗·瑤族'으로 간주한다. 나중에 다시 살펴보
겠지만, 겔라오어의 벼·쌀은 먀오·야오계의 어형에서 유래한다).

확산 시기가 새로운 만큼 일부의 주변고립제어를 제외한 다른 언어들 사
이에 보이는 벼·쌀 어휘의 유사성은 일목요연한데, 그 조어형도 *xau(또는
*ɣau)로 어렵지 않게 상정할 수 있다. 이들 언어에서 특히 주목해야 할 것은
벼·쌀을 나타내는 *xau라는 단어가 벼와 쌀을 구별하지 않고 나타낼 뿐만 아
니라 그 본래적인 의미로서 '밥'을 나타냈던 것으로 보인다는 점이다.

현재 타이제어에서는 언어에 따라 '벼'와 '쌀'을 구별하기 위해서는 특별
히 다양한 한정어를 사용한다. 이 한정어들 중 가장 많이 쓰이는 것은 벼를 나
타내기 위해 사용하는 kaak 또는 kok인데, 이 단어의 태국어 어원은 확실하
지 않아 아마 앞서 살펴본 오스트로아시아어의 *kauk에서 차용한 것으로 보
는 것이 타당할 것 같다.

표 14.5 따이·까다이제어의 벼·쌀 관련 어휘

	언어명	벼	쌀	밥	먹다
주변고립제어	겔라오어(Gelao)	mpəɯ tsau	mpəɯ su	mpəɯ	xa
	라치어(Lachi)	ni/na ze	chi/ci	hɯm	
	라하어(Laha)	həj? kak	[həi?] sal	mla	
	라키아어(Lakkia)	kŏu	kŏu fei	kŏu	
	리어(Hlai)	mut/muun	fop/gei	tha	lau/la
	링가오어(Lingao)	ŋau/mok	lop/nau	pia	kon
캄수이어	덴어(Then)	xau kuek	xau thaan	xau	
	마크어(Mak)	həu kaak	həu saan	həu k	
	동어(Dong)	əu [ok]	əu saan	əu	tsi/taan
	수이어(Sui)	ʔau	ʔau haan	ʔau	tsye
	마오난어(Maonan)	hu [ʔya]	hu	əm/uəm	na
	물람어(Mulam)	hu kok	hu taan	hu	ku
북부타이어군	사에크어(Saek)	gaw	gaw saal		
	푸어(Phu)	ɣau kaaʔ	ɣau saan	ɣau	kin
	쭈앙어(Zhuang)	həu kok	həu san/pjek	həu	kin
	디오이어(Dioi)	haou ka	haou san	haou chouk	ken
	우밍어(Wuming)	xău	xău saan	xău [ʔap]	kïn
중부타이어군	까오란어(Cao Lan)	hu	hu xay	hu	
	용난쭈앙어(Yongnan Zhuang)	hạo coc	hạo mo	hạo	kin
	도·타이어(Tho Tai)	khau cac	khau slan	khau	kin
	눙어(Nung)	khau	khau [hlaan]	khau	kin
남부타이어군	데홍타이어(Dehong Tai)	xau	xau saan	xau	kin
	시솽타이어(Xishuang Tai)	xau	xau saan	xau	kin
	백타이어(White Tai)	khău? haak	khău? saan	khău?	kin
	흑타이어(Blak Tai)	khau kaʔ	khau saan	khau suk	kin
	라오어(Lao)	khau kak	khau saan	khau	kin
	시암어(Siamese)	khaau plwək	khaaw saan	khaw [suk]	kin
	샨어(Shan)	khău pwək	khău thaa	khău [nam]	kin
	아홈어(Ahom)*	khāo kak	khāu	khāo	kin
따이·까다이조어		*xau/*ɣau		*kən	

이상으로 오스트로네시아, 오스트로아시아, 그리고 따이·까다이의 세 어족에서 벼·쌀에 관한 어휘에 대하여 개관해 봤다. 여기서 벼·쌀을 나타내는 단어의 어근으로서 상정한 오스트로네시아조어의 *ɣay/*ɣaʒ, 오스트로네시아조어의 *kauk/*gauk, 그리고 따이·까다이조어의 *xau/*ɣau의 형태를 보

면 모두 다 어두에 k/g/x/ɣ와 같은 연구개 자음을 가지고 있고, 전체적인 음형도 상당히 비슷하다. 따라서 양쯔강 유역에서 벼농사가 발상한 7~8천 년 전이라는 먼 과거로 거슬러 올라가면 이 언어들이 동일한 어근을 공유하고 있었을 가능성도 충분하다. 그리고 또 그것은 '먹다'를 의미하는 따이·까다이조어의 *kən, 오스트로네시아조어의 *ka-n이라는 동사와 어원적으로 연결된다고 (즉, 본래는 밥을 나타내는 단어) 봐야 할지도 모르겠다.

06 먀오·야오제어의 벼·쌀 어휘

그럼 다음으로 양쯔강 벼농사계 집단 중 마지막으로 남겨진 먀오·야오제어의 벼·쌀 어휘에 대하여 살펴보자. 다음의 표 14.6을 참고하기 바란다.

표 14.6 먀오·야오제어의 벼·쌀 관련 어휘

	언어명	벼	쌀	찹쌀	먹다
먀오어군	샹시먀오어(湘西苗語)	nɯ/nou	ntso	[dzo] nu	noŋ
	첸둥먀오어(黔東苗語)	na	ntso	[she] nə	naŋ/noŋ
	첸둥베이먀오어(黔東北苗語)	ntli	ntli	[ntli] ntlau	nao
	촨첸뎬먀오어(川黔滇苗語)	mple	ntʂa	[ntʂa] mplau	nau/nua
	몽·다우어(Hmong Daw)	mple	tsʰu	[tsʰu] mplau	noy
	몽·주아어(Hmong Njua)	mble	mble/ñja	[mble] mblau	nao
	부누어(Bunu, 布努語)	ntle	thuŋ	[thuŋ] ŋei	nau
	쉐어(She, 畲語)	pja/bjao	tsu	pjɔ/bjɔ	nuŋ
야오어군	이우미엔방언(Iu Mien, 勉方言)	bjau	tsʰu/mei	[bjau] bjut	ŋen/ŋaːŋ
	김문방언(Kim Mun, 金門方言)	blau	blau/mei	[mei] blot	ŋin/naŋ
	표민방언(Biao Min, 標敏方言)	blau	ɕʰu	[mi] blan	ŋin/ŋaŋ
	짜오민방언(Dzao Min, 藻敏方言)	blau	siu/mei	[mei] but	ŋan/nɔŋ
먀오·야오조어		*njau/*njua[t]		*nau[ŋ]	

먀오·야오라고 불리는 집단은 현재 중국 남부의 꾸이저우성과 그 주변 지역, 거기서 더 나아가 베트남과 라오스의 산간벽지에 산재해 있는 소수 민족인데(그림14.2의 B1 참조), 옛날에는 반전설의 '三苗'라고 불리며 양쯔강과 하이허강에서 황하 유역에 걸쳐 거주했던 태고의 동이계 집단의 후예인 것으로 보인다.[14]

이들 언어의 벼·쌀 어휘는 표에서 보는 바와 같이 언어 간의 대응이 복잡다양하기 때문에 조어형을 재구하려고 해도 일반적인 수단으로는 불가능하다. 그러나 이처럼 언뜻 불규칙해 보이는 어형들도 아마 어두에 *n-을 가지는 어근으로 거슬러 올라가는 것으로 보이고, 이는 다시 '먹다'를 의미하는 동사 *nau[ŋ]과 어원적으로 이어져 있는 것 같다. 동사 *nau[ŋ]에 대하여 벼를 나타내는 단어의 어두자음이 보이는 대응이 변칙적인 것은 거기에 *n-의 구개음화(혹은 잃어버린 어떠한 접두사)가 개입해 있을 가능성이 높다.

　　이들 언어에서 어두에 n-를 가지는 것으로 보이는 몇몇 단어의 대응 예를 다음의 표 14.7에 제시한다. 이 단어들의 배후에 숨겨져 있는 통시적 변화를 복원하는 것은 비교언어학의 응용 문제로서도 매우 흥미로운 것일 텐데, 상당히 어려운 문제이기도 하다. 여기서 벼·쌀의 조어형으로서 재구된 *njau/*njua라는 형태 역시 하나의 시안에 지나지 않는다.

표 14.7 먀오·야오제어의 어두 /*n-/의 대응 예

	먀오어군					야오어군			
	첸둥 (黔東)	샹시 (湘西)	촨첸뎬 (川黔滇)	첸둥베이 (黔東北)	부누 (布努語)	이우미엔 (勉)	김문 (金門)	비아오민 (標敏)	짜오민 (藻敏)
食	naŋ	noŋ	nau	nao	nau	ɲaːŋ	nang	ɲaŋ	nɔŋ
葉	nə	nu	mploŋ	ntlao	ntlaŋ	noːm	nɔm	nan	num
稻	na	nu	mple	ntli	ntle	bjau	blau	bla	blau
魚	nə	mʐe	ndze	mpə	ntse	bjeu	bjau	bla	biu
舌	ni	mʐa	bla	ntlai	ntla	bjet	bjɛ	blin	bet

　　여기서 먀오·야오제어의 벼·쌀에 관하여 특히 주목해야 하는 것은 그것이 원래 찹쌀계 품종이었던 것 같다는 점이다. 표 14.6의 세 번째 칸에 찹쌀을 나타내는 어형을 제시했는데, 벼와 찹쌀(또는 찰벼)은 거의 동일한 형태를 취한다.

　　참고로 따이·까다이제어와 오스트로아시아제어의 찹쌀/찰벼의 형태를 제시하면 표 14.8 및 표 14.9와 같다. 표에서 보는 바와 같이, 이들의 조어형으로는 모두 *njau와 같은 형태를 상정할 수 있는데, 이는 분명히 먀오·야오어에서 차용된 형태라고 봐야 할 것이다.

---

14) 松本 2007:280ff. 참조.

표 14.8 타이제어의 찹쌀

푸이	도·타이	좡	눙	데홍타이	샨	라오	시암	조어형
niu	nua	niu/nu	nu	niaw	nɛw	nieu	niɛw	*njau

표 14.9 오스트로아시아제어의 찹쌀

도앙	라와	루아	카투	파코	크메르	무옹	베트남	조어형
new	niɔŋ	niaw	diap	deep	nə̆p	dep	nep	*njau

이렇게 보면 동아시아에서 '벼·쌀' 재배의 원류는 아마도 먀오·야오족에
게로 거슬러 올라가는 것 같다.

07 티베트·버마제어의 벼·쌀 어휘

이상으로 양쯔강 유역의 벼농사에 직접 관여한 것으로 보이는 4개의 언
어 집단의 벼·쌀과 관련된 어휘에 대하여 고찰해 봤다. 다음으로 한어의 선조
집단으로 보이는 티베트·버마어족의 벼·쌀 어휘에 대하여 간단히 살펴보자.
구체적인 자료는 다음의 표 14.10과 표 14.11을 참조하기 바란다.

표 14.10 티베트·버마제어의 벼·쌀 관련 어휘1

		언어명	벼	쌀	음식	먹다
히말라야남록	타망군	마낭어(Manang)	syi:	syi:	sye/kye	tsə
		타망어(Tamang)	syot/syit	mla	ken	tsa
		구룽어(Gurung)	mlah	malh	sye/kye	tsa
		다칼리(Thakali)	mloh	mloh	kɯn	tsa
	키라틴군	아드파레어(Athpare)	tsa ma	tsa ma	tsa ma	tsa
		두미어(Dumi)	dza:	dza:	dza:	dza
		림부어(Limbu)	sya?	ʒa?	tsa/dɔk	tsa
		쿨룽어(Kulung)	ra/tsha	ra/tsa	ʒa	tsho
청장고원	티베트군	고전티베트어(Old Tibetan)	hbras	hbras	za	za
		라사방언(Lhasa Tibetan)	tʂɛ?	tʂɛ?	kha la?	sa
		캄방언(Khams Tibetan)	ndʐe	ndʐe	sa ma	sa
		아므도방언(Amdo Tibetan)	mdʑi	mdʑi	sa ma	sa
		아리케방언	mdʑi	mdʑi	wsæ ma	sæ
천	치	치앙어(Qiang, 羌)	ko-tsi	qʰə	me	dʒɿ

		언어명	벼	쌀	음식	먹다
서주랑	앙군	푸미어(Pumi, 普米)	siɯɯ	tʂʰuɛ	dzi	dzə
		시힝(Shixing, 史興)	ʂue	tɕʰɛ mi	ha	dzɛ
		자파어(Zhaba, 札壩)	ndʑʑ/mbʑe	ndʑʑe/mbʑe	za ma	kə tsɪ
		갈롱어(rGyalrong, 嘉戎)	mbrʌs	kʰri	tə za	ka za
운귀고원·버마	롤로버마군	나시어(Naxi)(麗江)	ɕi	tʂhua	xa	ndzɯ
		나시어(Naxi)(永寧)	ɕi	ɕi tʂhua	xa	dzi
		리수어(Lisu)	tʃʰɯ	dza phu	dza	dza
		롤로어(Lolo)/북부	tʂʰɯ	tʂhɯ	dza	dzɯ
		롤로어(Lolo)/중부	tɕi	dza kʰa	dza	dza
		롤로어(Lolo)/남부	tɕi	tɕe pʰiu	dzo	dzo
		하니어(Hani)	tsʰe	tsʰe pʰju	xo	dza
		라후어(Lahu)	tsa si	tsa qha	o	tsa
		아창어(Achang, 阿昌)	tso tseŋ	tsen	tso	tso
		마루어(Maru, 浪速)	kauk/kuk	tshiŋ	tso	tso
		아치어(Atsi, 載瓦)	jo thuɯ ku	tshin	tsaŋ	tso
		버마문어	kauk/tsa	chan	a-tsa maŋ	tsa
		버마어	sa pa	hsã	hta mi	sa
티베트·버마조어			*dzya[k]		*dza-	

표 14.11 티베트·버마제어의 벼·쌀 관련 어휘2

		언어명	벼	쌀	음식	먹다
버마남부	카렌군	스고어(S'gaw)	bɯ/me	hɯ-θaʔ	me	ʔɔ
		프워어(Pwo)	bɯ	ɣɯ-sha	mi	ʔaN
		파오어(Pa'O)	bɯ-ml	bɯ-khu/hu	den	ʔam
버마북서부	징포·누군	징포어(Jingpho, 景頗)	ma/mam	n-ku/ŋ-gu	shat	sha
		누어(Nu, 怒)	mɛmɛ	mɛmɛ	tshe kha	dza
		라왕어(Rawang)	am[-set]	am	am-pha	am/tcha
		두롱어(Dulong)	am-bɯ	am-bɯ-tche	aŋ-dza	kai
나가구릉	코냐크군	녹테어(Nocte)	cha	voŋ	voŋ	sa/cha[ʔ]
		완초어(Wancho)	cha	voŋ	sa	sa
		폼어(Phom)	haʔ	ɔŋ	nʌk	šau/haʔ
		코냐크어(Konyak)	haʔ/tok	woŋ	nik	ha[k]
	나가군	아오어(Ao)	achak	achaŋ	acha	cha
		로타·나가어(Lotha Naga)	otsok	otsaŋ	otsü	tso
		렝그마어(Rengma)	shü	cheko	chu	chvü
		탕쿨어(Tangkhul)	cha	chak	tasai	chai
가차리	쿠키	므캉어(Mkaang)	chaŋ	chaŋ	buʔ	a
		다도어(Thadou)	chaŋ/bu	bu	bu	neː
		티딤어(Tiddim)	buʔ-huːm	buʔ	buʔ siʔ	neː[k]

		언어명	벼	쌀	음식	먹다
산지	친군	루샤이어(Lushai) 메이테이어(Meithei)	buː-hum phəw	buː chə[ŋ]	chaw chak	chaw-ei cha
아루나찰	미쉬미군	마주·미쉬미어(Miju Mishimi) 디가로어(Digaro) 이두·미쉬미어(Idu Mishimi)	kie k[y]e ke	kie k[y]e ke	tsa ta-peng a-ke	tsa tha ha/tših
아루나찰	타니군	아보르어(Abor) 아파타니어(Apatani) 보카르어(Bokar) 미리어(Miri)	am e-mo a-mə aːm	am-bin em-bĩ a-mə am-bɯm	a-čin a-pĩ a-keː a-pin	do/de dɯ doː do
아삼남부	보도·가로군	보도어(Bodo) 데오리어(Deori) 디마사어(Dimasa) 가로어(Garo) 코크보로크어(Kokborok)	[uri]may miruŋ mai me may-kol	mai-roŋ miruŋ mai-roŋ me-roŋ may-roŋ	akm mukhoŋ makham may may	za/jaʔ ha ji tša ča

　　티베트·버마계 집단은 앞서도 언급한 바와 같이 옛날 황하 상류 지역의 고원 지대(淸藏高原)에 거주했던 유목민인데, 중국의 고문헌에는 '저(氐)·강(羌)' 등으로 나타난다. 오로지 목축을 생업으로 하고 벼농사와는 원래 아무런 인연이 없었던 것으로 보인다.

　　현재 중국 영내에 사는 티베트·버마계 집단 중 조금이라도 벼농사와 관계된 일을 하고 있는 것은 쓰촨성의 남부에서 윈난성의 산간부에 거주하는 '롤로(중국명 '彝')'라는 그룹이다. 이들의 언어에서 벼·쌀을 나타내는 단어는, 일부 한어의 '穀子'에서 차용한 어휘(표의 치앙어 등)를 제외하면 모두 어두에 ts-/tsʰ-와 같은 설음(舌音) 계통의 파찰음(破擦音)을 가지는데, 이들은 동사 또는 명사의 '食'을 나타내는 어근 *dza-에서 파생한 형태이다.

　　기원후 7~8세기 경 롤로계 집단에서 갈라져 나와 버마로 진출한 것으로 보이는 버마계 언어들에서도 이와 완전히 똑같은 어형이 나타난다. 단, 이 중에 주목해야 할 것은 특히 버마 문어(文語)에서 벼를 나타내는 말로 tsa/sa와 함께 kauk이라는 형태가 나타난다는 점이다. 이는 앞서 살펴본 따이·까다이 제어의 kak/kok과 동일하게 오스트로아시아어에서 차용한 것으로 보인다.•

　　참고로 표 14.10에서 제시한 고전 티베트어의 벼·쌀을 나타내는 ɦibars는 정말 특이한 형태이다. 지금까지 이 단어를 둘러싸고 말레이어의 beras와 연결시키거나 혹은 산스크리트어의 vrīhi와 관련짓는 해석이 있어 왔다. 그러나 필자가 보는 바로는, 티베트·버마어 본래의 dza/dze라는 형태에서 어두자음이 전비음화(前鼻音化)하여 ndza/ndze가 되고, 그것이 다시 순음화된 mbza/mbze의 형태로 거슬러 올라가는 것이 아닐까 싶다. 표 14.10의 티베트어 아므도방언(Amdo Tibetan)의 mdʑi나 자파어의 ndʑɛ/mdʑe 등의 형태를 참조하기 바란다.

　　이와 같이 대부분의 티베트·버마제어에서는 벼·쌀을 나타내는 어휘를 '食'(먹다 또는 먹을거리)을 의미하는 어근 *dza-와 관련지을 수 있다. 그렇지만 이와는 전혀 다른 독자적인 벼·쌀 어휘를 획득한 언어군도 있는데, 이들은 표 14.11에서 제시한 버마 남부에 고립된 카렌어와 인도 동북부 '아삼' 지역의 언어들이다. 단, 아삼 지역 안에서 '나갈랜드(Nagaland)'[15]라는 구릉지대에 분포하는 코냐크어군(Konyak languages)과 나가어군(Naga languages)은 여기서 제외된다. 특히 나가어군에서는 벼·쌀에 대하여 *dza계 어휘밖에 보이지 않는다.

　　그 밖의 언어에서 벼·쌀을 나타내는 단어로는 카렌어(Karen)와 쿠키·친군(Kuki-Chin languages)에서 bɯ/bu[ʔ]/buː, 보도·가로군(Bodo-Garo languages)에서 mai/may, 타니군(Tani languages)에서 am/em 등의 형태가 나타난다(그 밖에는 징포어(Jingpho)의 ma/mam). 이들 단어의 통시적 배경을 정확히 추적하는 것은 좀처럼 쉬운 일이 아닐 텐데, 필자의 추정으로는 모두 다 어두에 비음 ba-/ma-를 가지는 오스트로아시아계의 어휘에서 유래하는 것이 아닐까 싶다. 예를 들어 카렌어에서 벼를 나타내는 bɯ, 티딤·친어(Tiddim Chin)에서 벼·쌀·밥을 의미하는 buʔ 등은 오스트로아시아의 *bau, 카렌어에서 밥을 나타내는 me/mi나 보도·가로어군의 벼·쌀을 나타내는 mai/may, 그리고 타니어군의 a-mə/e-mo(a-는 아마 접두사) 등은 동일하게 오스트로아시아조어의 *may로 거슬러 올라간다고 봐도 좋을 것이다.

　　이러한 사실은 티베트·버마계 집단이 도래하기 전에 이들 지역에 살았던 선주민이 오스트로아시아계(의 제1차 이주 집단)이었던 것을 시사한다. 참고로, 이 지역에 아삼이라는 이름이 부여된 것은 13세기에 이 땅에 진출한 타이계

---

15) [옮긴이] 인도 동부의 주(州). 미얀마 북서부에 접해 있는 나가 산지에 위치하고. 주도는 코히마(Kohima), 인구는 121만 명 정도이다.

언어의 Ashom/Ahom이라고 불리는 집단 때문이다. 현재 이 집단은 언어적으
로는 완전히 인도·아리아화되었는데, 그것이 현재의 아삼어다.

　　예전에는 아삼 지역의 벼 또는 벼농사가 다종다양한 양상을 보인다는 점
에서 이곳을 벼농사의 기원지로 보는 학설이 유력시되기도 했다. 그러나 이러
한 다양성은 이 지역이 본래 복잡한 기원을 가지는 여러 집단들의 잡거지(雜
居地)였으리라는 복잡한 역사적 배경을 반영하는 것에 지나지 않는다. 참고
로, 이 지역의 본래 명칭은 인도·아리아어의 kamarupa로, 이것은 현장법사
의 『대당서역기(大唐西域記)』에 '가마루파국(迦摩縷波國)'으로 나온다.

08 한어권의 벼·쌀 어휘와 그 기원

　　다음으로 현재의 양쯔강 유역을 포함하여 중국 대륙의 거의 전역에 퍼져
있는 한어권의 벼·쌀 어휘를 살펴보자.

　　여기서 먼저 지적해 두고 싶은 것은, 이 언어권에서 주요 농작물을 나타
내는 말은 지금까지 검토해 온 다른 언어권의 경우와 동일하게 오래된 옛 한
어의 '먹다'를 의미하는 '食 *dzjək'에서 파생된 것이라는 점이다. 이 *dzjək는
앞서 살펴본 티베트·버마조어의 *dza—와 동일한 기원을 가지는 말이다. 여
기서 파생된 것으로 보이는 형태로는 *tsjək(稷), *sjək(粟), *sjo(黍) 등이 있다.
이것들은 모두 조나 수수를 나타내는 명칭인데, 티베트·버마제어와는 달리 벼
·쌀을 나타내는 어휘가 아니다. 이 현상은 황하 중류 지역을 포함한 이른바
'화북(華北)' 지역의 주요 농작물이 조·수수 등의 이른바 잡곡류였던 것과 일
치하는 것이다.

　　그렇다면 한어에서 벼를 나타내는 말은 무엇일까? 거기에는 세 종류의 한
자로 표현되는 세 가지 단어가 있다. 즉, '稻 dào', '禾 hé', '穀 gǔ'가 바로 그
것이다.16) 벼를 나타내는 이 세 가지 말은, 현재의 한어 방언들 안에서 보면

---

16) 참고로 이들 세 가지 문자에 대한 『설문해자(說文解字)』의 설명은 다음과 같다. '稻:稌也',
　　'禾:嘉穀也', '穀: 百穀之總名也'. 이것이 고대 한어의 표준적인 해석이라고 해도 좋을 것이다.
　　'稻/稌'는 물론 '찰벼~찹쌀'을 가리킨다. 또 한어의 '粟', '米'에 대하여 『설문해자』에서는 '粟:
　　嘉穀實也', '米:粟之實也'라고 쓰고 있다.

각각 지역마다 상당히 특징적인 분포를 보인다. 다음의 표 14.12를 참조하기 바란다.17)

표 14.12 한어권에서 '벼', '쌀', '조'의 방언적 변이

	방언(성)	벼 // 쌀	조(탈곡 전) // 조(탈곡 후)
북방관화	北京	稻子 // 大米	稻子 // 小米児
	济南(山東)	稻子 // 大米	稻子 // [小]米児
	西安(陝西)	稻子 // 白米	稻子 // 小米児
	太源(山西)	稻子 // 大米	稻[子] // [小]米児
오방언	合肥(安徽)	稻 // 米	稻子 // 小米
	揚州(江蘇)	稻[子] // 米	稻子 // 小米
	蘇州(江蘇)	稻 // 米	稻子 // 小米子
	温州(浙江)	稻 // 米	// –
민방언	廈門(福建)	稻 // 米	黍仔 // 黍仔
	潮州(廣東)	稻 // 米	[ ] tai // [ ] tai
	福建(福建)	稻 // 米	⊠ tai // ⊠ tai
감·상·월방언	長沙(湖南)	禾 // 米	// 粟米
	双峰(湖南)	禾 // 米	// 粟米
	南昌(江西)	禾 // 米	// 粟米
	梅懸(廣東)	禾 // 米	狗尾粟 // 粟米
			[狗尾]粟 // [狗尾]米
	廣州((廣東)	禾 // 米	狗尾粟 // 粟仔米
	陽江(廣東)	禾 // 米	
서남관화	武漢(湖北)	穀 // 米	粟穀 // 粟米
	西都(四川)	穀子 // 米	// 小米
	安順(貴州)	穀子 // 米?	
	昆明(雲南)	穀[子] // 大米	// 小米
	文山(雲南)	穀 // 大米?	
상고한어		稻/稌 // 米	稷/禾 // 粟~米/粱

이것을 보면 '稻' 내지 '稻子'는 북방관화 외에 양쯔강 중류 지역의 장쑤성이나 저장성 등 현재 오(吳)방언을 사용하는 지역과 그 남방에 접해 있는 푸젠성을 중심으로 하는 민(閩)방언 지역에 거의 한정되어 있는 것 같다. 반면에 '禾'를 사용하는 것은 장시, 후난, 광둥성 등 현재의 한어 방언으로 이야기하자면 감(贛), 상(湘), 그리고 월(粤)방언을 사용하는 지역이다. 그리고 세 번째로

---

17) 주요 출전: 北京大學言語教研室編『漢語方言詞彙』1995.

'穀' 또는 '穀子'는 주로 쓰촨, 꾸이저우, 윈난성을 포함하는 중국 서남부, 현재 '서남관화'라고 부르는 방언을 사용하는 지역에 해당한다. 여기서의 문제는 벼를 나타내는 이 세 가지 단어의 기원이 어디인가 하는 점이다.

이 중에서 '穀'은 상고음(上古音)에서는 *kuk 내지 *kauk과 같은 형태가 되는데, 그 음형으로 볼 때 오스트로아시아어의 *kauk에서 차용한 것으로 봐도 될 것이다. 앞서 살펴본 바와 같이 이 단어는 따이·까다이어나 버마어 안에도 있다.

다음으로 '禾'의 중고음(中古音)은 ɦua이고, 상고음은 아마 *ɦau와 같은 형태일 텐데, 틀림없이 따·까다이조어의 *xau/*ɣau와 연결될 것이다.

마지막으로 '稻'는 중고음으로 dau, 상고음은 *dua이었을 텐데, 이체자로 '秳 *du[a]'라는 글자가 있다(찰벼를 의미한다). 지금까지 살펴본 벼·쌀 어휘 중에 이 dau/*dua에 그대로 연결할 수 있는 형태는 보이지 않는데, 여기서의 d-를 n-에서 전환된 것(즉 nau/nua)이라고 본다면, 이는 앞서 검토한 먀오·야오어의 *n[j]au/*n[j]ua와 바로 연결된다.

한어에서 어두의 n-과 d-의 교체는 종종 나타나는 현상인데, 일본의 한자음을 봐도 예를 들어 '努'는 오음(吳音)에서 nu, 한음(漢音)에서 do, 이와 동일하게 '男'도 오음에서 'naN', 한음에서 'daN'이 된다. 한편, 표준적인 한어에서 찹쌀을 나타내는 '糯'(오음에서 na, 한음에서 da)이나 그것의 오래된 이체자인 '秳'는 모두 nua 내지 nuan이라는 음가를 가진다. 이들은 '稻'보다 후대에 협의의 찰벼를 나타내는 단어로서 먀오·야오어에서 직접 도입한 것이라고 봐도 될 것이다. 이는 모두 원래 동일한 단어가 가지는 문자적 측면의 변이에 지나지 않는 것이다. 참고로, '糯'와 동류의 한자로서 '儒'는 오음에서 'nyu', 한음에서 'jyu', '懦'는 오음에서 'na/nyu', 한음에서는 'da/jyu'이다.

여기서 덧붙여 이야기하자면, 표 14.12에서 볼 수 있듯이 현재 이들 세 단어가 보이는 지리적 분포는 완전히 일치한다고 이야기할 수는 없지만 그 공급원이 되었던 세 가지 어족, 즉 먀오·야오제어, 따이·까다이제어, 그리고 오스트로아시아제어의 원향지로 추정되는 곳(그림 14.1 참조)과는 어느 정도 상당한 일치를 보인다.

마지막으로 벼와 달리 쌀은 한어의 모든 방언에서 '米 mi(월방언에서 mai/*m[j]ai)'로 되어 있다. 이 단어는 상고한어(上古漢語)에서는 쌀보다 오히려

'탈곡 또는 도정한 조'를 가리키는 것이 일반적이었던 것 같은데,[18] 원래의 티베트·버마제어에서는 이에 대응하는 형태를 전혀 찾을 수 없다. 따라서 이 단어 역시 앞선 아삼제어의 경우와 동일하게 오스트로아시아계의 *may에서 차용했을 가능성이 높다.

09 한어, 한국어, 일본어의 벼농사 관련 어휘

마지막으로, 동아시아 벼농사권의 북방 지역을 차지하는 일본열도와 한반도로 시점을 옮겨 특히 일본어와 한국어의 벼·쌀 어휘는 물론 벼농사와 관계된 어휘 전반에 대하여 고찰해 보고자 한다. 표 14.13을 참조하기 바란다. 여기에는 주요한 관련 어휘에 관하여 한어, 한국어, 상대 일본어에서 해당하는 어휘를 제시하고 있다. 한어에 대해서는 현재의 표준적인 이른바 '병음'표기와 상고음으로 추정되는 형태를 병기한다.

이 어휘들에 관하여 먼저 지적해 두고 싶은 것은, 벼·쌀뿐만 아니라 벼농사 관계 전반에 있어서 한어, 한국어, 일본어 사이에 공통된 어휘가 극히 적다는 점이다. 한어에 수용된 것과 같은 양쯔강 벼농사 집단계의 벼·쌀 어휘가 한국어나 일본어에는 거의 찾아볼 수 없기 때문이다. 이 표 안에서 한어와 일본어 사이에 확실하게 공통적인 것으로 보이는 어휘는 하나도 없다. 또 한국어와 일본어 사이에서는 '餠'을 의미하는 stək과 sitogi 정도를 들 수 있을 뿐이다.[19] 이 단어는 아이누어에서도 sito라는 형태로 나타난다. 단, 일본어의 sitogi는 신에게 헌상하는 공물이라는 특수한 의미로밖에 쓰이지 않고 통상 어휘로서는 'moti'를 사용하는데, 이는 일본어의 독자적인 말이라고 봐도 좋을 것이다.

참고로 한어의 '벼·쌀' 어휘 중에서 '穀 gǔ'와 '米 mǐ'가 오스트로아시아어에서 차용한 것이라는 점은 이미 살펴봤는데, 표 14.13에 제시한 벼농사 관련 어휘 중에서 '田 tián', '飯 fàn', '豆 dòu', '種 zhǒng', '鋤 chú', '杵 chǔ', '臼

---

18) 『說文解字』: '米:粟之實也'

19) stək과 sitogi는 아마도 차용어이었을 것 같은데, 한국어에서 일본어로 들어온 것인지 아니면 그 반대인지는 확실하지 않다.

표 14.13 벼농사와 관계된 한어, 한국어, 일본어의 주요 어휘

한자	한어(현대/상고)	한국어	상대 일본어
稻	dao/*dua	pyə/narak	ina~e/uka~e
米	mi/*m[j]ai	ssar⟨psar⟨*pɔsar	yona~e/kome
籾	/	/	momi
穗	sui/*suəi	isak	po
食~飯	*dzjək~fan/*b[j]an	pap	uka~e/ipi/mama
糯[米]	nuo/*nua	car[-psar]	moti[-gome]
粳[米]	jiang/*kaŋ	məi[-psar]	uru[sine]/uru[ci]
餠	bing/*bjəŋ	ttək⟨⟨stək⟩	sitogi/moti
種	zhoŋ/*tsjwoŋ	sonsa	tana~e
苗	miao/*mjəu	mosoŋ	napa~e
田	tian/*lin/*liŋ	non	ta
黍	shu/*sjo	kicaŋ	kimi/kibi
粟	su/*sjək	co/co-psal	apa
稗	bai/*puai	[phi]	piye
鎌	lian/*ljam	nat	kama
鋤	chu/*dzjuo	koaiŋi	suki
鍬	qiao/*tsjəu	karai	kupa
臼	jiu/*giəu	cərku	usu
杵	chu/*tsjuo	[cərkus] koŋi	kine
甑	jing/*tsiəŋ	siru	kosiki
菽~豆	*sjuk~dou/*təu	khoŋ	mame
小豆	xiao-dou	phath	aduki

jiù' 등도 아마도 오스트로아시아어에서 차용한 것으로 보인다.

예를 들어 한어 '田'의 상고음은 *lîn/*l'iŋ이라고 하는데,[20] 이와 동일한 말이 먀오·야오어에서는 湘西 la, 黔東 lji, 黔東北 lie, 勉 li: ŋ, 標敏 lje, 藻敏 liaŋ이라는 형태로 나타난다. 또 오스트로아시아계 문다제어(Munda languages)에서는 문다리(Mudari) loyoŋ, 레모(Remo) leuŋ, 고룸(Gorum) liyoŋ, 구톱 (Gutob) lioŋ, 그타(Gta) ləyo로 나타난다. 한편, 따이·까다이제어에서 '田'은 na:라는 형태로 나타나는데, 이것은 아마도 오스트로네시아어의 *tanəh(土地) 와 동일한 어원인 것 같다.

또 상고한어에서 콩을 의미하는 '菽 *sjuk'은 후에 '豆 *təu'로 치환되는데, 참고로 이 '豆'에 관한 주요 어휘의 비교 어휘 자료를 제시하면 다음과 같다.

---

20) Schuessler, A. 2007, *ABC etymological dictionary of old Chinese*, University of Hawaii Press; Bachter, W. & L. Sagart, 2014, *Old Chinese; A new reconstruction*.

오스트로아시아제어: 카투(Katu) 'atuoŋ, 파코(Pacoh) atoŋ, 볼류(Bolyu) tɔk, 페아르(Pear) rəta:k, 라벤(Laven) hta:k, 사푸안(Sapuan) nta:k, 바나르(Bahnar) təh, 므농(Mnong) to:h.

먀오·야오제어: 첸둥(黔東) tə, 湘西(샹시) tei, 촨첸뎬(川黔滇) tau, 부누 (布努) tɤu, 이누미엔(勉) top.

따이·까다이제어: 좡(Zhuang) thu, 샨(Shan) thu, 우밍(wuming) tu, 시암 (Siam) thua.

이것으로 볼 때 한어의 '豆' 역시 오스트로아시아어에서 차용했을 것이라고 보는 것이 좋을 듯한데, 단 먀오·야오제어와 타이·까다이제어의 경우에는 반대로 한어에서 차용했을 가능성도 생각해 볼 수 있다.

(1) 일본어의 벼농사 관련 어휘

이제 위의 표에서 제시한 벼·쌀에 관한 일본어 어휘를 살펴보자. 상대일본어에서 벼와 쌀에 해당하는 일반적인 단어로는 ine/ina와 yone/yona(기간은 -a형)를 들 수 있다. 또 현재 일반적으로 사용되고 있는 'kome'라는 말은 상대문헌에서는 『니혼쇼키(日本書紀)』에 단 하나 '渠梅'의 용례가 보일 뿐 『고지키(古事記)』, 『만요슈(万葉集)』에는 전혀 나오지 않는다. 이 단어가 'yone'를 대신하여 널리 쓰이기 된 것은 헤이안시대(아니면 가마쿠라시대) 이후인 것 같다. 즉, 일본어의 벼농사 관련 어휘 중에서는 비교적 새로운 층에 속하는 단어인 것이다.

'도작사연구회'의 한 논자에 따르면, ine/ina와 yone/yona의 -na는 '고대오어(古代吳語)'로 추정되는(실제는 먀오·야오어) nua[n]와 연결된다고 보는 해석이 제시된 적이 있다.21) 과연 그러할까? 필자 개인의 해석으로는, 이것은 오히려 *yə-na(=yo2-na)와 같은 형태의 복합어인 것 같은데, *yə-는 '良シ yo-shi(좋다)'의 yo, na는 '若菜 waka-na'나 '肴 saka-na'의 na, 또 鍋

---

21) 『稲の日本史(벼의 일본사)』上(1969): 205f. 『說文解字』에 "沛國謂稻曰㮷(nua)", 『春秋稻粱傳』에 "吳謂善伊, 謂稻緩(nuan)"이라고 쓰여 있다. '패국(沛國)'은 현재의 장쑤성(江蘇省)에 있는 서주시(徐州市) 패현(沛縣)의 옛 이름이다.

na-pe나 苗 na-pa 등의 na와 통하는 형태로서 본래 의미는 '음식물', 상대어에서는 더 좁은 의미로 '부식물(副食物)'이라는 뜻으로 쓰였던 것 같다. 옛날에는 산이나 들, 바다나 강 등 자연에서 채집한 식물 일반을 가리키는 말이었던 것으로 보인다. 그렇다면 'yona'란 요컨대 '훌륭한 음식물' 내지 음식물의 미칭(美稱)이 될 것이다. ina는 이 yona의 변이형일 텐데, 나중에 의미가 분화한 것이라고 볼 수 있다.

　그러나 일본어의 벼·쌀에는 그 밖에도 uka/uke라는 형태가 있는데, 오히려 이쪽이 더 정식(혹은 더 오래된)이었을지도 모르겠다. 이 단어는 상대 문헌에서는 종종 신격화되어 'ウカノカミ ukanokami' 'ウカノミタマ ukanomitama' 등으로 불렸고, 또 'うけモチノカミ ukemotinokami(日本書紀)', 'トヨウケヒメ toyoukehime', 'オオゲツヒメ oogetuhime(古事記)'라는 호칭도 있다. 이 중에서 'トヨウケヒメ toyoukehime'는 다들 알고 있듯이 이세진구(伊勢神宮)에서 제2의 주신, 즉 외궁(外宮)의 주신(主神)으로 받들어 모시고 있다. 또 일본의 각지에 남아 있는 '우가진자(宇賀神社)'의 이름도 이와 같이 신격화된 'uka'와 연결될지도 모르겠다.

　상대어의 uka/uke는 이미 살펴본 양쯔강 벼농사 집단의 언어들에서 벼·쌀을 나타내는 단어(특히 따이·까다이어의 xau나 먀오·야오어의 n(j)ua와 동일하게 본래는 '밥'을 의미하는 것이고, 현대어의 '朝餉 asa-ge', '夕餉 yuu-ge' 등의 -ge가 그 흔적으로 남아 있다. 또 옛 경어 표현으로서 'mike'라는 말도 있다. 이렇게 볼 때 이 uka는 어원적으로 kupu(食) / kamu(噛む) 등의 동사의 어원과 연결될 가능성도 생각해 볼 수 있다.

　이 uka/uke와 달리 ine/yone는 약간 속어적인 뉘앙스를 가지는 것 같은데, 상대어에서는 이를 신격화한 용례는 전혀 찾아볼 수 없다. 이런 가운데 yone는 그 후 'ko$_2$me$_2$'라는 단어로 대치되어 헤이안조(朝) 이후 현재와 같은 의미의 용법이 일반화된다. 이 ko$_2$me$_2$는 일본어에서는 아마도 외래적 기원을 가지는 것으로 보이는데,[22] 그 출신은 오스트로네시아어의 humay/homay/ʔomay로 이어질지도 모르겠다.

　또 일본어에서 moti[gome]에 대하여 'uru[ti]'라는 말도 헤이안조 무렵

---

22) 松本 1995 『古代日本語母音論(고대 일본어 모음론)』: p.20 참조.

(『和名抄』)부터 출현하는데, 이 역시 오스트로네시아어(가운데 특히 말레이·참파계 어휘) bəras/brah(표 14.2: 라테어, 참어 부분 참조)와 연결될 가능성이 있다. 물론 이것은 차용어로서 고대 참파왕국과의 교류를 유통 경로로 생각할 수도 있을 것이다.

표 14.13에 제시한 것들 중에서 '籾 momi'는 일본어에 독자적인 어휘로, 이를 나타내는 한자 역시 일본에서 만들어진 이른바 '국자(國字)[23]'이다. 또 이 표에는 없지만, '畑/畠 hata(ke)'도 이와 동일한 종류의 말이다.

(2) 한국어의 벼·쌀 어휘

다음으로 한국어의 벼·쌀과 관련된 어휘를 살펴보자. 이것도 아주 독특한 양상을 띤다. 특히 주목할 만한 것은 한국어에는 벼를 나타내는 말에 pyə와 narak이라는 두 가지 방언적 변종이 있다는 점인데, 오구라 신페이(小倉進平)에 따르면 pyə는 한반도 북·중부, narak은 한반도 남부(경상도, 전라도 등)에서 사용된다고 한다.[24] 이 narak의 na－와 ina의 na－를 연결시키는 해석[25]이 없는 것은 아니지만, narak의 옛 한자 표기가 '羅落, 羅祿'인 것을 보면 원래는 어두음이 ra－였을 가능성도 있다. 어찌 됐든 이 단어의 출신이나 내력은 아직 어둠에 싸여 있다.

한편, 한반도 북부의 pyə는 일본어의 'ヒエ(稗) piye', 아이누어의 piyapa와 관련 지을 수도 있을 것이다. 피(稗)라는 작물은 일본에서는 이미 조몬시대 중기부터 존재하였고, 최근의 학설에 따르면 일본 열도가 피 재배의 발상지였을 것이라고 한다. 그렇다면 이 단어가 piye와 함께 곡물의 일반 명칭으로 한반도에 전해졌을 가능성도 있을 것이다.

---

23) [옮긴이] 한자를 모방하여 중국 이외의 국가에서 만들어진 한자체의 문자를 말한다. 일본어 뿐만 아니라 한국어, 베트남어 등에도 있다. 예를 들면 구글의 인공지능 알파고(Alpha Go)와 바둑 시합을 한 한국의 바둑 기사인 이세돌의 한자는 李世乭인데, 여기서 마지막의 돌(乭)자는 중국에서는 사용하지 않는 한국에서 만들어 사용하는 한자다. 참고로, 한국어에서는 국자 이외에도 국음자(國音字)와 국의자(國義字)가 있는데, 전자는 중국에서 만들어진 한자지만 본래의 것과 다른 발음을 붙여서 사용하는 것을 일컫고, 후자는 본래의 뜻과 다른 새로운 뜻을 부여하여 사용하는 것을 일컫는다.
24) 『朝鮮語方言の硏究』(1944) 下卷:190ff.(『한국어 방언 연구』, 이진호 옮김, 2009, 전남대학교 출판부)
25) 『稻の日本史(벼의 일본사)』 上: 272 참조.

한편, 한국어에서 쌀을 나타내는 ssar/psar라는 단어는 *pɔsar(菩薩)로 거슬러 올라간다고 하는데, 아마 새롭게 만들어진 말인 것 같다. 그렇다고 한다면 한국어에서도 옛날에는 벼와 쌀을 구별하지 않았을지도 모르겠다.

10　맺음말

일본어와 한국어, 그리고 한어의 벼농사 관련 어휘에 대하여 그 밖에도 더 살펴봐야 할 점들이 남아 있지만, 여기서는 이 정도 선에서 마쳐야 할 것 같다.

마지막 결론으로 이야기하고 싶은 것은, 일본어와 한국어의 벼농사 관련 어휘는 그 양상이 서로 다를 뿐만 아니라 동아시아 벼농사권 전체 안에서도 완전히 고립되어 있다는 점이다. 이것은 동아시아 북방 지역에 벼농사가 전파된 것이 남방 세계에서 일어난 확산과는 다른 형태로 이루어졌음을 시사한다. 양쯔강 유역에서 시작된 벼농사와 관련된 어휘가 옛 일본어 안에 전혀 보이지 않는다고 한다면 일본열도에 벼가 전래된 것은 지금까지의 통설과 같이 '벼농사 도래 집단'에 의한 것이 아니라 일본 열도의 누군가가 어떠한 계기를 통해 벼라는 작물을 접하고 그것을 자주적으로 수용하여 키워 낸 결과라고 보지 않으면 안 될 것이다.

최근의 환경 고고학적 견해에 따르면, 서일본에서 수전 농업이 일어난 것은 조몬 중기 이후 시작된 기후의 한랭화에 의해 동일본의 풍부한 자연의 혜택이 차츰 없어지면서 새로운 자연 환경에 적응하기 위한 전략으로 새로운 기술이 적극 도입된 결과로 출현한 것으로 보인다. 산나이마루야마(三內丸山) 유적[26]으로 상징되는 동일본 조몬문화의 융성이 지금으로부터 약 6천 년 전 무렵을 정점으로 하는 '힙시서멀(Hypsithermal interval)'이라는 기후 고온기의 산물이었다고 한다면, 서일본에서 시작된 수전 농업은 그 후 일본열도를 휩쓴 한랭화의 기후 변동이 그 직접적인 원인이었다고 볼 수 있지 않을까 싶다. 예를 들어, 한랭화에 의한 해수면 저하로 인해 일본 각지의 하천 하구에 '삼각주'

---

26) [옮긴이] 조몬시대 전기에서 중기에 걸친 대규모 집단 거주지. 현재 아오모리현 아오모리시에 있다.

의 광대한 평원이 출현한 것과 같은 상황이다. 나중에 '豊原'이라고 불리는 국
토가 형성된 것이다. 새로운 기술·문화의 전파와 확산이 반드시 그것을 갖춘
집단의 이주를 필요로 하는 것은 아닐 것이다.

　　마지막으로 이번에는 시간 관계로 살펴보지 못했지만, 인도권의 벼와 쌀
관련 어휘에 대하여 기본적인 데이터만을 아래의 표 14.14－16에 제시하며 이
야기를 마치도록 하겠다.

　　보유: 인도권의 벼·쌀 관련 어휘 데이터

표 14.14 드라비다제어

	언어명	벼	쌀
남부	타밀어(Tamil) 말라얄람어(Malayalam) 툴루어(Tulu) 코다구어(Kodagu) 칸나다어(Kannada)	vari/ari/navarai vari/ari/navira ari/navara nellï nel/nellu	valci/arici varru akki akki akki
중남부	텔루구어(Telugu) 곤디어(Gondi)	vari/vaḍlu/nivari vanjī	prālu parēk/paraik
중부	콜라미어(Kolami) 가다바어(Gadaba) 파르지어(Parji)	val/valkul(pl.)/nel vars/varcil(pl.) verci	val bīam/nel aky manjik peruk/perkul(pl.)
드라비다조어		*[v]ari/*navarai	*[v]arici

표 14.15 인도권의 벼의 주요 품종명

	언어명	여름 벼	가을 벼	겨울 벼
드라비다	타밀어(Tamil) 말라얄람어(Malayalam) 텔루구어(Telugu)	kār kār kāru	campā campā sāmbā[ru]	navarai navira nivari
아리아	힌디어(Hindi) 벵골어(Bengali) 아삼어(Assamese)	āus āuś ahu	āman āman sali	boro boro bau

표 14.16 인도·아리아제어

언어명	벼	쌀	밥
산스크리트(Sankrit)	dhānya/śāli/(nīvāra)	vrīhi	bhakta/anna
프라크리트(Prakrit)	dhānya/sāli	vīhi/cāvala/taṇḍula	bhāta/anna
오리야어(Oriya)	dhāna/sāḷi	caula	bhāta
힌디어(Hindi)	dhān	cāwal	bhāt
벵골어(Bengali)	dhān/sā[i]l	cāul	bhāt
아삼어(Assamese)	dhān(dhon)/xāli	sāul/tondul	bhāt/ann[a]

나의 일본어 계통론
: 언어유형지리론에서 유전자계통지리론으로

01 들어가며

　　일본어의 계통 또는 기원에 관한 문제는 지금으로 백 년 이상 전부터 내
외의 많은 학자들이 다루어 왔으나 여전히 확실한 결론을 내리지 못하고 있
다. 일반적으로 언어들 사이의 동계 관계는 인간의 친족 관계와 같이 동일한
선조를 공유한다는 의미에서 그 선조에 해당하는 언어를 '조어(祖語)', 그리고
동일한 조어를 공유하는 동계의 언어들 전체를 '어족(語族)'이라고 부른다. 현
재 일본열도를 포함하는 유라시아 대륙에서는 2,000 내지 2,500 이상의 언어
를 사용하고 있다고 하는데, 이들 언어들의 대부분은 이와 같은 동계 관계에
따라 10여 개의 어족으로 묶을 수 있다. 지금까지 확립된 유라시아의 어족 이
름을 제시해 보면 다음과 같다.

1. 아프로·아시아어족의 일파인 '셈어족'
2. 유럽에서 인도아대륙까지 광대한 분포를 보이는 '인도·유럽어족'
3. 남인도를 주요 분포권으로 하는 '드라비다어족'
4. 캅카스 산악지대를 중심으로 밀집 분포를 보이는 '남 및 북 캅카스어족'
5. 유라시아의 북서부 일대에 퍼져 있는 '우랄어족'

6. 그 동쪽에 퍼져 있는 튀르크, 몽골, 퉁구스제어를 포함하는 이른바 '알타이어족'

7. 중국 대륙에서 히말라야 지역, 동남아시아까지 퍼져 있는 '시노·티베트어족'

8. 중국 남부에서 인도차이나 반도에 분포하는 '따이·까다이어족'

9. 중국 꾸이저우·윈난성에서 인도차이나 반도 북부에 산재하는 '먀오·야오어족'

10. 인도차이나 반도에서 인도 동부까지 분포해 있는 '오스트로아시아어족'

11. 타이완에서 인도네시아, 거기서부터 남양제도까지 광대한 분포를 보이는 '오스트로네시아어족'

12. 그리고 마지막으로 시베리아의 동북부 구석에 자리잡은 '축치·캄차카어족'

이 중에서 6번 항목의 알타이어족은 일반 어족으로서 그 성격이 의심스럽기 때문에 엄밀하게는 '튀르크', '몽골', '퉁구스'의 세 어족으로 구분해야 한다고 하는 견해도 유력하게 받아들여지고 있다.

이 '알타이어족'이나 북부 캅카스제어 등을 제외하면 이들 어족 내부의 언어들 사이의 동계 관계는 각 언어들의 기초 어휘, 예를 들면 1에서 5 내지 10까지의 기본 수사나 '눈'·'코'·'손'·'발'과 같은 신체 명칭, 혹은 '아버지'·'어머니'·'형제' 등 가까운 친족 명칭 등의 비교·대조를 통해 간단히 확인할 수 있다.

그러나 일본어의 경우 이러한 기초 어휘의 층위에서 동계 관계를 확인할 수 있는 언어가 지금까지의 연구에서 전혀 찾을 수 없었다. 그러한 의미에서 종래의 역사·비교언어학의 입장에서는 일본어는 확실한 동계 관계의 언어가 없는, 즉 계통적으로 고립된 언어라고 여겼던 것이다.

현재 유라시아에는 이와 같이 계통적 고립언어로 여겨지는 언어가 10개 정도 있는데, 사실은 그 중 반수 정도가 일본열도와 그 주변에 집중해 있다. 즉, 일본어 외에 동일하게 열도 북부에 있는 '아이누어', 그 대안(對岸)의 아무르강 하류 지역과 사할린 지역에서 사용되고 있는 '길랴크어(별칭 니브흐어)', 그리고 한반도의 '한국어'가 여기에 해당한다. 이 언어들은 모두 일본어와 동일하게 계통 관계가 확정되지 않은 언어이다. 즉 관점을 달리하면, 이들 언어는 그 자체가 단독으로 하나의 어족을 형성하고 있다고 말할 수도 있을 것이다. 실제로 최근의 언어학자들 사이에서는 일본어에 대하여 'Japonic'(일본어족)이라는 명칭을 부여하여 본토 방언 이외에 오키나와(沖繩) 방언이나 하치조시마(八丈島) 방언 등을 동계어로 포함하는 하나의 어족으로 보는 견해도 있다.

일본어를 포함하는 이들 네 가지 언어 외에 유라시아에 남아 있는 다른 계통적 고립언어를 제시해 보면 다음과 같은 언어들이 있다.

1. 프랑스와 스페인 국경의 피레네 산맥 안에 고립해 있는 '바스크어'
2. 남 시베리아의 예니세이강 유역에 잔존하는 '케트어'
3. 인더스강 상류의 카라코름산계의 협곡에 고립해 있는 '부르샤스키어'
4. 인도 중부 마하라슈트라(Maharashtra) 주[1]의 한 구석에 간신히 존속하고 있는 '니할리어(Nahali language)'
5. 동부 히말라야 지역에서 최근 소수의 모어 화자가 발견된 '쿠순다어(Kusunda language)'

그 밖에 동부 시베리아의 콜리마강 유역에서 사용하는 '유카기르어(Yukaghir)'를 이와 동일한 계통적 고립언어에 포함시키는 경우도 있는데, 이 언어는 우랄제어와 매우 가까운 사이로 아마도 '우랄·유카기르어족'으로 한데 묶어 분류할 수 있을 것이다. 물론 여기서 이 유카기르어를 추가한다고 하더라도 현재 유라시아에서 사용하고 있는 2,500 이상의 언어 가운데 일본어와 동일하게 계통 불명이라고 여겨지는 '고립언어'는 열 손가락으로 꼽을 정도에 불과하다. 일본어의 계통 문제를 본격적으로 다루기 전에 먼저 이와 같은 기본적인 사실을 확실하게 확인해 둘 필요가 있다.

어찌 됐든 통상의 '어족'이라는 틀에서 삐져나온 듯한 이러한 고립언어의 계통 관계를 분명히 밝히기 위해서는 전통적인 방식의 역사·비교언어학의 수법과는 다른 무언가 특별한 접근 방법을 시도해야 할 것이다.

종래의 역사·비교언어학에서 '비교방법'이라고 불리는 수법(이것 역시 지금

---

1) [옮긴이] 인도 중서부에 위치한 주(州). 뭄바이(Mumbai)를 중심으로 서해안에서 데칸 고원(Deccan Plateau) 중부까지 펼쳐져 있다.

까지 대부분의 일본어 계통론자들이 그 방침으로서 우러러 온 것이지만)은 주로 형태소나 어휘 층위의 유사성에 기초하여 언어들 사이의 동계성을 밝히고자 하는 것이다. 그런데 이와 같은 수법을 가지고 거슬러 올라갈 수 있는 언어사의 연대폭은 대체로 5~6천 년 정도에 지나지 않기 때문에 그 한계가 분명하다. 위에서 예로 든 유라시아의 여러 어족들 가운데에 지금까지 비교방법으로 구축된 '인도·유럽조어', '오스트로네시아조어', '시노·티베트조어' 등의 추정 연대가 지금으로부터 5~6천 년 전 정도인 것과 거의 일치한다. 즉, 이 어족들에 소속되어 있는 개별 언어들의 경우에도 각각 조어의 단계까지 거슬러 올라가면 그 이전은 계통 불명이 되고 마는 것이다. 일본어나 아이누어의 계통이 불분명하다는 것은 결국 이들 언어의 계통 관계가 기존의 비교언어학으로는 닿을 수 없는 훨씬 더 먼 과거로까지 거슬러 올라감을 의미하는 것이다.

02 유형지리론으로 탐구하는 언어의 먼 친족 관계

그렇다면 어족의 틀을 넘어서는 '언어의 먼 친족 관계'를 탐구하기 위해서는 어떠한 방법을 취하면 좋을까? 일본어의 계통 문제를 본격적으로 다루기 전에 먼저 부닥치는 것은 이와 같은 방법론상의 문제이다. 오로지 어휘 층위의 유사성에 의지하는 기존의 방법으로는 앞으로 백 년이 더 지나도 일본어의 계통 문제는 아마 해결의 실마리도 보이지 않을 것이다.

그렇기 때문에 전통적인 비교방법의 제약과 한계를 뛰어넘기 위한 이런저런 시행착오 끝에 필자가 도달한 것은 '언어유형지리론'이라고 불리는 방법이다. 이것은 간단히 이야기하자면, 각 언어들의 가장 기본적인 골격을 이룬다고 여겨지는, 언어 속 깊이 잠들어 있는 특질, 일반적으로 '유형적 특징'이라고 하는 언어 특질을 추출하여 세계 언어 전체를 시야에 둔 거시적인 입장에서 그 언어들 또는 언어군의 지리적 분포를 자리매김하려는 시도이다.

이 목적을 달성하기 위하여 특히 일본어에 초점을 두고 필자가 최종적으로 선택한 유형적 특징은 아래와 같은 8가지다. 각 특징들마다 서로 대립하는 두 가지(내지 세 가지) 언어 유형을 설정하여 대상이 되는 언어 내지 언어군의 성격이나 상호간의 친근성의 판별을 가능케 한다.

1. 유음의 유형: 복식유음형 ~ 단식유음형 ~ 유음결여형
2. 형용사의 유형: 형용사 체언형 ~ 형용사 용언형
3. 명사의 수 범주: 의무적 수 범주형 ~ 수 범주 결여형
4. 명사의 유별 유형: 명사유별형 ~ 수사유별형
5. 조어법의 수단으로서 중복: 중복다용형 ~ 중복결여형
6. 동사의 인칭 표시: 다항형 ~ 단항형 ~ 결여형
7. 명사의 격 표시: 대격형 ~ 능격형 ~ 중립형
8. 1인칭 복수의 포함 · 제외의 구별(포괄인칭): 구별형 ~ 결여형

　　여기에는 통상의 어휘 항목뿐만 아니라 통사법의 기본을 이루는 어순의 특징이나 굴절·교착 등의 형태적 특징, 또 단어의 음운·음절 구조와 같은 언어의 이른바 '표층구조'에 관련된 현상은 일체 배제하고 있음을 유의하기 바란다. 기존의 유형론이나 통사론에서 주목해 온 이러한 특징들은 언어의 역사적 변화에 대하여 이렇다 할 저항력을 가지지 못하기 때문이다.

　　위에 제시한 유형론적 특징들이 세계 언어들 안에서 어떻게 나타나는지, 여기서는 하나하나 자세한 검증은 생략하고 주요 특징에 대하여 아주 간단히 설명하기로 한다(자세한 내용은 松本 2007[2]: 제4장 참조).

　　먼저 처음에 제시한 **유음의 유형**은 특히 일본어의 ra행 자음의 특징에 착안하여 뽑은 것이다. 주지하다시피, 일본어에는 ra행 자음이 한 종류밖에 없다. 즉, 영어 등 유럽의 언어들에 보이는 r음과 l음의 구별이 없다는 것이다. 이 현상에 착안해 살펴보면, 세계의 언어는 r과 l을 구별하는 '복식유음형', 그것을 구별하지 않는 '단식유음형', 더 나아가 극히 소수이기는 하지만 유음이라는 음소를 전혀 가지지 않는 '유음결여형'의 세 가지 유형으로 나눌 수 있다. 참고로 ra행 자음이 '단식'이라는 일본어의 특징은 현재 일본열도에서 사용되고 있는 모든 방언, 또 지금까지 기록된 모든 자료 전체를 볼 때 전혀 변하지 않았다는 사실을 여기에 덧붙여 두고 싶다.

　　두 번째는 **형용사의 유형**이다. 이것은 각 언어에서 일반적으로 '형용사'라고 불리는 부류가 품사로서 명사에 가까운 부류인지, 아니면 동사에 가까운 부류

---

2) [옮긴이] 『언어유형지리론과 환태평양 언어권』, 박종후 옮김, 2014, 역락.

로 기능하는지 하는 관점에서 바라본 것이다. 일본어와 같이 형용사가 동사와
비슷한 활용을 하고 그대로 서술어로 이용될 수 있는 언어를 '형용사 용언형',
알타이제어나 옛 인구어(예를 들면 그리스어나 라틴어)와 같이 형용사가 명사와
동일한 격 변화를 하거나 그대로 명사로 이용될 수 있는 것을 '형용사 체언형'
으로 분류할 수 있다.

　　세 번째는 **명사의 수 범주**이다. 이것은 명사에 '단수'·'복수'라는 구분이 문
법적으로 의무화되어 있는지의 문제다. 인도·유럽제어나 우랄, 알타이계의 언
어들과 같은 유라시아의 주요 어족들에서는 수의 구별이 문법적으로 의무화되
어 있는 반면, 일본어, 아이누어, 한국어 등에서는 명사의 복수 표현이 가능하
기는 하지만 의무적인 문법 범주로서 확립되어 있지는 않다.

　　네 번째는 **유별 유형**이다. 이것은 예를 들면 독일어나 러시아어 등에서 명
사에 '남성', '여성', '중성', 프랑스어나 아랍어 등에서는 '남성명사'와 '여성명
사'와 같이 이른바 '젠더'의 구별을 하는 것을 가리킨다. 반면, 일본어에서는
이와 같은 젠더 현상은 찾아볼 수 없지만, 물건을 셀 때 인간이면 'ヒトリ
(hitori, 한 명), フタリ(hutari, 두 명)', 개나 고양이면 '1匹(ippiki, 한 마리), 2匹
(nihiki, 두 마리)'와 같이 대상물의 의미적 범주에 대응하여 별도의 '조수사'를
사용한다. 이와 같이 젠더 또는 클래스에 의해 명사 자체를 직접 분류하는 유
형을 '명사유별형', 수사 등에 의해 간접적으로 분류하는 유형을 '수사유별형'
이라는 두 가지 유형으로 분류할 수 있다.

　　다음으로 **조어법 수단으로서의 중복**을 살펴보자. 일본어에서 명사는 '山々
(yamayama, 산들)', '国々(kuniguni, 나라들)', 형용사는 '高々(takadaka, 아주 높다)',
'細々(komagoma, 아주 자잘하다)', 동사는 '飛び飛び(tobitobi, 띄엄띄엄)', '行く行
く(yukuyuku, 언젠가는)' 등과 같이 단어의 일부 내지 전체를 반복하는 조어법
이 있다. 이것을 다용하는지 아닌지의 여부 역시 언어의 위치에 중요한 표지
중 하나가 된다.

　　그렇다면 이와 같은 유형적 특징의 여러 유형들은 세계 언어 안에서 과연
어떠한 분포를 보일까? 여기서 아프리카, 유라시아, 그리고 오세아니아의 언어
들에 한해 조사한 결과를 데이터로 정리해 보면 표 15.1과 같다. 이 표의 어
족·언어군·고립언어란의 가로 괘선은 나중에 다룰 '세계 언어들의 인칭대명
사'의 각 유형(표 15.6)에 대응하는 구분이다.

그 다음으로 이 데이터를 가지고 세계 언어 지도 위에 대략적인 분포권을 표시하여 몇몇의 구체적인 예를 제시하였다(그림15.1, 그림15.2, 그림15.3. 또 이것 이외의 분포권에 대해서는 松本 2007:195 이하를 참조).

표 15.1 유형적 특징의 지역·어족적 분포: 아프리카·유라시아·오세아니아

지리	어족·언어군·고립언어	유음 유형	형용사 유형	수의 범주	명사 유별	수사 유별	중복	동사의 인칭표시	명사의 격표시	포함 제외
아프리카	코이·산/중앙	결·단	용언형	+	+	−	+	다(분리)·무	중립A	+
	코이·산/남·북	결·단	용언형	+	+	−	+	무표시	중립B	±
	나일·사하라	복식	체·용	±	±	−	−	단 (다)	대·중	±
	니제르·콩고/서	단·복	용언형	±	±	−	+	무·다(분리)	중립B	±
	니제르·콩고/동·남	단·결	용언형	+	+	−	+	다항형(분리)	중립B	−
	아프로·아시아A	복식	체언형	+	+	−	−	단항형	대격형	±
유라시아	아프로·아시아B	복식	체언형	+	+	−	−	단항형	대격형	−
	바스크어	복식	체언형	+	−	−	−	다항형(분리)	능격형	−
	케트어	단식?	체언형?	+	+	−	−	다항형(분리)	중립A	−
	[수메르어]	복식	체언형?	+	+	−	+	다항형?	능격형	−
	부르샤스키어	복식	체언형	+	+	−	−	다항형(분리)	능격형	−
	드라비다	복식	체언형	+	−	−	−	단항형	대격형	+
	북동캅카스	복식	체언형?	+	+	−	−	무표시	능격형	+
	북서캅카스	복식	용언형?	+	±	−	+	다항형(분리)	중립A	±
	남캅카스	복식	체언형	+	−	−	+	다항형(분리)	능격형	±
	인도·유럽	복식	체언형	+	+	−	+	단항형	대격형	±
	우랄[·유카기르]	복식	체[용]	+	−	−	−	단 (다)	대격형	−
	튀르크	복식	체언형	+	−	−	−	단항형	대격형	−
	몽골	복식	체언형	+	−	−	−	단항 (무)	대격형	+
	퉁구스	복·단	체언형	±	−	−	+	단항 (무)	대격형	+
	축치·캄차카	단·복	용언형?	+	−	−	+	다항형(일체)	능격형	−
	티베트·버마/남	복식	체언형	+	−	±	−	무·다(일체)	능·중	±
	티베트·버마/동	단식	용언형?	−	−	±	−	무표시	중립A	±
	한어(漢語)	단식	용언형	−	−	+	−	무표시	중립B	±
	따이·까다이	단식	용언형	−	−	+	+	무표시	중립B	+
	먀오·야오	단식	용언형	−	−	−	+	무표시	중립B	+
	오스트로아시아	단·복	용언형	−	−	−	+	무·다(분리)	중립B	+
	오스트로네시아	단·복	용언형	−	−	±	+	무·다(분리)	중·대·능	+
	한국어	단식	용언형	−	−	+	+	무표시	대격형	−
	일본어	단식	용언형	−	−	+	+	무표시	대격형	±
	아이누어	단식	용언형	−	−	+	+	다항형(분리)	중립A	+
	길랴크어	단식	용언형	−	−	+	+	다항형?	중립A	+
대양주	파푸아제어	단·결	용·체	±	±	−	±	다항형(분리)	능·중	±
	오스트레일리아제어	복식	체언형	±	±	−	+	다(분리)·무	능격형	+

그림 15.1 유음 유형의 지리적 분포

그림 15.2 형용사 유형의 지리적 분포

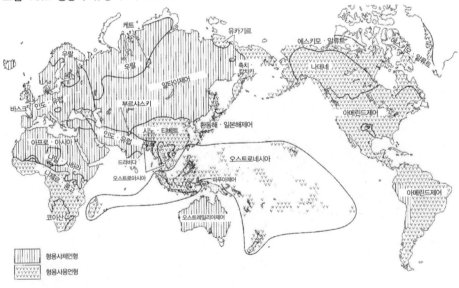

그림 15.3 유별 유형의 지리적 분포

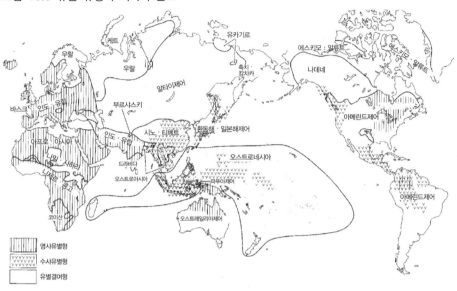

그림 15.4 후기 구석기 시대의 태평양 연안부의 지형

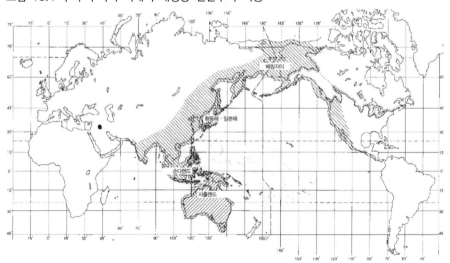

이 중에서 먼저 그림 15.1: <유음 유형의 지리적 분포>를 보기 바란다. 일본어와 같은 단식유음형 언어는 유라시아에서는 태평양 연안부에 집중적으로 분포한다. 게다가 그 분포권은 베링 해협을 넘어 멀리 아메리카 대륙에까지 이어진다. 이와 거의 같은 분포를 보이는 것이 그림15.2에 표시한 '형용사 용언형'의 유형이다. 유라시아에서 이들 특징의 지리적 분포는 대략 북으로는 축치·캄차카 반도에서 러시아령 연해주를 지나 한반도 북변, 그리고 중국 대륙을 횡단하여 남으로는 인도의 아삼 지방으로 이어지는 지역을 경계선으로 하는데, 그 서쪽 지역은 거의 '복식유음형'과 '형용사 체언형'이 분포하고 동쪽 지역은 '단식유음형'과 '형용사 용언형'이 집중적으로 분포한다.

한편, 그림15.3에 제시한 <유별 유형의 지리적 분포>을 보면 일본어와 같은 수사유별형 언어의 분포권은 1, 2의 경우보다 좁아지기는 하지만 이 역시 유라시아에서 아메리카 대륙에 걸쳐 분포하는 모습을 보인다.

이와 같은 유형 특징의 지리적 분포를 토대로 할 때 일본어라는 언어는 과연 어떠한 위치에 있다고 할 수 있을까. 이를 먼저 유라시아 언어들의 범위 안에서 정리해 보면 다음의 표 15.2와 같은 형태로 나타낼 수 있다(이 표의 우측란의 공유 특징 중에서 별표(*)가 붙어 있는 것은 동일한 언어군의 내부에서 부분적으로 불일치를 보이는 특징이다).

이 표에서 보는 바와 같이 유라시아의 전체 언어는 '**유라시아 내륙 언어권**'과 '**태평양 연안 언어권**'의 두 그룹으로 크게 나눌 수 있다.

이 중 태평양 연안 언어권이라고 이름 붙인 언어군은 지리적으로 '남방군'과 '북방군'로 확실히 구분할 수 있다. 남방군에는 '먀오·야오', '오스트로아시아', '따이·까다이', '오스트로네시아'라는 네 어족이 포함되는데, 이들은 지금도 일부의 학자들이 제안하고 있는 것과 같이 그 전체를 '오스트릭대어족(Austric macrofamily)'이라는 명칭으로 한데 묶을 수도 있다. 반면, 북방군은 전술한 바와 같이 동해·일본해를 둘러싼 비교적 좁은 지역에 분포하는 네 개의 '계통적 고립언어'들을 가리킨다. 즉, 북쪽으로는 아무르강 하류 지역에서 사할린에 걸쳐 분포하는 길랴크어, 일본열도의 아이누어와 일본어, 그리고 한반도의 한국어를 하나의 그룹으로 묶을 수 있다. 필자는 이 언어들을 '**환동해·일본해제어**'3)라는 이름을 붙여 사용하고 있는데, 이렇게 볼 때 일본어는 틀림없이 환동해·일본해제어의 일원으로 자리매김할 수 있을 것이다. 또 이 언어들

표 15.2 언어유형지리론으로 본 유라시아 언어들의 계통 분류

계통 관계		소속 어족·언어군	공유 특징
유라시아내륙언어권	중앙군	셈어족(아프로·아시아B) 인도·유럽어족 우랄어족 튀르크어족 몽골어족 퉁구스어족 드라비다어족	복식 유음 체언형 형용사 의무적 수 범주 단항형 인칭 표시 대격형 격 표시 명사유별* 중복 결여* 포괄인칭 결여*
	잔존군	수메르어와 그밖의 고대 오리엔트제어 바스크어, 케트어, 부르샤스키어 남·북 캅카스제어 축치·캄차카어족 [에스키모·알류트어족]	다항형 인칭 표시 능격형 격 표시 복식/단식 유음 체언형/용언형 형용사
	주변 경계군		
태평양연안언어권	남방군 (오스트릭대어족)	티베트·버마어족 한어(중국어)	단식 유음 명사유별 결여 용언형 형용사 수 범주의 결여 수사유별 중복 형태법 다항형 인칭 표시* 중립형 격 표시* 포괄인칭*
		먀오·야오어족 오스트로아시아어족 따이·까다이어족 오스트로네시아어족	
	북방군 (환동해·일본해제어)	길랴크어 아이누어 일본어 한국어	

이 각각 단독으로 하나의 어족을 형성한다고 본다면, 이 북방군도 남방군과 동일하게 네 가지 어족을 포함하는 하나의 대어족(macrofamily)이 될 것이다.

한편, 유라시아 내륙 언어권은 각각 공유된 일련의 유형 특징(표 15.2의 오른쪽란)에 기반하여 그 중심부에 연속하는 광역 분포를 나타내는 **'중앙군'**과 그 주변부에서 비연속적인 분포를 보이는 **'주변·잔존군'**이라고 이름 붙일 수 있는 언어권으로 나눌 수 있다.

또 이 분류표에서 특히 지적해 두고 싶은 것은 기존에 일본어 계통론 안에서 종종 그 동계 내지 친연어(親緣語)의 유력 후보로 여겨 왔던 이른바 **'우랄·알타이'** 내지 **'알타이'**계의 언어들이 일본어와는 전혀 별개의 계통인 인도·유

---

3) [옮긴이] 사실 원서에서 필자가 사용하고 있는 명칭은 '환일본해제어(環日本海諸語)'이나 한국어역에서는 이를 '환동해·일본해제어'로 옮기기로 한다.

럽어족 등과 동일한 그룹에 포함된다는 점이다. 이 역시 일본어의 계통을 생각하는 데 매우 중요한 포인트이다.

하나 더 이 표에서 주목해야 할 것은 표의 한가운데 놓여 있는 티베트·버마어족과 한어(즉 현재의 중국어)이다. 이 둘은 '시노·티베트어족'이라는 명칭을 붙여 하나의 어족을 이룬다고 볼 수 있는데, 그 중에서 한어는 여기서 다루는 유형적 특징을 가지고 판단해 볼 때 태평양 연안계의 언어와 거의 비슷한 특징을 공유하고 있어 그 일원으로 간주될 만한 성격을 갖추고 있다. 따라서 이 언어군은 마치 두 개의 언어권 사이에서 둘을 이어주고 있는 듯한 형태를 띠게 된다. 그렇다면 왜 한어는 이러한 위치에 있는 것일까?

이 문제에 대하여 먼저 필자가 생각하는 결론부터 이야기하자면, 이 언어는 티베트·버마계의 언어와 태평양 연안계 언어가 지금으로부터 약 4천 년 정도 전에 황하 중류 부근에서 접촉한 결과로 인해 탄생한 일종의 혼합어(언어학 용어로는 이른바 '크레올')이기 때문이라는 것이다. 이는 고대의 한어 자체에 보이는 구조적인 특징, 예를 들어 동사나 명사에 어형 변화를 완전히 결여한다(이른바 '고립어'적 성격)는 점이나 매우 변칙적인 SVO형 어순을 가진다는 점도 충분히 그 증거가 될 수 있다. 여기서 말하는 '변칙적 SVO 어순'이란, 동사를 포함하는 구문에서는 일본어와 반대로 동사 뒤에 목적어가 놓이지만 명사구의 구조에서는 일본어와 동일하게 형용사나 관계절과 같이 명사를 수식하는 성분이 모두 명사 앞에 놓인다는 점에서 문법적 지배의 방향에 일관성이 떨어지는 현상을 가리킨다.

그런데 이와 같은 유형지리론을 가지고 도출해 낸 '태평양 연안 언어권'에 관하여 주목해야 하는 또 다른 점은, 앞서 제시한 분포도들을 보면 알 수 있듯이 이 언어권이 유라시아 대륙뿐만 아니라 베링 해협을 넘어 멀리 아메리카 대륙에까지 이어져 있다는 것이다. 아메리카 선주민 언어는 남북 양 대륙을 통하여 매우 복잡하고 다양한 양상을 보이는데, 이들의 유형적 특징의 분포를 따라가면 아메리카 대륙의 경우에도 동일한 특징을 공유하는 언어들이 대륙 전체가 아니라 그 서쪽, 즉 태평양 연안부에 집중해 있음을 알 수 있다. 그래서 필자는 태평양 연안부에 퍼져 있는 이와 같은 커다란 언어권에 **'환태평양언어권'**이라는 이름을 붙인 것이다.

단, 아메리카 대륙의 경우에는 여기서 다루는 유형적 특징만을 가지고는 대단히 복잡하게 분포해 있는 여러 언어들 사이의 경계선을 확실히 규명하기가 방법론적으로 무척 어렵게 되고 만다. 이러한 유형적 특징은 아무리 근원적인 것이라고 하더라도 언어 접촉 등에 의한 전파와 확산을 피해 갈 수는 없다. 그런 의미에서 여기서 시도한 유형지리론적 접근 방법은 역시 수심측량적인 성격을 떨쳐내 버릴 수는 없을지도 모르겠다.

03 인칭대명사를 가지고 도출해 낸 세계 언어의 계통 분류

이와 같은 한계를 넘어서기 위하여 필자가 새로 시도한 것은 인칭대명사의 유형적 분포다. 이 인칭대명사라는 것은 모든 언어가 반드시 갖추고 있는 필수적인 도구들 중의 하나이며, 또 매우 구체적인 형태로 나타난다. 이것은 앞서 살펴본 여덟 번째 항목의 '1인칭 복수의 포함·제외의 구별'이라는 현상과 관련하여 세계 언어의 인칭대명사의 데이터를 모아 가는 도중에 하나둘씩 밝혀진 것인데, 이 인칭대명사가 언어의 먼 친족 관계를 탐구하는 데 매우 유력한 실마리가 되었다. 이는 동일한 유형의 인칭대명사가 단순히 동일 어족 내부에만 존재하는 것이 아니라 때때로 어족의 틀을 넘어 광역으로 분포함이 밝혀졌기 때문이다.

유라시아에는 이처럼 광역으로 분포하는 인칭대명사로 '태평양 연안형'과 '유로·알타이형'이라고, 필자가 임시로 이름 붙인 두 가지 유형이 있다. 이 중 태평양 연안형 인칭대명사의 분포는 앞선 표 15.2의 태평양 연안 언어권과 거의 정확히 일치한다. 한편, 한어와 티베트·버마제어는 '시노·티베트형'이라는 독자적인 인칭대명사 유형으로, 이 언어권에서는 제외된다.

또 이 인칭대명사의 분포를 따라가면 아메리카 대륙의 태평양 연안계 언어의 윤곽도 상당히 분명한 형태로 파악할 수 있다. 여기서는 그에 대한 구체적인 검증은 하지 않겠지만, 태평양 연안형 인칭대명사를 공유하는 언어들의 지리적 분포 양상을 결론적으로 제시하면 다음의 표 15.3과 같은 형태로 정리할 수 있다. 아메리카 대륙의 경우에도 표에 제시한 언어군들은 이 대륙의 태평양 연안부에 집중적으로 분포하고 있어, 문자 그대로 '환태평양'적인 분포권이 출현하게 되는 것이다.

표 15.3 인칭대명사로 본 '환태평양언어권'의 윤곽

대어군		언어·언어군	인칭대명사의 특징		
			1인칭	2인칭	포괄인칭
환태평양언어권	유라시아태평양어군	오스트로·먀오군	문다어군 / 몬·크메르 남동군	n- / n-	m- / m-	A형
			몬·크메르 북서군 / 먀오·야오어군	k- / k-	m-[/k-]	(B-/w-)
		오스트로·타이군	따이·까다이어군	k-	m-	B형
			타이완제어 / 서부 오스트로네시아군	k- / k-	s- / m-/k-	(t-/d-)
			동부 오세아니아군	n-/k-	m-/k-	
		환동해·일본해군	일본어 / 한국어	n-/[k-] / n-	m-/n- / n-	A형
			아이누어 / 길랴크어	n-/k- / n-[/k-?]	e[n]- / t-	B형
	아메리카태평양어군	북미연안군	페누티어군 / 호카어군	n-[/k-] / n-/k-	m- / m-	B형?
			유토·아즈텍어군	n-	m-[/t-]	B형
		중미군	미헤·소케어군 / 마야어군	n- / n-/k-	m- / k-/t-	
		북부 안데스군	치브차어군	n-	m-	?
			아라와크어군 / 투카노어군	n- / n-	m- / m-	A형
		남부 안데스군	파노·타카나어군 / 하키·아이마라어군 / 아라우카노어군 및 기타	n- / n- / n-	m- / m- / m-	? / ? / ?

이 표에서 보는 바와 같이 태평양 연안 인칭대명사의 출현 방식은 약간 복잡하다. 1인칭에는 기간자음으로서 k-를 가진 형태와 n-을 가진 형태의 두 가지가 있는데, 언어에 따라 둘 중 하나가 선택되든지, 아니면 한 언어 안에 두 형태가 공존하는 경우에는 k-를 가진 형태가 동사에 붙어 주어 인칭을 나타내거나 명사에 붙어 소유 인칭을 나타내는 반면, n-을 가진 형태는 목적어 인칭을 나타내는 방식으로 그 역할이 구분된다. 가까운 예로, 아이누어의 1인칭대명사 ku(주어 및 소유형)와 en(목적어형)이 이에 해당한다.

또 포괄인칭(이것은 기존의 1인칭 복수의 포함형에 대하여 필자가 부여한 새로운 명칭이다)에도 두 종류가 있는데, 기간자음으로 순음 w-/b-를

가지는 유형(A형)과 t−/d를 가지는 유형(B형)으로 나눌 수 있다. 일본어의 'ワレ ware'나 한국어의 1인칭 복수의 uri 등은 w−를 기간으로 하는 'A형 포괄인칭'이라고 할 수 있다. 또 일본어의 1인칭 'アレ are', 'オレ ore' 등의 a−/o−는 어두의 기간자음 k−의 소실형에서 유래한다고 볼 수 있다(1~2인칭대명사가 본래 가지는 기간(基幹)이 모음으로 시작하는 사례는 세계 언어에는 거의 그 예를 찾을 수 없다). 또 특히 여기서 주목해야 할 것은 이 언어권 중에서도 환동해·일본해제어에는 이른바 '대우법(待遇法)'의 영향으로 인해 본래 2인칭인 대명사가 거의 전면적으로 사라졌다는 점이다. 그 결과, 일본어를 비롯하여 이들 언어에서는 본래의 인칭대명사가 가진 모습이 잘 보이지 않는다.

참고로 상대일본어에서 2인칭대명사로서 이용했던 'ナ(レ) na−(re)'는 원래는 1인칭대명사가 2인칭으로 전용된 것이다. 이와 동일하게 1인칭 are의 모음 교체형으로 보이는 ore(현대어에 살아남은 유일한 1인칭대명사)도 이미 상대어에서 2인칭으로 이용되었고, 또 류큐방언에서는 완전히 2인칭대명사로 전용되었다. 게다가 현대 한국어의 2인칭대명사인 nə나 아이누어의 2인칭 e도 이와 동일하게 1인칭의 전용형에서 유래한다고 봐도 좋을 것이다. 한편, 상대어에서 2인칭대명사로서 이용하는 '(イ)マシ (i)masi'의 ma−는 태평양 연안형이 원래 가지고 있는 2인칭대명사의 계승형일 가능성도 있다.

태평양 연안 언어권에 속하는 주요 언어의 인칭대명사에 대한 구체적인 예시는 다음의 표 15.4를 참조하기 바란다. 여기에는 각 언어에서 대표적인 언어를 하나만 제시한다.

이 표에서 남방군의 오스트로아시아계의 문다리어(문다군)와 스띠엥어(몬·크메르 남동군)는 n−형의 1인칭, 카투어(몬·크메르 북서군)과 촨첸뎬먀오어(Chuanqiandian Miao 川黔滇苗語, 먀오·야오)는 k−형의 1인칭을 가지고 있다. 따이·까다이계(시쌍타이어)와 대부분의 오스트로네시아제어(시디크어, 타갈로그어)도 k−형의 1인칭인데, 멜라네시아의 동부 오세아니아어군(비나어)는 아이누어와 동일하게 k−형과 n−형을 모두 가지고 있다. 또 포괄인칭에서는 오스트로아시아와 먀오·야오제어가 'A형', 따이·까다이와 오스트로네시아제어가 'B형'에 속하고, 환동해·일본해에서는 한국어와 일본어가 'A형', 아이누어와 길랴크어가 아마도 'B형'에 속하는 것 같다(松本 2007:240 이하).

이와 비교할 때 '유로·알타이형' 인칭대명사의 분포는 앞서 살펴본 표

표 15.4 유라시아 태평양 연안제어의 인칭대명사

	언어명	1인칭 단수	2인칭 단수	포괄//1복수	2인칭 복수
태평양연안남방군	문다리어 씨티엥어(Xtiêng, Stieng)	añ ʔañ	am	abu//ale bən/hej	ape /
	카투어 촨첸뎬먀오어(川黔滇苗語)	ku ko/wɛ	mai mɨ/kau	hɛ//yi pe	pe me
	시솽타이어(西双泰語)	kau	maɨ	hau//tu	su
	시디크어(Seediq) 타갈로그어(Tagalog)	yakku/ku aku/ku	issu/su ikau/mu	ita/ta//yami tayu/ta//kamin	imu kayu
	비나어(Bina)	nau/a-	moni/o-	ita/ta//nai/a-	umui/o-
환동해일본해제어	상대일본어 고전오키나와 중세한국어	a-/na-/(ore) a-N/wa-N na	[i]masi/na-/ oo-re nə	wa[re] wa-N uri	/ / nə-hɨy
	아이누어 길랴크어	ku-/en- ñi	e- ci	a-/i-//ci-un- megl//ñɯŋ	eci- cɯŋ

15.2의 유라시아 내륙 중앙군과 거의 중복되는데, 거기에 포함되는 언어군에는 약간의 차이가 있다. 즉, 표의 '중앙군' 중 셈어족과 드라비다어족이 빠지고, '잔존군'이라고 했던 축치·캄차카어족(Chukotko-Kamchatkan languages)과 남캅카스(별칭 카르트벨리)어족이 여기에 추가된다.

이 유형의 인칭대명사는 1인칭과 2인칭에 관해서는 출현 방식이 상당히 단순하고 명료한데, 각각의 기간자음이 1인칭에서 m−, 2인칭에서 t−(또는 거기서 변용된 s−)의 형태로 나타난다. 구체적인 예는 아래의 표 15.5:<유로·알타이제어의 인칭대명사>를 참조하기 바란다.

이 표에서 어족란에 써 있는 IER, URL, YUK, TRK, MNG, TNG, CH−K, KTV는 각각 '인도·유럽', '우랄', '유카기르(Yukaghir)', '튀르크', '몽골', '퉁구스', '축치·캄차카', '카르트벨리(Kartvelian)'의 약호다. 이 어족들이 이른바 '유로·알타이 대어족'으로서 계통적으로 하나의 그룹을 이룬다고 보는 것이다. 이 표 15.5에서도 각 어족의 대표 언어를 각각 하나씩만 제시한 것이지만, 어족을 넘어 광역으로 분포하는 인칭대명사의 분포 양상은 표의 데이터를 볼 때에도 일목요연하다.

이 언어군들 안에서 인도·유럽제어의 경우에는 1인칭의 m−형 외에 주

표 15.5 유로·알타이제어의 인칭대명사

언어명	어족	1인칭 단수	2인칭 단수	포괄 // 1인칭 복수	2인칭 복수
프랑스어	IER	moi [mwa]	toi [twa]	nous [nu]	vous [vu]
우드무르트어	URL	mon	ton	mi	ti
유카기르어	YUK	met	tet	mit	tit
고(古) 튀르크어	TRK	men	sen	miz	siz
몽고문어	MNG	min-	tsin	bidan//man	tan
만주어	TNG	min-	sin-	musə//mən-	suwə
축치어	CH-K	[gə]-m	[gə]-t	muri	turi
고전 그루지야어	KTV	me	šen	čwen	tkwen

어만 특화된 형태, 예를 들면 표의 프랑스어에서는 je(영어에서는 I, 프랑스어나 그리스어에서는 ego)와 같은 특별한 형태의 1인칭을 가지고 있다. 이것은 아이누어의 ku와 en, 상대일본어의 a-(<*ka-)와 na-의 공존과 거의 동일한 현상이다. 참고로 알타이계 일부 언어에서는 m-에서 바뀐 b-형태(bin, ben 등)가 특별한 주어형으로 기능을 하기도 한다.

****

이처럼 인칭대명사의 검증과 분석을 통하여 유라시아와 아메리카뿐만 아니라 더 나아가 세계 언어 전체의 계통 분류를 시도하는 것이 가능할 것이다. 이 노선을 따른 구체적인 논고는 松本(2010)[4]에서 단행본으로 정리한 바 있다. 그런데 여기서 그 책의 결론 부분만을 정리해 보면 다음의 표 15.6과 같은 형태로 나타낼 수 있다.

여기서 보는 바와 같이 나중에 언급할 '아프리카의 옛 토착계 언어'를 제외하면 세계 언어의 인칭대명사 유형은 아마도 최종적으로 여섯 가지로 정리할 수 있을 것이다. 유라시아에는 여섯 가지 모두가 나타나는데, 앞선 표 15.2에서 유라시아 내륙부의 '주변·잔존군'으로 한데 묶은 언어들, 좀 더 정확하게는 '유로·알타이계' 이외의 유라시아 내륙계 언어들은 1번에서 4번 중 어느 한 유형이든 속한다.

---

4) [옮긴이] 『世界言語の人称代名詞とその系譜－人類言語史5万年の足跡』(三省堂, 2010/6/22). 국내에는 아직 번역되지 않았다.

표 15.6 인칭대명사에 의한 세계 언어들의 계통 분류(아메리카의 옛 토착언어는 제외)

인칭대명사의 유형[+1]	해당 언어군	대응하는 유전자 계통	
		Y-DNA	mt-DNA
1. 出아프리카고층A형 〈 n-, k-, t- 〉	니제르·콩고+아프로·아시아제어	E3a/b	L3(xM/N)
	南안다만제어[+2]	D	M2
	내륙 고지계 파푸아제어(사훌계)	C2	P/Q
	오스트레일리아 선주민제어(사훌계)	C4	M42/Q/S
	바스크어*, 케트어*	R/Q	U(U5?)
	아메리카 동부 내륙제어[+3]	Q	A/C/D
2. 出아프리카고층B형 〈 k-, n-, t- 〉	시노·티베트제어	D/O3	A/D
	에스키모, 나데네제어	C3	A/D
3. 古남아시아·순다형 〈 k-, n-, t- 〉	古남아시아제어[+4]	L/H	M2-6
	大안다만제어[+5]	L/M(?)	M2/4
	북부 연안계 파푸아제어[+6](순다계)	M/S	M27-29
4. 캅카스형 〈 t-, m-, k-/w-(?) 〉	북부 캅카스제어	G(?)	J/T(?)
5. 유로·알타이형 〈 m-, t-, w-(?) 〉	유로·알타이제어	R1/C3/N	H/U/D(?)
6. 태평양 연안형 〈 k-/n-, m-, t-/w- 〉	유라시아 태평양 연안제어	O1/O2	B/F/M7
	아메리카 태평양 연안제어	Q	B/D

다음으로 이 표에서 주기 번호가 붙은 항목에 대하여 간단히 설명하겠다. 먼저 여기서 '인칭대명사의 유형[+1]'이라는 것은 아래의 각 란의 <   > 안에 제시한 바와 같이 1인칭, 2인칭 및 포괄인칭에 대응하는 세 가지 기간자음을 표시한다.

그 옆에 '해당 언어군'란에서 '南안다만제어[+2]'라는 것은 안다만제도 남부에 지금도 살아남아 있는 '옹게(Onge)', '자라와(Jarawa)' 및 '센티넬(Sentinelese)'이라는 세 개의 언어로 구성된 어족, 또 '아메리카 동부 내륙제어[+3]'는 북미의 '알곤킨(Algonquin)', '살리시(Salish)', '이로쿼이·카도(Iroquois-Caddo)', '만안(灣岸)'의 언어들, 그리고 중남미의 '오토·망게(Oto-Manguean)', '케추아(Quechua)', '카리브(Caribbean)', '투피·과라니(Tupi-Guarani)', '마크로·제(Macro-Jê)', '파타고니아(Patagonia)' 등의 어족들을 포함하며, 앞선 표 15.3 : <인칭대명사로 본 '환태평양언어권'의 윤곽에서 제시한 '아메리카 태퍼양안 연안어군'과 함께 두 대륙을 동서로 거의 이등분하는 커다란 언어군이다.

제3단에 있는 '高남아시아제어[+4] '는 드라비다어족과 남아시아에 고립해 있는 '니할리어((Nihali)*', '쿠순다어(Kusunda)*', '부르샤스키어(Burshaski)*'의 세 가지 고립언어를 포함하는데, 이들은 '古남아시아형'이라고 불리는 인칭대명사를 공유한다. 또 이와 동일한 '순다형'이라고도 불리는 인칭대명사를 공유하는 것은 '大안다만제어[+5]'와 멜라네시아의 '북부 연안계 파푸아제어[+6]'다. 후자는 제1란의 '내륙고지계'와 함께 파푸아계 뉴기니아의 대어군이고, 전자는 안다만제도 북부에서 예전에 사용되었던 상당한 규모의 언어군인데, 영국의 식민지 시대에 모두 소멸하여 지금은 19세기에 남겨진 기록을 통해서만 전해질 뿐이다.

한편, 이 표의 내부 및 상술한 설명 중에서 별표(*)를 붙인 언어는 환동해·일본해 이외에서 유라시아에 남아 있는 다섯 개의 계통적 고립언어다. 이 언어들도 인칭대명사의 유형을 가지고 각각 계통적 위치를 확정할 수 있다는 점에 유의하기 바란다. 즉, 인도와 그 주변에 분포하는 세 가지 고립언어는 '古남아시아형' 인칭대명사에 의해 드라비다어족과 연결되고, 더 나아가 이 인칭대명사는 안다만제도를 매개로 멜라네시아의 순다계 파푸아제어와도 이어진다. 한편, 유럽에서 유일하게 고립언어로 여겨지는 바스크어는 시베리아이 케트어(예전에 예니세이강 유력에서 사용되었던 '예니세이어족'의 유일한 생존 언어)와 동일한 인칭대명사를 공유하고, 더욱이 그 인칭대명사는 '태평양 연안형'과 함께 아메리카의 남북 양 대륙으로 이어진다.

이 표에서는 가장 우측란에 각각의 언어군마다 그에 대응하는 유전자 계통을 제시하고 있다. Y-DNA라는 것은 'Y염색체 유전자', mt-DNA는 '미토콘드리아 DNA'를 가리키는데, 알파벳 기호는 '하플로그룹(Haplogroup)'이라고 불리는 각각의 유전자 계통에 붙여진 명칭이다. 일본어를 둘러싼 언어 계통론의 논의 안에서 Y염색체나 미토콘드리아 DNA의 이름이 나오는 것에 당혹스러움을 느낄 수도 있겠지만 사실은 이것이 필자의 일본어 계통론에서 가장 중요한 주제 중 하나다.

즉, 인칭대명사를 포함하여 세계 언어들의 유형지리론적 고찰을 통해 도출해 낸 언어의 먼 친족 관계라는 것이 최근의 분자생물학에서 '유전자 계통지리론 phylogeography'이라고 불리는 분야의 연구 성과와 과연 어떠한 접점을 보이는가 하는 문제다. 이 분야의 연구는 요근래 10여 년 사이에 급속한 발전을 보이고 있는데, 아프리카를 벗어날 수 있었던 현생인류가 세계의 각지에 언제 어떤 형태로 이주했는지 하는 문제에 대하여 종래와는 전혀 다른 새로운 전망을 내놓고 있다.

마지막으로 사족을 달자면, 앞서 이야기한 '아프리카의 옛 토착 언어'라는 것은 종래의 아프리카제어의 계통 분류에서 대략적으로 '코이·산어족(Khoi-san languages)'과 '나일·사하라어족(Nilo-Saharan languages)'으로 한데 묶어 왔던 언어들을 가리킨다. 여기에는 상당히 많은 수의 서로 다른 인칭대명사의 유형이 포함되어 있는데, 그들 내부의 계통 관계는 지극히 복잡하고 다양한 모습을 보인다. 또 다음의 그림 15.5에서 보는 바와 같이, 이들 언어 집단을 특징짓는 Y염색체 유전자가 A, B라는 아프리카 고유이며 연대적으로도 가장 오래되었다는 여겨지는 하플로그룹인데, 그 내부에 많은 하위부류를 가지고 있어 이 언어들을 사용했던 집단이 연대적으로 얼마나 오래되었는지를 나타낸다.

04 언어의 계통과 그 유전자적 배경

언어의 계통과 유전자의 계통 사이의 관련을 탐구하기 위해서는 '미토콘드리아'라는 여성계 유전자와 'Y염색체'라는 남성계 유전자의 두 가지 길을 생각해야 하는데, 여기서는 주로 남성계 Y염색체 유전자의 측면에서 이 문제를 다루고자 한다. 미토콘드리아 DNA와 비교할 때 Y염색체 쪽이 하플로그룹이라고 불리는 유전자형의 종류가 적고, 각각의 계통 관계도 비교적 판단하기 쉽기 때문이다.

먼저 최근 전문가들이 Y염색체 유전자의 '계통수'로 제시하고 있는 개략도를 살펴보면 그림 15.5와 같다.

이를 통해 볼 때 현생인류의 Y염색체 유전자는 궁극적으로 지금으로부터 약 8만 년(?) 정도 전의 단일 조상(이른바 'Y염색체의 아담')에게로 거슬러 올라갈 수 있다. 현재 Y염색체의 하플로타입이라고 불리는 변이형은 알파벳 기호로 A에서 T까지 20개의 그룹으로 분류되는데, 이 중 A와 B의 두 가지 계통을 제외한 나머지는 出아프리카계의 M168이라는 조형(祖型)에서 갈라져 나왔다

그림 15.5 Y염색체 유전자의 계통 약도

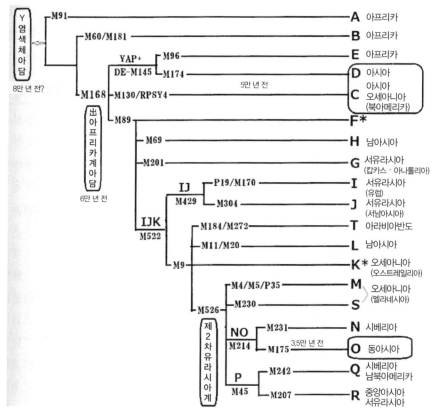

(여기서 'M+숫자' 등의 기호는 각각 유전자형을 특정하는 '변이 표지'의 명칭이다). 이 근간에서 먼저 DE, C, F라는 세 개의 가지가 갈라져 나오고, 그 중 F가 또 다른 근간이 되어 거기서 G, H, I, J, K 등이 갈라져 나온다. 그리고 이 K의 분기로 여겨지는 M526이라는 줄기에서 M, S, N, O, P가 가지를 친다. 참고로 出아프리카계 조형인 M168에는 그에 해당하는 알파벳명이 없다. 이와 같은 경우에는 변인 표지만으로 그 명칭을 대용한다. M526의 경우에도 이와 동일하다. 또 동일한 알파벳명의 유전자형에 복수의 표지가 포함되는 경우도 많이 있다.

한편 앞절에서 제시한 6개의 인칭대명사라는 것은 Y염색체 유전자의 측면에서는 이 M168이라는 '出아프리카조형'으로 거슬러 올라가는 집단에 의해 운반되었음을 가리킨다. '니제르·콩고'와 '아프로·아시아'라는 아프리카에서 가장 큰 규모의 두 어족이 出아프리카계에 속한다는 점에 유의하기 바란다.

이 出아프리카계 유전자 중에서 특히 유라시아의 태평양 연안부라는 지역에 주목하면, 여기서 주요한 역할을 맡은 Y염색체 유전자는 주로 D, C, O의 세 가지 하플로그룹으로 좁혀진다. 이 중에서 D계통은 'YAP'이라고 불리는 DE－M145의 한쪽의 분기인데, 아프리카의 E에 대하여 '아시아의 YAP'이라고도 불리고 있다. 이 D계통과 C계통은 그 발현 연대가 약 5만 년(?) 전이라고 여겨지는데, 出아프리카계에서는 연대적으로 가장 오래된 유전자인 것 같다.

이들 유전자 계통은 각각 몇 개의 샘플 그룹으로 나뉘는데, 그 중에서도 D와 C는 매우 특이한 지리적 분포를 보인다. 그에 대한 개략적인 양상을 제시하면 다음의 그림 15.6 : <Y염색체의 D, C, O 계통의 분기 약도>의 전반인 D, C의 부분이 된다.

이를 볼 때 D계통은 그 출현 지역이 인도양의 안다만제도, 티베트와 그 주변 지역, 그리고 일본 열도와 같이 상당히 동떨어진 장소에 산재해 있다. 이를 언어지리학의 용어를 빌려 표현하면 전형적인 '주변 잔존 분포'의 양상을 띤다고 할 수 있다. 안다만제도에서 이 유전자는 '남안다만어'를 사용하는 '옹게', '자라와'라는 작은 집단에서 거의 100%의 출현율을 보이고 있다. 그리고 이 남안다만제어는 아프리카를 대표하는 니제르·콩고어족 및 아프로·아시아어족으로 대표되는 '出아프리카 고층A형'이라고 불리는 인칭대명사를 공유하고 있다(표 15.6). 양쪽 다 YAP이라고 하는 동일한 유전자인데, 한편은 D, 다른 한편은 E계통으로 특징지을 수 있다(여기서 D*와 같이 별표가 붙어 있는 것은 특정 하위유형에 속하지 않는 '패러그룹(paragroup)'의 가지를 가리킨다).

한편 C계통은 그 분포역이 D계통보다 훨씬 넓은데, 그 중 일부의 가지(C2와 C4)는 멜라네시아 오스트레일리아, 다른 가지(C3)는 동북아시아, 그리고 나머지 가지(C1와 C5)는 일본열도와 남아시아와 같이 각각 상당히 떨어져 있는 지역에 분산되어 있다. 이 역시 주변 잔존적인 분포이다(그 중에서도 C1와 C5는 출현 빈도가 극히 적은 가지다). 이 중에서 C2와 C4를 공유하는 뉴기니아의 내륙고지계어군과 오스트레일리아 선주민제어 역시 이미 살펴본 바와 같이 出아프리카 고층A형이라는 동일한 인칭대명사를 공유한다는 점을 유의하기 바란다.

참고로, 빙하기의 해수면 저하로 인해 뉴기니아와 오스트레일리아가 육지

그림 15.6 Y염색체 D, C, O 계통의 분기 약도

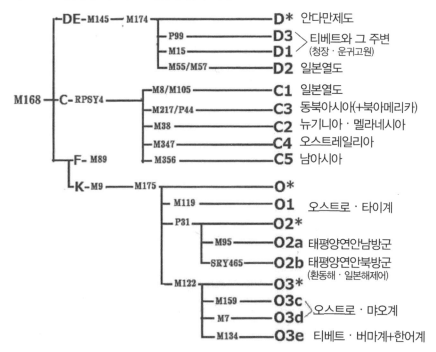

로 이어진 '사훌랜드'라는 대륙에 이 유전자를 갖춘 집단이 도래한 것은 지금
으로부터 4만 5천 년 전인 것으로 보인다. 한편, 일본열도를 포함하는 동아시
아 지역에 D, C계통을 갖춘 집단이 도래한 것은 그것보다 조금 후의 일인 것
같다. 아마 4만 년에서 3만 5천 년 전 무렵이 아닐까 싶다. 이것이 동아시아에
도래한 최초의 현생인류였을 것이다. 일본열도에 관해서는, 고고학적으로 간
토(関東)의 '다치카와롬층(立川ㅁ__ㅁ層, Tachikawa loam)'의 최하층(제10층)에
'선(先)나이프형'이라는 구석기를 남기고, 또 나가노현(長野県)의 노지리호(野尻
湖)에 '다테가하나(立ヶ鼻) 유적'이라고 불리는 나우만코끼리(Naumann elephant,
학명: Palaeoloxodon naumanni)5) 등의 도살터를 남긴 것이 아마 이 집단이었을
것으로 추정된다. 또 이와 연결되는 가장 오래된 화석 인골로는, 일본열도에서

---

5) [옮긴이] 지금은 멸종한 코끼리의 종류. 현생 아시아코끼리와 근친 관계에 있는 것으로 본다.
  연대와 관련해서는 다양한 설이 있으나 65만 년~42만 년 전에는 이미 출현하여 약 2만 년
  전 정도부터 쇠퇴하기 시작, 약 1만 5천 년~1만 년 전에 멸종했을 것으로 추정한다. 중국 중
  북부와 일본 등지에서 화석이 발견되었고, 한반도에서도 관련 화석이 발견되었다.

는 오키나와현 나하시(那覇市) 근교에서 출토된 '야마시타동인(山下洞人)'의 연대가 약 3만 2천~3만 5천 년 전, 또 중국 베이징 근교의 저우커우뎬(周口店) 근처의 티안위안 동굴(田園洞, Tianyuan Cave)에서 최근에 발견된 '전원동인'의 연대가 약 3만 9천 년~4만 년 전인 것으로 추정된다.

　그러면 여기서 D, C라는 옛 유전자와 연결되는 것은 과연 어떤 계통의 언어였을 것인가 하는 문제를 생각해 보자. 가장 유력한 후보로 떠오르는 것이 '出아프리카 고층A형' 인칭대명사이다. 이미 살펴본 바와 같이, 아프리카에서 니제르·콩고어족과 아프로·아시아어족, 안다만제도에서 D계통을 가지고 있는 남안다만제어, 오세아니아에서는 오스트레일리아 선주민제어와 뉴기니아의 (필자의 명명으로) '내륙고지어군'(이른바 '사훌계')가 모두 이 유전자들과 관련이 있기 때문이다.

　더욱이 한어 및 티베트·버마계 언어를 특징짓는 시노·티베트형의 인칭대명사는 앞선 표 15.6을 보면 알 수 있듯이, '出아프리카 고층 A형'과 기간자음의 구성이 완전히 동일하다. 단, 그 중 1인칭과 2인칭이 치환된 형태의 시스템이다. 그렇기 때문에 '出아프리카 고층 B형'이라고 이름 붙였다. 이를 고층 A형에서 파생된 시스템이라고 본다면, 이 인칭대명사 역시 옛 유전자(D, C)와 연결될 가능성이 높을 것이다.

　그런데 이 옛 유전자 특히 D계통은 나중에 보듯이 일본열도에서 상당히 높은 빈도로 출현한다. 따라서 지구상에서 D계통이 가장 집중적이고 광범위하게 분포하는 곳은 바로 일본열도가 된다. 그러나 여기서는 出아프리카 고층계로 보이는 인칭대명사의 흔적을 전혀 찾을 수 없다. 환동해·일본해제어와 그 외연으로 확장되는 태평양 연안 언어권과 직접 이어지는 유전자, 즉 '태평양 연안형 인칭대명사'를 특징짓는 Y염색체 유전자는 이 C, D계통보다 연대적으로는 더 새로운 것으로 보이는 O−M175라는 하플로그룹이다.

　이 O계통은 현재 동아시아에서 가장 우세한 Y염색체 유전자로서 그 안에는 많은 가지를 포함하고 있다. 주요 하위그룹으로는 O1, O2, O3의 세 가지 유형이 있다. 그리고 이들 하위그룹들은 태평양 연안부의 주요 언어군과 각각 밀접한 관련이 있다. 앞서 제시한 그림 15.6의 아래란을 보기 바란다. 여기에 O−M175의 주요 하위그룹과 태평양 연안계 언어들 사이의 관련을 나타내는 개략도를 제시한다.

여기서 보는 바와 같이, 태평양 연안계 언어와 특히 밀접하게 연결되어 있는 것은 O2−P31이라는 하위그룹이다. 게다가 이 유전자는 O2a와 O2b라는 두 부류로 나눌 수 있는데, 각각의 분포권이 남과 북으로 확실히 갈라져 있다. 그리고 O2a는 이 언어권의 '남방군', O2b는 '북방군', 즉 환동해·일본해제어의 분포권과 거의 정확히 일치한다.

단, O2a로 특징지을 수 있는 남방군에서는 O계통의 또 다른 하위그룹인 O1−M119가 추가되어, 남방군 안의 특히 오스트로·타이계(오스트로네시아, 따이·까다이의 두 어족) 언어와 밀접하게 이어진다.

이 O1과 O2dp 대하여 O2−M1222라는 계통은 현 상황에서 보는 한, 중국 대륙의 한어권을 중심으로 가장 우세한 분포를 보이는 유전자이다. 단, O3의 하위그룹 전체가 한어 내지 시노·티베트계인 것은 아니다. 그 중에서 특히 O3e−M134라는 부류가 티베트·버마계 및 한어계 집단과 가장 밀접히 연결되는 유전자이다. 또 O3라는 유전자는 그 아래에 상당히 많은 하위그룹을 파생시키고 있는데, 그것들의 정확한 분류나 명명법은 아직 확립되어 있지 않다. 그림 15.6에 제시한 O3c, O3d, O3e라는 것도 유전자 계통론의 초기 명칭을 그대로 편의적으로 사용하고 있을 뿐인데, 최근의 새로운 분류명은 너무 복잡하여 이해하기 어렵기 때문에 그렇게 한 것이다.

05 동아시아 여러 집단들에서 Y염색체 유전자 계통의 분포

이상으로 Y염색체 유전자 계통의 전체상과 동아시아에서 주요한 역할을 맡고 있는 D, C, O 계통에 대한 대략적인 설명을 하였다. 여기서는 동아시아의 주요 집단에 대하여 각각 Y연색체 유전자의 구성이 어떻게 되어 있는지, 실제 데이터를 기반으로 간단히 살펴보기로 하자.

먼저 동북아시아와 시베리아 지역의 주요 집단부터 살펴보자. 표 15.7 : <동북아시아·시베리아 집단들의 Y염색체 유전자 계통>을 보기 바란다. 여기에는 몽골, 퉁구스계 외에 튀르크계 야쿠트와 축치·캄차카계 집단들도 포함한다.[6]

여기서 보는 바와 같이, 몽골·퉁구스계 집단을 특징짓는 Y염색체 유전

표 15.7 동북아시아·시베리아 집단들의 Y염색체 유전자 계통

	언어명	수	C3	N	O1	O2	O3
몽골	외몽골	65	53.8	10.8	–	1.5	9.2
	부리야트	50	38.0	30.0	–	–	16.0
	내몽골	45	46.7	13.3	–	2.2	28.9
퉁구스	허전(赫哲)	45	28.9	20.0	–	6.6	44.4
	어룬춘	31	61.3	6.5	–	–	29.0
	에벤키	95	68.4	20.0	–	–	–
야쿠트 / Trk		155	3.2	88.4	–	–	–
코이야크 / Ch-K		27	59.2	22.2	–	–	–
축치 / Ch-K		24	4.2	58.3	–	–	–

자는 C3계통으로, 더 나아가 거기에 시베리아계 N계통이 추가된다. 그 밖의 일부 집단에서 O계통이 출현하고 있는데, 그 중에서 O2는 아마도 O2b로, 매우 적기는 하지만 환동해·일본해 지역과의 연결을 생각해 볼 수 있다. 한편, O3계통은 분명히 한어·한족권에서 유입된 것으로, 한어권과 지리적 및 사회적인 '접근도'를 단적으로 나타내는 것이라고 봐도 좋을 것이다. 이 중에서 현재 중국 영내에 포함되어 있는 내몽골이나 퉁구스계의 허전(赫哲, Hezhen), 어룬춘(Oroqen) 등의 집단은 지금은 거의 자신의 모어를 잃어버려 언어적인 측면에서 한어화가 확실히 진행된 상태다(최근의 보고에 따르면 허전어는 거의 모어화자를 잃어버린 듯하다).

다음은 주요 한어계 집단의 유전자 데이터이다. 아래의 표 15.8 : <한어계 집단들의 Y연색체 유전자 계통>을 보기 바란다.[7]

이 표에서 O1, O2a, O3d는 태평양 연안계, O3 중 특히 O3e가 한어 및 티베트·버마계를 특징짓는 유전자이다. O3계통은 분명히 북방 집단에서 출현 빈도가 높고, 반면에 남방 집단에서는 태평양 연안계, 특히 O1계통이 양쯔강 하류 지역(浙江, 上海 등)의 집단에서 높은 출현율을 나타낸다.

북방 집단 중에서 간쑤(甘肅, 정확하게는 닝샤후이족(寧夏回族) 자치주)의 유전자 빈도가 약간 특이한 양상을 보이는데, 이들은 원래 튀르크어를 사용했던 이슬람계 집단이 언어적으로 한어화한 집단으로, 중국에서는 후이족(回族)이라

---

6) 출전: Xue et al. 2006, Jin et al. 2009.
7) 출전: Wen et al. 2004a.

표 15.8 한어계 집단들의 Y염색체 유전자 계통

	집단명	수	C3 M130	D M174	O1 M119	O2a M95	O3d M7	O3e M134	O3* M122*
북방 집단	간쑤(甘肅)	60	11.7	8.3	8.3	1.7	–	18.3	18.3
	산시(陝西)	90	2.2	3.3	2.2	1.1	–	33.3	23.3
	허베이/허난(河北/南)	64	3.1	–	7.8	–	–	26.6	29.7
	산둥(山東)	185	9.7	1.6	3.2	1.1	–	22.7	36.8
남방 집단	장쑤(江蘇)	100	6.0	5.0	18.0	4.0	2.0	19.0	25.0
	저장(浙江)	106	9.4	–	27.4	4.7	–	26.4	24.5
	상하이(上海)	55	7.3	3.6	25.5	–	2.0	16.4	25.5
	쓰촨(四川)	63	4.8	1.6	7.9	12.7	3.2	28.6	25.4
	광둥(廣東)	64	4.7	1.6	7.8	18.8	–	29.7	23.4

고 불린다. 여기에 나타나는 O3의 출현 빈도(전체로 36.6%)는 분명히 이와 같은 언어 치환의 유전자적 측면의 반영일 것이다.

다음의 표 15.9는 티베트·버마계 집단의 Y염색체 유전자 데이터이다.[8] 이 중에서 '티베트1'은 아므도방언(Amdo Tibetan), '티베트2'는 중앙방언(Central Tibetan), '티베트3'은 캄방언(Khams Tibetan)의 화자 집단이다.

여기서 주목해야 하는 것은 티베트에서 윈난 지역에 걸친 일부 집단에서 出아프리카계의 옛 유전자 D계통이 월등히 높은 빈도로 출현하고 있다는 점이다. 이에 호응하듯 O3계통의 출현율이 집단에 따라 극단적으로 낮아진다.

표 15.9 티베트·버마계 집단의 Y염색체 유전자 계통

	집단명	수	C3	D	O1	O2a	O3d	O3e	O3*
청장 고원	티베트1	92	14.1	22.8	1.1	–	/	14.1	5.4
	티베트2	121	5.0	46.3	–	0.8	/	33.1	2.5
	티베트3	76	1.3	39.5	–	2.6	/	32.9	9.2
윈난	푸미(普米, Primi)	47	6.4	72.3	4.3	–	/	6.4	2.1
	바이(白, Bai)	61	8.2	6.6	4.9	11.5	/	34.4	16.4
	리수(傈僳, Lisu)	49	–	–	–	8.2	/	61.2	4.1
동북 인도	아파타니(Apatani)	33	–	3.0	–	–	–	81.8	–
	아디(Adi)	55	–	1.8	–	–	–	85.5	3.6
	니쉬(Nishi)	51	–	–	–	–	–	94.1	–
	나가(Naga)	34	2.9	–	–	–	–	76.5	–

8) 출전: Wen et al. 2004b, Cordeaux et al. 2004.

이것이 티베트·버마계 집단의 유전자 구성에서 가장 특이한 점이다. 어디까지나 필자의 개인적인 의견이지만, 이 집단과 언어에서 가장 본원적인 유전자는 인칭대명사의 유형에서 볼 때 아마도 D계통이 아닐까 싶다. 그렇다고 한다면, 이들 집단에게 O계통은 시기적으로 나중에 획득된 2차적인 유전자로서 자리매김해야 하고, 이 점에서 티베트·버마계 집단은 동일한 D계통을 공유하는 일본열도와는 크게 차이가 난다고 보지 않으면 안 된다.

그렇다면 다음으로 태평양 연안 언어권에 속하는 주요한 집단에 대하여 거기서의 Y염색체 유전자의 출현 상황을 살펴보자.

먼저 다음의 표 15.10 : <환동해·일본해 지역의 Y염색체 유전자 계통>을 보기 바란다. 여기에 환태평양 언어권의 북방군 즉 환동해·일본해 지역의 주요 집단의 데이터를 제시한다. 이 중 만주 집단은 지역적으로 예전에는 환동해·일본해 지역에 속했지만, 현재는 환일동해·일본해계라고 할 수 없다. 한반도 북부에서 만주에 걸쳐 거주했던 부여·고구려계 집단의 언어는 환동해·일본해계에 속했던 것으로 보이지만,[9] 현재는 완전히 소멸해 버렸다. 또 이 표에는 북방의 아이누나 길랴크 집단, 또 러시아령 연해주에 분포하는 퉁구스계 집단의 데이터가 빠져 있는 것이 아쉽기는 하지만, 필자가 보는 한 이들 지역에서 신뢰할 만한 조사 보고는 아직 없다. 한편, 이 표에서 '일본 1, 2' 등이라고 쓰여 있는 것은 조사의 편향성을 피하기 위하여 각각 다른 조사 데이터를 제시했기 때문이다.[10]

이것으로 볼 때 이 지역에서는 일본열도의 유전자 구성이 가장 특이한 양

표 15.10 환동해·일본해 지역(일본열도, 한반도, 만주)의 Y염색체 유전자 계통

언어명	수	C1	C3	D*	D2	N	O1	O2a	O2b	O3e	O3*
일본 1	165	2.3	3.0	–	38.8	–	3.4	0.8	33.5	7.6	8.4
일본 2	259	5.4	3.1	2.3	32.5	1.2	–	1.9	29.7	10.4	9.7
한국 1	317	0.3	8.8	0.3	3.7	3.5	4.1	1.1	29.2	27.3	17.2
한국 2	506	0.2	12.3	–	1.6	4.6	2.2	1.0	31.4	44.3	
만주 1	48	–	20.8	2.1	–	2.1	–	2.1	27.0	41.7	
만주 2	101	–	16.8	–	–	–	3.0	–	33.7	42.6	

9) 松本 2007:291 이하.

10) 출전: Nonaka et al. 2007, Hammer et al. 2005, Kim et al. 2011, Katoh et al. 2005.

상을 나타내고 있음을 잘 알 수 있다. 최대의 원인은, 여기에만 국한되어 출현하는 C1과 D2라는 두 가지 하플로그룹 때문이다. 그 중 특히 D2계통은 다른 어느 하플로그룹보다도 높은 출현율을 나타낸다. 반면, O계통은 앞선 티베트·버마계 집단의 경우와 동일하게 D계통의 출현율과 상반 내지 상보적 관계를 보이며 전체적인 출현율은 50% 전후가 된다. 그 중에서 O2b의 출현율이 가장 높은데, 이것이 매우 중요한 포인트이다.

한편, 한반도와 만주의 집단에서는 D계통을 결여하기 때문에 O계통의 출현율이 전체의 80%에 가깝지만, 그 중에서 환동해·일본해 지역을 특징짓는 O2b의 출현율은 30% 전후로 O3보다 하회한다. O3계통이 전체의 40%를 넘는 이와 같은 높은 출현율은 동아시아의 시노·티베트계 이외의 집단에서는 거의 그 예를 찾아볼 수 없다. 앞서 중국 영내의 퉁구스계나 튀르크계 이슬람 집단에서 본 바와 같이(표 15.8), O3계통의 출현율이 30%이거나 그 이상인 집단에서는 거의 대부분 한어로 언어가 치환되고 있다. 실제로 이 표의 만주계 집단은 현재는 완전히 자신의 모어를 잃어버리고 사실상 '한족화'되어 있는 상태다.

그런데 O3계통의 출현율이 40%를 넘는 한반도에는 '한국어'라는 환동해·일본해계임이 틀림없는 언어가 지금도 굳건히 유지되고 있다. 이것은 거의 기적에 가까운 매우 이례적인 사례라고 해도 좋을 것이다. 게다가 한국의 O3계통 중에서 O3e의 출현율은 한국 1의 조사에서 27%에 달하여 앞서 살펴본 한어계 집단과 거의 다르지 않다. 한반도와 한어계 집단 사이의 유전자상의 차이는 오로지 O2b의 출현에 달려 있다. 이것이 한반도의 언어적 정체성을 지탱하고 있는 Y염색체 유전자인 것이다.

환동해·일본해의 O계통에 대하여 하나 더 덧붙이자면, 여기에는 남방군을 특징짓는 O1 및 O2a계통이 거의 유입되지 않았다. 이것 역시 일본어의 계통을 생각하는 데 있어 매우 중요한 포인트가 된다. 일본어나 일본인의 기원에 관하여 지금까지 익히 들어 진부한 이른바 '남방설'이라는 것은 유전자 계통론의 측면에서 보면 전혀 지지할 수 없는 것이다. 단, 일본열도를 포함하여 현재 유라시아에 거주하는 모든 인류 집단이 아프리카에 그 기원을 두고 있고 거기서부터 이주해 왔다는 의미에서 말하는 남방기원설이라면 별다른 문제가 될 것은 없다.

  또 이 표에서 C1은 D2와 함께 일본열도 고유의 유전자인데, C3와 N계통
은 이미 말한 바와 같이(표 15.7) 이른바 '북방계'의 유전자이다(C3는 알타이계,
N은 특히 우랄계 집단과 밀접한 관련이 있다). 이 두 가지는 한반도와 만주에서는
어느 정도의 출현율을 보이지만, 일본열도(특히 혼슈)에는 거의 유입되어 있지
않다. 오랜 세월 동안 일본의 학계에서 유력시되어 왔던 일본어의 '우랄·알타
이 내지 알타이기원설'이라는 학설 역시 언어유형지리론뿐만 아니라 유전자계
통지리론의 측면에서도 거의 지지를 받을 수 없다고 할 수 있겠다.

  다음은 표 15.11과 표 15.13까지 태평양 연안 남방군의 주요 집단의 유전
자 데이터이다.

  이 중에서 먼저 표 15.11을 보기 바란다. 먀오·야오 및 오스트로아시아
두 어족은 인칭대명사의 유형을 봐도 밀접한 관련이 있음을 알 수 있는데, 유
전자적 측면에서도 그러하다.

표 15.11 태평양 연안 남방군 1(오스트로·먀오계)의 Y염색체 유전자 계통

언어명	수	C3	D	O*	O1	O2a	O3b	O3e	O3*
먀오·야오	875	5.9	3.1	9.0	4.9	15.4	8.1	17.4	15.0
몬·크메르	869	2.0	2.1	6.2	6.2	54.2	11.1	6.8	7.9
문다	532	–	–	–	–	70.3	–	–	–
니코바르(Nicobarase)	11	–	–	–	–	100	–	–	–

  이 표의 데이터를 보는 한, 이들 집단에서는 그 원향지에서 멀리 떨어진
집단일수록 유전자의 다양성을 잃어버려 집단의 중핵을 이루는 O2a의 출현율
이 높아지는 것을 주목해야 할 것이다. 참고로, 인도 동부의 문다계 집단에서
O2a 이외의 유전자는 모두 인도의 토착계(특히 H계통)가 차지하고 있다.

  덧붙이자면, 여기서 조사 대상으로 삼은 중국 영내의 먀오·야오 집단에서
는 O3d를 제외한 O3계통의 출현율이 30%를 넘고 있는데, 이는 현재 이들 집
단이 직면하고 있는 모어 상실의 위험도를 상징하는 것이라도 말할 수 있다.

  다음의 표 15.12 : <태평양 연안 남방군 2a>는 따이·까다이계 집단과
타이완 및 필리핀의 오스트로네시아계 집단의 데이터이다. 이것으로 보는 바
와 같이, 대륙의 따이·까다이계 집단에서는 O2a가, 한편 도서부의 오스트로
네시아계에서는 O1계통이 특히 높은 출현율을 나타내고 있다.

표 15.12 태평양 연안 남방군 2a(오스트로·타이계)의 Y염색체 유전자 계통

언어명	수	C3	D	O1	O2a	O3b	O3e	O3*
따이·까다이	882	3.6	4.0	14.7	29.3	0.1	8.4	7.8
타이완(高砂)	220	0.5	–	78.6	5.5	–	4.1	7.7
필리핀	210	7.1	–	43.3	1.4	3.8	–	1.4

다음으로 표 15.13:<태평양 연안 남방군 2b>는 인도네시아에서 오세아니아의 세계로 퍼져나간 오스트로네시아계 집단들의 유전자 데이터이다.

표 15.13 태평양 연안 남방군 2b(오스트로네시아계)의 Y염색체 유전자 계통

언어명	수	O1	O2a	O3b	O3e	O3*	C2	M	S
서부 인도네시아	960	40.7	23.9	5.3	–	13.1	–	–	–
동부 인도네시아	957	7.5	2.5	–	–	6.2	32.2	10.0	12.2
오세아니아	182	4.0	1.6	–	1.2	11.0	24.7	23.0	11.3

이 표에서 특히 주목해야 하는 것은 인도네시아의 서부와 동부 사이에서 Y염색체 유전자의 출현이 극단적인 차이를 보이는 점이다. 그 지리상의 경계는 아마도 발리섬과 플로레스제도의 사이일 텐데, 그보다 동쪽 지역에 들어서면 동아시아계의 유전자, 즉 O계통의 출현이 급격히 낮아지는 대신에 멜라네시아계 유전자의 출현율이 현저히 높아진다. 이 표의 우측에 배치된 C2, M, S가 멜라네시아계의 Y염색체 유전자이다. 이 지역(즉, 멜라네시아를 포함하는 오세아니아 세계)에서는 오스트로네시아계 언어를 담당하는 집단이 Y염색체 즉 남성계 유전자에서 여성계 미토콘드리아 DNA로 일반적으로 교체돼 버린 것이다(松本 2010:693 이하). 지금으로부터 약 3천 년 정도 전 멜라네시아의 비스마르크제도를 중심으로 홀연히 모습을 드러낸 '라피타(Lapita)'라고 하는 독특한 오세아니아 문명 속에서 이와 같은 유전자의 전환과 이어지는 커다란 사회적 변동이 일어났던 것으로 보인다. 나중에 다시 살피겠지만, 아마도 이와 유사한 현상이 신대륙 아메리카로 이주한 집단들의 경우에서도 동일하게 발생했던 것으로 보인다.

마지막으로 다음의 표 15.14에서 제시하고 있는 데이터는 양쯔강 유역에서 출토된 인류 화석의 뼈에서 검출된 Y염색체 유전자에 대한 최근의 귀중한

표 15.14 양쯔강 유역 인류 화석의 뼈에서 검출된 Y염색체 유전자 계통

	유적명	연대(BC)	소속 문화	수	O1	O2a	O3d	O3e	O3*	미확정
양쯔강 하류	馬橋	1990-1200	良渚文化	6	4	-	-	-	-	2
		역사 시대		3	2	-	-	-	-	1
	新地里	2300-2000	良渚文化	9	5	-	-	-	-	4
		역사 시대		4	3	-	-	-	-	1
양쯔강 중류	吳城	1500-1200	吳城文化	4	-	2	-	-	1	1
	大溪	4400-3300	大溪文化	20	-	1	5	-	1	13
		역사 시대		5	-	-	2	-	-	3
황하 중류·陶寺		2500-1900	龍山文化	5	-	-	-	1	3	1

연구 성과다(Li et al. 2007). 여기서 '역사 시대'라고 한 것은 대략 한나라 시대에 속하는 인류 화석의 뼈이다.

여기서 보면 양쯔강 하류 지역의 인골에서 검출에 성공한 사례는 선사 시대에서 한대(漢代)에 이르기까지 모두 O1계통으로, 이들 문화를 담당한 집단이 오스트로·타이계에 속했음을 분명히 가리키는 것이다. 한편, 양쯔강 중류 지역에서 검출된 유전자는 거의 대부분이 O2a와 O3d에 속하는데, 이것은 오스트로·먀오계 집단을 특징짓는 유전자임에 틀림없다. 어찌 됐든 양쯔강 유역에서 발상한 벼농사 문화를 담당했던 집단인 것이다.

또 이 보고에는 그밖에 황하 중류 지역의 룽산문화(龍山文化)에 속하는 인골 데이터도 포함되어 있다(표의 최하단). 이것을 보면 여기에는 태평양 연안계의 유전자는 전혀 보이지 않고 한어계 집단을 특징짓는 O3계통만이 나타난다. 룽산문화는 나중에 하왕조나 은·주왕조의 모태가 되는 문명이었던 것으로 보인다. 북방의 황하 유역과 남방의 양쯔강 유역 사이에서 그 유전자의 구성이 크게 차이가 나는 점을 이 표를 통해 확실히 알 수 있다.

****

이상으로 동아시아 여러 집단들의 Y염색체 유전자의 출현 상황에 대한 개요를 살펴봤다. 이것을 염두에 두고 이들 유전자 계통이 현재 어떠한 지리적 분포를 나타내는지 <그림 15.7-8> 및 <그림 15.9-10>으로 제시한다.

그림 15.7 Y염색체 유전자 계통의 지리적 분포-1

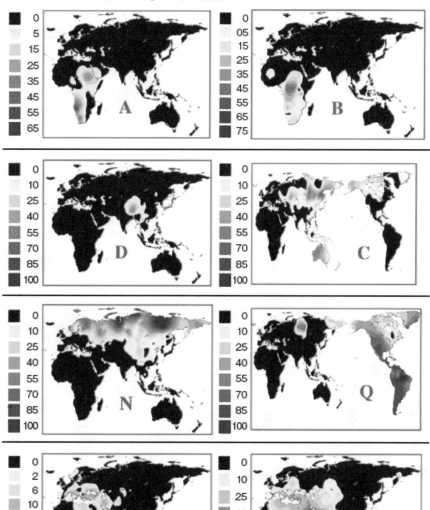

이것은 이 분야의 전문가가 최근에 공표한 매우 알기 쉬운 분포도를 바탕으로 관련 부분을 약간 수정한 것이다.

여기서 먼저 그림 15.7-8 : <Y염색체 유전자 계통의 지리적 분포>를 보기 바란다. 이것은 Y염색체의 주요한 하플로그룹 전체의 분포도이다(멜라네

그림 15.8 Y염색체 유전자 계통의 지리적 분포-2

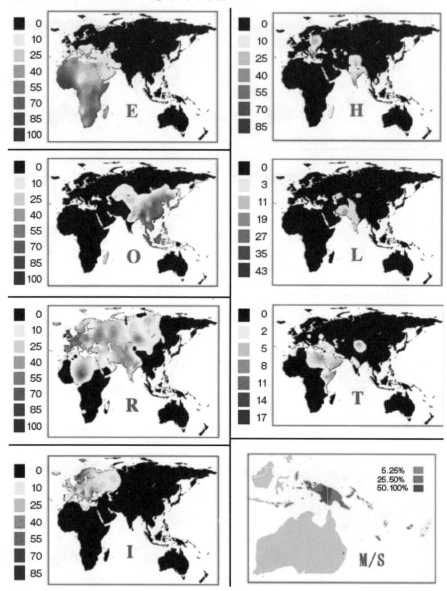

시아에 나타나는 M 및 S계통의 분포도만 다른 자료에서 보충하였다). 전체 그림의 가
장 상단에 있는 하플로그룹 A, B, E가 아프리카, 2단째에 있는 D, C, O가 아
시아 태평양 지역, 3단째에 있는 N, Q, R이 주로 유라시아 내륙부 및 시베리
아에 퍼져 있는 Y염색체의 유전자 계통이다. 한편, 4단째의 G, J, I는 아마 N,

Q, R 등이 유라시아에 확산하기 이전에 서남아시아에서 유럽의 여러 지역에 분포하고 있었던 것으로 보이는 서유라시아계('크로마뇽'계?)의 유전자, 또 우측의 특히 H, L은 인도아대륙의 드라비다와 그 밖의 '옛 남아시아계' 집단을 특징짓는 하플로그룹, 마지막의 T는 최근 그 존재가 확인된 아라비아 반도를 중심으로 극히 낮은 빈도로 출현하는 유전자다.

이 중의 3단째 M, Q에 대하여 부언하자면, Q는 최종빙하기의 최한기(最寒期) 이전에, N은 그 이후에 각각 시베리아에 진출한 유전자로 보이는데, 따라서 아메리카 이주라고 하는 인류사의 대위업은 남성계 유전자의 측면에서 볼 때는 오로지 이 Q계통에 의한 것이 된다.

참고로, 본장 제2절의 표 15.2에 의해 표시된 유형지리론적 접근 방식에 따른 '태평양 연안 언어권'과 '유라시아 내륙 언어권'이라고 하는 언어상의 두 가지 대분류는 Y염색체 유전자의 측면에서 바라보면 지극히 개략적으로는 각각 O계통과 R계통의 분포권과 거의 대응한다.

덧붙이자면, 일본어의 계통을 인도의 드라비다 혹은 타밀어와 연결시키려고 하는, 한때 대중 매체를 이용하여 선전했던 학설 역시 언어학은 물론 유전자 계통 지리론의 측면에서 보더라도 전혀 황당무계한 논의가 아닐 수 없다. 남아시아를 특징짓는 H, L, T 등의 유전자는 일본열도를 포함하여 동아시아의 전역에서 전혀 그 모습을 찾아볼 수 없기 때문이다.

그러면 마지막으로 그림 15.9−10 : <Y염색체 O계통과 태평양 연안 언어권>을 보기 바란다. 거기에 세 개의 하플로그룹을 포함한 O−M175의 분기도와 각각의 하플로그룹에 대한 알기 쉬운 지리적 분포도를 제시해 둔다.

이와 같이, 태평양 연안 언어권을 특징짓는 가장 대표적인 유전자는 O2−P31이라는 계통이다. 이 유전자 계통은 그 분포도를 보면 바로 알 수 있듯이, 거기서 분기한 O2a와 O2b라는 두 종류의 분기가 남북의 두 가지 분포역으로 확실하게 나뉘는데, 그 중에서도 특히 북방 지역을 차지하는 O2b의 분포는 언어유형지리론에서 도출해 낸 '환동해·일본해 언어권'과 거의 일치한다. 또 이 둘은 남방의 O2a와 북방의 O2b라는 두 분포역 사이에서 그 경계가 확실하여 쌍방 간의 교류와 혼합 현상은 거의 보이지 않는다. 이는 O2a와 O2b를 가지는 두 개의 집단, 그리고 이 유전자에 의해 특징지어지는 남·북

그림 15.9 Y염색체 O계통과 태평양 연안 언어권

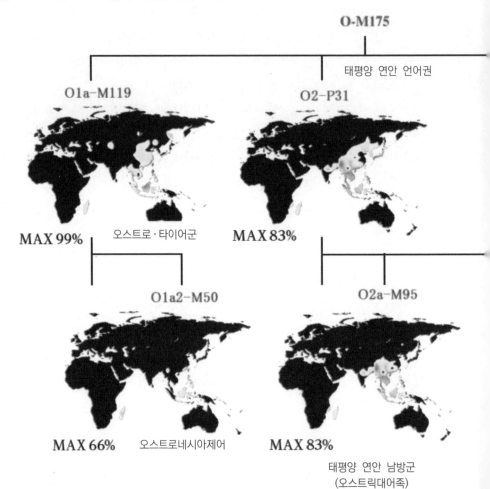

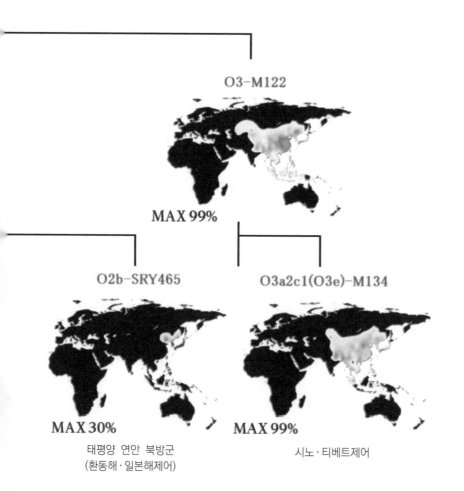

O3-M122

MAX 99%

O2b-SRY465

MAX 30%

태평양 연안 북방군
(환동해·일본해제어)

O3a2c1(O3e)-M134

MAX 99%

시노·티베트제어

두 언어권의 분기 연대가 상당히 오래되었음을 시사하는 것이다.

참고로, 이 유전자 계통의 출현 방식은 지금까지의 조사 결과로 보는 한, O2a 분기의 경우에는 인도네시아 반도의 몬·크메르와 인도 동부의 문다계 집단에서, 한편 O2b 분기의 경우에는 일본열도에서 가장 높은 출현율을 나타내고 있다. 또 이미 검토한 인칭대명사의 유형에서 볼 때에도 일본어(및 한국어)는 태평양 연안 언어권 중에서 이 오스트로아시아제어와 특히 근친 관계에 있음을 덧붙여 두고 싶다. 앞서 표 15.3에서 살펴본 바와 같이, 두 어군 모두 'A형'이라는 포괄인칭대명사를 공유하기 때문이다.

그림 15.9-10의 분포도에서 O2b의 출현율이 최대 30%로 되어 있는 것은 현 상황에서 O2b의 분포 중심으로 보이는 일본열도에서 온존하는 오래된 유전자 D계통에 의해 O2b의 출현율이 상대적으로 낮아졌다는 사정 때문이다. 한편, 한반도나 만주에서 O2b의 출현율을 낮추고 있는 것은 물론 한어계의 O3계통이다.

이미 서술한 바와 같이, 이 O2계통과 함께 태평양 연안 언어권을 특징짓는 또 다른 유전자는 O1-M119이다. 이것은 O2a를 기조로 하는 남방군 중의 유력한 지파인 오스트로·타이계 집단에 특화한 하플로그룹인데, 대륙의 연안부에서는 따이·까다이계, 특히 그 하위 부류(O1a2-M50)가 타이완에서 동남아시아 도서부로 퍼져 나간 오스트로네시아계 집단을 특징짓는다. '따이·까다이'와 '오스트로네시아'라는 두 어족이 긴밀하게 연결되어 있음을 나타내는 유전자다. 둘 다 옛날 양쯔강 하류 지역에서 발상한 벼농사 문화를 담당했던 집단이었던 것으로 보인다.

그런데 여기서 그림 15.9-10에 제시한 O계통 각 분지의 분포도를 전체적으로 바라보면, 태평양 연안 언어권을 특징짓는 O2 및 O1의 분포도는 대륙부를 중심으로 O3계통(특히 O3e-M134)이 그 표면을 크게 뒤덮고 있는 것을 알 수 있다. 이것은 말할 필요도 없이 과거 2천 년 가까이 이루어져 온 한어권의 확산과 팽창의 결과인 것이다. 현재 중국 본토의 중심부에서 오래된 태평양 연안계의 언어는 이 신흥 언어에 의해 주변으로 내몰려 거의 사라진 상태다. 결과적으로 예전의 태평양 연안 언어권은 그 연속성이 끊긴 채 남과 북의 두 분포권으로 크게 분단돼 버린 것이다.

06 태평양 연안계 집단이 환동해·일본해으로 도래한 시기

마지막으로 O2b(혹은 오히려 그 조형이 되는 O2−P31)라는 유전자를 가진 집단이 언제 동해·일본해 지역에 도래한 것일까 하는 문제를 다뤄 보자.

아시다시피, 전후 일본의 인류학이나 고고학계에서는 한때 일본인의 성립에 관하여 이른바 '이중구조설'이 유행한 적이 있다. 그 학설에 따르면, 일본은 조몬과 야요이 시대 사이에 집단적 그리고 언어적으로 커다란 전환이 있었는데, 현재의 일본인은 야요이 시대의 개막기에 외부에서 건너온, 벼농사와 금속기 등의 새로운 문화를 갖춘 도래계 집단에 그 직접적인 뿌리를 두고 있다는 것이다. 지금까지 대부분의 일본어 계통론자들 역시 이것을 '암묵적인 전제'로 하여 자신의 지론을 전개해 왔다고 해도 크게 틀리지 않을 것이다. 일본인의 선조가 벼농사를 가지고 남방에서 바다를 건너 왔다고 하는 이와 같은 생각은 야나기타 구니오(柳田国男)의 『海上の道(해상의 길)』(1961) 등에서도 찾아볼 수 있는 뿌리 깊은 학설인데, 이것을 현재의 유전자 계통론의 측면에서 바라보면 어떻게 될까?

첫째로, 양쯔강 유역에서 발상한 벼농사 집단(즉 태평양 연안 남방계 집단)의 유전자(O1, O2a)는 앞서 확인한 바와 같이 일본열도에는 거의 유입되지 않았다. 환동해·일본해 지역을 특징짓는 O2b는 중국대륙을 포함한 남방의 벼농사권과는 전혀 이어지지 않는 유전자이다(이것은 물론 벼농사의 전래가 문제가 되는 연대적 차원의 이야기이다). 또 일본열도에 새롭게 유입되었을 가능성이 높은 O3그룹도 지리적으로는 황하 유역에서 발상한 중국 북방 문화권을 특징짓는 유전자다.

야요이 시대 이후에 외부에서 일본에 유입된 Y염색체 유전자로는 O3(특히 O3e−M134)가 가장 유력한 후보인데, 필자의 생각으로는 유전자의 유입은 야요이 시대보다 오히려 고분(古墳) 시대에 들어선 기원후 3~4세기 이후가 아닐까 싶다. 일본에서는 이 시기부터 한반도를 매개로 하여 한자·한자문화권과의 접촉 및 교류가 급속히 진행된다. 『니혼쇼키(日本書紀)』 등에서 'イマキのアヤヒト(imakinoayahito)'나 'カワチのフミヒト(kawachinohumihito)' 등으로 불렸던 이른바 귀화인이나 그후 백제 멸망으로 인해 생긴 수많은 한반도의 난

민 등이 이와 같은 유전자 유입에 커다란 역할을 했을 것임에 틀림없다.

한편 O2계통으로 특징지어지는 태평양 연안계 집단이 환동해·일본해 지역으로 도래한 시기에 대해서는 인류의 아메리카 대륙 이주가 중요한 열쇠를 쥐고 있다. 이미 언급한 바와 같이, 태평양 연안계의 언어는 아메리카 대륙에까지 전달되어 남북 양 대륙의 태평양 연안부에 커다란 분포권을 이루고 있다. 아메리카 대륙 이주에 성공한 인류 집단 중 일부는 태평양 연안 언어권의 북방 지역, 즉 환동해·일본해 지역을 그 출발지로 삼았다고 보지 않을 수 없다. 이에 대해서는 여기서 깊이 들어갈 수는 없지만, Y염색체보다 오히려 여성계 유전자 미토콘드리아의 측면에서 유력한 증거가 있다.

인류의 아메리카 대륙 이주의 시기나 루트에 관한 최신 연구에 따르면 시베리아 동부에서 '베링지아(Beringia)'를 건너는, 이른바 '직행편 형식'으로 이루어진 것이 아니라 도중에 상당히 오래 체류했던 기간이 있었다고 한다. 즉, 최종빙하기 최한기 이전에 시베리아에 진출했던 인류 집단이 최종한기의 도래 때문에 베링지아 부근에서 꼼싹달싹 못했던 것 같다. 아마도 거기가 극지권에 남겨진 유일한 거주 가능 피난지였기 때문일 것이다(그림 15.4 참조). 그리고 이 땅에서 3~4천 년 정도의 세월을 보낸 후 온난화의 도래를 기다려 일부는 태평양 연안 루트, 다른 일부는 약간 늦게 내륙의 '무빙회랑(無氷回廊)'[11]을 건너 아메리카 이주에 성공했다고 하는 시나리오가 가장 유력시되고 있다. 인칭대명사의 유형으로 말하자면, 전자가 '태평양 연안계', 후자가 '동부 내륙계' 집단이 된다.[12]

참고로, 아메리카에 전달된 유전자가 미토콘드리아와 Y염색체 양쪽 모두 구대륙의 것과 비교할 때 그 구성이 눈에 띠게 단순하고, 특히 그 남성계 유전자가 극단적으로 치우친 형태로 나타나는 것은 패쇄된 베링지아에서 오랜 세월 머무르는 동안 이른바 '병목효과' 등에 의해 유전자의 다양성이 급속히 감소했기 때문인 것으로 보인다. 여기서 연안계 언어의 담당은 아마 오세아니아와 동일하게 남성계 유전자에서 여성계 미토콘드리아 DNA로 일방적으로 전환되고 만다. 즉, Y염색체의 O2계통은 최한기의 베링지아라는 가혹한 생태

---

11) [옮긴이] 약 1만 2000년 전 온난화와 더불어 북아메리카 대륙의 대서양 쪽 로렌타이드 빙상(氷床)과 태평양의 코르딜레라 빙상이 축소되면서 앞길을 막았던 얼음벽에 좁은 길이 뚫린다.
12) 松本 2010:692 이하 참조.

환경에서 살아남을 수 없었던 것으로 보인다.

덧붙이자면, 신대륙 이주를 성공시킨 거의 유일한 남성계 유전자인 Q계통은 최한기의 극지권에서 마지막까지 살아남은 이른바 '매머드 사냥꾼'의 유전자일 것이다. 현재 베링지아에서 이 유전자를 계승하는 것은 지금까지의 조사를 통해 볼 때 예니세이 지역에 잔존하는 케트(및 언어적으로 우랄어화했다고 보이는 인접의 셀쿠프(Selkup)라고 불리는) 집단뿐인 것 같다(그림 15.7 참조). 한편, 현재의 베링지아에 분포하는 N계통은 아마도 후빙기의 온난화가 진행되고 나서 이 땅에 진출한 집단의 것으로 보인다. 이 시기의 베링지아에서 매머드는 이미 멸종한 상태였고, 그 대신에 순록 등 소형 야생동물이 이 집단의 생업을 지탱해 줬던 것이다. Y염색체의 N계통은 전형적으로는 이와 같은 '순록 사냥꾼'의 유전자라고 이름 붙여도 될 것이다. 베링지아에서 '사모예드'라고 불리는, 언어적으로는 우랄계의 네네츠(Nenets), 응가나산(Nganasan) 등의 집단에서 이 유전자의 출현은 90%를 넘는다(Tambets et al. 2004).

참고로, 아메리카로 건너간 여성계 유전자 중 A, B, C, D라고 이름 붙여진 미토콘드리아의 네 가지 계통은 모두 동아시아를 기원으로 하는데, 그 중에서 특히 B계통(아메리카에서 B2라고 이름 붙인 유전자)은 태평양 연안 북방 지역을 특징짓는 B4b계통에서 발상한 것으로 보인다. 아메리카 대륙에서도 태평양 연안부에서 압도적으로 높은 출현율을 보이고 있다. 이 유전자에는 사실 역시 태평양 연안 남방권에서 우세한 B4a라는 자매 유전자가 있는데, 거기서 파생한 B4a1a라는 하위 유형을 전문가들 사이에서는 '폴리네시안·모티브'라고 부르기도 한다. 이미 언급한 바와 같이, 남성계 O계통을 대신하여 태평양 연안계 언어를 동부 오세아니아에 전달한 것이 바로 이 유전자인 것이다.

덧붙이자면, 미토콘드리아 A, B, C, D라는 명칭은 미토콘드리아 DNA 연구가 당초 아메리카를 중심으로 발달했기 때문에 아메리카 선주민의 (연대적으로는 상당히 새로운) 유전자형에다가 알파벳 앞쪽 문자 4개를 가져다 붙인 결과다. 그렇기 때문에 미토콘드리아 DNA의 하플로그룹에 대한 이후의 명명법은 Y염색체와 비교할 때 상당히 부정합한 형태가 되고 말았다.

어찌 됐든 아프리카를 벗어난 인류 집단에게 있어서 지리적으로 가장 격절해 있는 폴리네시아와 아메리카 대륙이라고 하는 미지의 두 세계에 태평양 연안형 인칭대명사를 실어 나른 것은, 유라시아에서 그것을 담당했던 Y염색체의 O2a와 O2b가 아니라 미토콘드리아의 B4a와 B4b라는 근친 유전자로부터 파생한 두 가지 하위 부류였던 것이다. 따라서 전자(B4a1a)를 '폴리네시아·모티브'라고 부른다면, 후자(B2)는 '아메리카 태평양 연안 모티브'라고 이름 붙여도 될 것이다. 이 유전자는 최한기의 베링지아에서 발상했던 것으로 보이는 태평양 연안 북방계의 하위 유형으로, 원래는 'B4b1a'라는 이름을 붙여야 할 것이다.

여하튼 아메리카 이주에 관한 이와 같은 시나리오를 받아들일 수 있다면, 태평양 연안계 언어를 갖춘 집단이 일본열도를 포함한 환동해·일본해 지역에 도래한 시기는 당연히 최종빙하기의 최한기 이전으로 봐야 할 것이다. 그렇다고 하면 적어도 지금으로부터 2만 5천 년 전 무렵이 되지 않을까 싶다. 이미 언급한 바와 같이, Y염색체의 D계통을 갖춘 최초의 인류 집단이 일본열도에 도래한 것이 4만 내지 3만 5천 년 전이라고 한다면, O2계통을 갖춘 2차 집단의 도래는 그것보다 약 1만 년 정도 뒤의 일이라고 보면 된다. 고고학적으로는 '석도지법(石刃技法, blade technique)[13]'이라고 불리는 새로운 유형의 석기를 일본열도에 가지고 들어온 것이 이 집단과 연결될지도 모른다. 참고로, Y염색체 O그룹의 조형 O-M175의 발현 연대는 전문가들의 계산에 따르면 지금으로부터 약 3만 5천 년 전이라고 한다.

이와 같이 볼 때 일본어 및 일본인의 뿌리는 조몬 시대를 훨씬 넘어 적어도 2만 년 전 이상으로 거슬러 올라간다는 결론을 내릴 수 있다. 따라서 만약 일본인의 '이중구조'라는 견해가 성립한다고 한다면, 그것은 조몬과 야요이를 사이에 둔 2~3천 년 전의 비교적 가까운 과거가 아니라 Y염색체의 O계통을 가진 최초의 태평양 연안민이 열도에 도래했던 2~3만 년 전 무렵까지 거슬러 올라가야만 할 것이다.

어찌 됐든 D계통과 함께 일본열도에 건너온 '出아프리카 고층(古層)'계로 보이는 언어는 이 새로운 집단의 도래로 인해 그들의 언어, 즉 태평양 연안계 언어로 완전히 치환돼 버린다. 그렇지만 '아시아의 YAP'이라고 불리는 이 오래된 유전자 자체는 새로운 유전자에 의해 없어지지 않고 그대로 온존되었던

---

13) [옮긴이] 후기 구석기시대에 출현하여 그 시대를 특징짓는 박리 기술이다. 세로로 길게 양쪽 측면을 병행하여 뜯어내는 기술을 말한다. 이로써 동일한 규격의 석기 박편을 양산할 수 있게 되었다. 보통 길이 5센티미터, 폭 1.2센티미터 이상의 박편을 돌날로 사용하였다.

것이다. 아프리카로 직결하는 이 오래된 유전자가 3만 년 이상의 긴 세월 동안 일본열도 내에서 존속하고, 더 나아가 현대 일본인의 남성계 유전자 중 출현율이 가장 높다는 사실(간토지방 남성에서의 출현율은 48% 정도라는 조사 보고도 있다[14])은 역시 기적적인 일이라고 해도 좋을 것이다.

지금으로부터 1만여 년 전에 시작된 후빙기의 온난화에 의해 일본열도가 대륙에서 완전히 분리되고 마는 생태 환경적 조건이 이와 깊은 관련을 맺고 있을 것이다. 그리고 이는 그 후 1만 년에 걸친 일본열도 독자적인 '조몬문화'를 낳는 모태가 되었을 것이다. 어찌 됐든 일본어의 뿌리는 그 배후에 2만 년 이상의 아득히 먼 과거를 숨기고 있다는 점을 여기서 새삼 강조해 두고 싶다.

---

14) Nonaka et al. 2007

• 인용문헌 •

松本克己 2007 『世界言語のなかの日本語:日本語系統論の新たな地平』 東京: 三省堂(박종후 옮김 2014 『언어유형지리론과 환태평양 언어권』 서울: 역락)

_____ 2010 『世界言語の人称代名詞とその系譜:人類言語史5万年の足跡』 東京: 三省堂

Chaubey, G. et al. 2011, 'Population genetic structure in Indian Austroasiatic speakers: the role of landscape barriers and sex−specific admixture', *Mol. Bil. Evol.* 28(2):1013−1024.

Chiaroni, J. et al. 2009, 'Y chromosome diversity, human expansion, drift, and culturual evolution', *PNAS* vol. 106, no.48:20174−20179.

Cordeaux, R. et al. 2004, 'The Northeast Indian passageway: a barrier or corridor for human migrations?', *Mol. Biol. Evol.* 21(8):1525−1533.

Delfin, F. et al. 2011, 'The Y−chromosome landscape of the Philippines: extensive heterogeneity and varying genetic affinities of Negrito and non−Negrito groups', *European Journal of Human Genetics* 19:224−230.

Hammer, M. F. et al. 2005, 'Dual origins of the Japanese: common group for hunter−gatherer and farmer Y chromosomes', *Journal of Human Genetics* 51:47−51.

Jin, H. J. et al. 2009, 'The peopleing of Korea revealed by analyses of mitochondrial DNA and Y−chromosomal markers', *PlosOne* vol.4(1), e4210.

Karafet, T. M. et al. 2010, 'Major east−west division underlies Y chromosome stratification across Indonesia', *Mol. Biol. Evol.* 27(80:1833−1844.

Katoh, T. et al. 2005, 'Genetic features of Mogolian ethnic groups revealed by Y−chromosomal analysis', *Genetics* 346:63−70.

Kim, S. H. et al. 2011, 'High frequencies of Y−chromosome haplogroup

O2b−SRY465 lineages in Korea: a genetic perspective on the peopleing of Korea', *Investigative Genetics* 2:10.

Kumar, V. et al. 2007, 'Y−chromosome evidence suggests a common paternal heritage of Austo−Asiatic populations', *BMC Evolutionary Biology* 7:47.

Li, H. et al. 2007, 'Y chromosomes of prehistoric people along the Yangtze River', *Human Genetics* 122:383−388.

_____ 2008, 'Paternal genetics affinity between western Austronesian and Daic populations', *BMC Evolutionary Biology* 8:146.

Nonaka, I. et al. 2007, 'Y−chromosomal binary haplogroup in the Japanese population and their relationship to 16 Y−STR polymorphisms', *Annals of Human Genetics* 71:480−95.

Tambets, K. et al. 2004, 'The Western and Eastern roots of the Saami: the story of genetic "outliers" told by mitochondrial DNA and Y−chromosomes', *American Journal of Human Genetics* 74:661−682.

Wen, B. et al. 2004a, 'Genetic evidence supports demic diffusion of Han culture', *Nature* 431:302−305.

_____ 2004b, 'Analyses of genetic structure of Tibeto−Burman populations reveals sex−biased admixture in Southern Tibeto−Burmans', *American Journal of Human Genetics* 74:856−865.

Xue, Y. et al. 2006, 'Male demography in East Asia: A North−South contrast in human population expansion times', *Genetics* 172:2451−2459.

·수록 논문의 출처·

1. 「世界の言語—その現状と未来」『21世紀後半の世界の言語はどうなるのか』
（「21世紀後半の言語」シンポジウム企画班）:133−187, 明石書店, 2005.

2. 「言語と民族」『民族の世界史8 ヨーロッパ文明の原型』:157−214, 山川出版社, 1985.

3. 「言語類型論と歴史言語学」『国文学解釈と鑑賞』 55−1:6−11, 至文堂, 1990.

4. 「日本語と印欧語」『国文学解釈と鑑賞』53−1:41−46, 至文堂, 1987.

5. 「語順の話」『ぶっくれっと』70:10−15, 三省堂, 1987.

6. 「語順のデータベース」『日本語学』13−1:99−106, 明治書院, 1994.

7. 「言語史にとっての60年」『言語生活』410:14−21, 筑摩書房, 1986.

8. 「歴史言語学入門」『月刊　言語』15−8:152−159, 大修館書店, 1986.

9. 「「数」の文法化とその認知的基盤」『月刊 言語』22−10:36−43, 大修館書店, 1993.

10. 「言語研究と意味」『国文学解釈と鑑賞』60−1:6−16, 至文堂, 1995.

11. 「言語現象における中心と周辺」『国文学解釈と鑑賞』58−1:6−13, 至文堂, 1993.

12. 「能格性に関する若干の普遍特性:シンポジウム「能格性をめぐって」を締めくくるために」『言語研究』90: 169−190, 日本言語学会, 1986.

13. 「イネ・コメ語源考」文芸誌『大地』第48号: 80−87, 2012.

14. 「イネ・コメの比較言語学」日本歴史言語学第一回大会「記念講演」大阪大学(講演原稿) 2011(『歴史言語学』第1号:87−105 ＜講演要旨＞, 2012).

15. 「私の日本語系統論—言語類型地理論から遺伝子系統地理論へ」 シンポジウム「日本語の起源と古代日本語」京都大学 (講演原稿) 2012 (『日本語の起源と古代日本語』: 95−139, 2015).

• 찾아보기 •

• 저자 후기 •

    본서는 지금까지 출판한 몇몇 책들과 동일하게 그동안 필자가 다양한 형태로 발표해 온 논문들을 하나의 책으로 정리한 것이다. 시기적으로는 1980년대 중반부터 최근에 이르기까지 쓴 길고 짧은 15편의 논고로 이루어져 있다. 내용별로는 '언어와 민족', '언어의 유형과 역사', '언어의 구조와 인지', '일본어와 일본인의 뿌리를 찾아서'의 4부로 나눌 수 있는데, 형식과 내용이 반드시 수미일관한 것은 아니다.

    본서의 제1부에 수록하고 있는 '세계의 언어 - 그 현황과 미래'는 단행본으로 간행한 것은 2005년이지만, 실제로는 1998년 11월에 야마구치대학(山口大学)에서 개최한 '21세기 후반의 언어'라는 제목의 심포지엄을 위하여 준비한 강연 원고이다. 또 제2장의 '유럽의 언어와 민족'은 1980년대 중반 역사학 관계의 일반서를 위하여 집필한 것인데, 언급하고 있는 언어의 명칭이나 화자 인구 등 현시점에서 보면 이미 한물 간 정보인 것들도 적지 않게 포함되어 있을 것이다. 그러나 내용면에서 수미일관성을 지키기 위하여 일부러 수정하지는 않았다. 현재 이와 관련한 정보는 인터넷에 공개되어 있는 Ethnologue: Language of the World(http://www.ethnologue.com/) 등에서 간단하게 접근할 수 있다.

    '언어의 유형과 역사'라고 이름 붙인 제2부는 주로 일본어학, 국어·국문학 관계 잡지에 기고한 비교적 단편의 해설적 논고 6편으로 되어 있다. 전문적이라기보다 오히려 일반 독자를 위한 에세이집 같은 것일지도 모르겠다. 참고로, 동일한 주제를 다루고 있는 좀 더 전문적인 논고는 2006년에 출간한 『世界言語への視座: 歷史言語学と言語類型論』(박종후 옮김, 『역사언어학과 언어유형론』, 2016, 역락) 안에서도 몇 편 수록되어 있다는 점을 덧붙여 두고 싶다.

    '언어의 구조와 인지'라는 제목의 제3부에 수록된 논고들 중에서 처음의 3편 역시 일반인들을 위한 잡지에 기고한 것인데, 능격성의 문제를 다룬 제12장의 논고만은 학회 기관지인 『言語研究』에 게재된 것이다. 단, 이 역시 학회 주최의 공개 토론회에서 전체적인 총괄을 위하여 쓴 것으로 특별히 전문적인 논문의 성격을 가진 것은 아니다.

본서의 마지막을 차지하고 있는 제4부에서 다루고 있는 주제나 수록하고 있는 세 개의 논고의 집필 시기 등 지금까지 여러 장과는 상당히 다르다. 이 중에서 '벼·쌀'의 기원과 전파에 관한 문제는 필자가 지금까지 관심을 가져 온 최근의 연구 대상에 속한다. 이런 종류의 주제는 지금까지 일본에서는 오로지 고고학자나 민속학자들의 연구 대상이 되어 왔을 뿐 언어학의 측면에서 이루어진 본격적인 접근 방식은 찾아볼 수 없었다. 당초 필자의 계획으로는 가능하면 이 주제만을 가지고 하나의 책으로 정리하고 싶다는 생각을 하기도 했는데, 여러 가지 사정으로 인해 실현하지는 못했다. 지금도 매우 안타깝게 생각한다.

본서의 최종장에 해당하는 '나의 일본어 계통론'은 이미 2007년에 출간한 『世界言語のなかの日本語:日本語系統論の新たな地平』(박종후 옮김, 『언어유형지리론과 환태평양 언어권』, 2014, 역락)에서 다룬 주제에 대한 이른바 최종 수정판과도 같은 논고이다. 2012년 12월 교토대학에서 한 강연 원고를 바탕으로 한다. 본고가 2007년의 저작과 다른 점은 그 부제에도 제시한 바와 같이 최신 유전자계통지리론의 연구를 통해 얻은 생각을 새롭게 덧붙인 점이다. 이 분야의 연구는 최근 10여 년 동안 급속한 발전을 보이고 있어 필자로서는 현시점에서 밝혀진 연구 성과를 최대한 이용하고자 했다. 그렇지만 앞으로 남겨진 과제도 적지 않다고 생각된다. 일본어의 기원·계통론과 유전자계통지리론과의 관계는 앞으로 더욱더 중요한 연구 과제가 될 터인데, 이는 앞으로 젊은 연구자들에게 맡기기로 하겠다.

마지막으로 본서를 이와 같은 형태로 출판할 수 있었던 것은 지금까지의 여러 저작들과 같이 산세이도(三省堂) 출판국의 변함없는 이해, 특히 야나기 유리(柳百合) 씨의 열정적인 지원과 온힘을 다한 도움 덕분이다. 또 이번에도 본서의 교정뿐 아니라 논문 구성이나 내용면에서 귀중한 조언을 해 준 히로사키대학(弘前大学)의 야마모토 히데키(山本秀樹) 선생, 야마구치 대학(山口大学)의 이누이 히데유키(乾秀行) 선생에게 다대한 협력을 받았다. 이 자리를 빌려 진심으로 감사의 마음을 표하고 싶다.

2015년 12월

松本克己

지은이
마쓰모토 가쓰미(松本克己)

1929년 일본 나가노현 출생, 도쿄대학 문학부 언어학과 졸업.
가나자와대학, 쓰쿠바대학, 시즈오카현립대학 교수를 거쳐, 현재 가나자와대학, 시즈오카현립대학
명예교수, 전 일본언어학회 회장.
전공은 역사비교언어학, 언어유형론.
주요 저서: 『古代日本語母音論: 上代特殊仮名遣の再解釈』ひつじ書房 1995, 『世界言語への視
座: 歴史言語学と言語類型論』三省堂 2006, 『世界言語のなかの日本語: 日本語系統論の新たな
地平』三省堂 2007, 『世界言語の人称代名詞とその系譜: 人類言語史5万年の足跡』三省堂 2010,
『歴史言語学の方法: ギリシア語史とその周辺』三省堂 2014.

옮긴이
박종후(朴鍾厚)

1978년 서울 출생. 연세대학교 국어국문학과 졸업. 일본 도쿄외국어대학ISEP(International Student
Exchange Program) 참가.
연세대학교 한국어학당, 일본 도시샤대학 강사를 거쳐, 현재 일본 독협대학 특임준교수.
전공은 현대 한국어 문법, 외국어로서의 한국어교육.
옮긴 책으로는, 『언어유형지리론과 환태평양 언어권: 유형지리론으로 탐구하는 언어의 친족 관계』
(역락, 2014), 『역사언어학과 언어유형론』(역락, 2016).

언어를 둘러싼 문제들-언어학·일본어론으로의 초대

초판발행   2022년 2월 20일

지은이   松本克己
옮긴이   박종후
펴낸이   안종만·안상준

편 집   전채린
기획/마케팅   손준호
표지디자인   BEN STORY
제 작   고철민·조영환

펴낸곳   (주)박영사
              서울특별시 금천구 가산디지털2로 53, 210호(가산동, 한라시그마밸리)
              등록 1959. 3. 11. 제300-1959-1호(倫)

전 화   02)733-6771
f a x   02)736-4818
e-mail   pys@pybook.co.kr
homepage   www.pybook.co.kr
ISBN   979-11-303-1295-8   93700

* 파본은 구입하신 곳에서 교환해 드립니다. 본서의 무단복제행위를 금합니다.
* 역자와 협의하여 인지첩부를 생략합니다.

정 가   24,000원